Henry Kissinger · Die Herausforderung Amerikas

Henry Kissinger

Die Herausforderung Amerikas

Weltpolitik im 21. Jahrhundert

Aus dem Amerikanischen von
Hans-Ulrich Seebohm

Propyläen

Meinen Kindern Elizabeth und David
und meiner Schwiegertochter Alexandra Rockwell
gewidmet

Originaltitel: *Does America Need A Foreign Policy?*
Published by Simon & Schuster, Inc., New York

Propyläen Verlag

Satz: OLD-Satz digital, Neckarsteinach
Druck und Verarbeitung: Franz Spiegel Buch GmbH,
Ulm Jungingen
ISBN 3 549 07152 3
Printed in Germany 2002

Inhalt

Vorwort zur deutschen Ausgabe

Terrorismus – Die neue Herausforderung

Das folgenschwerste Ereignis nach der Veröffentlichung dieses Buches in den Vereinigten Staaten war der Terrorangriff vom 11. September 2001. Er war nicht nur eine tief aufwühlende menschliche Tragödie, sondern markierte auch einen jener Wendepunkte, die oberflächliche Phänomene von den ihnen zugrunde liegenden Tendenzen scheiden und damit den Abschied von unverbindlichen Konzepten zugunsten einer echten Zukunftsvision erzwingen.

Im vergangenen Jahrzehnt waren die Demokratien mehr und mehr der Illusion erlegen, dass Bedrohungen von außen verschwunden wären; dass Gefahren, wenn überhaupt, in erster Linie psychologische oder soziologische Ursachen hätten; dass sich die Geschichte selbst, wie man sie bisher kannte, in gewissem Sinne in eine Unterabteilung der Wirtschaft oder Psychiatrie verwandelt hätte.

Zwar war Amerika schon früher terroristischen Anschlägen ausgesetzt, doch richteten sich diese im Allgemeinen gegen US-Einrichtungen im Ausland; die Wirkung war hauptsächlich symbolischer Art und weit davon entfernt, Menschenleben oder gar die Zivilgesellschaft in den Vereinigten Staaten zu bedrohen. Die übliche Reaktion darauf beschränkte sich auf eine Verurteilung der Tat, ein paar Vergeltungsschläge und die Strafverfolgung der Täter, soweit man ihrer habhaft werden konnte. Doch die Angriffe auf das World Trade Center in New York und das Pentagon in Washington D. C. waren mehr als symbolische Nadelstiche, sie stellen nicht nur eine fundamentale Herausforderung der amerikanischen Zivilgesellschaft und ihrer Sicherheit, sondern der Zivilgesellschaften weltweit dar. Deren Moral und Lebensweise galt der Angriff. Daher definierte Präsident George W. Bush, getragen von einem überwältigenden nationalen Konsens, diese Herausforderung von Anfang an als Krieg. Und einen Krieg nur durchzustehen, reicht nicht aus; man muss ihn auch gewinnen.

Vor allem anderen hat die Katastrophe Amerika gelehrt, dass einige der wohlfeilen Prämissen der globalisierten Welt nicht auf denjenigen Teil zutreffen, der zum Terrorismus Zuflucht nimmt. Dieser Teil der Welt scheint von einem so tief sitzenden Hass auf westliche Werte erfüllt zu sein, dass seine Vertreter bereit sind, für die Zerstörung unserer Gesellschaften – im Namen dessen, was sie als »Kampf der Kulturen« empfinden – ihr eigenes Leben hinzugeben und Unschuldigen unermessliches Leid zuzufügen.

Doch von dem Moment an, als diese Tatsachen in das Bewusstsein der demokratischen Welt drangen, hatten die Terroristen ihre erste wichtige Schlacht schon verloren. In den Vereinigten Staaten sahen sie sich einer Nation gegenüber, die sich geschlossen dem Ziel verschrieb, das Übel des Terrorismus um jeden Preis auszumerzen. Und innerhalb des westlichen Bündnisses kam die Debatte, ob es nach dem Ende des Kalten Krieges überhaupt noch ein gemeinsames Ziel gebe, rasch zum Erliegen. Allen westlichen Demokratien wurde klar, dass der Angriff auf Amerika auch die vielleicht noch größere Verwundbarkeit ihrer eigenen Gesellschaften aufgezeigt hatte.

Nach den Angriffen auf amerikanischem Boden folgte die Bush-Administration nicht jenen vorschnellen Ratschlägen, die auf eine unmittelbare Militäraktion gegen bekannte Zentren des Terrorismus drängten. Stattdessen brachte Außenminister Colin Powell mit viel Geschick eine globale Koalition zustande, die den Einsatz militärischer Gewalt gegen Afghanistan legitimierte, ein Land, das sich in eklatantester Weise als sicherer Hafen für das herausragende Symbol des internationalen Terrorismus, Osama bin Laden, zur Verfügung gestellt hatte. Das Ziel war dabei die Zerstörung des staatlich unterstützten Terrorismus. Und bei aller Neuartigkeit, einen solchen Krieg zu führen, gibt es doch eine klare Definition des Sieges.

Mögen die Terroristen auch skrupellos sein, ihre Zahl ist gering. Ein Territorium können sie auf längere Sicht nicht kontrollieren. Wenn ihre Aktivitäten von den Sicherheitskräften aller Länder gestört werden – vorausgesetzt, kein Land bietet ihnen Unterschlupf –, werden sie zu Gesetzlosen, die ihre Energien zunehmend darauf verwenden müssen, ihr eigenes Überleben sicherzustellen. Sobald sie versuchen, sich einen Teil eines Landes anzueignen, wie in gewissem Maße in Afghanistan und Kolumbien geschehen, könnten sie durch militärische Operationen zur Strecke gebracht werden. Der Schlüssel zur Bekämpfung des Terrorismus besteht somit darin, ihre Zufluchtsstätten zu eliminieren.

Diese Zufluchtsstätten kommen auf unterschiedliche Weise zustande. In manchen Ländern verbietet die nationale Gesetzgebung oder die Verfassung polizeiliche Maßnahmen, solange den betreffenden Personen keine kriminelle Tätigkeit nachgewiesen werden kann; oder die Übermittlung von Informationen an andere Länder wird durch die Tatsache verhindert, dass es sich angeblich nicht um Belange der inneren Sicherheit handelt, wie es in Deutschland und zum Teil auch in den Vereinigten Staaten der Fall war. Maßnahmen zur Vermeidung solcher Situationen sind nach den Anschlägen vom 11. September in die Wege geleitet worden.

Doch die große Mehrheit der Zufluchtsstätten kommt dadurch zustande, dass eine Regierung die Augen verschließt, weil sie zumindest mit einigen Zielen der Terroristen sympathisiert – wie in Afghanistan, im Jemen und in Somalia, in gewissem Maße im Iran und in Syrien sowie, bis es seinen Kurs änderte, auch in Pakistan. Selbst scheinbar freundlich gesonnene Länder, die mit den Vereinigten Staaten in strategischen Fragen zusammengearbeitet haben, wie zum Beispiel Saudi-Arabien, treffen zuweilen stillschweigende Abmachungen mit Terroristen, solange sich deren Aktionen nicht gegen die Gastregierung wenden.

Die von den Vereinigten Staaten zusammengebrachte Koalition gegen den Terrorismus versucht diese Verbindungen zu zerstören. Viele der Gastregierungen wussten vor dem 11. September mehr, als sie weiterzugeben bereit waren. Nun werden Anreize geschaffen, um die Mitteilsamkeit bei geheimdienstlichen Erkenntnissen zu fördern. Die sicherheitstechnische Zusammenarbeit ist verbessert worden, wobei es darum geht, Geldflüsse zu unterbinden, Kommunikationswege der Terroristen zu stören und Länder, die Terroristen Unterschlupf gewähren, unter Druck – im Extremfall auch militärischen – zu setzen.

Auch wenn die Beseitigung bin Ladens, seines Netzwerks und seiner Komplizen bereits einen großen Erfolg darstellen würde, wäre dies doch nur die Eröffnungsschlacht eines fortdauernden, gnadenlosen weltweiten Feldzugs. Man darf nicht der Versuchung erliegen, allein schon die Zusammenarbeit in der Afghanistan-Frage als Lösung des Problems zu betrachten und sie als Alibi zur Vermeidung der erforderlichen Folgephasen zu benutzen.

Die entscheidende Phase der amerikanischen Antiterror-Strategie wird nämlich dann einsetzen, wenn der Afghanistan-Feldzug an Schwung verliert, und ihr Schwerpunkt wird außerhalb Afghanistans liegen müssen. An diesem Punkt wird die Koalition einer schweren Belastungsprobe unterworfen sein.

Zu Beginn konnte die Frage nach den langfristigen Zielen durch die Formel vermieden werden, dass die Mitglieder der globalen Koalition über den Grad ihrer Beteiligung frei entscheiden könnten. Dieser »À la carte« Betrieb der Koalition funktionierte so lange gut, wie die Mitgliedschaft wenig mehr erforderte als die grundsätzliche Opposition gegen den Terrorismus. Ihr weiterer Nutzen wird davon abhängen, wie die Pflichten der Koalition in der nächsten Phase definiert werden. Sollte sich der gesamte Geleitzug am Tempo des Langsamsten ausrichten, oder sollten Teile selbständig operieren können? Im ersteren Fall wird die Aktivität der Koalition allmählich in Kompromisse von der Art münden, die auf dem kleinsten gemeinsamen Nenner beruhen und bereits das UN-Inspektionssystem im Irak zum Scheitern verurteilten. Im anderen Fall kann die Koalition als Gruppe gesehen werden, die zwar durch gemeinsame Ziele vereint ist, aber auch autonome Aktionen aufgrund eines jeweils neu zu schaffenden Konsenses zulässt – was im Extremfall auch bedeuten kann, dass die Vereinigten Staaten allein agieren.

Diejenigen, die sich für eine möglichst breit angelegte Koalition einsetzen – mit anderen Worten, für ein Koalitions-Veto –, haben oftmals die Erfahrung des Golfkriegs ins Feld geführt. Doch es gibt signifikante Unterschiede. Der Golfkrieg wurde durch einen klaren Fall von Aggression gegen anerkannte nationale Grenzen ausgelöst, durch den Saudi-Arabien bedroht wurde, dessen Sicherheit von allen amerikanischen Präsidenten, gleich welcher Partei, als entscheidend erachtet worden war. Die Vereinigten Staaten beschlossen, in den wenigen Monaten, die zur Verfügung standen, bevor die Sommerhitze Bodenoperationen im großen Stil unmöglich machte, Saddams Abenteuer rückgängig zu machen. Mehrere hunderttausend amerikanische Soldaten wurden losgeschickt, bevor irgendein Versuch der Koalitionsbildung unternommen wurde. Da somit klar war, dass die Vereinigten Staaten bereit waren, notfalls allein vorzugehen, wurde eine Teilnahme an der Koalition zum wirksamsten Mittel, die Ereignisse zu beeinflussen.

Die Strategie der Antiterror-Koalition ist demgegenüber zwiespältiger. Präsident Bush hat mehrmals nachdrücklich betont, dass er entschlossen sei, die Antiterror-Kampagne nicht in Afghanistan enden zu lassen. Zu gegebener Zeit wird er seinen Ankündigungen konkrete Vorschläge folgen lassen, die Auskunft darüber geben, was als Unterstützung von Terrorismus oder terroristischer Kriegführung bewertet wird. Und er wird versuchen, Druckmittel zur Unterlassung jeder Art von Unterstützung der Terroristen zu schaffen. Dieser Moment wird sich als Nagelprobe der Aktionsfähigkeit der Koalition erweisen. So könnte es zu Unstimmigkeiten darüber kommen, was genau einen terroristischen Zufluchtsort darstellt, welche Maßnahmen ein Staat treffen sollte, um den Terroristen den Geldhahn zuzudrehen, welche Strafen bei Zuwiderhandlung in Frage kommen und in welcher Weise, ob und durch wen Gewalt angewendet werden sollte.

Eine einheitliche Strategie wird umso wichtiger, falls biologische Waffen zum Arsenal des Terrorismus gehören. In diesem Fall werden Präventivmaßnahmen unumgänglich sein. Staaten, von denen bekannt ist, dass sie über Einrichtungen zum Bau solcher Waffen verfügen und diese bereits eingesetzt haben, müssen gezwungen werden, sich strengen, konsequenten internationalen Inspektionen mit obligatorischen Vollstreckungsmechanismen zu unterwerfen. Dies gilt insbesondere für den Irak mit seiner langen Geschichte von Bedrohungen aller seiner Nachbarn und mit seinem Einsatz chemischer Waffen.

Die Bedingungen für die internationale Unterstützung einer entschlossenen Politik sind vorhanden. Die Angriffe auf die Vereinigten Staaten haben eine außerordentliche Interessengleichheit unter den größeren Mächten bewirkt, denn keine von ihnen möchte dem Treiben im Verborgenen operierender Gruppen ausgesetzt sein, die sich von Südostasien bis an den Rand Europas gebildet haben. Praktisch kein Land verfügt über die Mittel, sich dem allein zu widersetzen. Dies ist auch der Grund dafür, dass die NATO-Verbündeten sogleich Artikel 5 des NATO-Vertrags zur Anwendung brachten, in dem es um die kollektive Selbstverteidigung geht und der in der fünfzigjährigen Geschichte des Bündnisses noch nie herangezogen worden ist. Unsere asiatischen Verbündeten, Japan und Südkorea, sind als demokratische und industrialisierte Staaten dem gleichen Grundsatz gefolgt. Indien, das zutiefst bedroht wäre, sollte sich der islamische Fundamentalismus auf seinen muslimischen Bevölkerungsteil – den zweitgrößten der Welt – ausdehnen, hat viel zu verlieren, wenn es den gemeinsamen Kurs verlässt. Auch Russland sieht aufgrund seiner islamischen Nachbarn im Süden ein gemeinschaftliches Interesse, ebenso China hinsichtlich seiner westlichen Regionen. China hat einen zusätzlichen Anreiz darin, dem globalen Terrorismus vor den Olympischen Spielen des Jahres 2008, die in Peking stattfinden, frühzeitig ein Ende zu setzen. Paradoxerweise hat der Terrorismus ein Bewusstsein der Weltgemeinschaft erweckt, dessen Erzeugung den Fürsprechern einer auf philosophischen Begriffen gegründeten Weltordnung versagt geblieben ist.

Die Haltung der islamischen Welt ist zwiespältiger. Viele islamische Nationen sind zwar wegen des Fundamentalismus zutiefst beunruhigt, aber aufgrund der öffentlichen Meinung in ihren Ländern nicht in der Lage, sich offen auf die Seite der Antiterror-Koalition zu stellen, und einige mögen sogar mit gewissen Aspekten der terroristischen Agenda sympathisieren. Gegenüber traditionellen Freunden der Vereinigten Staaten und des Westens, wie Saudi-Arabien und Ägypten, ist eine verständnisvolle Haltung Amerikas angebracht. Die Führer dieser Staaten sind sich sehr wohl bewusst, dass sie Kompromisse eingehen mussten, die ihnen aufgrund brutaler innenpolitischer Erfordernisse aufgezwungen wurden. Die Koalition sollte deutlich jede Anstrengung unternehmen, ihnen zu helfen, diese Umstände zu überwinden, sowie die Weitergabe geheimdienstlicher Informationen und die Kontrolle von Geldflüssen zu verbessern.

Für eine ernsthafte Politik gibt es jedoch Grenzen, die nicht überschritten werden dürfen. Es gibt keinen Grund, solche Länder als Mitglieder der Koalition zu behandeln, deren vom Staat unterhaltene Medien den Terrorismus befürworten und rechtfertigen, die für die Sicherheit potentieller Opfer lebenswichtige Informationen zurückhalten und terroristischen Gruppen erlauben, von ihrem Territorium aus zu operieren.

Dies gilt vor allem für den Iran. In geopolitischer Hinsicht ist eine Verbesserung der Beziehungen zwischen den USA und dem Iran durchaus erstrebenswert, wie ich in diesem Buch darlegen werde. Um den Iran jedoch in eine Koalition gegen den Terrorismus aufzunehmen, ist es erforderlich, dass dieser seine gegenwärtige Rolle als führender Unterstützer des globalen Terrorismus, wie sie sowohl vom State Department als auch von der überparteilichen Bremer-Kommission dargelegt worden ist, aufgibt. Eine Beziehung des Iran zum Westen kann nur gedeihen, wenn beide Seiten die Notwendigkeit dafür empfinden. Beide Seiten – und nicht nur der Westen – stehen hier vor fundamentalen Entscheidungen. Das Gleiche gilt in geringerem Maße auch für Syrien.

In dem Krieg gegen den Terrorismus geht es nicht nur darum, Terroristen aufzuspüren. Vor allem geht es darum, sich nicht die außerordentliche Gelegenheit nehmen zu lassen, die sich für eine Umgestaltung des internationalen Systems ergeben hat. Nachdem die nordatlantischen Nationen die gemeinsame Bedrohung erkannt haben, können sie sich einer Neudefinition gemeinsamer Ziele zuwenden. Die Beziehungen zu den früheren Gegnern sollten sich nicht mehr nur darauf beschränken, die Spuren des Kalten Krieges zu beseitigen und für Russland in seiner postimperialen Phase, wie auch für China, das dabei ist, sich zur Großmacht zu entwickeln, eine neue Rolle zu finden. Auch Indien steht im Begriff, zu einem bedeutenden »Global Player« zu werden. Sobald ein messbarer Erfolg in der Antiterror-Kampagne eingetreten ist und sobald es nicht mehr als Zugeständnis an die Terroristen erscheint, sollte der Nahost-Friedensprozess in aller Dringlichkeit wieder aufgenommen werden. Diese und andere Chancen dürfen nicht ausgelassen werden, nur weil diejenigen, die über die Fähigkeit verfügen, sich durchzusetzen, vor dem zurückschrecken, was die sich bietenden Gelegenheiten erfordern.

Eine neue internationale Ordnung – Amerika und Europa

Was das historische Verhältnis zwischen den Vereinigten Staaten und Europa betrifft, zwang die Tragödie vom 11. September die Verbündeten, sich auf die Grundprinzipien der transatlantischen Beziehungen zu besinnen. Dies zeigt sich besonders deutlich, wenn man die Haltung der Europäer gegenüber der neuen US-Regierung vor und nach dem

11. September vergleicht. Die Reaktion Europas auf die Präsidentschaft George W. Bushs kam in den Worten eines Pressesprechers des Weißen Hauses zum Ausdruck, als dieser den Zweck der ersten Europareise des Präsidenten im Juni 2001 als Bemühung darstellte, die Europäer von der irrtümlichen Vorstellung zu befreien, dieser sei ein »oberflächlicher, arroganter, Revolver tragender ... texanischer Hinterwäldler«. Trotz dieser angeblichen europäischen Vorstellungen gelang es dem neuen Präsidenten, seine charakteristischen Qualitäten unter Beweis zu stellen. Doch nicht seine Persönlichkeit war es, was Europa und Amerika damals trennte, sondern die Unterschiede in der politischen Philosophie.

Die intellektuellen Überzeugungen des neuen Präsidenten waren vom konservativen Flügel des politischen Spektrums Amerikas geprägt, und er wurde gewählt, weil er für dessen Grundsätze eintrat. Außenpolitisch bedeutete dies ein Engagement für die nationale Sicherheit – in deren Mittelpunkt die Raketenabwehr trat –, die Pflege der etablierten Bindungen zu den traditionellen Verbündeten und eine Betonung des nationalen Interesses gegenüber dem Multilateralismus.

Dagegen gehörte die Mehrheit der europäischen Regierungen, denen der Präsident auf seiner Europareise begegnete, der linken Mitte an. Da sich die europäischen Regierungsparteien, wenn auch vom entgegengesetzten Pol, innenpolitisch zur Mitte und zu marktorientierter Politik hin bewegt haben, standen sie unter dem Druck ihrer linken Flügel, wenigstens auf außenpolitischem Gebiet an vertrauten linken Grundsätzen festzuhalten. Zu diesen gehören der Widerstand gegen jede Veränderung der etablierten nuklearen Regelungen, Misstrauen gegenüber Amerikas Rüstungsausgaben und -zielen, die Aushöhlung europäischer Verteidigungshaushalte und die Betonung so genannter weicher Themen wie der Umwelt (daher die scharfe Reaktion auf die Ablehnung des Kyoto-Protokolls durch die USA). Die europäischen Regierungschefs der linken Mitte haben ihre politischen Lehrjahre während der Anti-Vietnam-Proteste der siebziger und der Anti-Raketen-Demonstrationen der achtziger Jahre durchlaufen, die amerikanische Regierungsmannschaft absolvierte ihre Lehrjahre während der Zurückweisung dieser Protesthaltung unter der Reagan-Administration. Widerstreitende Wahrnehmungen waren daher unvermeidlich.

Wie sich herausstellte, erleichterte die Karikatur des amerikanischen Präsidenten in den europäischen Medien und bei einigen europäischen Regierungen ein positives Ergebnis des ersten Präsidentenbesuchs in Europa. Denn während Bush an seinen grundlegenden Ansichten zur Raketenabwehr festhielt, jedoch Konsultationen über ihre Anwendung anbot, sahen sich die europäischen Regierungschefs genötigt, entweder den Präsidenten mit politischen Konzepten einer eigenen Sicherheitsphilosophie zu konfrontieren – und damit die gesamten Beziehungen aufs Spiel zu setzen –, oder das Grundsätzliche zu akzeptieren und sich die Option offen zu halten, über die Anwendung zu diskutieren. Präsident Bush sah sich angesichts der europäischen Haltung zum Thema Umwelt einer vergleichbaren Herausforderung gegenüber. Weder in seiner Regierung noch im Kongress gab es jemanden, der sich für die Ratifizierung des Klimaschutzabkommens einsetzte – selbst nicht unter jenen, die meinten, dass die Ablehnung seitens der US-Regierung zu endgültig und mit zu wenig Rücksicht auf die Empfindlichkeiten der Verbündeten erfolgt sei. So brachte der Präsident in Europa die Bereitschaft der Vereinigten Staaten zum Ausdruck, einige gemeinsame Antworten auf das Problem der globalen Erwärmung in Betracht zu ziehen. Doch könne dies nicht auf der Grundlage des Kyoto-Protokolls erfolgen, dessen Ratifizierung der US-Senat mit einem Stimmenverhältnis von 95 : 0 abgelehnt habe. Im Ergebnis bewahrte sich jede Seite die Option für das, was sie als wesentlich erachtete, wobei die Voraussetzungen für Konsultationen über eine Definition der Ausführung erhalten blieben.

Die terroristischen Angriffe auf Washington und New York waren es dann, die den europäisch-amerikanischen Beziehungen eine neue Richtung wiesen. Der 11. September führte Amerikas europäischen Verbündeten zwei Tatsachen vor Augen: dass Europa im Falle eines ähnlichen Angriffs auf seine Städte über keinerlei Möglichkeiten der Vergeltung verfügte und daher dem Terrorismus wehrloser als die Vereinigten Staaten ausgeliefert war; und während der folgenden Koalitionsdiplomatie wurde bald klar, dass die größeren Länder der Welt den direkten Kontakt zu Washington einer Mittlerrolle Europas vorzogen.

Wenn Europa nicht marginalisiert werden wollte, musste eine Rückkehr zur Allianzdiplomatie Vorrang vor der Betonung der Eigenständigkeit Europas gegenüber den Vereinigten Staaten erhalten. In der Frage des Terrorismus traten die europäischen Institutionen hinter die traditionelleren Beziehungen zwischen den Nationen des Nordatlantiks zurück. Europas Regierungschefs verstanden, dass sie durch die Zusammenarbeit mit Washington weit mehr Einfluss auf die neue Diplomatie und Strategie nehmen konnten als durch die Infragestellung amerikanischer Maßnahmen – ein Weg, der durch die subtile Koalitionsdiplomatie der Bush-Administration erleichtert wurde.

Dies bedeutete keine feindselige Haltung Amerikas gegenüber einer europäischen Identität. Ganz im Gegenteil hat die neue atlantische Diplomatie eine neue Grundlage für konstruktive Beziehungen zwischen Amerika und einem in der Vereinigung begriffenen Europa geschaffen. Wohl wissend, dass die europäischen Institutionen noch nicht so weit sind, um Europa eine globale strategische Rolle spielen zu lassen, haben die europäischen Regierungen ihre jeweilige nationale Politik dazu benutzt, in der Frage des Terrorismus die grundlegende Einigkeit zwischen Europa und den Vereinigten Staaten hinsichtlich ihrer Ziele und Wertvorstellungen hervorzuheben. Dabei haben sie zugleich die Grundlage dafür geschaffen, dass die nächste Phase der europäischen Integration in einer viel konstruktiveren Atmosphäre stattfinden kann. Premierminister Tony Blair übernahm bei der Schaffung des moralischen und politischen Rahmens der atlantischen Zusammenarbeit in der Terrorismusfrage die Führung. Fest steht aber auch, dass er zugleich langfristigere Ziele verfolgte: nämlich Amerika das zugrundelegende Verständnis der Briten von der atlantischen Einheit zu demonstrieren und die Wirkung dieser politischen Linie auf Washington dazu zu benutzen, an einem neuen Stadium der europäischen Integration teilzunehmen. Bundeskanzler Gerhard Schröder schlug einen parallelen Kurs ein. In der neuen Atmosphäre, in der Europa einen freiwilligen militärischen Beitrag leistete, der gelegentlich über das hinausging, was die Vereinigten Staaten gegebenenfalls verlangt hätten oder ummittelbar anzufordern gedachten, hat das transatlantische Verhältnis eine neue, konstruktivere Richtung erhalten.

Die trennende Frage der Raketenabwehr ist in den Hintergrund getreten, teilweise auch als Ergebnis der neuen Diplomatie, vor allem aber wegen der sich entwickelnden neuen Beziehung zu Russland. Und der Streit über globale Fragen wird erst dann wieder aufgenommen werden müssen, wenn die biologische Kriegführung ganz oben auf die Tagesordnung kommt, denn hier handelt es sich um ein Thema, das eine globale Antwort erfordert. Diese positiven Tendenzen haben durch die sich rasch verbessernden Beziehungen zwischen den Vereinigten Staaten und Russland eine Beschleunigung erfahren. Bis zur Eröffnung des intensiven Dialogs zwischen Bush und Putin sahen sich viele europäische Regierungen in einer Vermittlerrolle. Der Dialog der beiden Präsidenten hat gezeigt, dass eine solche Rolle unnötig ist – auch wenn einige überschwängliche amerikanische Erklärungen zum persönlichen Verhältnis zwischen Bush und Putin über das Ziel hinausschossen. Stattdessen standen die NATO-Verbündeten nun vor dem Problem, ob sie ihre verbesserten Beziehungen zu Russland im Wettbewerb gegeneinander oder als gemeinsames Projekt unterhalten sollten.

Die Beziehungen zu Russland

Der 11. September beschleunigte Tendenzen in den amerikanisch-russischen Beziehungen, die bereits zuvor ihren Anfang genommen hatten. Diese Beziehungen bergen das

Potenzial, ebenso symbolisch für die neue Ära zu werden wie die Öffnung Chinas nach 1972. Präsident Wladimir Putins Verhalten sowohl vor als auch nach den Terrorangriffen vom 11. September zeigt, dass der erste Führer eines wirklich nichtkommunistischen Russlands die traditionelle russische Politik an die im Entstehen begriffenen internationalen Realitäten anzupassen beginnt.

Michail Gorbatschow und Boris Jelzin hatten ihre Karriere in den Kämpfen auf Leben und Tod gemacht, die zu ihren Positionen im Politbüro führten. Sie waren an eine Sowjetunion gewöhnt, die – zumindest in den eigenen Augen – den Vereinigten Staaten als Supermacht ebenbürtig war. Weil sie instinktiv daran glaubten, dass der Aufruhr in Russland nur eine kurze Unterbrechung darstellte, bevor es seine historische Mission wieder aufnahm, schwankten sie zwischen der Pose der Supermacht Seite an Seite mit dem Präsidenten der Vereinigten Staaten und sprunghaften Versuchen, auf der Grundlage einer strategischen Opposition zu den Vereinigten Staaten traditionelle Sowjetpolitik zu betreiben.

Im Gegensatz hierzu absolvierte Putin seine Laufbahn in der KGB-Bürokratie und später als stellvertretender Bürgermeister von St. Petersburg. In ersterer Stellung spielte die Analyse der internationalen Lage eine herausragende Rolle; in letzterer wurde Putin hautnah mit den Schwierigkeiten des postsowjetischen Wiederaufbaus konfrontiert. Wie seine Vorgänger will er Russland wieder zu seiner früheren Rolle verhelfen, doch anders als sie versteht er dies als ein langfristiges Unterfangen.

Im Licht der russischen Geschichte lässt sich Putin am ehesten mit Fürst Alexander Gortschakow vergleichen, der nach dem russischen Debakel im Krimkrieg von 1856 fünfundzwanzig Jahre lang die russische Außenpolitik leitete. Mit Geduld, versöhnlichen Gesten und unter Vermeidung von Krisen gelang es Gortschakow, seinem isolierten und stark geschwächten Land wieder zu einer führenden internationalen Stellung zu verhelfen.

Putins Prioritäten scheinen zu sein: der Aufbau der russischen Wirtschaft; die Wiederherstellung Russlands als

Großmacht – vorzugsweise durch Zusammenarbeit mit den Vereinigten Staaten, notfalls aber auch durch Errichtung von ausgleichenden Machtzentren mit China oder Europa; die Bekämpfung des islamischen Fundamentalismus; die Schaffung einer neuen Sicherheitsbeziehung im Hinblick auf Europa, wobei ein besonderes Augenmerk der Erweiterung der NATO auf die baltischen Staaten gilt; und schließlich die Lösung des Problems der Raketenabwehr.

Diese Prioritäten erklären, warum Putin es in der Frage der Raketenabwehr nicht zur Konfrontation hat kommen lassen. Eine Auseinandersetzung mit den Vereinigten Staaten würde Russlands Ressourcen auslaugen und eine Rückkehr zu Verhaltensweisen des Kalten Krieges begünstigen. Kooperation dagegen würde eine neue Ära symbolisieren und vielleicht technologischen Fortschritt auf dem Gebiet einer gemeinsamen Raketenabwehrtechnologie mit sich bringen. Und der Preis dafür wäre erträglich: Die schiere Größe des russischen Nuklear- und Raketenarsenals wird verhindern, dass irgendeine für das kommende Vierteljahrhundert vorhersehbare Raketenabwehr Russlands grundlegende Befähigung zum Vergeltungsschlag bedroht. Darum hat Putin vor allem Interesse an einer Begrenzung des amerikanischen Erstschlagspotenzials gezeigt und klaglos die Kündigung des ABM-Vertrages durch die Vereinigten Staaten hingenommen, welche immer noch die Option einer späteren Einigung offen lässt, bei der die Begrenzung von Angriffs- und Abwehrwaffen miteinander verknüpft werden könnte.

Auf politischer Ebene ist wahrscheinlich das Problem des islamischen Fundamentalismus die vorherrschende Sorge Russlands. Die russische Führung hat schon immer die afghanischen Taliban und ähnliche Bewegungen als Bedrohung der ehemaligen Sowjetrepubliken und nunmehr unabhängigen Staaten Usbekistan, Aserbaidschan, Kasachstan, Tadschikistan und Turkmenistan empfunden. Darüber hinaus fürchtet Moskau, militante Ideologien könnten in Russlands südlichen Provinzen irredentistische Tendenzen entfachen.

Darum ging Putin so bereitwillig auf die Herausforderung durch die Terrorattacken vom 11. September ein. Sie gaben ihm Gelegenheit für die Art von Kooperation hinsichtlich der fundamentalistischen Bedrohung, auf die er sowieso schon hingearbeitet hatte: eine Politik der Partnerschaft mit den Vereinigten Staaten, was mit anderen Worten bedeutet, dass er Russlands Ziele verfolgt, indem er sich amerikanischer Macht bedient.

Präsident Bush hat diese Bestrebungen entschlossen aufgegriffen. Dabei ist es jedoch wichtig zu bedenken, dass die neue russische Politik nicht das Ergebnis einer persönlichen Vorliebe ist, sondern auf einer kühlen Einschätzung des russischen Interesses beruht. Putin hat sich weitere Optionen mit China und mit Europa, dort vor allem mit Deutschland, offen gehalten, sollte es mit den Vereinigten Staaten nicht klappen. Daher müssen die persönlichen Beziehungen zwischen den Führern – die notwendig sind, um erst einmal die psychologischen Rahmenbedingungen zu schaffen – in vereinbarte, permanente gemeinsame Interessen umgesetzt werden. Ansonsten besteht die Gefahr, dass sich die Erfahrung früherer Führer des Westens wiederholt, die sich auf ihre persönlichen Beziehungen zu Michail Gorbatschow und Boris Jelzin (und zuvor schon zu Josef Stalin und seinen Nachfolgern) verließen. Man tut Putin keinen Gefallen, wenn man seine Politik seiner Persönlichkeit zuschreibt – so beeindruckend sie auch sein mag; es ist dies ein Argument, das innenpolitische Gegner gegen ihn wenden könnten.

Gerade weil sich eine konkrete neue Grundlage ergeben hat, gibt es jetzt Hoffnung auf eine Verbesserung der amerikanischen und atlantischen Beziehungen zu Russland. Nicht nur verhindert die gegenwärtige politische Struktur Europas jene Art napoleonischer oder hitlerischer Invasionen, die Russland in der Vergangenheit sich um seine Sicherheit sorgen ließen, auch sind keine Kriege zwischen Atommächten mit ihren unweigerlich erschreckenden Kosten, die in keinem Verhältnis zu irgendeinem rationalen Ziel stehen, zu befürchten; vor allem aber hat sich das politische Kalkül in traditionellen Krisenregionen wie dem Nahen Osten verändert. Die frühere Vorstellung von einem Nullsummenspiel zwischen zwei vorherrschenden Mächten trifft heute nicht mehr zu. Während des Kalten Krieges – und noch einige Zeit danach – glaubte sowohl die russische als auch die amerikanische Führung, ein politischer Sieg für die eine Seite komme einer strategischen Niederlage für die andere gleich, und so versuchten sie sich gegenseitig den Einfluss im Nahen Osten streitig zu machen. Unter den Bedingungen, wie sie seit dem 11. September herrschen, würde eine solche Politik beide Seiten gegenüber dem islamischen Fundamentalismus schwächen und die Stabilität der Region untergraben, an der beide ein lebenswichtiges Interesse haben.

Es gibt jedoch deutliche Grenzen, die keines der beiden Länder überschreiten darf: Die Vereinigten Staaten dürfen nicht im Namen der Bekämpfung des islamischen Fundamentalismus Russlands Methoden dulden, mit denen es den Aufstand in Tschetschenien unterdrückt. Auch kann es Amerika nicht gleichgültig sein, wenn Russland den islamischen Fundamentalismus zum Vorwand nimmt, die seit kurzem unabhängigen Staaten Zentralasiens wieder unter seine strategische Vorherrschaft zu bringen. Die Sicherheit Israels bleibt ein fundamentales Ziel Amerikas. Russland hat in der Vergangenheit kein entsprechendes Interesse bekundet – obwohl sich diese Zurückhaltung seitens eines Teils der russischen Führung ändern könnte, der in Israel ein strategisches Gegengewicht zum islamischen Fundamentalismus zu sehen beginnt. Schließlich ist es möglich, dass sich der Wettstreit um den Zugang zum Erdöl und seine Transportrouten als gewichtiges Hindernis einer koordinierten Politik erweisen könnte. Am Ende hängen die Möglichkeiten einer russisch-amerikanischen Kooperation hinsichtlich des islamischen Fundamentalismus von der Fähigkeit ab, einen Mittelweg zwischen blauäugigem Optimismus und einem neuen Wettstreit um Vorherrschaft zu finden.

Das Problem besteht darin, wie man Beratungsmechanismen schaffen kann, die es ermöglichen, gemeinsam die neuen Realitäten anzugehen, ohne Europa das Gefühl zu geben, dass es einem russisch-amerikanischen Kondominium ausgeliefert ist. Ein Versuch in dieser Richtung wurde unternommen, als NATO-Generalsekretär George Robertson ein Programm vorlegte, um Russland in die NATO einzubinden. Danach soll sich ein neu zu schaffender NATO-Rat unter Einschluss Russlands mit noch speziell zu definierenden Politikfeldern befassen, während sich der bisherige NATO-Rat ohne Russland um sämtliche anderen Angelegenheiten kümmert. Dabei sollen Entscheidungen der neuen Körperschaft einstimmig getroffen werden, was letztlich darauf hinausläuft, dass Russland ein Vetorecht innerhalb der NATO erhält. Die Themen, für die der neue NATO-Rat zuständig sein soll, sind noch nicht ausgewählt worden, doch wurden von Lord Robertson die Nichtweitergabe von Atomwaffen, Terrorismus und Flüchtlingsprobleme genannt.

Diese Themen verdienen eine Befassung unter Einschluss Russlands. Doch eine – wenn auch noch so partielle – Mitgliedschaft Russlands in der NATO ist nicht die Lösung. Die NATO ist und bleibt im Grunde ein Militärbündnis, dessen Zweck zum Teil darin besteht, Europa vor eventuellen neuen imperialen Machtbestrebungen Russlands zu schützen. Seit dem Ende des Kalten Krieges und der Bildung der gemeinsamen Front gegen den Terrorismus ist diese Gefahr für die vorhersehbare Zukunft verschwunden; doch dass ehemalige Mitglieder des Warschauer Pakts der NATO beigetreten sind und andere im Begriff stehen, dies ebenfalls zu tun, liegt daran, dass für Mitteleuropäer gegenüber der Wertschätzung ausländischer Regierungschefs die geschichtliche Erfahrung ein größeres Gewicht besitzt. Die NATO schützt ihre Mitglieder nicht voreinander. Die NATO-Erweiterung mit einer auch nur teilweisen Mitgliedschaft Russlands zu koppeln bedeutet in gewissem Sinne, zwei inkompatible Handlungsweisen miteinander zu verschmelzen.

Man wird damit argumentieren, dass dieses Problem durch die sorgfältige Definition der Aufgaben vermieden werden kann, die dem neuen NATO-Russland-Rat zugeteilt werden. Doch dies wäre weder eine Lösung für Russland noch für die NATO. Denn wenn Sicherheitsmaßnahmen, die das traditionelle Betätigungsfeld der NATO sind, von der gleichen Gruppe von Botschaftern beraten werden, die – mit einem anderen Etikett versehen – die Kooperation mit Russland praktiziert, dann geraten die Ratsmitglieder in eine unmögliche psychologische Position. Wenn aber Russland zu einem De-facto-Mitglied der NATO wird, hört diese auf, ein Bündnis zu sein, oder wird zu einem nebulösen kollektiven Sicherheitsinstrument.

Auch ist eine permanente Versammlung von NATO-Botschaftern nicht das beste Forum zur Sondierung von Themen wie Terrorismus, Nichtweitergabe von Atomwaffen und Migration oder anderen globalen Fragen. Denn die NATO ist nicht mehr das Hauptforum für derlei Probleme. Dafür bedarf es eines neuen Konsultationsschemas außerhalb des NATO-Rahmens.

Wie im Kapitel über Europa nachzulesen ist, entspricht die heutige Lage derjenigen nach dem Zusammenbruch des napoleonischen Reiches. Das Ende Napoleons beendete nicht die Furcht vor einem wieder erstarkenden Frankreich. Aber man verstand auch, dass ein dauerhafter Friede die volle Teilhabe Frankreichs an der internationalen Diplomatie erforderte. Die Lösung bestand in der Quadrupelallianz, um Europa gegen einen erneuten französischen Expansionismus zu schützen. Frankreich war kein Mitglied dieses Sicherheitsbündnisses. Aber es wurde eingeladen, als gleichberechtigter Partner dem so genannten Europäischen Konzert beizutreten, das sich mit den Fragen der politischen Stabilität Europas befasste.

Ein vergleichbarer institutioneller Rahmen wäre, angebracht, um der gegenwärtigen Herausforderung zu begegnen. Russland sollte ein vollwertiger und gleichberechtigter Partner in politischen Diskussionen werden, welche die internationale Ordnung betreffen. Wenn es um die atlantischen Beziehungen geht, könnte der Konsultationsmechanismus der OSZE auf Regierungschef-Ebene gehoben werden; für globale Themen könnten die G-8-Treffen wieder mehr von ihrer ursprünglichen Substanz erhalten, wenn man ihnen einen politischen und nicht lediglich wirtschaftlichen Inhalt verliehe. Andernfalls sollte man einen neuen konsultativen Rahmen schaffen. Jedenfalls wird es nicht funktionieren, wenn man versucht, den neuen Wein eines Umbruchs des internationalen Systems in die alten Schläuche von Institutionen zu füllen, die vor einem halben Jahrhundert zu ganz anderen Zwecken geschaffen wurden.

Die amerikanisch-europäisch-russischen Beziehungen müssen sich mit vier grundlegenden Herausforderungen auseinandersetzen:

- Die Beziehungen müssen von der psychologischen auf die politische Ebene verlagert werden; sie dürfen nicht von den persönlichen Beziehungen der Regierungschefs abhängig gemacht werden. Konkrete Ziele und insbesondere Programme und Vereinbarungen sind dabei notwendig. Auf nuklearem Gebiet erfordert dies die Fähigkeit, zwei Richtungen gleichzeitig zu verfolgen. Die Vereinbarungen der vorangegangenen Generation, die von der Annahme einer Rivalität zwischen den Supermächten und einer sehr begrenzten Anzahl von Nuklearmächten ausgingen, haben einen Großteil ihrer Relevanz verloren. Gleichzeitig kann die nukleare Welt nicht einer ungezügelten Vermehrung von Atomwaffen und anderen Mitteln der Massenvernichtung überlassen werden. Die Nichtweitergabe muss ein Hauptziel der Diplomatie werden, besonders der Atommächte. Das Verhältnis zwischen Offensiv- und Defensivwaffen muss letztlich einen Ausdruck finden – wobei deren Form den Realitäten der Gegenwart angepasst werden muss.

- Auf politischem Gebiet dürfen die Erfordernisse der Gegenwart nicht von Hoffnungen auf die Zukunft überlagert werden. Dies gilt insbesondere für Amerikas Verhältnis zur NATO, unserer einzigen institutionellen Verbindung mit Europa. Doch es gilt auch für Amerikas Beziehungen zu China, Japan und Israel. Diese dürfen nicht für kurzfristige taktische Erwägungen geopfert werden.

- Im gleichen Sinne wird Russland seinen Einfluss in Regionen von geopolitischer und historischer Bedeutung für den russischen Staat aufrechtzuerhalten versuchen, auch als Absicherung für den Fall, dass die Bemühungen, eine neue Grundlage für die russisch-amerikanischen Beziehungen zu, schaffen, scheitern sollten – wie an den jüngsten Freundschaftsverträgen mit China und Nordkorea zu erkennen ist.

- All dies erfordert Phantasie in der Außenpolitik Amerikas und des Westens. Mit einer klugen Außenpolitik sollte Amerika für die absehbare Zukunft in der Lage sein, Anreize zu schaffen, die sowohl Russland als auch China größeren Gewinn aus kooperativen Beziehungen zu den Vereinigten Staaten als aus der Konfrontation mit ihnen schöpfen lassen.

Die erstarrten Beziehungen des Kalten Krieges passen nicht mehr in eine Welt, in der es keine prinzipiellen Gegner mehr gibt und in der sich schon allein die Unterscheidung zwischen Freund und Feind in manchen Regionen im Übergang befindet.

Unter solchen Umständen müssen die Vereinigten Staaten eine Diplomatie entwerfen, die Bedrohungen fundamentaler amerikanischer Interessen und Werte verhindert, ohne von Vornherein auf einen bestimmten Gegner abzuzielen und vor allem mittels einer Politik, die auf dem weitest möglichen internationalen Konsens über positive Ziele beruht.

Amerika auf dem Gipfel der Macht: Imperium oder Führungsnation?

Zu Beginn des neuen Jahrtausends erfreuen sich die Vereinigten Staaten einer Stellung in der Welt, mit der sich keines der Imperien der Vergangenheit messen kann. Auf militärischem und wirtschaftlichem Gebiet, in Wissenschaft und Technologie, von der höheren Bildung bis hin zur Popkultur kann sich Amerika einer nie da gewesenen Dominanz gegenüber dem Rest der Welt rühmen. Während des letzten Jahrzehnts des 20. Jahrhunderts wurde Amerika aufgrund seiner Vormachtstellung zur unverzichtbaren Komponente der internationalen Stabilität. Es betätigte sich in einem Maße als Vermittler in internationalen Konflikten, dass es zum Beispiel im Nahen Osten zum integralen Bestandteil des Friedensprozesses wurde. So verpflichtet fühlten sich die Vereinigten Staaten dieser Rolle, dass sie sich fast rituell als Vermittler anboten, gelegentlich sogar dann, wenn sie nicht von allen Beteiligten dazu eingeladen worden waren – wie im Juli 1999 im Kaschmir-Konflikt zwischen Indien und Pakistan. Die Vereinigten Staaten betrachteten sich als Ursprung und Garant demokratischer Institutionen rund um die Welt und schwangen sich zunehmend zum Richter über die Fairness bei Wahlen in anderen Ländern auf, wobei sie Sanktionen und andere Druckmittel anwandten, wenn ihre Kriterien nicht erfüllt wurden.

Als Folge davon sind amerikanische Truppen über die ganze Welt verstreut, von den nordeuropäischen Tiefebenen bis zu den Konfrontationslinien in Ostasien. Diese Etappen amerikanischen Engagements neigen dazu, sich im Namen der Erhaltung des Friedens in permanente militärische Bindungen zu verwandeln. Auf dem Balkan üben die Vereinigten Staaten heute im Wesentlichen die gleiche Funktion aus wie an der Wende zum vorigen Jahrhundert das Habsburger und das Osmanische Reich, als diese dort den Frieden bewahrten, indem sie Protektorate zwischen verfeindeten ethnischen Gruppen errichteten. Sie dominieren das internationale Finanzsystem, indem sie über den weltweit größten Pool von Investmentkapital verfügen, ausländischen Investoren die attraktivsten Anreize bieten und für die Exportindustrien anderer Länder den größten Markt darstellen. Die amerikanische Popkultur wirkt weltweit geschmacksbildend, wird allerdings gelegentlich auch zum Zündstoff nationaler Ressentiments.

Das Erbe der 1990er Jahre hat ein Paradoxon hervorgebracht. Einerseits provoziert die Macht der Vereinigten Staaten, auf ihrer Sicht der Dinge bestehen und sie auch durchsetzen zu können, oft genug den Vorwurf amerikanischer Hegemonie. Gleichzeitig spiegeln jedoch Amerikas Rezepte für den Rest der Welt oftmals entweder innenpolitische Pressionen wider oder aber es kommen Maximen zum Ausdruck, die noch von den Erfahrungen des Kalten Krieges herrühren. Das führt dazu, das trotz der herausragenden Stellung des Landes die ernsthafte Gefahr besteht, vielen Ereignissen, die die globale Ordnung berühren und letztlich umgestalten, unvorbereitet gegenüberzustehen. So legt die internationale Gemeinschaft eine seltsame Mischung aus Respekt vor und Unterwerfung unter Amerikas Macht an den Tag, begleitet von gelegentlicher Wut über seine Rezepte und Verwirrung über seine langfristigen Ziele.

Ironischerweise wird Amerikas herausragender Stellung von der eigenen Bevölkerung oft nur Gleichgültigkeit entgegengebracht. Legt man die Berichterstattung der Medien und Verlautbarungen des Kongresses – zwei wichtige Stimmungsbarometer – zugrunde, so befindet sich das Interesse der Amerikaner an außenpolitischen Fragen auf einem nie da gewesenen Tiefpunkt.[1] Deshalb rät allein schon die Vernunft angehenden Politikern, Diskussionen über Außenpolitik tunlichst aus dem Wege zu gehen, und verleitet sie dazu, eher der gerade aktuellen Stimmungslage zu folgen, als das Land zu führen und sich der Herausforderung zu stellen, Amerikas tatsächlichen Ansprüchen gerecht zu werden. Die letzte Präsidentschaftswahl war die dritte in Folge, bei der sich die Kandidaten im Wahlkampf kaum mit Außenpolitik befassten. Zumal in den neunziger Jahren hatten die Vereinigten Staaten ihre herausragende Stellung nicht strategischer Planung, sondern einer Reihe von Augenblicksentscheidungen zu verdanken, mit denen in erster Linie die Wählerschaft zufrieden gestellt werden sollte; ihre wirtschaftliche Größe wiederum verdankten sie der Technologie und dem daraus resultierenden, nie da gewesenen Zuwachs an Produktivität. All dies hat der Versuchung Auftrieb gegeben, so zu tun, als brauchten die Vereinigten Staaten gar keine weittragende Außenpolitik und könnten sich darauf beschränken, von Fall zu Fall auf außenpolitische Herausforderungen zu reagieren.

Auf dem Gipfel ihrer Macht finden sich die Vereinigten Staaten in einer paradoxen Situation. Angesichts der vielleicht tief greifendsten und umfassendsten Umwälzungen, die die Welt je erlebt hat, haben sie es versäumt, für die sich abzeichnenden Realitäten adäquate Konzepte zu entwickeln. Der Sieg im Kalten Krieg verführt zur Selbstgefälligkeit; Zufriedenheit mit dem Status quo führt dazu, dass Politik als Projektion des Vertrauten in die Zukunft betrachtet wird; erstaunliche wirtschaftliche Leistungen verleiten die Politiker dazu, Strategie mit Wirtschaft zu verwechseln, und machen sie weniger sensibel für die politischen, kulturellen und geistigen Auswirkungen der von amerikanischer Technologie herbeigeführten tief greifenden Veränderungen.

Einhergehend mit dem Ende des Kalten Krieges, hat die Kombination aus Selbstzufriedenheit und Wohlstand eine Auffassung von Amerikas Schicksal entstehen lassen, die in einem doppelten Mythos zum Ausdruck kommt: Im linken politischen Spektrum sehen viele die Vereinigten Staaten als den ultimativen Schiedsrichter über innerstaatliche Entwicklungen auf der ganzen Welt. Sie tun so, als verfügte Amerika über die passende demokratische Lösung für jede andere Gesellschaft ungeachtet aller kulturellen und historischen Unterschiede. Für diese Denkschule ist Außenpolitik gleich Gesellschaftspolitik. Sie würdigt den Sieg im Kalten Krieg herab, denn in ihren Augen hätten die Geschichte und der unausweichliche Trend zur Demokratie von allein die Auflösung des kommunistischen Systems zuwege gebracht. Auf der Rechten bilden sich manche ein, dass der Zusammenbruch der Sowjetunion mehr oder weniger automatisch durch ein neues amerikanisches Selbstbewusstsein bewirkt wurde, das sich in der veränderten Rhetorik (»Das Reich des Bösen«) äußerte, und nicht in Folge der von den beiden großen Parteien über neun Administrationen hinweg getragenen Bemühungen im Verlauf von fast einem halben Jahrhundert. Aufgrund dieser Geschichtsinterpretation glauben sie, dass die Lösung der Übel dieser Welt in der Hegemonie Amerikas zu finden sei – in der Erzwingung amerikanischer Lösungen für die Unruheherde dieser Welt mittels der unverfrorenen Betonung ihrer großen Überlegenheit. Beide Interpretationen machen es schwierig, eine langfristige Herangehensweise an eine Welt im Übergang zu erarbeiten. In der Debatte um die richtige Außenpolitik gibt es eigentlich nur zwei Haltungen: diejenige missionarischer Rechtschaffenheit einerseits und jene andere, die besagt, dass sich mit der geballten Macht, über die Amerika verfügt, jede weitere Diskussion erübrigt. Dabei konzentriert sich die Diskussion auf ein abstraktes Thema: ob sich Amerikas Außenpolitik von Werten oder Interessen, von Idealismus oder Realismus leiten lassen solle. Die wahre Herausforderung besteht darin, beides zu verschmelzen; kein ernsthafter amerikanischer Außenpolitiker kann den traditionellen Glauben an die Einzigartigkeit der amerikanischen Demokratie außer Acht lassen. Aber ebenso wenig darf ein Politiker die Umstände ignorieren, unter denen amerikanisches Demokratieverständnis implementiert werden soll.

Die Veränderungen der internationalen Lage

Für Amerikaner muss das Verständnis der gegenwärtigen Weltlage mit der Erkenntnis beginnen, dass es sich bei den derzeitigen Unruhen nicht um vorübergehende Unterbrechungen eines ansonsten behaglichen Status quo handelt. Vielmehr sind dies Signale eines unvermeidlichen Wandels der internationalen Ordnung, der aus Veränderungen in der internen Struktur vieler ihrer Hauptakteure sowie aus der Demokratisierung der Politik, der Globalisierung der Wirtschaft und der Beschleunigung der Kommunikation resultiert. Ein Staat beruht seinem Wesen nach auf einer bestimmten Vorstellung von Gerechtigkeit, die seinen inneren Aufbau legitimiert, und einer Projektion von Macht, die ihn befähigt, seine Minimalfunktionen zu erfüllen – das heißt, seine Bevölkerung vor »ausländischen« Gefahren und inneren Unruhen zu schützen. Wenn alle diese Elemente gleichzeitig im Fluss sind – einschließlich der Auffassung davon, was »ausländisch« ist –, dann sind vorübergehende Turbulenzen unvermeidlich.

Der Begriff »internationale Beziehungen« ist relativ jungen Ursprungs, denn er impliziert, dass der Nationalstaat die Grundlage dieses Systems bildet. Der Nationalstaat aber entstand erst im Europa des späten 18. Jahrhunderts, und ihre weltweite Verbreitung fand diese Staatsform größtenteils durch den europäischen Kolonialismus. Im Mittelalter beruhten gegenseitige Verpflichtungen auf persönlichen und traditionellen Bindungen, weder auf einer gemeinsamen Sprache noch einer einzigen Kultur; eines bürokratischen Staatsapparats zwischen Untertan und Herrscher bedurfte es nicht. Beschränkungen der Regierungsgewalt leiteten sich aus Brauchtum, nicht aus Verfassungen her sowie von der universalen katholischen Kirche, die sich ihre Autonomie bewahrte und dadurch – ganz und gar unbeabsichtigt – den Grundstein für den Pluralismus und die demokratischen Beschränkungen der Staatsmacht legte, die sich Jahrhunderte später entwickelten.

Im 16. und 17. Jahrhundert brachen diese Strukturen unter dem doppelten Einfluss der Reformation, durch welche die religiöse Einheit zerbrach, und der Buchdruckerkunst, die die wachsenden religiösen Unterschiede weithin zugänglich machte, zusammen. Die hieraus entstehenden Unruhen gipfelten im Dreißigjährigen Krieg, dem im Namen ideologischer – damals noch religiöser – Orthodoxie ein Drittel der Bevölkerung Mitteleuropas zum Opfer fiel.

Aus diesem Gemetzel ging das moderne Staatensystem hervor, wie es im Westfälischen Frieden von 1648 definiert ist, dessen Grundprinzipien die internationalen Beziehungen bis zum heutigen Tag geprägt haben. Grundlage des Friedensvertrages war die Doktrin der Souveränität, der zufolge die innere Verwaltung und die Institutionen eines Staates für andere Staaten unantastbar sind.

Diese Prinzipien waren Ausdruck der Überzeugung, dass einheimische Herrscher wohl weniger zur Willkür neigten als auf Konversion erpichte umherziehende fremdländische Armeen. Gleichzeitig sollte mit dem Konzept des Gleichgewichts der Mächte verhindert werden, dass sich irgendein Staat über die anderen erhob, Kriege sollten auf relativ kleine Gebiete begrenzt werden. Mehr als zweihundert Jahre lang – bis zum Ausbruch des Ersten Weltkriegs – hat sich das aus dem Dreißigjährigen Krieg hervorgegangene Staatensystem bewährt (mit Ausnahme des ideologischen Konflikts der napoleonischen Zeit, als der Grundsatz der Nichtintervention für zwei Jahrzehnte praktisch aufgehoben war). Doch heute steht jedes dieser Konzepte unter Beschuss, und zwar in einem Maße, dass man vergisst, dass ihr Zweck nicht darin bestand, den willkürlichen Gebrauch der Macht zu erweitern, sondern ihn zu begrenzen.

Gegenwärtig durchlebt die Westfälische Ordnung eine Systemkrise. Ihre Grundsätze werden in Frage gestellt, eine allgemein anerkannte Alternative dazu muss jedoch erst noch gefunden werden. Das Prinzip der Nichteinmischung in die inneren Angelegenheiten anderer Staaten wurde zugunsten eines Konzepts der universalen humanitären Intervention oder der internationalen Rechtsprechung aufgegeben, und zwar nicht nur seitens der Vereinigten Staaten, sondern auch von vielen westeuropäischen Ländern. Auf der Millennium-Vollversammlung der Vereinten Nationen im September 2000 in New York schlossen sich dem auch zahlreiche andere Nationen an. In den neunziger Jahren unternahmen die Vereinigten Staaten vier humanitäre Einsätze – in Somalia, Haiti, Bosnien und im Kosovo; bei zwei weiteren übernahmen andere Länder die Führung: Australien in Osttimor und Großbritannien in Sierra Leone. Alle diese Interventionen, außer derjenigen im Kosovo, waren von der UNO abgesegnet.

Gleichzeitig erlebt das bislang dominante Konzept des Nationalstaats selbst eine Metamorphose. Der vorherrschenden Philosophie entsprechend, betrachtet sich jeder Staat gleichzeitig auch als Nation, doch nicht alle sind es in dem Sinne, wie der Begriff im 19. Jahrhundert verstanden wurde, nämlich als sprachliche und kulturelle Einheit. Von den »Großmächten« zu Beginn des neuen Jahrtausends erfüllen nur die Demokratien Europas sowie Japan diese Definition. In China und Russland verbindet sich ein nationaler und kultureller Kern mit multiethnischen Merkmalen. In den Vereinigten Staaten hat zunehmend eine Gleichsetzung von nationaler Identität und Multiethnizität stattgefunden. In der übrigen Welt sind Staaten mit einer gemischten ethnischen Zusammensetzung die Regel, und in vielen von ihnen wird der Zusammenhalt durch untergeordnete ethnische Gruppen bedroht, die auf der Basis von Doktrinen des Nationalismus und der Selbstbestimmung, die im 19. und Anfang des 20. Jahrhunderts Geltung hatten, nach Autonomie oder Unabhängigkeit streben. Sogar in Europa wird jetzt die Multiethnizität aufgrund fallender Geburtenraten und wachsender Zuwanderungsraten zu einer echten Herausforderung.

Historische Nationalstaaten suchen sich in dem Bewusstsein, dass sie zu klein sind, um eine bedeutendere globale Rolle zu spielen, zu größeren Einheiten zusammenzuschließen. Die Europäische Union ist das bisher umfassendste Beispiel für eine derartige Politik. Doch ähnliche transnationale Gruppierungen sind in der westlichen Hemisphäre bereits in Institutionen wie dem Nordamerikanischen Freihandelsabkommen NAFTA (North American Free Trade Agreement) und Mercosur in Südamerika, sowie in Asien in der Vereinigung südostasiatischer Staaten ASEAN (Association of Southeast Asian Nations) zu finden. Des Weiteren ist in Asien die Idee einer rudimentären Freihandelszone unter gemeinsamer chinesisch-japanischer Schirmherrschaft im Gespräch.

Jede dieser neuen Einheiten lässt sich bei der Definition ihrer Identität manchmal unbewusst, oft aber auch ganz bewusst von dem Verlangen leiten, sich von den vorherrschenden Mächten der Region abzusetzen. Für die ASEAN sind die Kontrahenten China und Japan (und eines Tages vielleicht auch Indien), für die Europäische Union und Mercosur die Vereinigten Staaten. So werden in diesem Prozess zwar die traditionellen Rivalitäten überwunden, doch es ergeben sich neue.

In der Vergangenheit haben weit geringfügigere Veränderungen genügt, um große Kriege auszulösen; aber auch im gegenwärtigen internationalen System ist es häufig zu militärischen Auseinandersetzungen gekommen. Doch niemals standen dabei die jetzigen Großmächte im bewaffneten Konflikt miteinander. Denn das Atomzeitalter hat sowohl die Bedeutung als auch die Rolle der Macht verändert, wenigstens was das Verhältnis der größeren Staaten untereinander betrifft. Bis zum Beginn des Atomzeitalters entbrannten Kriege meist um Territorien oder um den Zugang zu Bodenschätzen; Eroberungen wurden unternommen, um Macht und Einfluss eines Staates zu erhöhen. In der modernen Zeit hat Territorialbesitz viel von seiner Bedeutung als Element nationaler Stärke verloren; technologischer Fortschritt kann viel relevanter für die Macht eines Staates sein als jede denkbare territoriale Ausdehnung. Singapur, das buchstäblich über keine anderen Ressourcen verfügt als die Intelligenz seiner Bürger und seiner Führung, hat ein viel höheres Pro-Kopf-Einkommen als andere, viel größere und reicher ausgestattete Länder. Und es benutzt seinen Reichtum teilweise dazu, eine für seine Verhältnisse eindrucksvolle militärische Streitmacht aufzubauen, um begehrliche Nachbarn von vornherein zu entmutigen. Israel befindet sich in einer ähnlichen Lage.

Atomwaffen haben Kriege zwischen Ländern, die sie besitzen, unwahrscheinlicher gemacht – allerdings gilt diese Aussage möglicherweise nicht mehr, wenn diese Waffen zunehmend in den Besitz von Staaten gelangen, die dem menschlichen Leben gegenüber eine andere Einstellung haben oder die mit ihren katastrophalen Auswirkungen nicht vertraut sind. Bis zur Ankunft des Atomzeitalters zogen Länder in den Krieg, weil die Konsequenzen einer Niederlage oder sogar eines Kompromisses für schlimmer erachtet wurden als die des Krieges; diese Art des Denkens brachte Europa dazu, seine Substanz im Ersten Weltkrieg zu verzehren. Doch für Nuklearmächte kann diese Gleichung nur unter den denkbar verzweifeltsten Umständen gelten. Im Denken der meisten Führer der nuklearen Großmächte erscheinen die durch einen Atomkrieg angerichteten Zerstörungen weit katastrophaler als die Folgen eines Kompromisses, vielleicht sogar einer Niederlage. Das Paradoxon des Atomzeitalters besteht darin, dass das Wachstum der nuklearen Schlagkraft – und somit auch der Erwerb einer weitgehend totalen Macht – unweigerlich einhergeht mit der abnehmenden Bereitschaft, diese auch einzusetzen.

Auch alle anderen Formen der Macht sind revolutioniert worden. Bis zum Ende des Zweiten Weltkrieges war Macht relativ homogen; ihre verschiedenen Elemente – Wirtschaft, Militär, Politik – ergänzten einander. Eine Gesellschaft konnte nicht militärisch stark sein, ohne eine ähnliche Stellung auch auf anderen Gebieten innezuhaben. In der zweiten Hälfte des 20. Jahrhunderts jedoch schienen sich die einzelnen Stränge scheinbar auseinander zu bewegen. Plötzlich konnte ein Land eine Wirtschaftsmacht werden, ohne signifikante militärische Kapazitäten zu besitzen, (Saudi-Arabien zum Beispiel) oder trotz einer offenbar stagnierenden Wirtschaft eine umfassende Militärmacht entwickeln (siehe die Sowjetunion in ihrer Spätzeit).

Im 21. Jahrhundert werden sich die Stränge wohl wieder annähern. Das Schicksal der Sowjetunion hat gezeigt, dass sich eine einseitige Betonung der Militärmacht nicht lange Zeit aufrechterhalten lässt – zumal in einem Zeitalter wirtschaftlicher und technologischer Revolution, verbunden mit blitzschneller Kommunikation, welche die riesigen Unterschiede im Lebensstandard weltweit in die Wohnzimmer bringt. Dazu hat die Wissenschaft im Verlauf einer einzigen Generation Sprünge gemacht, die das akkumulierte Wissen der gesamten vorherigen Menschheitsgeschichte übertreffen. Computer, Internet und das wachsende Feld der Biotechnologie haben der Technologie Aussichten eröffnet, die für frühere Generationen unvorstellbar waren. Ein fortschrittliches technologisches Bildungssystem ist zur Voraussetzung für die langfristige Machtstellung eines Landes geworden. Es verleiht der Kraft und Vitalität einer Gesellschaft den nötigen Lebenssaft; fehlt es, so welkt die Macht auch auf allen anderen Gebieten dahin.

Die Globalisierung hat wirtschaftliche und technologische Macht weltweit verbreitet. Durch die blitzschnelle Kommunikation können in einer Region getroffene Entscheidungen unverzüglich durch solche in anderen Teilen des Globus konterkariert werden. Weiterhin hat die Globalisierung einen nie da gewesenen Wohlstand hervorgebracht, wobei dieser allerdings nicht gleichmäßig verteilt ist. Es bleibt abzuwarten, ob sie Konjunkturrückgänge genauso effizient beschleunigt wie den globalen Wohlstand, was eine globale Katastrophe bedeuten könnte. Auch hat die Globalisierung – unausweichlich, wie sie ist – das Potenzial, einem Gefühl der Ohnmacht Auftrieb zu verleihen, da Entscheidungen, die Millionen Menschenleben betreffen, der örtlichen politischen Kontrolle entgleiten. Es besteht die Gefahr, dass die komplizierten Zusammenhänge der Wirtschaft und der Technologie die Politik in ihrer heutigen Art überfordern.

Amerikas Herausforderung

Die Vereinigten Staaten finden sich in einer Welt wieder, auf die sie kaum eine Erfahrung in ihrer Geschichte vorbereitet hat. Sicher zwischen zwei großen Ozeanen eingebettet, verwarfen sie das Konzept der Balance of Power in der Überzeugung, dass sie sich entweder aus den Streitigkeiten anderer Nationen heraushalten oder aber universalen Frieden schaffen könnten, indem sie ihre eigenen Werte von Demokratie und Selbstbestimmung durchsetzten.

Ich werde hierauf in einem späteren Kapitel genauer eingehen; an dieser Stelle soll der Hinweis genügen, dass es unmöglich ist, auf die Analyse und Interpretation der gegenwärtigen internationalen Ordnung eine einzige Formel anzuwenden. Denn in der Welt von heute existieren mindestens vier internationale Systeme nebeneinander:

- In den Beziehungen zwischen den Vereinigten Staaten und Westeuropa und innerhalb der westlichen Hemisphäre haben Amerikas historische Ideale beträchtliche Relevanz. Hier kommt die idealistische Version des auf Demokratie und wirtschaftlichen Fortschritt begründeten Friedens zum Tragen. Die Staaten sind demokratisch, die Wirtschaft ist auf den Markt hin orientiert. Kriege sind undenkbar, außer an der Peripherie, wo sie allenfalls durch ethnische Konflikte ausgelöst werden. Streitigkeiten werden nicht durch Krieg oder Kriegsdrohung beigelegt. Wenn militärische Vorbereitungen getroffen werden, so gegen Bedrohungen von außerhalb der westlichen Hemisphäre; sie richten sich nicht gegen andere Nationen innerhalb der Atlantik-Region oder der westlichen Hemisphäre.

- Die asiatischen Großmächte – nach Fläche und Bevölkerung größer als die Nationen Europas des 19. Jahrhunderts – behandeln einander als strategische Rivalen. Indien, China, Japan, Russland – auch Korea und die Staaten Südostasiens liegen nicht weit zurück – sind der Meinung, dass einige der anderen, auf jeden Fall aber eine Kombination von ihnen, in der Tat ihre nationale Sicherheit bedrohen könnten. Kriege zwischen diesen Mächten sind in nächster Zeit zwar nicht zu erwarten, aber auch nicht gänzlich undenkbar. Die Militärausgaben in Asien steigen, und sie sind hauptsächlich als Schutz gegen andere asiatische Nationen gedacht (zum Teil schließen die militärischen Vorbereitungen Chinas allerdings auch die Möglichkeit eines Krieges gegen die USA über Taiwan mit ein). Wie im Europa des 19. Jahrhunderts ist eine lange Friedensperiode möglich und sogar wahrscheinlich, doch wird das Gleichgewicht der Kräfte zwangsläufig eine Schlüsselrolle bei der Friedenserhaltung spielen.

- Die Konflikte im Nahen Osten lassen sich am ehesten mit denen des 17. Jahrhunderts in Europa vergleichen. Ihre Wurzeln sind nicht wirtschaftlicher Art, wie in der Atlantik-Region und in der westlichen Hemisphäre, oder strategischer Art, wie in Asien, sondern ideologischer und religiöser Art. Die Maximen der Diplomatie des Westfälischen Friedens gelten hier nicht. Ein Kompromiss ist schwer zu erreichen, wenn nicht ein bestimmter Missstand, sondern die Legitimität der anderen Seite – ja deren Existenz an sich – zur Debatte steht. Daher bergen Versuche, eine endgültige Lösung derartiger Probleme zustande zu bringen, paradoxerweise ein hohes Rückschlagspotenzial in sich, wie US-Präsident Bill Clinton und der israelische Ministerpräsident Ehud Barak nach dem Gipfeltreffen von Camp David im Sommer 2000 erfahren mussten. Denn der Versuch, einen »Kompromiss« in der Frage darüber zu finden, welche der Parteien das beiden gleichermaßen heilige Land als das Seinige betrachten darf, musste ihnen unweigerlich den unversöhnlichen Aspekt ihrer Positionen vor Augen führen.

- Derjenige Kontinent, für den es in der europäischen Geschichte kein Beispiel gibt, ist Afrika. Seine 46 Staaten bezeichnen sich zwar als Demokratien, doch ermangelt es ihrer Politik an einem vereinigenden ideologischen Prinzip. Auch von einem übergreifenden Konzept des Gleichgewichts der Kräfte kann in der afrikanischen Politik keine Rede sein. Der Kontinent ist zu ausgedehnt, die Reichweite der meisten Länder zu beschränkt, um von einer afrikanischen Machtbalance sprechen zu können. Und mit dem Ende des Kalten Krieges sind auch die Großmachtrivalitäten über Afrika weitgehend verschwunden. Darüber hinaus verdankt Afrika seinem kolonialen Erbe ein explosives Potenzial, ethnische Konflikte, ernsthafte Unterentwicklung und entmenschlichende Gesundheitsprobleme. Grenzen, die einst gezogen wurden, um die Kolonialherrschaft zu fördern, trennten einerseits Stämme und ethnische Gruppen und warfen andererseits verschiedene Religionen und Stämme in Verwaltungseinheiten zusammen, aus denen später unabhängige Staaten wurden. Daraus wiederum entwickelten sich blutige Bürgerkriege, die sich zu internationalen Konflikten ausweiteten, es brachen dazu Epidemien aus, die über jedes menschliche Vorstellungsvermögen hinausgehen. Dieser Kontinent stellt eine Herausforderung für die Demokratien dar, als Entschädigung für die koloniale Vergangenheit Wege zu finden, um Afrika am globalen Wachstum teilnehmen zu lassen.

Genau diese Vielfalt der internationalen Systeme ist es, welche die traditionelle in Amerika geführte Debatte über den Charakter der internationalen Politik irgendwie irrelevant erscheinen lässt. Ob Werte oder Macht, Ideologie oder Staatsräson die Schlüsseldeterminanten der Außenpolitik sind, hängt von dem tatsächlichen historischen Stadium ab, in dem sich ein internationales System gerade befindet. Für die amerikanische Außenpolitik, immer auf der Suche nach der magischen Allzweckformel, stellt das Erfordernis nach ideologischem Feingefühl sowie einer langfristigen Strategie eine besondere und noch ungelöste Herausforderung dar.

Unglücklicherweise treibt die amerikanische Innenpolitik die Außenpolitik in die entgegengesetzte Richtung. Der Kongress schreibt durch gesetzgeberische Maßnahmen nicht nur die Taktik der Außenpolitik vor, sondern sucht auch mit einem Übermaß an Sanktionen anderen Nationen einen Verhaltenskodex aufzuzwingen. Zahlreiche Staaten sind derzeit solchen Sanktionen ausgesetzt. Nachfolgende Regierungen haben dies jeweils stillschweigend hingenommen, teils als Kompromiss, um die Zustimmung zu anderen Programmen zu bekommen, teils auch deshalb, weil mangels einer unmittelbar drohenden äußeren Gefahr innenpolitische Fragen wichtiger für das politische Überleben geworden sind als die Durchführung von Außenpolitik. Was von ausländischen Kritikern oftmals als arrogantes Streben Amerikas nach Vorherrschaft dargestellt wird, ist sehr häufig die Reaktion auf heimische Interessengruppen, die in der Lage sind, die Aufmerksamkeit auf Schlüsselthemen zu lenken, indem sie zu Wahlzeiten Unterstützung versprechen oder mit deren Entzug drohen und sich gegenseitig in ihren Anliegen unterstützen, um ihre eigenen Ansprüche für die Zukunft zu sichern.

Worin auch immer die Verdienste der einzelnen gesetzgeberischen Handlungen liegen mögen, ihre kumulative Wirkung treibt die amerikanische Außenpolitik zu einem unilateralen und gelegentlich tyrannischen Auftreten. Denn im Gegensatz zu diplomatischen Mitteilungen, bei denen es sich normalerweise um Einladungen zum Dialog handelt, werden gesetzgeberische Maßnahmen zu »Tu-es-oder-lass-es«-Verordnungen, dem operativen Äquivalent eines Ultimatums.

Gleichzeitig verwandeln die allgegenwärtigen und lautstarken Medien Außenpolitik in eine Unterabteilung des öffentlichen Unterhaltungssektors. Der mörderische Wettbewerb um Einschaltquoten bewirkt, dass man sich wie besessen auf jede neue Krise stürzt, die gewöhnlich in Form einer mittelalterlichen Moralität, einer Auseinandersetzung zwischen Gut und Böse, präsentiert wird, aus der bestimmte Schlüsse gezogen werden, jedoch nur selten im Sinne der langfristigen Herausforderungen der Geschichte. Sobald sich die Aufregung gelegt hat, wenden sich die Medien neuen Sensationen zu. Auf dem jeweiligen Höhepunkt der

Golf- und der Kosovo-Krise berichteten Presse und Fernsehen rund um die Uhr über die Ereignisse. Danach war in der alltäglichen Berichterstattung, abgesehen von ein paar Kurzmeldungen, nicht mehr viel zu sehen und zu hören, obwohl die Ursachen der Konflikte weiterhin bestehen und manche umso schwieriger zu handhaben sind, je länger sie ungelöst bleiben.

Dass Amerika in den neunziger Jahren solche Schwierigkeiten hatte, für eine Welt, in der es eine derart zentrale Rolle spielt, eine kohärente Strategie zu entwickeln, liegt vor allem daran, dass sich drei verschiedene Generationen mit sehr unterschiedlichen außenpolitischen Ansätzen über dessen Rolle als Weltmacht stritten. Diese konkurrierenden Kräfte waren: Veteranen des Kalten Krieges der fünfziger und sechziger Jahre, die ihre Erfahrungen den Umständen des neuen Jahrtausends anzupassen suchten; Unentwegte der Vietnam-Protestbewegung, die die damaligen Lektionen auf die neu entstehende Weltordnung anwenden wollten; und eine Erfahrungswelt, die es schwer macht, die Vorstellungen der Generationen des Kalten Krieges und der Vietnam-Protestler zu verstehen.

Die Strategen des Kalten Krieges suchten den Konflikt zwischen den nuklearen Supermächten durch die Politik der »Eindämmung« der Sowjetunion zu managen. Obwohl durchaus nicht blind gegenüber den nichtmilitärischen Fragen (schließlich spielte der Marshallplan in dem Gesamtkomplex eine ebenso wichtige Rolle wie die NATO), hielt die Generation des Kalten Krieges daran fest, dass zur internationalen Politik ein nicht reduzierbares Element der Macht gehöre und dass dieses an der Fähigkeit gemessen werde, die militärische und politische Ausdehnung der Sowjetunion zu verhindern.

Die Generation der Strategen des Kalten Krieges reduzierte und eliminierte sogar – jedenfalls zeitweilig – fast das historische Spannungsverhältnis im amerikanischen Denken zwischen Idealismus und Macht. In der von den beiden Supermächten beherrschten Welt tendierten die Erfordernisse von Ideologie und Gleichgewicht dahin, miteinander zu verschmelzen. Außenpolitik wurde zu einem Nullsummenspiel, in dem die Gewinne der einen Seite zu Verlusten für die andere Seite wurden.

Neben der Containment-Doktrin bestand die Hauptstoßrichtung der diplomatischen Außenpolitik Amerikas darin, die besiegten Feinde, Deutschland und Japan, wieder als Vollmitglieder in das entstehende internationale System zu integrieren. Diese beispiellose Anstrengung gegenüber Nationen, denen nur fünf Jahre zuvor die bedingungslose Kapitulation aufgezwungen worden war, schien in den Augen einer amerikanische Führungsgeneration sinnvoll, deren prägende Erfahrung die Überwindung der Weltwirtschaftskrise in den dreißiger Jahren gewesen war. Die Generation, die den Widerstand gegen die Sowjetunion organisierte, hatte Franklin D. Roosevelts New Deal miterlebt, der die politische Stabilität dadurch wiederhergestellt hatte, dass er die Lücke zwischen den Erwartungen der Amerikaner und der wirtschaftlichen Realität schloss. Dieselbe Generation hatte auch im Zweiten Weltkrieg vorgeherrscht, hatte im Namen der Demokratie gekämpft.

Schließlich war es Vietnam, woran die Fusion aus Ideologie und Strategie zerbrach, die das Denken der heute so genannten »größten Generation«[2] charakterisierte. Zwar werden die Grundannahmen des amerikanischen Exzeptionalismus weiterhin von allen Teilnehmern der heimischen Diskussionen über Außenpolitik bejaht, doch wurde deren Anwendung auf konkrete Fälle Gegenstand eines tief gehenden und fortgesetzten Disputs.

Erschüttert von der ernüchternden Vietnam-Erfahrung, haben sich viele ehemalige intellektuelle Befürworter der Politik des Kalten Krieges entweder von dem Feld der Strategie zurückgezogen oder die amerikanische Nachkriegs-Außenpolitik in ihrer Substanz schlichtweg verworfen. Die Clinton-Administration – die erste, in der zahlreiche ehemalige Angehörige der Anti-Vietnam-Bewegung versammelt waren – behandelte den Kalten Krieg als ein aufgrund amerikanischer Intransigenz unlösbares Missverständnis. Sie schraken vor dem Begriff »nationales Interesse« zurück und misstrauten dem Einsatz der Macht, es sei denn, dieser konnte als im Dienste einer »uneigennützigen« Sache stehend präsentiert werden – das heißt einer Sache, die kein spezifisches nationales Interesse Amerikas widerspiegeln durfte. Bei zahlreichen Gelegenheiten und auf mehreren Kontinenten verfiel Bill Clinton darauf, sich für Taten seiner Vorgänger zu entschuldigen, die in seinen Augen von dem herrührten, was er geringschätzig als deren »aus dem Kalten Krieg stammende Attitüden« beschrieb. Doch der Kalte Krieg war kein Fehler der Politik – obwohl in Verfolgung dieser Politik natürlich einige Fehler begangen wurden; schließlich ging es um schwerwiegende Fragen des Überlebens und nationaler Zielsetzungen. Ironischerweise wurde dieser Anspruch der Uneigennützigkeit von jenen Staaten, die unter Diplomatie schon immer die Aussöhnung von Interessen verstanden haben, als eine besondere Art der Unberechenbarkeit und sogar Unzuverlässigkeit interpretiert.

Natürlich können – und sollen – die Vereinigten Staaten nicht zu einer Politik des Kalten Krieges oder zur Diplomatie des 18. Jahrhunderts zurückkehren. Die Welt der Gegenwart ist weitaus komplexer und benötigt eine sehr viel differenziertere Herangehensweise. Aber die USA können sich auch nicht die Zügellosigkeit oder Selbstgerechtigkeit der Protestzeit leisten. Auf jeden Fall markieren diese Denkschulen das Ende einer Ära, deren Auseinandersetzungen der nach 1960 geborenen Generation ebenso abstrus wie akademisch erscheinen.

Diese Generation hat noch keine Führer hervorgebracht, die in der Lage wären, ein Engagement für eine konsistente, langfristige Außenpolitik zu bewirken. In der Tat fragen sich einige von ihnen, ob Amerika überhaupt eine Außenpolitik braucht. In der globalisierten Welt der Wirtschaft sucht sich die auf den Kalten Krieg folgende Generation in der gleichen Weise an der Wall Street oder am Silicon Valley zu orientieren, wie sich ihre Eltern an Washington orientierten. Dies spiegelt die Priorität wider, die heute dem wirtschaftlichen gegenüber dem politischen Handeln eingeräumt wird, was zum Teil auch auf die wachsende Abneigung zurückzuführen ist, einer von gnadenloser Publizität vergällten Berufung zu folgen, die nur allzu oft in der Vernichtung von Ruf und Karriere endet.

Die Generation nach dem Kalten Krieg interessiert sich kaum für die Debatten um den Indochinakrieg, ist mit dessen Details kaum vertraut und findet seine Liturgie so gut wie unverständlich. Auch hat sie keine Bedenken, eine Doktrin des Eigeninteresses zu verkünden, die sie in ihren wirtschaftlichen Aktivitäten emsig verfolgt (obwohl sie zur Beruhigung des Gewissens zuweilen auch auf Appelle zur nationalen Selbstlosigkeit zurückgreift). Als Produkt eines Bildungssystems, das wenig Betonung auf die Geschichte legt, fehlt ihr oft die richtige Einstellung zur Außenpolitik. Diese Generation ist der Verführung durch die Idee risikoloser globaler Beziehungen als Kompensation für die hochgradige Wettbewerbsfähigkeit im privaten Bereich ausgesetzt. In diesem Umfeld kann auf ganz natürliche Weise der Glaube entstehen, dass die Verfolgung wirtschaftlichen Eigeninteresses letztlich und fast automatisch zur globalen politischen Aussöhnung und Demokratie führen wird.

Eine solche Einstellung ist nur möglich, weil die Gefahr eines allgemeinen Krieges größtenteils verschwunden ist. In einer solchen Welt halten die führenden Köpfe der Generation nach dem Kalten Krieg (seien sie aus den Protestbewegungen oder den Wirtschaftsfakultäten hervorgegangen) es für möglich, sich vorzustellen, dass Außenpolitik entweder mit Wirtschaftspolitik gleichzusetzen ist oder daraus besteht, den Rest der Welt in amerikanischen Tugenden zu unterrichten. So überrascht es nicht, dass von der amerikanischen Diplomatie seit dem Ende des Kalten Krieges nicht viel mehr als eine Reihe von Vorschlägen zur Einhaltung amerikanischer Wunschvorstellungen geblieben ist.

Doch die wirtschaftliche Globalisierung ist kein Ersatz für eine Weltordnung, auch wenn sie einen wesentlichen Teil davon ausmacht. Gerade der Erfolg der globalisierten Wirtschaft wird Verwerfungen und Spannungen hervorrufen, sowohl innerhalb von Kulturkreisen als auch untereinander, wodurch Druck auf die politischen Führungen der Welt ausgeübt wird. Derweil organisiert sich der Nationalstaat, der weiterhin die Grundeinheit politischer Verantwortung bleibt, in vielen Regionen der Welt auf der Basis von zwei scheinbar gegenläufigen Tendenzen um: indem er entweder in ethnische Komponenten zerfällt oder in größeren regionalen Gruppierungen aufgeht.

Solange die nach dem Ende des Kalten Krieges herangereifte Führungsgeneration davor zurückscheut, ein selbstbewusstes Konzept aufgeklärten nationalen Interesses auszuarbeiten, wird sie damit eine fortschreitende Paralyse und keine moralische Erhöhung erreichen. Natürlich muss sich jedes Konzept nationalen Interesses, um wahrhaft amerikanisch zu sein, aus der demokratischen Tradition des Landes und seiner Sorge um die Lebensfähigkeit der Demokratie auf der ganzen Welt speisen. Doch die Vereinigten Staaten müssen ihre Werte auch in Antworten auf einige konkrete Fragen übersetzen: Was müssen wir, um unseres Überlebens willen, zu verhindern suchen, wie sehr die Mittel dafür auch schmerzen mögen? Was müssen wir, um uns selbst treu zu bleiben, zu erreichen suchen, wie klein der erreichbare internationale Konsens auch sein mag, nötigenfalls auch ganz allein? Welches Unrecht müssen wir unbedingt beseitigen? Welche Ziele liegen einfach außerhalb unserer Möglichkeiten?

Amerika und Europa: Die Welt der Demokratien I

Das wilsonsche Ideal einer internationalen Ordnung, das auf dem gemeinsamen Glauben an demokratische Institutionen basierte und Streitigkeiten lieber durch Verhandlungen als durch Krieg beilegen wollte, hat unter den Anrainerstaaten des Nordatlantik triumphiert. Die Regierungen sind demokratisch, und das Etikett »Demokratie« bezeichnet echt pluralistische Staaten mit einem regelmäßigen und friedlichen Wechsel der regierenden Parteien. Dies steht im Kontrast zu einem Großteil der übrigen Welt, wo das Wort oft als Alibi gebraucht wird, um denjenigen zu legitimieren, der sich gerade an der Macht befindet, und wo Regierungswechsel, wenn überhaupt, dann per Staatsstreich oder staatsstreichähnlichen Prozeduren erfolgen. Rund um den Nordatlantik werden Kriege nicht mehr als Mittel der Politik akzeptiert; während des letzten halben Jahrhunderts kam es nur an den Rändern Europas und nur zwischen ethnischen Gruppen zu Gewaltausbrüchen, nicht zwischen traditionellen Nationalstaaten.

So konnte die Partnerschaft der an den Nordatlantik grenzenden Staaten fünfzig Jahre lang als Fundament der amerikanischen Außenpolitik dienen. Selbst nach dem Fortfall der sowjetischen Bedrohung ist die atlantische Partnerschaft für die Vereinigten Staaten der entscheidende Stützpfeiler der internationalen Ordnung geblieben. Über die Definition gegenseitiger Verteidigung eines traditionellen Bündnisses hinaus haben die Nordatlantikstaaten ein Netz von Konsultationen und Beziehungen entwickelt, um auf ein gemeinsames politisches Schicksal hinzuarbeiten.

Unmittelbar im Anschluss an den Zweiten Weltkrieg wurde der wirtschaftliche Zusammenbruch Europas mit amerikanischer Hilfe abgewendet. Und als die Sowjetunion zur Bedrohung wurde, wurde die NATO ins Leben gerufen, mit einem integrierten Militärkommando als militärischem Arm und einem ständigen Botschafterrat, der seitdem die alliierte Diplomatie koordiniert hat. In jüngerer Zeit hat die Globalisierung die Wirtschaftsbande in einem Maße verstärkt, dass die gegenseitigen Investitionen den Wohlstand Nordamerikas und Europas auf fast unentwirrbare Weise miteinander verknüpft haben.

Und dennoch sind die Beziehungen zwischen Nordamerika und Europa – paradoxerweise – mit Kontroversen behaftet. Nicht dass die alliierten Beziehungen traditionell reibungslos, geschweige denn idyllisch gewesen wären. Kontroversen haben das Wachstum der Allianz von Anfang an begleitet – was nicht anders zu erwarten war, wenn sich Staaten, die drei Jahrhunderte lang die globalen Angelegenheiten beherrscht hatten, plötzlich weitgehend von Entscheidungen abhängig fanden, die fünf- oder sechstausend Kilometer entfernt in Washington getroffen wurden. Während der Suezkrise 1956 sagte sich die Eisenhower-Administration von ihren britischen und französischen Verbündeten los und arbeitete aktiv an ihrer Niederlage mit; die Behandlung der Berlinkrise durch die Kennedy-Administration Anfang der sechziger Jahre wurde in Deutschland wie in Frankreich mit gemischten Gefühlen aufgenommen; der Versuch der Nixon-Regierung in den siebziger Jahren, die transatlantischen Beziehungen auf eine neue Grundlage zu stellen, stieß weitgehend auf Ablehnung, besonders von Seiten Frankreichs; und gegen die Stationierung amerikanischer Atomraketen in den achtziger Jahren in Europa fanden auf dem gesamten Kontinent Protestdemonstrationen statt.

Jetzt jedoch gibt es einen wichtigen qualitativen Unterschied zu früher. Die frühen Krisen innerhalb der Allianz ähnelten im Allgemeinen einem Familienstreit, bei dem es um unterschiedliche Interpretationen der Erfordernisse der vereinbarten gemeinsamen Sicherheit ging. Heutzutage dagegen wird die Definition der gemeinsamen Sicherheit und sogar der gemeinsamen Zielsetzung an sich in Frage gestellt. Das Abrücken Amerikas von den kolonialen Interessen Europas erscheint heutzutage historisch fast wunderlich. Jetzt sind es Amerikas europäische Verbündete, die von der amerikanischen Politik außerhalb des Gebietes der NATO abrücken, oft gar demonstrativ – von den Sanktionen gegen Kuba, den Irak oder Iran bis hin zur amerikanischen Politik in der Straße von Taiwan und dem Plan, einen nationalen Raketenabwehrschild zu errichten. Während in der Vergangenheit die Oppositionsparteien europäischer Staaten oftmals Amerikas Aufmarschentscheidungen anprangerten, ist es ein Novum, dass bereits Regierungschefs von NATO-Mitgliedstaaten öffentlich, oder Seite an Seite mit führenden russischen Politikern, die strategischen Beurteilungen eines Verbündeten attackieren, von dem ihre eigene Sicherheit abhängt. Genau dies geschah, als der russische Präsident Wladimir Putin im Oktober 2000 Paris besuchte. Bei einer gemeinsamen Pressekonferenz mit seinem Gast griff Staatspräsident Jacques Chirac im Namen der Europäischen Union – deren Präsidentschaft Frankreich für sechs Monate innehatte – den Plan der Clinton-Regierung an, eine Revision des ABM-Vertrages zu sondieren:

> »Die Europäische Union und Russland sind einer Meinung. Wir haben jede potenzielle Revision des ABM-Vertrages verurteilt, weil wir glauben, dass eine solche Revision das Risiko einer Weiterverbreitung in sich birgt, die in Zukunft sehr gefährlich werden kann.«[1]

Eine noch größere Herausforderung stellte die Entsendung eines Vermittlungsteams der Europäischen Union dar, das Möglichkeiten einer Entspannung auf der koreanischen Halbinsel erkunden sollte und deren Mission erklärtermaßen das genaue Gegenteil der von Präsident George W. Bush kaum zwei Wochen zuvor verkündeten amerikanischen Koreapolitik war. Die Verdienste der jeweiligen Ansichten stehen hier nicht zur Debatte. Doch zumindest wären mehr Geduld und Zurückhaltung in einer explosiven

Region angebracht gewesen, in der die Vereinigten Staaten das gesamte militärische Risiko tragen.

Während des Kalten Krieges wurde die europäische Integration vorangetrieben, um die atlantische Partnerschaft zu stärken; heute sehen viele ihrer Fürsprecher darin ein Mittel, ein Gegengewicht zu den Vereinigten Staaten zu schaffen. Das herausragende Merkmal der schnellen Eingreiftruppe der Europäischen Union, die bis zum Jahr 2003 aufgestellt werden soll, besteht darin, eine Kapazität zu schaffen, die außerhalb des Rahmens der NATO eingesetzt werden kann. Im gleichen Geiste hat der deutsche Außenminister Joschka Fischer festgestellt, dass die Vereinten Nationen in Zukunft eine größere Rolle in der deutschen Außenpolitik spielen würden, in manchen Fällen auch eine größere Rolle als die NATO.[2]

Als die Allianz gebildet wurde, bestand ihr einigendes Element in einer gemeinsamen Politik gegenüber der Sowjetunion. Heute suchen die Hauptverbündeten auf beiden Seiten des Atlantik ihre eigene »besondere Beziehung« zu Moskau zu definieren. Zwar sind ihre Anstrengungen nicht unbedingt gegeneinander gerichtet, doch bemühen sie sich auch nicht gerade darum, ihre Ansichten mit denen ihrer Verbündeten abzustimmen. Vielmehr sind sie darauf aus, ihre eigenen Optionen zu erweitern – in gewissem Ausmaß auch als Versicherungspolice gegeneinander –, indem sie Moskaus Wohlwollen zu erringen suchen.

Was als gemeinsame Politik der Allianz gegenüber Russland übrig bleibt, ist oft eine sentimental gefärbte Interpretation der Persönlichkeit des jeweils amtierenden russischen Präsidenten – einst Boris Jelzin, jetzt (wenigstens anfänglich) Wladimir Putin –, wobei es jedem der Bündnispartner freisteht, seine nationale Politik den psychologischen Kriterien anzupassen, die sie für sich selbst herauszuarbeiten beliebt.

Die Unstimmigkeiten auf wirtschaftlichem Gebiet sind, wenn man so will, noch schärfer. Größere Reibereien im Handel fanden ihren Niederschlag in einer Reihe von Vergeltungsandrohungen, seitens der Vereinigten Staaten gegenüber Europa wegen Bananen und Rindfleisch, von Seiten der Europäischen Union gegenüber den Vereinigten Staaten wegen der amerikanischen Besteuerung europäischer Exportwaren. Als dieses Buch geschrieben wurde, stritten sich die beiden Seiten des Atlantik gerade über die Frage, wie, und ob überhaupt, in der Welthandelsorganisation (WTO) ein neues multilaterales Handelsabkommen in die Wege geleitet werden könnte. Sie waren sich uneinig, sowohl was die Substanz als auch was das Vorgehen betraf. Am Horizont droht bereits eine weitere Konfrontation, und zwar über die Energiepolitik, zumal wenn die Rohölpreise auf hohem Niveau bleiben.

Noch beunruhigender ist der schleichende Verlust menschlicher Kontakte zwischen den beiden Seiten des Atlantik, und dies trotz nie da gewesener Reiseaktivitäten. Mehr Amerikaner und Europäer als jemals zuvor besuchen den jeweils anderen Kontinent. Doch sie tun dies im Kokon ihrer jeweils vorgefassten Meinungen oder beruflichen Beziehungen, ohne sich ein Wissen über die Geschichte oder die immateriellen Werte der anderen Seite anzueignen. Was die gegenwärtige Generation der Amerikaner über Europa weiß, erwächst weit mehr aus ihren jeweiligen geschäftlichen als aus politischen oder kulturellen Beziehungen. Auf der anderen Seite sehen sich die Vereinigten Staaten, so wie sie den Europäern von deren Medien präsentiert werden, durch die Todesstrafe, das angeblich unzureichende Krankenversicherungssystem, die große Zahl von Gefängnisinsassen und andere vergleichbare Stereotype charakterisiert.

Zwar haben die wichtigsten Staats- und Regierungschefs Europas aus Anlass der Amtseinführung von George W. Bush ihre Bindungen zu dem transatlantischen Partner bekräftigt, doch bleibt die Frage offen, ob die Allianz weiterhin als Ausdruck eine Schicksalsgemeinschaft betrachtet wird oder ob sie sich in ein Sicherheitsnetz für im Wesentlichen nationale oder regionale politische Wege und Ziele verwandelt. Die Regierungen auf beiden Seiten des Atlantik sehen sich keiner wichtigeren Herausforderung gegenüber, als diese Frage zu beantworten.

Die Transformation des Atlantischen Bündnisses

Die Veränderung der transatlantischen Beziehungen hat ihre Ursache nicht in spezifischen politischen Handlungen einzelner Regierungen; vielmehr spiegeln diese politischen Handlungen Reaktionen auf vier fundamentale Veränderungen in den traditionellen Beziehungen wider:

- die Auflösung der Sowjetunion;
- die Vereinigung Deutschlands;
- die zunehmende Tendenz, Außenpolitik als Werkzeug der Innenpolitik zu behandeln;
- das Aufblühen einer europäischen Identität.

Seit ihrem Eintritt in den Ersten Weltkrieg im Jahr 1917 hat die Politik der Vereinigten Staaten immer auf der Erkenntnis basiert, dass es in ihrem geopolitischen Interesse liegt, eine potenziell feindliche Macht daran zu hindern, ganz Europa zu beherrschen. Um dieses Interesse zu verteidigen, gaben die USA nach dem Zweiten Weltkrieg ihren traditionellen Isolationismus auf und stellten sich der Sowjetunion in einer lang andauernden Konfrontation. Europa begrüßte Amerikas Rolle in beiden Fällen, selbst wenn dessen missionarischer Eifer und Tendenz, Außenpolitik mit moralischer Belehrung gleichzusetzen, europäische Politiker befremdete, deren nationale Geschichte sie die Tugend begrenzterer Ambitionen gelehrt hatte. Das Bewusstsein, dass der sowjetischen Bedrohung nur durch gemeinsame Anstrengung der Anrainerstaaten des Atlantik und durch weitgehende Unterordnung nationaler Interessen unter das Gemeinwohl begegnet werden könne, brachte die existierende Bündnisstruktur hervor – vielleicht die effektivste in der Geschichte.

Dabei entwickelte sich auf beiden Seiten des Atlantik eine Haltung, die über den traditionellen Rahmen einer Verteidigungsgemeinschaft hinausging: Die Mitglieder des Atlantischen Bündnisses sahen sich als Teile einer einzigartigen und besonderen Wertegemeinschaft und nicht mehr einfach als

Ansammlung von nationalen Interessen. Doch das Ende der sowjetischen Bedrohung hat die Versuchung wiederbelebt, sowohl auf dem Gebiet der nationalen Diplomatie als auch der Innenpolitik auf traditionellere Muster zurückzugreifen. Ich werde später in diesem Kapitel näher darauf eingehen.

Die Vereinigung Deutschlands hat diese Tendenzen beschleunigt. Es ist eine der Ironien der Geschichte, dass Deutschland im Verhältnis zu seinen Nachbarn aus beiden verlorenen Weltkriegen jeweils stärker hervorging, als es vor den Kriegen gewesen war. Nichts beweist deutlicher die Grenzen menschlicher Voraussicht als die Ergebnisse dieser beiden Kriege. Deutschland spielte eine wesentliche Rolle beim Ausbruch des Ersten Weltkriegs – wenn auch die anderen Staaten Europas die Gelegenheit eifrig beim Schopfe fassten –, und es provozierte ganz allein den Zweiten, um die Herrschaft über Europa, wenn nicht die ganze Welt, zu erreichen. Hätte Deutschland diese Kriege nicht geführt, so hätte es – zumindest innerhalb Europas – fast automatisch die gleiche herausragende Stellung erreicht, auf die es jetzt aufgrund seiner Wirtschaftskraft und der Vitalität seiner Bevölkerung zusteuert – und das trotz zweier verlorener Kriege, der Besetzung seines Territoriums durch fremde Truppen und der über vier Jahrzehnte andauernden Teilung in zwei miteinander konkurrierende Staaten. Das Debakel der Nazizeit, die Teilung sowie die Tatsache, dass die Demarkationslinie des Kalten Krieges mitten durch das Land ging, überzeugten die Gründer der neuen deutschen Demokratie davon, dass sie vor allem jede Wiederholung eines nationalen Alleingangs vermeiden müssten.

Deutschland, das letzte große europäische Land, das seiner Vereinigung harrte, wurde eine Nation nicht aufgrund einer Volksbewegung, sondern weil die verschiedenen deutschen Fürsten 1871 das Deutsche Reich proklamierten und sich damit der Führungsmacht Preußen anschlossen, der sie fünf Jahre zuvor militärisch unterlegen waren. Anders als in den anderen europäischen Staaten entwickelten sich Nationalismus und Demokratie in Deutschland während des größten Teils eines Jahrhunderts auf getrennten – und oftmals miteinander kollidierenden – Bahnen. Deshalb hatte der deutsche Nationalismus häufig einen abstrakten, gefühlsbetonten und romantischen Anstrich.

Vor allem fehlte ihm der Sinn für Proportionen. Dies machte die durch die zentrale geographische Lage Deutschlands verursachten strategischen Probleme zu einer permanenten Quelle der Instabilität für Europa. Vor der Gründung des Deutschen Reiches hatte die Unterteilung Deutschlands in Dutzende von Kleinstaaten es seinen Nachbarn zwei Jahrhunderte lang ermöglicht, die europäische Machtbalance auf deutschem Boden auszufechten. Nach der Vereinigung von 1871 fiel das Deutsche Reich ins andere Extrem, indem es sich gegen alle Nachbarn gleichzeitig abzusichern suchte. Doch wenn Deutschland stark genug war, alle seine Nachbarn zu besiegen, wenn sie vereinigt waren, so war es gewiss auch stark genug, sie einzeln zu überwinden. Daher brachte Deutschlands Anstrengung, seiner strategischen Zwangslage zu entkommen, seinen größten Albtraum hervor: eine Koalition aller seiner Nachbarstaaten gegen sich. Jahrhundertelang ist Deutschland für den Frieden in Europa entweder zu schwach oder zu stark gewesen.

Am Ende ist dieses Problem in der deutschen Geschichte nur zweimal gelöst worden: durch Otto von Bismarck während der ersten Jahrzehnte des Deutschen Reiches im 19. Jahrhundert und nach dem Zweiten Weltkrieg von Konrad Adenauer und den nachfolgenden Kanzlern der Bundesrepublik. Bismarck entschied sich für Sicherheit durch diplomatisches Geschick. Er suchte die Beziehungen der europäischen Staaten untereinander so zu gestalten, dass Deutschland immer mehr Entscheidungsmöglichkeiten haben würde als irgendein möglicher Rivale, wodurch er die Bildung feindlicher Koalitionen verhinderte. Diese Glanzleistung erwies sich als zu raffiniert und komplex für seine Nachfolger, die sich anstelle diplomatischen Geschicks lieber auf ein Wettrüsten verließen und durch zu viel Muskelspiel in den Ersten Weltkrieg schlitterten.

Adenauer und seine Nachfolger übernahmen ein besiegtes, geteiltes und zerstörtes Land, dem die Lust auf abenteuerliche Alleingänge durch zwei Kriege gründlich verdorben worden war. Sie hatten gelernt, dass Deutschlands Verhalten in der Vergangenheit zu viel Misstrauen geweckt hatte, um eine raffinierte Bündnispolitik im Stil Bismarcks auch nur in Betracht zu ziehen, und fürchteten, dass die romantische Tendenz der Deutschen den Sinn für Proportion überwinden würde, auf dem die bismarcksche Diplomatie beruht hatte. In jedem Fall war eine nationale Diplomatie durch die Realitäten der alliierten Besatzung zunächst einmal ausgeschlossen.

Als sich die durch den Kalten Krieg bedingte Teilung über Jahrzehnte hinzog, verschrieb sich die Bundesrepublik umso nachdrücklicher ihrer atlantischen wie auch ihrer europäischen Berufung. Sie suchte Sicherheit vor dem sowjetischen Druck, indem sie die amerikanische Führung des Atlantischen Bündnisses unterstützte, und sie bemühte sich um Legitimierung gegenüber dem ostdeutschen Sowjet-Satelliten, indem sie akzeptierte, dass Frankreich die Führung bei der europäischen Integration übernahm. Indem sie die zweite Geige hinter den vereinigten Staaten innerhalb der NATO und hinter Frankreich innerhalb Europas spielte, erhob sich die Bundesrepublik innerhalb weniger Jahrzehnte nach der bedingungslosen Kapitulation zur stärksten Militär- und Wirtschaftsmacht in Europa und zu einem zentralen Baustein der atlantischen Solidarität.

In den Anfangsstadien des Kalten Krieges stieß Adenauers Kurs auf eine nicht unbeträchtliche Opposition. Vorwiegend kam sie von der Sozialdemokratischen Partei, die sich heroisch den Nazis widersetzt hatte und einige der bedeutendsten Köpfe der deutschen Politik zu ihren Mitgliedern zählte. In den frühen Tagen der Bundesrepublik sprach sich die SPD-Führung für eine nationale Politik im neutralistischen Gewand aus – genauer gesagt, sie schlug vor, die militärische Bindung an den Westen zugunsten der Wiedervereinigung aufzugeben.

In den siebziger Jahren hatte sich die SPD dann doch mit der Westintegration der Bundesrepublik abgefunden. Zwei herausragende sozialdemokratische Bundeskanzler, Willy

Brandt und Helmut Schmidt, verstärkten die Bande zu NATO und Europa, waren aber gleichzeitig daran interessiert, diplomatische Optionen mit dem kommunistischen Osten auszuloten, und zwar mit Unterstützung der Vereinigten Staaten, die zunächst zögerlich, dann aber mit Überzeugung erfolgte. Brandts »Öffnung zum Osten« in den Verhandlungen mit Moskau führte zu der formellen Anerkennung der deutschen Teilung und schuf die Grundlage für ein Viermächteabkommen über Berlin, das 1971 der Bedrohung der Stadt ein Ende setzte. Das fortbestehende Interesse an der Ostoption als Straße zur Wiedervereinigung sowie abweichende Vorstellungen der Parteibasis der SPD von der zu verfolgenden Militärstrategie führten 1982 zum Sturz von Bundeskanzler Helmut Schmidt, als er sich daranmachte, den NATO-Doppelbeschluss zur Aufstellung amerikanischer Mittelstreckenraketen auf deutschem Boden durchzuführen.

1998 – nach sechzehn Jahren in der Opposition – übernahm die SPD wiederum die Lenkung der Bundesrepublik, und zwar in Koalition mit der Partei der »Grünen«, die dem Atlantischen Bündnis gegenüber stets eine ablehnende Haltung eingenommen hatte. Seit sie an der Macht sind, brachte aber keine der beiden Parteien mehr jene Themen zur Sprache, deren Diskussion ihre Oppositionszeit gekennzeichnet hatte – zum Teil dank der Tatsache, dass das Ende des Kalten Krieges viele Debatten der achtziger Jahre obsolet gemacht hat.

So war es auch unausweichlich, und geschah unabhängig von den gerade regierenden Parteien, dass die neue internationale Ausrichtung eine größere Betonung des nationalen Interesses in Deutschland mit sich gebracht hat. Als der Zusammenbruch der Sowjetunion die Furcht vor einem militärischen Angriff aus dem Osten reduzierte (und eine Zeit lang ganz eliminierte) und die Vereinigung auch den ostdeutschen Sowjet-Satelliten zerstörte, veränderte sich die politische Balance innerhalb Europas und der NATO grundsätzlich. Deutschlands Bereitschaft, sich mit einer untergeordneten Rolle in der NATO wie auch in Europa zufrieden zu geben, hat sich vermindert. Während Russlands Erholung in Schwung kommt, ist die traditionelle Versuchung besonderer deutsch-russischer Beziehungen wieder aufgetaucht.

Drei Grundtendenzen scheinen sich herauszuschälen, während sich Deutschland hinsichtlich seiner Sicherheit aus der Abhängigkeit von den Vereinigten Staaten und hinsichtlich seiner Legitimität von Frankreich zu lösen beginnt:

- Deutschland wird sowohl im Atlantischen Bündnis als auch in den europäischen Institutionen bestimmter auftreten. Allmählich könnte Deutschland für sich selbst die Rolle innerhalb Europas suchen, die nach Frankreichs Vorstellungen Europa innerhalb der NATO einnehmen sollte.

- Deutschland wird stets viel weniger bereit sein, sein Verhältnis zu den Vereinigten Staaten zu gefährden, als dies die Franzosen gegenüber den atlantischen Beziehungen bereit sind, in Kauf zu nehmen. In diesem Sinne setzt Deutschland der Durchsetzung französischer Rhetorik Grenzen.

- Während Deutschlands relative Rolle und Macht wachsen und Russland wieder zu Kräften kommt, wird es zu Versuchungen einer besonderen russisch-deutschen Wiederannäherung kommen, getreu der bismarckschen Tradition, dass die beiden Länder prosperierten, wenn sie zusammenstanden, und litten, wenn sie sich im Konflikt befanden.

Diese Tendenzen werden sich nicht auf die Regierungsparteien beschränken. Nicht nur blieb der jüngeren Generation der Deutschen das Nachkriegstrauma erspart – ganz zu schweigen von der Nazizeit –, sondern das ehemals kommunistische Drittel Deutschlands hat bis zum letzten Jahrzehnt des 20. Jahrhunderts nicht einmal an der demokratischen Erfahrung teilgenommen. So dürfte sich eine neue

Art des Nationalismus entwickeln, der zwar nicht militärisch aggressiv ist, sich aber einerseits gegen eine Diskriminierung sträubt, die auf einer Vergangenheit beruht, welche die große Mehrheit der Deutschen niemals kennen gelernt hat, und andererseits auf einem politischen Einfluss Deutschlands besteht, der seinem wirtschaftlichen und militärischen Potenzial entspricht.

Die genannten Tendenzen werden wiederum andere europäische Nationen in Versuchung führen, Russland den Hof zu machen, und zwar teils als Reaktion auf die amerikanische Dominanz, teils auch als Gegengewicht zu Deutschland – obwohl in einem solchen Wettbewerb Deutschlands Verhandlungsposition gegenüber Russland viel stärker sein dürfte. Sollten sich die Vereinigten Staaten irgendwann auf das gleiche Spiel einlassen, würden die atlantischen Beziehungen ein neues Gesicht bekommen und sich der traditionellen europäischen Diplomatie von Zuckerbrot und Peitsche wieder annähern.

Der Wechsel in der atlantischen und europäischen Führung

Die Staatsmänner, die die atlantischen Beziehungen begründeten, hatten in der Feuerprobe des Zweiten Weltkriegs gelernt, dass Zerwürfnisse unter den Demokratien während der Appeasement-Periode in den dreißiger Jahren und auf dem langen Weg zum Sieg fast eine weltweite Katastrophe verursacht hatten. Sie riefen den Marshallplan und die NATO ins Leben, bestanden eine Reihe von direkten und indirekten sowjetischen Herausforderungen und schufen die Grundlage dafür, dass der Kommunismus letztlich zusammenbrach.

Die Generation, die in den neunziger Jahren beiderseits des Atlantik die Regierungsgeschäfte führte oder die Wahlkämpfe dominierte, besaß einen anderen Erfahrungshorizont. Ihre Väter waren in einer Atmosphäre des Vertrauens auf die amerikanische Macht und des Glaubens an die Bedeutung der Einigkeit unter den Verbündeten großgezogen worden. Die Söhne und Töchter wuchsen während der Protestbewegungen der sechziger und siebziger Jahre auf, die von einem tiefen Misstrauen gegenüber amerikanischer Macht, ja der Rolle der Macht in den internationalen Beziehungen überhaupt getragen wurde. Außenpolitik durfte nach ihrem Verständnis nicht mit strategischen Interessen einhergehen, der Begriff »nationales Interesse« bereitete ihnen Unbehagen. Die Frage, die sich angesichts ihrer Haltung stellte, war nicht, ob derartige Einsichten wesentlich sind, sondern ob sie Bestand haben können, wenn dadurch das traditionelle Sicherheitsgefüge ins Wanken gerät.

Die Generation, die zur Jahrtausendwende in fast allen Ländern Westeuropas die Regierungsgewalt innehatte, repräsentierte Mitte-Links-Parteien, die im Lauf ihrer Entwicklung auch an antiamerikanischen Protesten teilgenommen hatten. Selbst in den Vereinigten Staaten war ein nicht geringer Teil des außenpolitischen Establishments der Clinton-Regierung mit der Überzeugung aufgewachsen, dass Amerika kein Recht habe, seine Macht im Ausland auszuspielen, solange es sich nicht seinen eigenen heimischen Defiziten gestellt und sie überwunden habe, und wenn es sich einmische, dann nur, wenn es um andere als amerikanische Interessen ginge. Einige von ihnen vertraten die Meinung, dass die Vereinigten Staaten einen Großteil der Verantwortung für die Entstehung des Kalten Krieges trügen, indem sie durch exzessives Streben nach militärischer Macht die Ängste der Sowjets geschürt hätten.[3]

Während die Gründergeneration das atlantische Bündnis als Ausgangspunkt für einen Zusammenschluss der Demokratien behandelte, sieht die Protestgeneration den Nordatlantikpakt als Relikt des Kalten Krieges, wenn nicht als Hindernis zu seiner Überwindung. Präsident Clinton etwa stellte im März 1997 auf einer gemeinsamen Pressekonferenz mit dem russischen Präsidenten Boris Jelzin fest, die »alte NATO« sei »im Grunde ein Spiegelbild des Warschauer Pakts«, wodurch er praktisch eine freiwillige Vereinigung demokratischer Staaten mit einer von der Sowjetunion den unterworfenen Ländern Osteuropas aufgezwungenen Struktur gleichsetzte.[4] Statt die atlantische Gemeinschaft zu stärken, wollte die Protestgeneration »Trennlinien auslöschen«. Ein gutes Beispiel ist eine Rede, die Clinton im Mai 1997 in der amerikanischen Kadettenschule West Point hielt und in der er vier Gründe für die Vergrößerung der NATO nannte:

- das Bündnis zu stärken, um im neuen Jahrhundert »Konflikte zu lösen, die den gemeinsamen Frieden aller bedrohen« (gemeint sind wohl ethnische sowie »out of area«-Konflikte);

- zu »helfen, den historischen Zugewinn an Demokratie in Europa zu festigen«;

- »angehende Mitglieder [zu] ermutigen, ihre Differenzen friedlich zu lösen«;

- im Einklang mit der Partnerschaft für den Frieden und den besonderen Abmachungen mit Russland und der Ukraine »die von Stalin gezogene künstliche Linie in Europa aus[zu]löschen und Europa in Sicherheit zusammen[zu]führen, nicht in Instabilität geteilt [zu] halten«.[5]

Zwar waren all dies triftige Argumente, doch fehlt hier der wichtigste Grund dafür, Polen, Ungarn und die Tschechische Republik in die NATO aufzunehmen: nämlich ein für alle Mal das strategische Vakuum in Mitteleuropa zu beseitigen, das im 20. Jahrhundert sowohl deutsche wie auch russische Expansionsgelüste geweckt hatte. Es blieb dem US-Senat in seiner beratenden und zustimmenden Resolution zur NATO-Erweiterung vorbehalten, auf diese geopolitische Wahrheit hinzuweisen. Darin bekräftigten die Senatoren, dass die NATO »in allererster Linie ein Militärbündnis« sei, dazu bestimmt, »das Wiedererstehen einer Europa konfrontierenden Hegemonialmacht« zu verhindern.[6]

Während der Clinton-Ära hatten Verlautbarungen des Militärbündnisses einen geradezu liturgischen Charakter, wobei das ursprüngliche Konzept der NATO Schritt für Schritt der Doktrin der kollektiven Sicherheit angenähert wurde.

Der Unterschied zwischen den beiden Konzepten ist keine juristische Spitzfindigkeit; er markiert vielmehr eine bedeutende philosophische Differenz. Ein Bündnis kommt zustande, wenn eine Gruppe von Staaten beschließt, ein bestimmtes Territorium oder eine Sache zu verteidigen; es wird effektiv eine Linie gezogen, deren Überschreitung einen *casus belli* darstellt. Ein System kollektiver Sicherheit dagegen definiert weder das zu verteidigende Territorium noch die dafür einzusetzenden Mittel oder Ausrüstungen; es handelt sich vielmehr um einen juristischen Begriff. Die NATO ist ein Bündnis; die UNO ist ein System kollektiver Sicherheit. Ein Bündnis befasst sich mit einer definitiven und definierten Bedrohung und legt oftmals die zu ihrer Abwehr einzusetzenden Kräfte fest; ein System kollektiver Sicherheit ist juristisch neutral; weit davon entfernt, eine Bedrohung zu definieren, ist es verpflichtet, ihr Eintreten abzuwarten, bevor Maßnahmen in Betracht gezogen werden können.

In einem System wie dem der Vereinten Nationen kann der Aggressor nicht im Voraus benannt werden und hat ein Recht darauf, an den Beratungen über die zu ergreifenden Maßnahmen teilzunehmen; anderenfalls wäre der unparteiische und quasigerichtliche Charakter der Organisation in Frage gestellt. Wenn sich eine Bedrohung ergibt, müssen sich die Mitglieder des kollektiven Sicherheitssystems über deren Charakter erst einig werden, bevor sie kollektive Streitkräfte zu ihrer Bekämpfung aufstellen können. In den Vereinten Nationen verfügt der Aggressor, falls es sich bei ihm um ein ständiges Mitglied des Sicherheitsrats handeln sollte, über ein Vetorecht bei der Bestimmung der schuldigen Partei oder der zu ergreifenden kollektiven Maßnahmen.

Aus diesem Grund haben sowohl der Völkerbund als auch der Locarnopakt, ebenso wie die Vereinten Nationen heute, gegenüber den größten Bedrohungen versagt. Die Vereinten Nationen sind bei der Friedenserhaltung gelegentlich hilfreich gewesen, vor allem wenn sich alle Parteien einig waren und es um die technische Durchführung einer Vereinbarung ging. Doch ist es der UNO nie gelungen, widerwilligen Parteien oder einer von einem ständigen Mitglied des Sicherheitsrats unterstützten Partei gegenüber den Frieden durchzusetzen. Wenn alle Teilnehmer sich einig sind, ist der Bedarf an kollektiver Sicherheit minimal; wenn nicht, lässt sich das System nicht anwenden. Wenn alle Mitglieder eines internationalen Systems die gleichen Verpflichtungen haben, hat kein Land und keine Gruppe von Ländern jene besondere Verpflichtung, die das Wesentliche an einem Bündnis ist. Die Begriffe »Bündnis« und »kollektive Sicherheit« werden zwar oft unterschiedslos gebraucht, doch eigentlich sind sie miteinander inkompatibel.

Aufgrund dieser Konfusion ist die NATO in den neunziger Jahren sowohl hinsichtlich ihres Konzepts als auch hinsichtlich der Ausführung aufgeweicht worden. Zahlreiche neue Institutionen wurden geschaffen, welche die NATO in eine Art Mini-UNO umzuwandeln versprechen. Da gibt es den Nordatlantikrat (kurz: NATO-Rat), der sich aus den Außenministern der neunzehn NATO-Mitgliedstaaten zusammensetzt; den Ständigen Gemeinsamen Rat, der aus dem NATO-Rat plus Russland besteht; den Euro-Atlantischen Partnerschaftsrat, in dem die NATO und 28 ehemalige Ostblockstaaten vereinigt sind; und schließlich die Partnerschaft für den Frieden, innerhalb derer osteuropäische Länder – einschließlich Russlands – eingeladen sind, sich an gemeinsamen Übungen für nicht näher spezifizierte multilaterale Missionen zu beteiligen. Alle diese Länder, darunter auch solche, die weit entfernt in Asien liegen, wie Kasachstan, Aserbaidschan und Usbekistan, sind auf den NATO-Gipfeltreffen vertreten; alle werden vom NATO-Hauptquartier aus bedient, wodurch die historischen Bündnis-Missionen in eine Überfülle von multilateralen kollektiven Sicherheitsunternehmen mit vager Zielsetzung abgelenkt werden.

Wo liegen die Grenzen der NATO? Und wie unterscheiden sich diese neuen Strukturen konzeptionell von Organisationen nach Art der UN? Die amerikanische oder atlantische Einflusssphäre auch in andere Weltgegenden auszuweiten mag ja wünschenswert sein. Doch ist die NATO das richtige Instrument für eine derartige Mission? Indem sie diese Vielzahl von Institutionen vom Hauptquartier der Militärallianz aus zu leiten versucht, verzettelt sich die NATO und bringt ihre Prioritäten durcheinander. An den jährlichen Gipfeltreffen nehmen jetzt fast fünfzig Staats- bzw. Regierungschefs der den verschiedenen Gruppierungen angehörenden Länder teil, darunter auch die der neunzehn offiziellen Mitgliedstaaten. Bei alldem droht die NATO zu einem multilateralen Mischmasch zu verkommen.

Dies zeigt sich in der Art und Weise, wie die NATO ihre Beziehungen zu Russland formuliert hat. Mittels der am 27. Mai 1997 in Paris unterzeichneten »Grundakte über gegenseitige Beziehungen, Zusammenarbeit und Sicherheit« zwischen der NATO und der Russischen Föderation wurde – teils auch, um russische Sorgen hinsichtlich der NATO-Erweiterung zu beschwichtigen – ein Ständiger Gemeinsamer NATO-Russland-Rat geschaffen, der sich aus dem ursprünglichen Nordatlantikrat und einem russischen Botschafter zusammensetzt. Die Zuständigkeiten des Permanenten Gemeinsamen Rats, der mindestens einmal im Monat zusammentreten soll, werden in der Grundakte in aller Ausführlichkeit erklärt, und die Struktur des Rats garantiert, dass Russland, wenn es denn will, bei der Bestimmung der Tagesordnung den Ton angeben kann. Dies ist eine Frage davon, dass der russische Vertreter, der Generalsekretär der NATO sowie turnusmäßig ein Botschafter des NATO-Rates gemeinsam den Vorsitz im Permanenten Rat innehaben. (Russland ist also ständig im Vorsitz vertreten, während die Vereinigten Staaten nur ein Neunzehntel der Zeit mit Vorsitz führen.) Wenn Russland die ihm eröffneten Möglichkeiten voll nutzen würde (was es bisher nicht getan hat), könnten die Sitzungen des NATO-Rates und die des Permanenten Gemeinsamen Rates am Ende ineinander aufgehen.

Die verschwommenen Prioritäten der NATO spiegeln das Verschwinden der unmittelbaren Bedrohung wider. So ist es in allen NATO-Ländern zunehmend sicherer geworden, innenpolitischen Themen Vorrang vor außenpolitischen und Sicherheitsfragen zu geben. Da fast alle europäischen Mitte-Links-Regierungen ihre Kernwählerschaft mit marktwirtschaftlichen Reformen enttäuscht haben, widerstrebt es ihnen, die radikalen Flügel noch weiter gegen sich aufzubringen, indem sie eine nationale Sicherheitspolitik im Sinne der Vereinigten Staaten betreiben. Ein Großteil des europäischen Widerstands gegen das nationale Raketenabwehrprogramm der USA besteht aus den wieder aufgewärmten Argumenten gegen die Aufstellung von Angriffsraketen in den achtziger Jahren – die in manchen Fällen auch noch von denselben Politikern vorgebracht werden.

Auch die Clinton-Administration setzte, ähnlich wie die europäische Linke, neue Prioritäten gegenüber ihren Vorgängern. Zwar hob sie weiterhin die Bedeutung der NATO hervor, doch sie tat dies im Kontext von Werten, die kaum etwas mit den traditionellen strategischen Zielen des Bündnisses gemein hatten. Dennoch blieben die persönlichen Beziehungen zwischen den Führern des Atlantikpakts während der Präsidentschaft Bill Clintons angesichts der Schwächung der historischen Bindungen bemerkenswert eng. Aufgrund der innenpolitischen Übereinstimmung sahen die europäischen Regierungschefs keinen Widerspruch zwischen ihrer persönlichen Bewunderung der Person Clintons und der vernehmlich geäußerten Kritik an vielen seiner politischen Maßnahmen, bei denen sie davon ausgingen, dass sie ihm teilweise von einer störrischen Rechten aufgezwungen wurden.

Das führte dazu, dass die lockersten und zufriedenstellendsten Begegnungen der atlantischen Regierungschefs nicht auf formellen Gipfeltreffen stattfanden, sondern in Form eines »Dritten Weges« bei Zusammenkünften von sozialdemokratischen Regierungschefs aus aller Welt – größtenteils jedoch aus Europa. Vorgebliches Ziel dieser Treffen ist es gewesen, einen Mittelweg zwischen traditionellem Kapitalismus und Sozialismus zu finden. Deshalb wurde zwar der sozialistische Premierminister Portugals eingeladen, nicht jedoch sein konservativer Amtskollege aus

Spanien; deshalb war zwar der sozialistische Premierminister, nicht jedoch der konservative Staatspräsident Frankreichs dabei. Indem US-Präsident Clinton regelmäßig an diesen Begegnungen teilnahm, ergriff er mit dem Prestige seines Amtes innenpolitisch Partei für eine Seite innerhalb der vertretenen Länder.

Vor dem Zusammenbruch der Sowjetunion gab es einen festen außenpolitischen Rahmen, an dem sich alle Bündnispartner orientieren konnten. Ganz allgemein lässt sich sagen, dass der außenpolitische Ansatz der Amerikaner eher ideologisch und missionarisch, der europäische dagegen eher traditionell und realistisch war. Während Amerika vermeinte, den Europäern höhere Ziele aufzuzeigen, hielten sich die Europäer etwas darauf zugute, den Vereinigten Staaten die Grenzen des Möglichen entdecken zu helfen. Die Beziehungen waren unabhängig von der Partei, die diesseits oder jenseits des Atlantik gerade im Amt war. Eine Rückkehr zu einer solchen Haltung ist notwendig, wenn die atlantische Politik wieder einen kohärenten Richtungssinn erhalten soll.

Der Wechsel zu einer republikanischen Administration in den Vereinigten Staaten wird unweigerlich auch einen Wechsel des Forums für Konsultationen mit den europäischen Regierungen mit sich bringen. Präsident George W. Bush kommt für Begegnungen des Dritten Weges nicht in Frage, und wenn, dann müssten auch die zuvor ausgeschlossenen europäischen Staatsmänner eingeladen werden, wodurch die Konferenz den Charakter eines Treffens der Regierungschefs erhielte. Und wenn sich die europäischen Regierungen erst einmal an eine auf übereinstimmenden nationalen Interessen beruhende Beziehung gewöhnt haben, werden sie feststellen, dass die atlantischen Beziehungen auch wieder einen dauerhafteren Charakter erhalten.

Sehnsucht nach den Gewissheiten des Kalten Krieges ist kaum der richtige Wegweiser für eine kluge Politik, aber ebenso wenig gilt dies für die mechanische Wiederholung von Parolen atlantischer Solidarität angesichts des Zerbröckelns der zugrunde liegenden Realitäten. Ein neuer Ansatz ist erforderlich, um eine Reihe ungelöster Fragen zu behandeln, die das Erbe der 1990er Jahre sind. Bildet das atlantische Bündnis immer noch den Kern der transatlantischen Beziehungen? Und wenn ja, wie definiert es seine Ziele in der Welt nach dem Kalten Krieg? Inwieweit wird ein vereinigtes Europa das Konzept einer atlantischen Partnerschaft berühren? Besteht das Bündnis aus einer Reihe gemeinsamer Zielsetzungen, oder ist es ein Sicherheitsnetz?

Die Zukunft der europäischen Integration

Die Entstehung eines vereinten Europa ist eines der revolutionärsten Ereignisse unserer Zeit. Der Anstoß dazu geht auf eine Reihe von Motiven zurück, die nicht alle miteinander kompatibel sind. Ursprünglich sah man in Europa die Integration als eine Möglichkeit, die selbstmörderischen Rivalitäten, die es in zwei katastrophale Weltkriege geführt hatten, sowie die wirtschaftlichen Verheerungen der beiden Kriege durch Maßnahmen der Kooperation zu überwinden. Frankreich unterstützte die europäische Integration, damit Deutschland nicht wieder zur nationalen Bedrohung werden konnte: Die Bundesrepublik Deutschland verpflichtete sich dem Ideal eines integrierten Europa, um sich von dem ostdeutschen Sowjetsatelliten abzugrenzen und um darin einen emotionalen Ersatz für nationale Einheit zu finden. Großbritannien, Erbe einer Tradition, die ein vereintes Europa historisch als Bedrohung britischer Unabhängigkeit sah, machte widerwillig mit, indem es pragmatische technische und wirtschaftliche Regelungen unterstützte, sich aber stets vor Unterfangen in Acht nahm, die darauf hätten hinauslaufen können, das Vereinte Königreich in eine europäische Provinz zu verwandeln und sein besonderes Verhältnis zu den Vereinigten Staaten in Gefahr zu bringen.

Ein neuerlicher Anstoß zur europäischen Integration entstand 1990 mit der Vereinigung Deutschlands. Um europäische Ängste vor einer Dominanz des vereinten Deutschland zu beschwichtigen, machte sich Bundeskanzler

Helmut Kohl zum Hauptfürsprecher des Maastrichter Vertrags von 1992, in dem die Einführung einer europäischen Währung – des Euro – festgeschrieben und bedeutende Schritte in Richtung auf eine gemeinsame europäische Außen- und Sicherheitspolitik unternommen wurden. Frankreich wiederum unterstützte diesen Prozess, teils um eine deutsche Machtentfaltung im Zaum zu halten, teils auch, um mit seiner Hilfe größeren Handlungsspielraum gegenüber den Vereinigten Staaten zu gewinnen.[7]

Während des gesamten europäischen Vereinigungsprozesses haben die Vereinigten Staaten eine nicht ganz unwichtige Rolle gespielt: zunächst als leidenschaftliche Befürworter, in jüngerer Zeit eher als Kontrahent. Seit den ersten Regungen einer europäischen Integration in den Nachwehen des Zweiten Weltkriegs haben die Vereinigten Staaten hinter diesem Projekt gestanden und es den zunächst widerstrebenden Verbündeten regelrecht aufgedrängt. Schon 1963 sprach sich Präsident Kennedy für die Vereinigung Europas aus, um ein ausgeglicheneres Verhältnis zu Europa zu schaffen:

> »Nur ein in sich gefestigtes Europa kann uns alle vor der Zersplitterung des Bündnisses bewahren. Nur ein solches Europa ermöglicht eine echte Reziprozität in allem Tun und Trachten über den Ozean hinweg … Nur mit einem solchen Europa ist ein uneingeschränktes Geben und Nehmen zwischen Gleichberechtigten möglich und eine gleichmäßige Verteilung der Verantwortung wie auch der Opfer.«[8]

Unter diesem Gesichtspunkt, der im Allgemeinen auch von Kennedys Amtsnachfolgern geteilt wurde, entsprach die atlantische Beziehung einem multinationalen Industrieunternehmen, in dem die Macht jeweils im Verhältnis zu der übernommenen Verantwortung aufgeteilt wird. Das Problem bei dieser Idee der Lastenteilung als Motivierungskraft des Atlantischen Bündnisses besteht darin, dass hier die Verfahrensweise bei einer Partnerschaft mit ihrem Zweck verwechselt wird. Ob als Ansammlung von Nationalstaaten oder als Europäische Union – Europa wird Amerikas Lasten nur teilen, wenn seine Ziele denen Amerikas entsprechen und wenn es glaubt, dass ohne sein Zutun die gemeinsamen Ziele nicht erreicht werden können. Dies ist bisher jedoch nicht der Fall gewesen. Während des Kalten Krieges gab es in der Tat ein gemeinsames Ziel, doch Amerikas Verbündete waren in jeder Phase überzeugt, dass die Vereinigten Staaten ihre globalen Verantwortungen auch dann tragen würden, wenn ihre Verbündeten nicht mitmachten. Heute ist schon das gemeinsame Ziel derart umstritten, dass man kaum jemals bis zur Frage der Lastenteilung vordringt.

Letztlich geht es mehr um eine philosophische als um eine technische Frage: Wird die neue Identität eines geeinten Europa noch Raum lassen für eine atlantische Partnerschaft? Wird Amerikas Triumph über den gewonnenen Kalten Krieg in Hegemonieansprüche umschlagen? Frankreichs Außenminister Hubert Védrine hat keinen Zweifel daran gelassen, dass in seinen Augen der Zweck der Herstellung einer europäischen Identität darin besteht, die Dominanz der Vereinigten Staaten zu reduzieren:

> »Die amerikanische Vorherrschaft ist … heute spürbar in der Wirtschaft, in Währungsfragen, in der Technologie und auf militärischem Gebiet, desgleichen in den Lebensstilen, der Sprache und in den Produkten der Massenkultur, die die Welt überschwemmen, die Denkweise prägen und eine Faszination ausüben, die selbst bei den Gegnern der Vereinigten Staaten ihre Wirkung nicht verfehlt. …
>
> Im Einklang mit der amerikanischen Sicht seiner selbst und des Rests der Welt in den letzten zwei Jahrhunderten haben die meisten großen Führer und Denker Amerikas nicht einen Augenblick daran gezweifelt, dass die Vereinigten Staaten von der Vorsehung zur ›unverzichtbaren Nation‹ erkoren wurden und zum Segen der Menschheit dominant bleiben müssen. … Amerikaner haben keine Zweifel, und die Freimütigeren unter ihnen sind schnell dabei, uns daran zu erinnern, dass die heutige Welt das direkte Ergebnis der völligen Unfähigkeit Europas ist, während der ersten Hälfte des zwanzigsten Jahrhunderts seine eigenen Angelegenheiten und die der Welt in Ordnung zu bringen.«[9]

Védrines Analyse ist nicht unbegründet. Während eines Großteils der neunziger Jahre oszillierte Amerikas NATO-Politik zwischen herrischem Auftreten und Gleichgültigkeit, mal behandelte es die Europäer als Hilfskräfte, mal als Staffage für einen Fototermin. Zum ernsthaften strategischen Dialog kam es nie, zum Teil weil die Vereinigten Staaten nie lange genug innehielten, um solch einen Dialog mit sich selbst zu führen. Eine Reihe von Initiativen wurde unilateral ergriffen und, wenn überhaupt, erst dann zum Gegenstand von Konsultationen gemacht, wenn die Entscheidung darüber bereits gefallen war.

Während Amerikas Unilateralismus von politischen Entscheidungen herrührte, die sich ändern können, ist die Herausforderung der europäischen Integration an Amerika struktureller Natur, wobei es um drei Schlüsselfragen geht: das Bild der Europäischen Union von sich selbst, die Auswirkungen der europäischen Integration auf die atlantischen Beziehungen und Amerikas Haltung gegenüber den verschiedenen Optionen für die europäische Integration.

Bei der Definition ihrer Identität sind die europäischen Staaten weitgehend Produkt – wenn nicht gar Gefangene – ihrer historischen Erfahrung. Jahrhundertelang hat es in Europa ein System miteinander konkurrierender Eigenstaatlichkeiten gegeben, woraus die Lehre gezogen worden ist, dass Überzeugungskraft in Verhandlungen weitgehend von den Optionen abhängt, die dem Verhandlungsführer tatsächlich oder vermeintlich zur Verfügung stehen. Die Europäer haben Diplomatie historisch mit einem Ausbalancieren von Gewinnen und Verlusten assoziiert; sie haben kaum einen Sinn für den abstrakten Begriff eines allumfassenden guten Willens als fördernden Faktor der Diplomatie. Dennoch sind die europäischen Gesellschaften nicht durch eine uniforme historische Erfahrung geprägt. Dies zeigt sich in der unterschiedlichen Haltung der Briten, Franzosen und Deutschen gegenüber der Idee der atlantischen Partnerschaft und der europäischen Integration.

Während des Kalten Krieges konnte Großbritannien mit der amerikanischen Vorherrschaft in der NATO gut leben, weil sich seine historische Erfahrung so signifikant von der seiner kontinentalen Nachbarn unterschied. Für die kontinentalen Nachbarn hat die Hegemonie durch einen starken Nachbarn immer einen Albtraum dargestellt. Die Briten assoziierten die Bedrohung ihrer Unabhängigkeit mit einer Hegemonialmacht auf dem Kontinent; die Rettung in zwei Weltkriegen kam für sie aus Übersee. In ihren Augen spielten die Vereinigten Staaten in der Nachkriegswelt im Großen und Ganzen eine positive Rolle, und die Freundschaft zu den Vereinigten Staaten ist seit dem Ende des Zweiten, ja vielleicht sogar des Ersten Weltkrieges immer das zentrale Thema der britischen Außenpolitik gewesen. Diese »besondere Beziehung« war keineswegs in erster Linie eine sentimentale Geste; Großbritannien hatte die Jahrhunderte als Insel-Außenposten vor der Küste Europas überlebt, indem es sein nationales Interesse niemals aus den Augen verlor. In Verfolgung dieses Interesses hat es bereits ein Jahrzehnt vor Frankreich eine nukleare Atomstreitmacht aufgebaut, ein klares Anzeichen dafür, dass das britische Vertrauen auf die besondere Beziehung auch seine Grenzen hatte.

Frankreich findet trotz seines rationalistisch geprägten Bildungssystems keine gemeinsame Sprache und verfolgt eine wenig pragmatische Außenpolitik. Seine Führung bemüht sich, den Eindruck zu erwecken, dass die französische (oder europäische) Politik den Amerikanern Zugeständnisse abringt, die diese aber wohl auch ohne jeden Druck bewilligt hätten. Großbritannien verfolgt seine Interessen, indem es sich so sehr zum Teil des Entscheidungsprozesses macht, dass eine Missachtung seiner Ansichten schon fast peinlich wäre. Frankreich hat seine Interessen in einer Weise verfolgt, die es zu schmerzhaft gemacht hätte, sie zu ignorieren. Großbritannien hat die atlantischen Beziehungen immer als Gemeinschaftsunternehmen betrachtet; die Franzosen, die sich viel auf ihre Unabhängigkeit einbilden, behandeln sie als Nullsummenspiel, in der entweder die eine oder die andere Seite des Atlantik die Oberhand haben muss.

Nicht dass Frankreich die Rolle der Vereinigten Staaten als äußerstes Sicherheitsnetz für eine autonome Politik

Frankreichs (und Europas) etwa verkannt hätte. Auch macht sich die französische Führung keine Illusionen über die relative Stärke der beiden Länder. Bei den großen Krisen des Kalten Krieges – den Herausforderungen Berlins von 1957 bis 1962, der Kubakrise 1962, dem Golfkrieg 1990/91 – erwies sich Frankreich als zuverlässiger Verbündeter; die Aufstellung der Mittelstreckenraketen in Deutschland 1983 wäre ohne die beredsame Unterstützung des französischen Staatspräsidenten François Mitterrand nicht möglich gewesen.

Doch die cartesianische, ultrarationalistische Bildung der französischen Politiker bestärkt sie in dem Glauben, die Vereinigten Staaten würden ihre etwas zynische Anwendung der *raison d'état* verstehen und die Motive, die Frankreich dazu bringen, die europäische Identität als Herausforderung an die USA zu betrachten, respektieren, obwohl es gleichzeitig als Garant seiner Sicherheit auf sie angewiesen ist. Dieser Drahtseilakt, der tolerierbar ist, wenn eine überragende Gefahr dem Spiel Grenzen setzt, droht die Kooperation des letzten Auswegs zu unterminieren, auf die Frankreichs Führung immer noch zählt, nachdem die Opposition gegen die Vereinigten Staaten in vielen aktuellen Fragen zur Standardprozedur geworden ist. Die Politik, durch Herausforderung der Vereinigten Staaten zu einer europäischen Identität zu gelangen, funktioniert am besten, wenn nur eine Partei dazu Zuflucht nimmt. Würden sich die Vereinigten Staaten systematisch dafür revanchieren, was sie früher oder später tun werden, könnte es zu ernsthaften Spannungen mit der Europäischen Union und noch ernsteren innerhalb der Union kommen.

Deutschland kreuzt mit gemischten Gefühlen zwischen diesen Polen hin und her. Es unterstützt die Europäische Union, befindet sich jedoch, anders als Großbritannien und Frankreich, nicht in der Lage, auf eine erfolgreiche, auf nationalem Interesse beruhende diplomatische Tradition zurückzugreifen. Selbst wenn Deutschland mit den Zielen der französischen Politik rein theoretisch sympathisieren sollte, fehlt ihm doch das Selbstvertrauen, die unverfrorene Politik gleichzeitiger Herausforderung der Vereinigten Staaten und der Abhängigkeit von ihnen zu verfolgen – oder es hat vielleicht einen zu gut entwickelten Realitätssinn, um es zu versuchen.

Die Vereinigten Staaten haben die verschiedenen Optionen zur Integration Europas mit Wohlwollen gegenüber dem Ziel und einer delikaten Neutralität beobachtet, die sich über die Art des zu erbauenden Europa nicht auslässt. Der orthodoxe Glaube aus der Zeit des Kalten Krieges, dass die europäische Integration automatisch zu einem starken Europa und einer vitaleren atlantischen Partnerschaft führen werde, herrscht immer noch vor.

Doch es ist an der Zeit, diesen Grundpfeiler amerikanischer Politik einmal genauer unter die Lupe zu nehmen. Denn mindestens zwei andere Ergebnisse sind denkbar: ein Europa, das vor globaler Verantwortung zurückschreckt, indem es den Status einer Mini-UNO annimmt und Moralpredigten hält, während es sich auf den wirtschaftlichen Wettstreit mit den Vereinigten Staaten konzentriert; oder alternativ dazu ein Europa, das die Vereinigten Staaten herausfordert und sich außenpolitisch auf eine Vermittlerrolle zwischen Amerika und dem Rest der Welt verlegt, ähnlich wie es Indien während des Zweiten Weltkriegs versuchte. Während die Innenpolitik an erster Stelle rangiert und solange die Sicherheit nicht bedroht ist, könnte Europa meinen, keine Eile zu haben, sich zwischen diesen Optionen zu entscheiden. Am Ende könnten die beiden Herangehensweisen miteinander verschmelzen; beide jedoch würden Schritt für Schritt die atlantische Partnerschaft zerstören.

Zunächst einmal müssen wir uns mit der Frage beschäftigen, warum die atlantische Partnerschaft neu belebt werden soll. Was kann der Zweck einer solchen Übung sein?

Trotz des Fehlens einer gemeinsam empfundenen, vereinigenden Gefahr ist die Geopolitik als Bestandteil einer internationalen Politik nicht verschwunden. Die NATO ist weiterhin eine Versicherungspolice gegen einen neuen russischen Imperialismus. Ohne die Vereinigten Staaten wäre Europa nur ein halbinselförmiges Anhängsel, ja eine Geisel

Eurasiens, das in den Strudel seiner Konflikte hineingezogen und als Hauptziel der radikalen und revolutionären Strömungen dienen würde, von denen so viele der angrenzenden Regionen betroffen sind. Ohne die Vereinigten Staaten würde Deutschland ein Anker fehlen, um nationale Impulse zurückzuhalten (sogar als Mitglied der Europäischen Union); Deutschland und Russland wären versucht, einander als ihre beste außenpolitische Option anzusehen.

Gleichzeitig würden die Vereinigten Staaten, abgetrennt von Europa, geopolitisch eine Insel vor der Küste Eurasiens werden, ähnlich Großbritannien gegenüber Europa im 19. Jahrhundert. Sie wären gezwungen, jene Strategie des Gleichgewichts der Kräfte gegenüber Europa zu verfolgen, die sie traditionell immer von sich wiesen. Amerika fehlen weder die Mittel noch die Gelegenheit für eine solche Politik, doch sie einzuschlagen würde eine psychologische Verrenkung und einen völligen Umschwung in ihrem nationalen Modus operandi bedeuten, zu dem nur als letztes Mittel Zuflucht genommen werden sollte.

Der Testfall wird die Fähigkeit der atlantischen Staaten sein, drängendere Fragen zu beantworten, als sie die geopolitische Theorie stellt. Besonders Europa sieht sich wenigstens drei Problemen gegenüber, deren Lösung die Zukunft aller Anrainerstaaten des Nordatlantik beeinflussen wird. Als demokratische und marktwirtschaftlich orientierte Staaten sind die atlantischen Nationen daran interessiert, eine wirtschaftliche Rezession zu verhindern – die Stabilität ihrer Institutionen hängt davon ab. Sie haben eigentlich keine andere Wahl als ihre wirtschaftspolitischen Maßnahmen zu koordinieren, um die Gefahr einer globalen Wirtschaftskrise zu reduzieren, welche für die heutige Demokratie die größte Bedrohung darstellt.

Die wirtschaftliche Herausforderung wird noch durch ein demographisches Problem zugespitzt. In fast allen Ländern Europas reicht die Geburtenrate nicht aus, um die Bevölkerungszahl auf dem gegenwärtigen Stand zu halten, und auch der ist schon zu niedrig, um den Arbeitskräftebedarf einer globalisierten Wirtschaft zu decken. In Folge der medizinischen Fortschritte wird der Prozentsatz jener, die von einer schrumpfenden Arbeitnehmerzahl unterstützt werden müssen, dramatisch ansteigen; die Gesamtbevölkerung der meisten europäischen Staaten wird stark zurückgehen – und dies angesichts eines wachsenden demographischen Drucks von Seiten der armen Länder im Osten und Süden Europas.

Sodann ist da die Zukunft der weiten Gebiete östlich der Grenzen von NATO und Europäischer Union. Die Regelungen, die nach dem Zusammenbruch der Sowjetunion getroffen wurden, waren ihrem Charakter nach nur eine Übergangslösung, sowohl was die inneren Verhältnisse als auch die Außenbeziehungen betrifft. In vielen dieser Nachfolgestaaten – die baltischen ausgenommen – entstammten die Erben der Macht fast ausnahmslos der vorherigen sowjetischen Führungsschicht, wenn auch mit nationalistischen Referenzen. Diese Generation verabschiedet sich jetzt von der politischen Bühne.

Einerseits geschickt, beharrlich und eindringlich von den Russen unter Druck gesetzt, wieder in eine Art organische Beziehung zu Moskau zu treten, und andererseits von Europa und sogar der NATO verlockt, werden die Nachfolgestaaten der Sowjetunion einige grundsätzliche Entscheidungen treffen müssen. Das Chaos droht diesen ausgedehnten Gebieten, wenn Europa und die Vereinigten Staaten nicht aufeinander abgestimmt, sondern stattdessen als potenzielle Rivalen auf der Szene erscheinen. Viel hängt von der Zukunft Russlands, seiner inneren Entwicklung und seinem Verhältnis zur internationalen Ordnung ab, wovon später in diesem Kapitel zu sprechen sein wird.

Die Zukunft des Mittelmeerraums stellt keine geringere Herausforderung dar. Die Zwänge der Globalisierung sowie des Bevölkerungswachstums in allen nichteuropäischen Ländern der Region leiten eine Periode der Neuordnung und potenzieller Unruhen ein, vergleichbar der postkommunistischen Neuordnung in Osteuropa. Die meisten nordatlantischen Nationen legen zwar Lippenbekenntnisse zu dem Problem ab, vermeiden es jedoch, sich systematisch damit zu befassen, oder tun es auf einer Land-für-Land-Basis, gewöhnlich wenn die Krise bereits da ist.

Dabei gewinnt in der globalisierten Welt die Frage der Lebensqualität für Völker und Regierende gleichermaßen einen zunehmenden Stellenwert. Die Befürworter derartiger Thesen haben sich oftmals ins Abseits manövriert, indem sie ihre Sache als Alternative zur traditionellen Außenpolitik präsentierten und sie durch konfrontative Methoden geltend zu machen suchten. Doch spricht vieles für ihre Argumente, selbst wenn sie sich durch eine übertriebene, selbstgerechte Rhetorik lächerlich machen. Mit lediglich 15 Prozent der Weltbevölkerung, aber mehr als 50 Prozent des weltweiten Bruttoinlandsprodukts haben die Atlantikstaaten in der Tat eine Verpflichtung, bei der Behebung jener globalen Probleme zu helfen, für deren Lösung ein großer Teil der Welt weder über die materiellen noch technologischen Ressourcen verfügt. Es liegt in der Natur der Sache, dass sie hierbei zusammenarbeiten müssten, denn es wären Institutionen und Verfahrensweisen vonnöten, ohne die eine erfolgreiche Durchführung derartiger nichtmilitärischer Ziele, die auf der atlantischen Tagesordnung bisher nicht an vorderster Stelle rangierten, unmöglich wäre.

Was aber, wenn der Kooperationskurs aufgrund der Befürchtung der Europäer, dass jede Betonung der atlantischen Partnerschaft die Aussicht auf eine eigene Identität zunichte machen würde, Schiffbruch erleidet? Jene, die nach Identität durch Konfrontation Amerikas suchen, sollten sich nicht der Illusion hingeben, dass sich die Vereinigten Staaten immer nur passiv verhalten werden, wenn ihre Politik aus Prinzip immer wieder angegriffen wird. Früher oder später wird ihnen nichts anderes übrig bleiben, als ihre Interessen zu verteidigen. Dann werden sich die Nationen des Westens wieder auf einem Kurs befinden, der sie innerhalb einer Generation zweimal fast vernichtet hätte – diesmal allerdings nicht durch Krieg, sondern durch eine strapaziöse nationale Rivalität. Ironischerweise könnte das Ergebnis einer solchen Entwicklung sehr wohl eine Schwächung der europäischen Integration bedeuten, denn am

Ende werden einige der Hauptmitglieder der Europäischen Union vor den Risiken einer wachsenden Entfremdung von den Vereinigten Staaten zurückschrecken.

Die ständige Opposition Europas gegen die amerikanische Politik kann nicht auf immer und ewig mit den Wachstumsschmerzen der Europäischen Union erklärt oder durch rituelle Beteuerungen alliierter Einheit bei öffentlichkeitswirksamen, im Wesentlichen zeremoniellen Anlässen überspielt werden. Die Vereinigten Staaten sind es ihren Werten und ihren Interessen schuldig, alles zu unternehmen, um die atlantischen Beziehungen zu neuem Leben zu erwecken und einen Vorrat gemeinsamer Ziele formulieren zu helfen, sowie Europa als engen Partner zu behandeln, der vor größeren Entscheidungen gründlich zu konsultieren ist. Doch letztlich muss Europa nach denselben Kriterien beurteilt, die amerikanische Politik gegenüber Europa an denselben Kriterien ausgerichtet werden, wie diese auch für andere Großmächte gelten – nämlich nach dem Grad, in welchem europäische Politik und nationale amerikanische Interessen einander stärken können. Zukünftige Generationen sollen sich nicht eines Tages fragen müssen, wie es möglich war, dass die nordatlantischen Staaten ihre Energien auf abstruse Debatten verschwendeten, in denen Identität *gegen* Kooperation ausgespielt wurde, während überall um sie herum grundlegende Probleme ihre Gesellschaftsstruktur bedrohten und die Möglichkeit der Kooperation immer bestand.

Europäische Integration und atlantische Kooperation

Eines der Hindernisse, sich intensiver dem Kernthema der atlantischen Beziehungen zu widmen, ist rein bürokratischer Natur: Zunächst einmal muss der Prozess der europäischen Integration selbst bis in alle Einzelheiten ausgearbeitet werden, und das braucht seine Zeit. Die komplexe Diskussion über die Erweiterung der Europäischen Union, über die entsprechende Anpassung ihrer Institutionen und über den Entwurf einer gemeinsamen Gesetzgebung setzt ihre eigenen Prioritäten und bestimmt den Zeitplan. Projekte für eine atlantische Zusammenarbeit – sowie auch andere langfristige Themen – scheinen dagegen weniger drängend und, solange eine akute Krise nicht in Sicht ist, weniger von Bedeutung. So erfordert die alltägliche Routine ihren Tribut von den Gepflogenheiten der atlantischen Zusammenarbeit, und wenn auch nur deshalb, weil die Vereinigten Staaten per Definition von den Aktivitäten ausgeschlossen sind, welche die größte Aufmerksamkeit der Europäer erfordern.

Doch selbst im Hinblick auf Themen, bei denen die Europäische Union und die Vereinigten Staaten interagieren, werden die neuen Strukturen und die Methoden, nach denen sie funktionieren, zum Hindernis für eine engere Zusammenarbeit. Je mehr sich die EU auf eine eigene Identität zubewegt, desto augenscheinlicher wird es, dass es nicht beim bisherigen Modus der atlantischen Konsultationen bleiben kann. Das ist eine Tatsache, an der die Vereinigten Staaten nicht vorbeiblicken können.

Je nachdem, in welche Richtung die europäische Integration steuert, wird sie den Prozess der atlantischen Konsultation nachhaltig verändern. Drei mögliche Ansätze stehen zur Debatte:

Der erste ist der supranationale Ansatz, den der deutsche Außenminister Joschka Fischer ins Gespräch gebracht hat: der »Übergang vom Staatenverbund der Union hin zur vollen Parlamentarisierung in einer Europäischen Föderation«. Fischers Vorschlag europaweiter Wahlen für »ein europäisches Parlament und eine ebensolche Regierung« ist das weitreichendste Konzept, das bisher vorgelegt worden ist.[10]

Ein derartiges Schema wendet sich gegen den »Widerspruch zwischen einer Vergrößerung und einer Stärkung Europas«[11]. Unter Vergrößerung ist die Ausdehnung der Europäischen Union bis zur russischen Grenze zu verstehen (wobei manche Szenarien sogar Russland mit einschließen). Die weitere Integration – oder »Vertiefung«, um den Fachausdruck zu gebrauchen – ist in mancherlei Hinsicht inkompatibel mit der Erweiterung. Dies liegt daran, dass nicht jedes Mitglied der geplanten Europäischen Union bereit sein wird, auf seine Souveränität in dem Ausmaß zu verzichten, wie dies bei einer völligen politischen Integration erforderlich wäre.

Der zweite Ansatz ist der Vorschlag für ein »Europa der unterschiedlichen Geschwindigkeiten«. Dieser würde die Europäische Union mit ihrem gegenwärtigen Kern von fünfzehn Nationen ermutigen, den Weg zur politischen und wirtschaftlichen Integration weiterzugehen und es dabei anderen Nationen zu ermöglichen, sich auf der Grundlage weniger starrer Prozeduren zu assoziieren. Ein Europa der unterschiedlichen Geschwindigkeiten würde verschiedene Möglichkeiten der Assoziierung mit dem integrierten Kern zulassen: Manche würden wirtschaftlicher, andere militärischer Art sein, und alle Mitglieder der Union könnten zusammen mit dem integrierten Kern auf eine festgelegte Art und Weise an bestimmten Entscheidungen mitwirken.[12]

Schließlich hat der britische Premier Tony Blair eine Variante des »Europa der unterschiedlichen Geschwindigkeiten« vorgelegt.[13] Weil die britische öffentliche Meinung niemals eine ultranationale Lösung akzeptieren würde und Blair sich weder wünscht, dass Großbritannien an den Rand eines solchen Europa gerät, noch dass es seine enge Beziehung zu den Vereinigten Staaten aufgibt, hat der Premier ein konföderales Europa ohne Kerngruppe vorgeschlagen, innerhalb dessen die Mitglieder die Freiheit haben würden, verschiedene integriertere Gruppierungen mit einer Reihe bestimmter Zielsetzungen zu bilden.

Die Vereinigten Staaten sollten sich nicht direkt in diese europäischen Verfassungsdebatten einmischen. Auf einer gewissen Ebene handelt es sich dabei um interne Angelegenheiten Europas. Doch da jede dieser Debatten eine integrierte europäische Position beinhaltet, werfen sie Dinge auf, die zu Schlüsselfragen der atlantischen Kooperation werden. Denn der Prozess, durch den die Europäische Union – auch schon in ihrer jetzigen Form – mit den Vereinigten Staaten verhandelt, lässt wenig Spielraum für einen kreativen amerikanischen Beitrag. Wenn die Vereinigten Staaten mit den Nationen Europas individuell verhandeln, haben sie die Möglichkeit, Konsultationen auf vielen Ebenen durchzuführen und ihre Ansichten deutlich darzulegen, bevor eine Entscheidung getroffen wird. Dagegen sind die Vereinigten Staaten bei Verhandlungen mit der EU vom Entscheidungsprozess ausgeschlossen, ein Austausch findet erst nachträglich statt, und zwar mit Sprechern der auf Ministertreffen gefassten Entscheidungen, an denen die Vereinigten Staaten auf keiner Ebene beteiligt waren. Bei Begegnungen mit Sprechern für das vereinte Europa entdeckt Amerika, dass seine Gesprächspartner über sehr wenig Flexibilität verfügen, weil einmal vom Ministerrat getroffene Entscheidungen nur geändert werden können, wenn der gesamte europainterne Prozess noch einmal durchlaufen wird. Was die wirtschaftlichen Angelegenheiten betrifft, so sind die traditionellen Kanäle amerikanisch-europäischer Zusammenarbeit bereits dabei auszutrocknen. Ähnliches droht jetzt auch in der Außen- und Sicherheitspolitik. So wird die wachsende Entfremdung zwischen Europa und Amerika auch noch institutionell gefördert. In mancher Beziehung sind Amerikas Konsultationsmöglichkeiten mit der Europäischen Union weniger greifbar als solche mit anderen befreundeten, nicht alliierten Ländern. Ein Ausgleich muss gefunden werden zwischen dem einen Extrem, dass die Vereinigten Staaten ihre Ansichten durchzusetzen versuchen, als seien sie selbst Mitglied europäischer Institutionen, und dem anderen, dass sie dermaßen marginalisiert werden, dass sie an europäischen Beratungen erst teilnehmen können, wenn diese effektiv bereits abgeschlossen sind.

Viele Fürsprecher des supranationalen Europa vertreten die Meinung, Amerikas wahres Interesse bestehe darin, die Teilung Europas in Nationalstaaten aufrechtzuerhalten, um durch Ausnutzung europäischer Rivalitäten das Ruder in der Hand zu behalten. Dies ist ein Irrtum. Aus Gründen, die ich in meinen Schlussbemerkungen erläutern werde, ist Hegemonie nicht im amerikanischen Interesse. Isolation jedoch auch nicht. Eine kluge amerikanische Politik wird zwischen einem Europa, das auf internationale Verantwortungen verzichtet, und einem Europa, das mit den Vereinigten Staaten um eine globale Rolle wetteifert, zu vermitteln versuchen.

Welche Richtung die europäische Einigung auch nehmen mag, in jedem Fall tut ein neuer Ansatz für die atlantische Zusammenarbeit Not. Die NATO kann nicht länger als die einzige Institution für atlantische Zusammenarbeit dienen; ihre Funktionen sind zu begrenzt, ihre Kernmitgliedschaft ist zu klein und die Zahl der assoziierten Mitglieder zu groß, um mit den kommenden Problemen – selbst wenn es sich um Fragen der Sicherheit handelt – fertig zu werden.

Strategische Doktrin: Militärisches Krisenmanagement in Europa

Das Thema, das die Beziehung von atlantischer Zusammenarbeit und europäischer Integration am unmittelbarsten demonstriert, ist die so genannte Gemeinsame Europäische Sicherheits- und Verteidigungspolitik, die zur Schaffung einer europäischen »Eingreiftruppe« geführt hat, deren Befehlsstruktur und politische Führung formal unabhängig von der NATO ist. Erstmals auf dem französisch-britischen Gipfeltreffen in Saint-Malo im Dezember 1998 angeregt, wurde der Vorschlag einer europäischen Eingreiftruppe unmittelbar nach dem NATO-Einsatz im Kosovo auf einer Tagung des Europäischen Rates im Juni 1999 in Köln weiter vorangetrieben. Am 21. November 2000 verkündeten die europäischen Verteidigungsminister in Brüssel in der »Erklärung über die Bereitstellung militärischer Fähigkeiten« ein formelles »Planziel« dafür. Danach soll aus freiwilligen Beiträgen der Mitgliedstaaten, die in einem »Truppenkatalog« erfasst sind, bis 2003 eine europäische »Reserve von mehr als 100 000 Personen und ungefähr 400 Kampfflugzeugen und 100 Schiffen« aufgestellt werden, die imstande ist, »Streitkräfte bis zur Korpsgröße (60 000 Personen) zu verlegen und diesen Einsatz für mindestens 1 Jahr aufrechtzuerhalten«. Die Betonung liegt auf der »Entschlossenheit [der Union], »dafür zu sorgen, dass sie autonom Beschlüsse fassen ... kann«, wenngleich ein noch festzulegender Informationsaustausch mit der NATO ebenfalls vorgesehen ist.

In der langfristigen Perspektive ist eine europäische Militärkapazität nur eine logische Parallele zu der Herausbildung einer politischen Identität Europas. Und eine solche Truppe muss auch eine gewisse Kapazität für autonomes Handeln haben, in ähnlicher Weise wie die nationalen Streitkräfte, ob sie nun technisch der NATO unterstellt sind oder nicht. Das Besorgniserregende an der europäischen Eingreiftruppe ist, dass ihre Autonomie als ihr charakteristisches Kennzeichen behandelt wird und ihre Zusammenarbeit mit der NATO eher als Sonderfall erscheint.

Der Kosovo, argumentieren die Verfechter der europäischen Eingreiftruppe, habe den großen Unterschied in den militärischen Fähigkeiten zwischen den beiden Seiten des Atlantik gezeigt. Die kaum Rücksichten nehmende, oft an Anmaßung grenzende Vorgehensweise Amerikas habe zu der Entscheidung beigetragen, die Schaffung einer unabhängigen Eingreiftruppe zu beschleunigen, um ein Mittel an die Hand zu bekommen, rein europäische Interessen wahrzunehmen.

Doch bei der europäischen Eingreiftruppe hat die Betonung bisher mehr auf Autonomie als auf einer Verstärkung der militärischen Fähigkeiten gelegen. Wenn einer der Beweggründe für die Schaffung der Eingreiftruppe darin besteht, das durch die amerikanische Hightech-Streitmacht erweckte Gefühl relativer Machtlosigkeit zu reduzieren, wie verträgt sich das mit den schrumpfenden Verteidigungsetats in fast allen Ländern Europas? Wenn die existierenden Verteidigungsetats auf gleichem Niveau gehalten oder verringert werden sollen, dann werden die Mittel für die Eingreiftruppe notgedrungen aus den vorgesehenen NATO-Etats kommen müssen. So wäre die Eingreiftruppe nur dann ein Nettobeitrag zur Verteidigung des Bündnisses, wenn sie zu einer Gesamtsteigerung der europäischen Verteidigungsetats führt oder auf irgendeine organische Weise mit der NATO verknüpft wird.

Und was noch wichtiger ist: Worin eigentlich bestehen die autonomen Interessen, die gefördert werden sollen? Wo genau würde die europäische Eingreiftruppe operieren? Da europäische Sprecher bisher die Verteidigung europäischen Territoriums als eine mögliche Bestimmung verworfen haben, bestünde ihr größter Nutzen bei kleineren Einsätzen an der Peripherie Europas, wo keine Großmacht involviert ist, oder außerhalb des Zuständigkeitsbereichs der NATO. Doch auch dann würde nur eine sehr unbesonnene Gruppe europäischer Führer es wagen, die Eingreiftruppe ohne amerikanische Logistik und nachrichtendienstliche Unterstützung oder wenigstens Zusicherungen des guten Willens zu mobilisieren. In der Praxis ist die europäische Eingreiftruppe weniger autonom, als vielmehr für symbolische Bemühungen wie die Friedenserhaltung oder Sondermissionen ohne großes Risiko gedacht.

Die unabhängige europäische Eingreiftruppe wird aller Voraussicht nach mit der NATO koordiniert werden müssen. Und in der Tat ist in dem Plan auch vorgesehen, dass logistische Systeme der NATO benutzt werden sollen. Doch Javier Solana, Hoher Vertreter der Gemeinsamen Außen- und Sicherheitspolitik (GASP) der EU, hat sich in dem Sinne geäußert, dass die europäische Eingreiftruppe eine organisatorisch eigenständige Gruppe werden soll, die mit der NATO auf ähnliche Weise verhandeln würde wie mit Nicht-NATO-Ländern: »Es bleibt abzuwarten ..., wie die Beziehung der EU zur NATO einerseits ... und die Beziehungen zwischen der EU und anderen Nicht-NATO-Ländern andererseits institutionalisiert werden sollen.«[14]

Gemäß der europäischen Sprachregelung ist bereits vielfach bekräftigt worden, dass »die EU ... militärische Operationen nur dort in Gang setzen und führen [wird], wo die NATO als Ganzes nicht engagiert ist«.[15] In der Praxis kommt dafür nur eine Situation in Betracht: Die Vereinigten Staaten befürworten die geplante Operation, wollen aber aus eigenen Erwägungen heraus nicht an der Mission teilnehmen – kurz gesagt, würde es sich um eine vereinbarte Arbeitsteilung handeln. Dies könnte funktionieren, doch darf das amerikanische Abrücken nicht einen Punkt erreichen, wo mächtige Staaten wie Russland versucht sein könnten, Druck auf Europa auszuüben.

Aber was ist, wenn die Europäische Union eine militärische Aktion unternimmt, mit der die Vereinigten Staaten nicht einverstanden sind? Wie sollte man die außerordentliche Situation interpretieren, wenn alle Mitglieder der Allianz außer den USA und Kanada in den Krieg ziehen, während das stärkste Mitglied, der ultimative Garant der Sicherheit, abseits steht? Hätte die europäische Eingreiftruppe dann noch Zugang zur NATO-Logistik, die überwiegend in den Händen der Amerikaner liegt? Würden die Vereinigten Staaten zu Hilfe eilen, wenn etwas schief ginge?

Hinter diesen militärischen verbirgt sich eine politische Frage. Jede Krise, in der der Einsatz der europäischen Eingreiftruppe in Betracht kommt, würde ein Treffen des Europäischen Ministerrats erforderlich machen, bevor der NATO-Rat zusammentritt. Der amerikanische NATO-Botschafter (oder Außenminister) würde dann auf Kollegen treffen, die bereits zu einer kollektiven Entscheidung gelangt sind, und daher nicht mehr individuell an der Diskussion teilnehmen könnten, wodurch innerhalb der NATO ein europäisches Entscheidungsgremium entstünde und nunmehr auch der NATO Prozeduren aufgezwungen würden, die bereits die Beziehungen Amerikas zur Europäischen Union vergällen. Trotzdem tragen die Vereinigten Staaten aufgrund ihrer Sicherheitsgarantien und des Bedarfs an ihrer logistischen Unterstützung das volle Risiko. Politiker, die die nationale Raketenabwehr der Vereinigten Staaten in Frage stellen, weil dies zur Abkoppelung Amerikas von Europa führen könnte, sollten die amerikanischen Sorgen über diese neuen Strukturen, die institutionell auf eben einer solchen Abkoppelung beruhen, respektieren.

Der Streit, der um die europäische Eingreiftruppe entbrennt, hat eine gewisse Ähnlichkeit mit der Kontroverse, die durch General de Gaulles Entschluss hervorgerufen wurde, seine atomare *force de frappe* ins Leben zu rufen. Wie die europäische Eingreiftruppe sollte auch sie eigenständig und unabhängig von der NATO sein; ebenso wie jene wurde auch sie als mögliche Alternative bei einem Versagen Amerikas in der Erfüllung seiner Bündnisverpflichtungen – eigentlich als letztes Mittel dagegen – gerechtfertigt, oder auch als ultimative Verteidigung französischer Interessen, wenn diese von den Vereinigten Staaten nicht mitgetragen werden würden. Doch es gibt auch bedeutende Unterschiede. Die *force de frappe* wäre nur in dem fast unvorstellbaren Fall zum Einsatz gekommen, dass ein NATO-Staat ohne amerikanische Unterstützung seine nukleare Vernichtung riskiert hätte. Die europäische Eingreiftruppe hingegen ist für die am wahrscheinlichsten auftretenden Eventualitäten gedacht – konventionelle Konflikte am Rande Europas auf niedrigem Niveau oder kontroverse friedenserhaltende Missionen auf fernen Kontinenten. Die *force de frappe* war gedacht für die einsame Aktion eines einzigen Verbündeten. Die Eingreiftruppe ist geplant für Aktionen, die von *allen* Verbündeten außer den Vereinigten Staaten getragen werden – symbolisch ein sehr viel verhängnisvollerer Schritt.

Ich unterstützte seinerzeit die unabhängigen europäischen Nuklearstreitkräfte, weil ich überzeugt war, dass sie am Ende zu einer ausgeglicheneren Partnerschaft führen würden. Mit der Zeit könnte die europäische Eingreiftruppe eine ähnliche Rolle spielen, vorausgesetzt, es gelingt, sie in einem angemessenen politischen Rahmen zu verankern. Die Schlüsselfrage, die sich über das Problem der Ablenkung von Ressourcen hinaus erhebt, ist die Notwendigkeit einer Koordination zwischen den Vereinigten Staaten und der Europäischen Union einerseits und zwischen der NATO und der europäischen Eingreiftruppe andererseits. Diese kann nicht durch Zusicherungen auf Treffen von Regierungschefs erreicht werden, die erst auf die Probe gestellt werden können, wenn es zu spät ist. Eine separate europäische Streitmacht kann nur funktionieren, wenn die politische Koordination zwischen den beiden Seiten des Atlantik verbessert wird. Gerade diesem Thema jedoch weichen die Fürsprecher der europäischen Eingreiftruppe bewusst aus. Ohne eine derartige Vereinbarung aber könnte die so genannte autonome europäische Eingreiftruppe die schlimmste aller Welten hervorbringen: eine Zerrüttung der NATO und Beeinträchtigung der alliierten Zusammenarbeit, ohne den Nachweis zusätzlicher militärischer Fähigkeiten sowie einer wirklichen europäischen Autonomie.[16] Gelingt es, eine organische Beziehung herauszustellen, könnte die europäische Eingreiftruppe zu einer neuen politischen Flexibilität der atlantischen Allianz führen, insbesondere könnte sie als Bindeglied zwischen der NATO und den Nichtmitgliedern der NATO in der Europäischen Union dienen.

Denn in der Europäischen Union gibt es Länder, die nicht zugleich auch der NATO angehören – heute sind dies Irland, Österreich, Schweden und Finnland, demnächst könnten noch mehrere mittel- und osteuropäische Staaten dazukommen. Diese Realität verleiht der Debatte über die Erweiterung der NATO eine neue Dimension. Ein sorgfältig ausgearbeiteter Plan über die gegenseitigen Beziehungen von Europäischer Union und NATO könnte Sicherheitsgarantien für Länder einschließen, deren Unabhängigkeit und territoriale Integrität ein lebenswichtiges Interesse aller westlichen Demokratien bilden, deren formelle Mitgliedschaft in einem integrierten Militärkommando jedoch zu provokant erscheinen könnte. Dies könnte durch Ausarbeitung einer gesonderten Garantie territorialer Integrität ohne Mitgliedschaft in einem integrierten Militärkommando bewerkstelligt werden und käme vor allem für die baltischen Staaten in Frage. Sollte Russland seine Herrschaft oder Vorherrschaft in diesen Ländern wiederherstellen, würde dies nicht nur seine Rückkehr zu jenem Imperialismus signalisieren, mit dem es Europa jahrhundertelang bedroht hat, sondern auch eine inakzeptable Verlagerung des europäischen wie auch des globalen Gleichgewichts. Andererseits liegt die estnische Grenze nur fünfzig Kilometer von St. Petersburg entfernt. Eine Verlagerung des integrierten NATO-Kommandos so nahe an Kerngebiete Russlands heran könnte die Chancen, dieses als konstruktives Mitglied in die entstehende neue Weltordnung einzubeziehen, mit einer schweren Hypothek belasten.

Wenn die Europäische Union als ein Ganzes behandelt werden will, folgt daraus, dass eine Verknüpfung zwischen der Sicherheit derjenigen ihrer Mitglieder, die nicht der NATO angehören, und der Militärstruktur der Europäischen Union hergestellt werden muss. Wenn es eine Region gibt, für deren Verteidigung die von der Europäischen Verteidigungsinitiative vorgesehene Eingreiftruppe angemessen ist, liegt sie genau in solchen Staaten. Auch geht es in einer wohlverstandenen atlantischen Partnerschaft nicht an, dass die NATO Bedrohungen der Sicherheit von Mitgliedstaaten der Europäischen Union ignoriert, ob sie nun formell Mitglieder der Allianz sind oder nicht. Angesichts der häufigen Beschwörungen einer europäischen Identität ist es doch etwas seltsam, dass die Europäische Union darauf besteht, dass die Mitgliedschaft in ihr mit keinerlei Sicherheitsgarantien verbunden ist. Doch will Europa wirklich so weit gehen, zu behaupten, dass es zwei Kategorien von Mitgliedern hat, deren eine sie bereitwillig militärischen Angriffen aussetzen würde? Was wird dann aus der berühmten europäischen Identität? Oder aus einer Sicherheits- und Verteidigungspolitik, die nicht danach trachtet, ihr eigenes Territorium zu verteidigen?

Um ihren Namen wirklich zu verdienen, muss die Europäische Union irgendwann bereit sein, mit Gewalt Angriffe auf die Sicherheit jedes ihrer Mitglieder zurückzuschlagen, ebenso wie dies heute jeder ihrer Nationalstaaten für sich tun muss. Und wenn die Europäische Union verpflichtet ist, eines ihrer Mitglieder zu verteidigen, ob es nun der NATO angehört oder nicht, werden die Vereinigten Staaten nicht ruhig zusehen können.

Das Argument, dass sich die Europäische Union von der NATO abkoppeln würde, sollte sie Verantwortung für die Verteidigung ihres eigenen Territoriums übernehmen, ist, mit allem Respekt, Unsinn. Wenn dies zutreffen würde, so müssten die von den Mitgliedern der Allianz unterhaltenen nationalen Streitkräfte ihre Länder ja ebenfalls von der NATO abkoppeln. Wenn Europa es mit der Verteidigung ernst meint, so gehen die EU- und die NATO-Erweiterung in gewissem Ausmaß ineinander über. Folgende Schritte sind erforderlich: Die Europäische Union muss ihre Entschlossenheit bekräftigen, ihre territoriale Integrität zu schützen. Die NATO muss bekräftigen, dass die territoriale Integrität der Europäischen Union ein lebenswichtiges NATO-Interesse ist. Dann wird es möglich sein, Sicherheitsgarantien ohne einen Truppenaufmarsch an vorderster Front zu planen. Unverzichtbare Komponente einer solchen Politik wäre eine rasche Aufnahme der baltischen Staaten in die Europäische Union, selbst wenn sie nicht alle technischen Kriterien erfüllen; eine Union von dreihundert Millionen Menschen sollte imstande sein, für die acht Millionen Menschen in der baltischen Region eine Ausnahme zu machen, wenn das europäische und atlantische Interesse dies erfordern.

Strategische Doktrin: Die Raketenabwehr und das Atlantische Bündnis

Alle zwanzig Jahre scheint in der Allianz eine neue nukleare Strategiedebatte auszubrechen. Der Gegenstand wechselt: In den sechziger Jahren ging es um Amerikas Widerstand gegen nationale nukleare Streitkräfte in Europa; in den achtziger Jahren um die Aufstellung amerikanischer Atomraketen in Europa; und im Moment steht Amerikas Vorschlag eines Raketenabwehrsystems unter Beschuss.

Die gegenwärtige Debatte wird zu einem Testfall darüber, ob innerhalb der Allianz ein ernsthafter strategischer Dialog noch möglich ist oder ob dieser in innenpolitischen Diskussionen versinkt. Die erste Pflicht des amerikanischen Präsidenten ist es, für die Sicherheit des amerikanischen Volkes zu sorgen, indem er vor Angriffen auf das eigene Land, auf amerikanische Truppen im Ausland sowie auf Amerikas Verbündete abschreckt und, falls die Abschreckung versagt, die

Folgen solcher Angriffe abmildert. 1998 wurde eine parteiübergreifende Kommission unter Donald Rumsfeld – der jetzt Präsident George W. Bushs Verteidigungsminister ist – eingerichtet, um die Gefahr von Raketenangriffen zu untersuchen. Einstimmig kam die Kommission zu dem Schluss, die Bedrohung durch eine Anzahl feindlicher aufstrebender Staaten sei »breiter und fortgeschrittener und entwickelt sich schneller, als bisher in Einschätzungen und Berichten der Geheimdienste dargestellt worden ist«.[17] Des Weiteren argumentierte die Kommission, dass »die Vereinigten Staaten sehr wohl wenig oder gar keine Warnung vor dem operativen Einsatz« von Raketen erhalten könnten, die in der Lage wären, das US-Territorium mit biologischen, chemischen oder atomaren Sprengköpfen zu erreichen.[18]

Trotz solcher Warnungen ist die nationale Raketenabwehr zu einem jener symbolischen Themen geworden, gegen die elitäre Meinungsmacher seit Jahrzehnten Sturm laufen, wobei inzwischen eingetretene politische und technologische Veränderungen offenbar kaum eine Rolle spielen. Fünf Argumente werden im Allgemeinen gegen eine nationale Raketenabwehr vorgebracht:

1. dass ein funktionierendes System schon von der Planung her unmöglich sei;
2. dass sie, falls doch, die strategische Doktrin der gesicherten gegenseitigen Zerstörung unterminieren würde;
3. dass sie den ABM-Vertrag von 1972 verletzt und die gesamte Skala der russsich-amerikanischen Beziehungen aufs Spiel setzen würde;
4. dass ein Anti-Raketen-Programm die Verteidigung Europas von Amerika abkoppeln würde, weil es so aussehen könnte, als ob sich die Vereinigten Staaten in eine »Festung Amerika« zurückziehen (interessanterweise hört man dieses Argument nie von asiatischer Seite); und schließlich
5. dass eine amerikanische Raketenabwehr die Weitergabe von Atomwaffen fördern würde – ein Argument, das gemeinsam von dem französischen Präsidenten Chirac und dem russischen Präsidenten Putin vorgebracht wurde.

Ohne den Anspruch erheben zu wollen, ein technischer Experte zu sein, habe ich an genügend Lagebesprechungen teilgenommen, um überzeugt zu sein, dass die Aussichten einer Raketenabwehr vielversprechend sind. Diese Einschätzung des amerikanischen Potenzials wird offenbar auch von Russland und China geteilt, wie an ihrem beharrlichen Einspruch gegen jegliches amerikanische Raketenabwehrsystem zu erkennen ist. Die meisten technischen Zweifel im Westen haben sich bisher auf das System konzentriert, das während der Clinton-Administration entwickelt wurde, um die Kompatibilität zum ABM-Vertrag zu wahren. Es ist darauf ausgelegt, einen nuklearen Sprengkopf in der Endphase seiner Flugbahn abzuschießen, wenn er klein, extrem schnell, möglicherweise lenkbar und sehr schwer auszumachen ist. Daher konzentriert sich die Planung jetzt darauf, die Rakete schon während der Aufstiegsphase abzuschießen, wenn sie sich langsam bewegt, nicht manövrieren lässt und aufgrund ihrer Treibstofflast groß und leichter zu entdecken ist.

Was das Argument betrifft, dass die nationale Raketenabwehr dem seit langem bestehenden Strategiekonzept der gesicherten gegenseitigen Zerstörung (Mutual Assured Destruction – MAD) zuwiderläuft, so ist eine Neubewertung dieser Doktrin seit langem überfällig, was immer man auch von der Raketenabwehr halten mag. Fürsprecher der Doktrin führen an, dass ein Atomkrieg am besten durch die Garantie vermieden wird, dass das Versagen der Abschreckung schreckliche Folgen zeitigen würde. Daher wenden sie sich gegen jegliche Strategie, die auf diskriminierenden Zielvorgaben und auf jeglichem Versuch, Verteidigungssysteme aufzubauen, basiert. Sicherheit wird in dem regelrecht nihilistischen Beharren darauf gesucht, die Zivilbevölkerung – sowohl die eigene als auch die potenzieller Gegner – einem atomaren Angriff gegenüber völlig ungeschützt zu lassen. Unter diesen Bedingungen wendet sich die Verteidigungspolitik gegen sich selbst; indem man die totale Verletzbarkeit der Bevölkerung zu garantieren sucht, wird eine Verteidigungsdoktrin in ihr genaues Gegenteil verkehrt.

Diese Theorie entsprang akademischen Seminaren und stammte von Theoretikern, von denen nie verlangt werden würde, selbst die schicksalhaften Entscheidungen zu treffen, auf die sie drängten. Es ist eine Sache, über gegenseitige Abschreckung zu theoretisieren, die auf der Androhung gegenseitigen Selbstmords basiert, eine ganz andere Sache aber, ein solches Konzept in einer aktuellen Krise auch durchzuführen. Wer wäre denn bereit, die moralische Verantwortung für die Zuflucht zu einer Strategie zu übernehmen, die den Tod von Dutzenden, wenn nicht Hunderten von Millionen Menschen innerhalb weniger Tage garantieren würde? Wie kann eine solche Strategie glaubhaft gemacht werden? Wie können demokratische Regierungen einen solchen Kurs verfolgen? Man kann unmöglich annehmen, dass demokratische Regierungen in Europa, die sich etwas auf ihre humanitären Impulse zugute halten, ihre Vergeltungsdrohungen tatsächlich wahr machen würden.

Die für eine solche Strategie angemessene Diplomatie müsste daraufhin konzipiert sein, deutlich zu machen, dass in Sicherheitsfragen normale Kalkulationen keine Anwendung finden. Politische Führer müssten schon einen ausgeprägten Hang zur Verwegenheit haben, um solch eine Strategie glaubhaft vertreten zu können. Doch sowohl in Europa wie auch in den Vereinigten Staaten wird die Theorie der gesicherten gegenseitigen Zerstörung bezeichnenderweise am leidenschaftlichsten von jenen vertreten, deren erstes öffentliches Auftreten auf Demonstrationen begann, in denen jegliches Vertrauen auf Atomwaffen bekämpft wurde.

Welche dürftige Plausibilität die Theorie der gesicherten gegenseitigen Zerstörung in einer bipolaren Welt auch gehabt haben mag, sie löst sich in Luft auf, nachdem acht Nationen Atomwaffen getestet haben und viele Schurkenregime fieberhaft an der Entwicklung von atomaren, chemischen und biologischen Massenvernichtungswaffen sowie an den ballistischen Raketen arbeiten, die sie befördern sollen. Falls eine dieser Waffen eine amerikanische oder europäische Stadt zufällig oder absichtlich zerstören sollte, wie würden die Führer demokratischer Staaten der Öffentlichkeit ihre Weigerung –

nicht Unfähigkeit, sondern Weigerung – erklären, sie auch nur gegen begrenzte Raketenangriffe zu schützen?

Zwischen der Sicherheitslage von 1972, als der ABM-Vertrag unterzeichnet wurde, und heute besteht ein krasser Unterschied. Einer der Unterzeichner, die Sowjetunion, ist als juristisches Gebilde verschwunden. Die Raketentechnologie ist zu höchster Perfektion entwickelt und an Länder weitergegeben worden (Nordkorea, Iran, Irak, Indien, Pakistan), die man nicht als wahrscheinliche Kandidaten für fortgeschrittene Militärtechnologie in Betracht zog, als der Vertrag geschlossen wurde.

Da ich diese Ansichten seit vier Jahrzehnten vertrete und publiziert habe, darf man sich wohl die Frage stellen, warum 1972 von Präsident Nixon ein ABM-Vertrag unterzeichnet wurde, während ich als Nationaler Sicherheitsberater tätig war. Die Antwort lautet schlicht, dass die Nixon-Administration bei Amtsantritt zwar entschlossen war, sich von dem Konzept der gesicherten gegenseitigen Zerstörung zu verabschieden, Druck aus dem Kongress und der Verwaltung sie jedoch teilweise in den Rahmen dieses Konzepts zurückzwang. Bereits in einem frühen Stadium seiner ersten Amtsperiode befahl Nixon dem Pentagon, eine Strategie zu entwickeln, die sich auf militärische und nicht auf zivile Ziele richtete. 1969 unterbreitete er dem Kongress auch ein Raketenabwehrprogramm, das vorsah, Raketensilos und Bevölkerung in zwölf ausgewählte Zonen gegen begrenzte Angriffe aus der Sowjetunion, gegen Angriffe von aufstrebenden Atommächten sowie gegen zufällige und nicht autorisierte Abschüsse aus sonstigen Quellen zu schützen.

Nixons ABM-Programm wurde mit genau den gleichen Argumenten kritisiert, die gegen die heutigen Programme für die Raketenabwehr vorgebracht werden: dass es nicht funktionieren würde; dass es zu gut funktionieren und daher eine destabilisierende Wirkung haben werde; dass es die atlantische Allianz schwächen werde, indem es die Verteidigung der Vereinigten Staaten von derjenigen Europas abkoppele; dass es die Sowjetunion zur Unversöhnlichkeit und in ein Wettrüsten treiben werde.

Inmitten der Leidenschaften des Vietnam-Protests und in einem von der Oppositionspartei dominierten Kongress vermischte sich diese Kritik mit Angriffen auf den gesamten Verteidigungshaushalt. Die ursprüngliche Genehmigung für den ABM-Vertrag passierte den Senat mit einer Stimme Mehrheit, und zwar der des Vizepräsidenten. In den Folgejahren benutzte der Kongress das Bewilligungsverfahren, um das zu zerstören, was ihm im ursprünglichen Genehmigungsverfahren abzulehnen nicht gelungen war. Jedes Jahr wurde die Zahl der ABM-Basen vom Kongress verkleinert, bis Ende 1971 nur noch zwei übrig waren. Und die Sowjets, die diese innenpolitischen Auseinandersetzungen mitbekamen, verschleppten die Verhandlungen über die Begrenzung ihrer offensiven Rüstung, die damals im Rhythmus von zweihundert Langstreckenraketen-Abschussvorrichtungen pro Jahr voranschritt. In dieser Atmosphäre wandte sich das Verteidigungsministerium in Gestalt seines stellvertretenden Ministers David Packard im späten Frühjahr 1970 an Präsident Nixon und verlangte, dass so bald wie möglich eine strategische Waffenkontrollvereinbarung verhandelt werden sollte. Anderenfalls könnten die Sowjets die Vereinigten Staaten bald in puncto strategische Streitkräfte überholen.

Nixon war weit davon entfernt, sich zur MAD-Theorie der gesicherten gegenseitigen Zerstörung bekehren zu lassen. Angesichts der Entschlossenheit des Kongresses, die Raketenabwehr zusammenzustreichen, beschloss er, einen Grundstock an ABM-Einrichtungen einzufrieren – und dadurch zu retten –, wenn die Sowjets ihre eigenen Raketenabwehr entsprechend begrenzten, sowie diese Entscheidung gleichzeitig dazu zu benutzen, der sowjetischen Aufrüstung mit Angriffswaffen eine Obergrenze zu setzen. Auf dem Moskauer Gipfel von 1972 gingen die Sowjets auf das Drängen der Amerikaner ein, die Aufstellung von Angriffswaffen gleichzeitig mit der von Defensivwaffen zu begrenzen. Es ist wichtig, diese Zusammenhänge zu verstehen, weil viele, die den ABM-Vertrag als Grundstein der Waffenkontrolle behandeln, den ursprünglichen Anstoß dazu missverstehen.

Bei der Bewertung der Reaktionen Europas auf die heutige Raketenabwehr ist zu bedenken, dass bei der Kritik größtenteils das wieder aufgewärmt wird, was die europäischen Gegner der amerikanischen Verteidigungspolitik in den vergangenen 30 Jahren über jedes größere neue Waffenprogramm, über jede strategische Doktrin der Amerikaner – von Kennedys *flexible response* in den sechziger Jahren bis zu Reagans Strategischer Verteidigungsinitiative (SDI) und den Mittelstreckenraketen in den achtziger Jahren – immer wieder vorgebracht haben. Sowohl bei der Stationierung von Angriffswaffen in den achtziger Jahren in Europa als auch bei der Stationierung neuer Verteidigungswaffen in den Vereinigten Staaten in diesem Jahrhundert erhoben diese Kritiker – bei denen es sich oft auch noch um die gleichen Leute handelte –, bei jeder Gelegenheit den Vorwurf, die neuen Programme würden Amerika von Europa abkoppeln und wichtige Verhandlungen mit Moskau torpedieren.

In jedem Fall hat sich die Kritik als Irrtum erwiesen. Während der Nixon-Administration führte das ABM-Programm der Vereinigten Staaten aus der Sackgasse in den Waffenkontrollverhandlungen zwischen den USA und der Sowjetunion heraus. Während der Reagan-Administration brachten SDI und Mittelstreckenraketen in Europa die Sowjets an den Verhandlungstisch zurück. Das Gleiche ist heute wahrscheinlich – in der Tat gab es zum Zeitpunkt der Niederschrift dieses Buches Anzeichen dafür, dass sich auch die Russen für eine Art Raketenabwehr interessieren. Russland hortet Tausende von Atomwaffen in seinen Arsenalen. Daher wird es Jahrzehnte dauern, wenn es überhaupt jemals gelingt, bis ein amerikanisches Raketenabwehrprogramm in der Lage ist, einem auch von russischer Seite verfolgten, ultimativen atomaren Sicherheitskonzept zuvor zukommen, selbst wenn dies in begrenzterem Rahmen vielfach möglich sein sollte. Es sind also Gelegenheiten zur Genüge vorhanden, eine Diplomatie fortzusetzen, die eine nukleare Auseinandersetzung zwischen den beiden größten Atommächten immer weniger wahrscheinlich machen wird.

Schließlich werden die europäischen Kritiker, wenn sie sich erst einmal von überholten Parolen befreit haben, die Absurdität des Gedankens erkennen, ein gegenüber atomaren Angriffen aus jeder Richtung verwundbares Amerika sei die beste Garantie für Europas Sicherheit. Der gesunde Menschenverstand sagt einem, dass das Gegenteil der Fall ist. Wären die Vereinigten Staaten atomaren Angriffen völlig wehrlos ausgesetzt, so wären sie umso weniger bereit, ihre atlantischen Verpflichtungen zu erfüllen. Und diese Argumente gelten auch für die Verteidigung europäischen Territoriums gegen Raketenangriffe.

Das Argument, ein amerikanisches Raketenabwehrsystem fördere die Weitergabe von Atomwaffen, ergibt auch keinen Sinn. Warum sollten Länder, die jetzt keine Atomraketen besitzen, diese nur deshalb erwerben wollen, weil es schwieriger geworden ist, in amerikanisches Territorium einzudringen? Große Länder, die Atomraketen und -waffen besitzen oder in ihren Besitz zu gelangen versuchen, könnten in der Tat ihr Arsenal vergrößern wollen. Aber selbst wenn sie in der Lage sind, sich auf ein Wettrüsten einzulassen – was im Falle der so genannten Schurkenstaaten höchst unwahrscheinlich ist –, stünde Amerikas Bevölkerung gegenüber einem Großangriff nicht schlechter da als heute, und es geschähe auf Kosten anderer militärischer Optionen des Gegners. Ohne eine amerikanische Raketenabwehr finden die Kalkulationen eines Landes, das die Vereinigten Staaten zu erpressen versucht, ihre Grenzen nur in der Zuverlässigkeit seiner Waffen. Mit Raketenabwehr werden die Kalkulationen komplizierter. Der Gegner kann nicht wissen, welche Gefechtsköpfe durchkommen, selbst wenn seine Berechnungen ergeben, dass einige es schaffen werden. Ansonsten bliebe nur ein derart umfangreicher Angriff, dass er einem totalen Krieg gleichkäme.

Viele Länder, darunter China, das keine Signatarmacht des ABM-Vertrages ist, sind dem Chor der Raketenabwehrgegner beigetreten. Solange es Ungewissheit über Amerikas Entscheidung gibt, kann dieser Chor nur lauter werden. Daher ist eine baldige Verpflichtung Amerikas auf ein derartiges Programm von wesentlicher Bedeutung. Innerhalb dieses Kontexts sollten Konsultationen mit den Bündnispartnern stattfinden, und zwar besonders zu dem Zweck, ihnen Gelegenheit zu geben, an dem Verteidigungssystem teilzunehmen und es auf Europa auszudehnen.

Doch bei allem Respekt für die Ansichten von Verbündeten und anderen Ländern können die Vereinigten Staaten ihre Bevölkerung nicht einer permanenten Verwundbarkeit aussetzen. All dies lässt die Notwendigkeit, den Zweck der Raketenabwehr, ihre Technologie und die damit verbundene Diplomatie klar zu stellen, nur dringender erscheinen. Zum Teil aus innenpolitischen Gründen ist als Zweck der Raketenabwehr ausschließlich der Schutz vor Angriffen von Schurkenstaaten angegeben worden, woraus ein Streit darüber entstanden ist, was einen Schurkenstaat überhaupt ausmacht und ob er wirklich eine Gefahr darstellt. Aber es ist wichtig, sich einzugestehen, dass die Raketenabwehr auch gegen Atommächte, die keine Schurkenstaaten sind, benötigt wird. Angesichts der katastrophalen Folgen auch nur einer einzigen Explosion müssen die Vereinigten Staaten sich so weit wie möglich gegen zufällige Abschüsse, nicht genehmigte sowie zu welchem Zweck auch immer erfolgende begrenzte Angriffe schützen. Oder um es anders auszudrücken, die Vereinigten Staaten müssen den Preis für einen Atomangriff so hoch wie möglich machen. In diesem Konzept könnte die Raketenabwehr gegen kleine Atommächte effektiv sein und die Optionen großer Staaten auf Bemühungen einer Größenordnung reduzieren, die sie nicht bereit sind zu riskieren, weil die Folgen unvorhersehbar wären.

Nachdem die Entscheidung über die Raketenabwehr gefallen ist, sollte anhand einer vorurteilslosen Studie die geeignetste Technologie festgelegt werden. Dies wurde von der Clinton-Administration verhindert, die sich bemühte, eine Technologie zu entwickeln, die mit dem ABM-Vertrag vereinbar war. Doch wenn dies möglich wäre, was hätte dann der Vertrag noch für eine Bedeutung? Jedenfalls hatte sich herausgestellt, dass die Technologie, auf die bislang am meisten gesetzt wurde, wahrscheinlich die am wenigsten geeignete für eine effektive Verteidigung ist. Eine schnelle Entscheidung in dieser Frage tut Not, und zwar ungeachtet jener, deren ewige Opposition gegenüber der Verteidigung sie dazu bringt, Kriterien zu verlangen, die kaum eine der neueren Waffen bisher erfüllt hat. Erst wenn die Vereinigten Staaten selbst Klarheit über notwendige Maßnahmen erlangt haben, können sie einen ernsthaften Dialog darüber führen, ob sie den Vertrag abändern oder ganz davon zurücktreten wollen. Dieser Dialog wird auch die bedeutendste Grundlage für Verhandlungen über einvernehmliche Beschränkungen der Raketenabwehr und eine Regelung zu den nuklearen Beständen, die der heutigen Technologie und dem politischen Umfeld angemessen ist.

Die Beziehungen zu Russland

Die Beziehungen des Westens zu Russland waren immer etwas zwiespältig. Für Europa war Russland immer ein Spätankömmling auf der internationalen Bühne. Rückständig, mysteriös und gewaltig, wurde es erst im 18. Jahrhundert schlagartig Teil des europäischen Bewusstseins. Im ersten Viertel jenes Jahrhunderts kämpfte Russland immer noch tief im Innern der heutigen Ukraine gegen schwedische Invasoren. Weniger als 50 Jahre danach, während des Siebenjährigen Krieges, standen russische Armeen vor den Toren Berlins. Eine weitere Generation später, nach dem Sieg über Napoleon, besetzten russische Truppen Paris.

Autokratischer als jeder europäische Staat, praktizierte Russland eine mystische und nationalistische Form der christlichen Religion – als Staatskirche verlieh sie Russlands Streben nach Prestige und Ausdehnung Legitimität. Zwar nahm Russland an der Diplomatie des europäischen Machtgleichgewichts teil, doch wandte es deren Grundsätze nicht auf seine Nachbarländer an. Es proklamierte eine besondere Einflusszone auf dem Balkan, wo es sowohl für den Panslawismus als auch für das Recht eintrat, die orthodoxe Christenheit gegen das muslimische Osmanische Reich zu schützen, sowie auch in Zentralasien, wo es eine kolonialistische und religiöse Mission erfüllte.

Russland ist immer ein Fall für sich gewesen – besonders wenn man es mit seinen europäischen Nachbarn vergleicht. Über elf Zeitzonen hinweg sich erstreckend, verfügt Russland (sogar in seiner heutigen postsowjetischen Form) über die größte Landmasse aller heutigen Staaten. St. Petersburg ist New York näher als Wladiwostok, das seinerseits Seattle näher ist als Moskau. Ein Land dieser Größe sollten nicht unter Klaustrophobie leiden. Doch ein schleichender Expansionismus ist schon immer ein Grundthema der russischen Geschichte gewesen. Vier Jahrhunderte lang hat Russland das Wohlergehen seiner eigenen Bevölkerung erbarmungslosen Eroberungszügen geopfert und alle seine Nachbarn bedroht. In der russischen Seele haben sich diese opferreichen Jahrhunderte in ein Vermächtnis und eine Mission verwandelt, teils um der Sicherheit willen, teils im Dienste einer angeblichen höheren russischen Ethik.

Im Laufe der Geschichte haben Russlands Errungenschaften und Ambitionen mit seinen physischen Dimensionen Schritt gehalten. Zweimal haben Russlands Ausdehnung und die Leidensfähigkeit seiner Bevölkerung verhindert, dass ein Eroberer ganz Europa beherrschte: Napoleon im 19. und Hitler im 20. Jahrhundert. Doch im Anschluss an jede dieser gewaltigen nationalen Anstrengungen hat Russland den Frieden so interpretiert, dass es seine autokratischen innenpolitischen Grundsätze überall im Machtbereich seiner Armeen durchsetzte: im 19. Jahrhundert im Namen des Konservatismus durch die Heilige Allianz, im 20. Jahrhundert im Namen des Kommunismus.

Beide Male übernahm sich Russland und erlitt Schiffbruch: im 19. Jahrhundert im Krimkrieg und im 20. Jahrhundert, als die Sowjetunion zusammenbrach. Während seiner gesamten Geschichte, mit all ihren Höhen und Tiefen, hat Russland eine hartnäckige, geduldige und geschickte Diplomatie verfolgt: mit Preußen und Österreich gegen das Gespenst der französischen Herrschaft; mit Frankreich gegen das kaiserliche Deutschland, mit England, Frankreich und Hitlers Deutschland, um eine Isolation zu vermeiden; mit den Vereinigten Staaten und Großbritannien, um im Zweiten Weltkrieg eine Katastrophe zu vermeiden; und während des Kalten Krieges, indem es durch eine Mischung aus nuklearer Erpressung und der Unterstützung von Bewegungen, welche die Vereinigten Staaten als die größere Bedrohung des nuklearen Friedens hinstellten, einen Keil zwischen Europa und die Vereinigten Staaten zu treiben versuchte.

Russlands Geschichte hat in Europa ein Erbe romantischer Sehnsucht nach den alten Zeiten der Kooperation hinterlassen, aber auch das einer gewissen Furcht vor seiner Weite und Unergründlichkeit. Viele in Deutschland setzen die nationalen Katastrophen mit der Preisgabe des bismarckschen Vermächtnisses – immer eine diplomatische Option mit Russland offen zu halten – gleich; Frankreich erinnert sich, in zwei Weltkriegen durch die Allianz mit Russland errettet worden zu sein. Großbritanniens historisches Gedächtnis ist nüchterner und weniger sentimental; ein Großteil seiner Geschichte ist eng verknüpft mit dem Widerstand gegen russische Bedrohungen des Bosporus und der Zufahrtswege nach Indien.

Das historische Gedächtnis aller dieser Länder wird verstärkt durch den Druck der öffentlichen Meinung auf die jeweiligen Regierungen, als Dreh- und Angelpunkt zwischen Russland und den Vereinigten Staaten zu agieren. Deshalb ist in Europa bisweilen auch die Rede davon, Russland irgendwann in der Zukunft zum Beitritt in die Europäische Union einzuladen. Auch der Anstoß zu den Bemühungen aller größeren Staaten Europas, eine besondere Beziehung zu Russland herzustellen, um einerseits die Wiederkehr historischer Pressionen zu verhindern und sich andererseits gegen seinen Nachbarn abzusichern, die dasselbe tun, liegt dem zugrunde.

Die historischen Erfahrungen Amerikas mit Russland waren weniger direkt. Im 19. Jahrhundert wurde Russland als Inbegriff der europäischen Autokratie behandelt; nach der bolschewistischen Revolution von 1917 wurde es für viele die Inkarnation des Bösen. Erst Anfang 1934 richteten die Vereinigten Staaten diplomatische Beziehungen zur Sowjetunion ein. In den dreißiger Jahren sahen einige kleine Gruppen, angestachelt durch den Aufstieg des Nationalsozialismus, im Kommunismus die beste Barriere gegen den Faschismus und den Vorboten einer neuen und gerechteren Weltordnung. Der Überfall Deutschlands auf die Sowjetunion gab Anlass zu einem Gefühl des Wohlwollens gegenüber dem Opfer, gepaart mit einer Sentimentalisierung der sowjetischen Realität. Präsident Franklin D. Roosevelt behandelte die Sowjetunion als eine der Säulen einer zukünftigen Weltordnung, offenbar überzeugt davon, dass weder Jahrhunderte zaristischer Autokratie und Imperialismus noch eine Generation des Stalinismus ein unüberwindbares Hindernis einer sowjetisch-amerikanischen Zusammenarbeit nach dem Krieg darstellen würden.

Die Flitterwochen waren jedoch nur von kurzer Dauer. Stalins Kompromisslosigkeit, die kommunistische Ideologie und die sowjetische Besetzung Europas bis zur Elbe, welche die Teilung Deutschlands bewirkte, sorgten in den Vereinigten Staaten für eine Atmosphäre des Misstrauens und der Feindseligkeit. Die internationalen Beziehungen wurden im Wesentlichen bipolar: Die beiden Supermächte standen einander an einer Trennlinie gegenüber, die mitten durch Europa verlief, und vervielfachten ihre nukleare Bewaffnung beiderseits davon.

Während dieser vierzigjährigen Konfrontation stellte eine Minderheit in den Vereinigten Staaten – und etwas größere Gruppen in Europa – die der atlantischen Politik zugrunde liegenden Prämissen in Frage. Manchmal von kommunistischen Friedensinitiativen ausgenutzt, wenn auch unabhängig von ihnen, warfen die Fürsprecher einer Rückkehr zur sowjetisch-amerikanischen Kameradschaft der Kriegsjahre den Vereinigten Staaten vor, besessen von Fragen der Nuklearstrategie und der Machtpolitik zu sein. Während der letzten beiden Jahrzehnte des Kalten Krieges fanden eine Reihe von Verhandlungen mit der Sowjetunion statt, in denen es zumeist um Waffenkontrolle ging, die aber zu einem guten Teil in dem Bewusstsein geführt wurden, dass Atomwaffen, unabhängig von den ideologischen und geopolitischen Differenzen der Parteien, das Risiko einer Katastrophe mit sich brachten, die das Überleben der Zivilisation bedrohte, und dass die beiden Atom-Supermächte die Pflicht hätten, dieses zu begrenzen oder, wenn möglich, ganz und gar auszuschalten.

Diese Verhandlungen führten zu einer dreifachen Aufsplitterung der öffentlichen Meinung in Amerika: Eine Gruppe glaubte, das Sowjetsystem würde sich allein durch den Prozess der Verhandlungen verändern (oder hätte sich bereits verändert); eine weitere Gruppe sah im Kommunismus die größte, wenn nicht gar die einzige Gefahr für den Weltfrieden und meinte, dass ein dauerhafter Frieden nur durch einen Kreuzzug zur Niederwerfung des Kommunismus erreicht werden könne; eine dritte Gruppe wollte die Sowjetunion durch eine Kombination aus Diplomatie und Strategie eindämmen, bis der ideologische Eifer der Kommunisten erlahmt und aus der Sowjetunion ein normaler Staat mit traditionellen nationalen Interessen geworden wäre.

Die Debatte zwischen diesen drei Gruppen endete gleichzeitig mit dem Kalten Krieg. Da jedoch die ersten beiden Gruppen ihre Meinung auf die gleiche Prämisse gestützt hatten, nämlich dass die russische Gefahr fast ausschließlich die Folge der kommunistischen Ideologie und Struktur sei, befasste sich das Denken in Amerika nach dem Kalten Krieg zunehmend mit den internen Veränderungen, die in Moskau stattfanden. Während sich der Kommunismus auflöste, beruhten die Beziehungen der Nordatlantik-Staaten zu Russland weniger auf geopolitischen Erwägungen als auf Vermutungen über die innere Lage Russlands. Und diese wiederum wurde mit der Persönlichkeit des russischen Präsidenten Boris Jelzin gleichgesetzt.

Die westlichen Demokratien begannen so zu handeln, als sei Russlands innere Reform der wichtigste, wenn nicht der einzige Schlüssel für eine stabile Beziehung. Russland wurde nicht als eine ernst zu nehmende Macht, sondern als Gegenstand gelegentlich herablassender Abhandlungen über den Zustand seiner inneren Reformen behandelt.

Indem sie sich so verhielten, als seien sie selbst an der russischen Innenpolitik beteiligt, überschütteten die führenden Politiker des Westens Boris Jelzin während seiner Amtszeit mit Lob bezüglich seines Engagements für Reformen. Präsident Clinton sprach aus Anlass des Rücktritts Jelzins davon, dass Russland »ein pluralistisches politisches System und eine Zivilgesellschaft« geworden sei und bereits »auf den Weltmärkten konkurriert und an das Internet angeschlossen ist«. Er beschrieb Jelzins Rücktritt als »verwurzelt in seinem innersten Glauben an das Recht und die Fähigkeit des russischen Volkes, seinen Führer selbst zu wählen«.[19] Fast jeder andere Beobachter sah in Jelzins Amtsniederlegung sowohl eine raffinierte Manipulation der russischen Verfassung, um als seinen Nachfolger einen vom KGB ausgebildeten Protegé festzuschreiben, der sechs Monate zuvor noch fast völlig unbekannt war, als auch eine Taktik, die Existenz seiner Familie nach dem Ende der Präsidentschaft abzusichern.

Die Gleichsetzung von Außenpolitik mit russischer Innenpolitik führte dazu, die Vereinigten Staaten in den Köpfen vieler Russen mit dem unheimlichen Zwitterwesen der Jelzin-Ära, das sich hinter dem Begriff Privatisierung verbarg, gleichzusetzen, und das aus Schwarzmarkt, rücksichtsloser Spekulation, offener Kriminalität einerseits und einem Staatskapitalismus, bei dem riesige Industriekombinate weiter von ihren einstigen kommunistischen Managern geleitet wurden, andererseits bestand. Dieser Zustand ermöglichte es russischen Nationalisten und Kommunisten, zu behaupten, das gesamte System sei ein vom Westen inszenierter Betrug, um Russland schwach zu halten.

Allgemein gesagt, wird die Fähigkeit, das Verhalten des russischen Staates nach außen hin zu beeinflussen, geschwächt, wenn die Außenpolitik gegenüber Russland mit der Gestaltung russischer Innenpolitik gleichgesetzt wird. Es ist jedoch gerade das außenpolitische Handeln Russlands, das in der Vergangenheit die größte Gefahr für die internationale Stabilität dargestellt hat. In der Tat haben die Demokratien des Westens, indem sie sich so intensiv des innenpolitischen Dramas Russlands angenommen haben, der russischen Führung einen Anreiz geliefert, den Frustrationen der Gegenwart durch Heraufbeschwören von Visionen einer glorreichen Vergangenheit zu entkommen.

Wie verdienstvoll auch immer diese Meinungen während des prekären Übergangs Russlands vom Kommunismus und wie beachtlich Jelzins Leistung bei dessen Bewältigung ohne Katastrophe gewesen sein mögen, so hat es die Welt doch jetzt mit einem neuen Typ des russischen Führers zu tun. Anders als sein Vorgänger, der seine politischen Krallen im Machtkampf der Kommunistischen Partei wetzte, entstammt Putin der Welt der Geheimdienste. Ein Aufstieg in dieser Schattenwelt setzt ein starkes nationalistisches Engagement und einen kühlen, analytischen Verstand voraus und führt zu einer Außenpolitik, derjenigen zaristischer Jahrhunderte vergleichbar, die in russischem Sendungsbewusstsein Unterstützung im Volk für sich zu gewinnen trachtet und die Nachbarn zu dominieren versucht, wo sie sie nicht unterwerfen kann. Hinsichtlich anderer Mächte kommt eine Kombination aus Pressionen und Anreizen ins Spiel, wobei die richtige Proportion zwischen beidem durch sorgfältige, geduldige und vorsichtige Manipulationen des Gleichgewichts der Kräfte erreicht wird.

Am 31. Dezember 1999, dem Tag vor seiner Erhebung zum Präsidenten, schrieb der damalige Ministerpräsident Putin: »Es wird nicht geschehen, wenn es überhaupt jemals geschieht, dass Russland eine Kopie, sagen wir, der Vereinigten Staaten oder Großbritanniens wird … Für die Russen ist ein starker Staat keine Anomalie, die man los werden sollte. Ganz im Gegenteil, sie sehen ihn als Garanten der Ordnung und den Initiator und die Haupttriebkraft für jede Veränderung.«[20] Ausdrücklich wies Putin in seiner Antrittsrede vom Mai 2000 auf Russlands zaristische Tradition hin: »Wir müssen unsere Geschichte kennen, sie kennen, wie sie wirklich ist, Lehren daraus ziehen und immer jene in Erinnerung behalten, die den russischen Staat geschaffen, seine Würde verteidigt und ihn zu einem großen, starken und mächtigen Staat gemacht haben.«[21]

Sowohl Russland als auch die Vereinigten Staaten haben historisch eine globale Berufung für ihre jeweilige Gesellschaft geltend gemacht. Doch während sich Amerikas Idealismus von dem Begriff der Freiheit ableitet, entwickelte sich derjenige Russlands aus einem Gefühl des geteilten Leids und der gemeinsamen Unterwerfung unter eine Obrigkeit. Jeder ist eingeladen, sich Amerikas Werte zu Eigen zu machen; Russlands Werte sind immer für die russische Nation reserviert gewesen, unter Ausschluss selbst der dem Reich unterworfenen sonstigen Nationalitäten. Der amerikanische Idealismus verleitet zum Isolationismus; der russische hat zu Expansionismus und Nationalismus geführt.

Diese Haltung zeigte sich in dem am 5. Oktober 1999, als Putin noch Ministerpräsident war, vom russischen Sicherheitsrat verabschiedeten Nationalen Sicherheitskonzept, das in einer seiner ersten Amtshandlungen nach der Übernahme der amtierenden Präsidentschaft im Januar 2000 Gesetzeskraft erhielt und die Absichtserklärung enthielt, »... einen einzigen Wirtschaftsbereich mit den Mitgliedern der Gemeinschaft Unabhängiger Staaten zu schaffen« – das heißt mit allen ehemaligen Sowjetrepubliken (mit Ausnahme der baltischen Staaten, die, obwohl keine GUS-Mitglieder, dennoch ständigem Druck von Seiten Russlands ausgesetzt sind).[22]

In dem Dokument wird nicht definiert, was mit einem »einzigen Bereich« gemeint ist oder wie sich ein solches Ziel auf das wirtschaftliche Gebiet beschränken ließe. Angesichts eines fast einmütigen Widerstands gegen derartige Pläne hat die russische Politik unter Jelzin und noch mehr unter Putin den früheren Sowjetrepubliken die Unabhängigkeit so schmerzhaft zu machen versucht – durch russische Truppenpräsenz, die Begünstigung von Bürgerkriegen oder durch wirtschaftlichen Druck –, dass eine Rückkehr in den Schoß Russlands vielen als das kleinere Übel erscheint.

Diese Politik macht bedeutende Fortschritte. In Moldawien hat die Kommunistische Partei die letzten Wahlen gewonnen. Georgien sieht sich beharrlichen russischen Pressionen ausgesetzt: auf wirtschaftlichem Gebiet durch

Manipulation der russischen Energieexporte; auf militärischem Gebiet und schließlich auf politischem Gebiet, indem Russland Dissidentengruppen unterstützt. Aserbaidschan und Usbekistan ergeht es nicht viel anders. Weißrussland ist de facto schon ein Satellit Russlands. Und die Ukraine ist von inneren Spaltungen zerrissen, deren Ursache zum Teil in Russland zu suchen ist, das aber wiederum einigen als die Rettung für die bedrängte Regierung erscheint (die für einige der Schwierigkeiten selbst verantwortlich ist). Und in seinem gesamten ehemaligen Reich dehnt Russland seinen inneren Einfluss aus, indem es in geschickter Weise den Prozess der Privatisierung dazu benutzt, Industrien in den früheren Sowjetrepubliken aufzukaufen und damit seinen wirtschaftlichen Einfluss zu vergrößern.

Eine der größten Herausforderungen an die Beziehungen der atlantischen Nationen zu Russland ist die Frage, ob Russland dazu gebracht werden kann, von seiner traditionellen Definition der Sicherheit abzugehen. Angesichts seiner historischen Erfahrungen muss Russland ein besonderes Sicherheitsinteresse entlang seiner weitläufigen Peripherie haben, und wie bereits erwähnt, muss der Westen darauf achten, dass er sein integriertes militärisches System nicht zu nahe an Russlands Grenzen ausdehnt. Doch gleichermaßen obliegt es dem Westen, Russland dazu zu bringen, sein Streben nach Vorherrschaft über seine Nachbarn aufzugeben. Wenn es dazu kommt, dass Russland sich in seinen gegenwärtigen Grenzen behaglich fühlt, werden sich seine Beziehungen zur Außenwelt rasch verbessern. Doch wenn die Reform ein gestärktes Russland hervorbringt, das zu einer Politik der Hegemonie zurückkehrt – was die meisten seiner Nachbarn effektiv befürchten –, so würde es unweigerlich wieder zu Spannungen nach Art des Kalten Krieges kommen.

Die Vereinigten Staaten und ihre Verbündeten müssen in ihrer Russlandpolitik vorrangig zwei Dinge klären. Zum einen muss dafür Sorge getragen werden, dass Russlands Stimme in dem entstehenden internationalen System Respekt gezollt wird – und dass Russland das Gefühl vermittelt wird, in internationale Entscheidungen einbezogen zu sein, besonders in solche, die seine Sicherheitsbelange berühren. Gleichzeitig müssen die Vereinigten Staaten – entgegen allen ihren Neigungen – betonen, dass ihr Interesse an einem Machtgleichgewicht nicht mit dem Kalten Krieg erloschen ist. Die Vereinigten Staaten müssen mehr tun, als gegen die Unterstützung des iranischen Atomprogramms durch Russland, seine Angriffe auf die amerikanische Politik im Golf, besonders im Irak, und seinen Eifer bei der Förderung von Gruppierungen zu protestieren, deren erklärtes Ziel es ist, das zu demontieren, was die russische Führung beharrlich als amerikanische Hegemonie beschreibt. Die Vereinigten Staaten sollten legitime russische Sicherheitsinteressen respektieren. Doch dies setzt voraus, dass die russische Definition von »legitim« kompatibel ist mit der Unabhängigkeit der Nachbarn Russlands und dass es amerikanische Interessen wie zum Beispiel die Nichtweitergabe von Atom- und Raketentechnologie ernst nimmt.

Russlands innere Entwicklung kann nicht als die hauptsächliche Antwort auf die außenpolitische Herausforderung behandelt werden, mit der es stets seine Nachbarn konfrontiert hat. Die Beziehung zwischen Marktwirtschaft und Demokratie – und zwischen Demokratie und einer friedlichen Außenpolitik – stellt sich nicht annähernd so automatisch ein, wie allgemein angenommen wird. In Westeuropa dauerte es Jahrhunderte und kostete eine Reihe von katastrophalen Kriegen, bis der Prozess der Demokratisierung zur Reife kam. In Russland, dem es an einer grundlegenden Tradition von Kapitalismus oder Demokratie mangelt und das weder an der Reformation noch an der Aufklärung oder dem Zeitalter der Entdeckungen teilgenommen hat, wird sich diese Entwicklung umso komplizierter erweisen. Im Anfangsstadium könnte der Prozess die russische Führung sogar dazu verlocken, innenpolitische Unterstützung durch Appelle an den Nationalismus zu gewinnen.

Unter allen diesen Vorbehalten haben die Vereinigten Staaten und die nordatlantischen Nationen kein geringes Interesse an einem Russland, das zum ersten Mal in seiner

Geschichte dem inneren Wachstum Priorität verleiht, statt Sicherheit durch Auslandsabenteuer zu suchen. Sie sollten Geduld haben, aber sie dürfen auch nicht die Sicherheit der Nachbarn Russlands, oder ihre eigene, dabei aufs Spiel setzen. Russland seinerseits sollte alle Anreize erhalten, seine historischen Prioritäten umzukehren. Seine mit Atomwaffen gefüllten Arsenale bieten, auch wenn sie technologisch weniger nützlich für Angriffsoperationen sind – und vielleicht gerade deshalb – ein Sicherheitsnetz gegen Anschläge napoleonischer oder hitlerscher Art auf sein Territorium. Und sogar nichtnukleare Waffen sind so wirkungsvoll und treffsicher geworden, dass Kriege im alten Stil zwischen den größeren Mächten immer weniger vorstellbar werden.

Für wohlgesinnte Länder stellt die heikelste außenpolitische Herausforderung von Seiten Russlands die Frage dar, wie ein potenziell mächtiges Land mit einer turbulenten Geschichte eine stabile Beziehung zum Rest der Welt herstellen kann. Nunmehr in Europa auf die Grenzen Peters des Großen beschränkt, muss sich Russland gleichzeitig an den Verlust seines Reiches gewöhnen und im Inneren neue, historisch ungewohnte Institutionen aufbauen.

Die atlantischen Verbündeten schulden Russland die Anerkennung, dass es sich in einem historischen Übergangsstadium befindet, und entsprechende Hilfestellungen. Doch wie mitfühlend sie diesem Bemühen auch gegenüberstehen mögen, so tun sie sich doch keinen Gefallen, wenn sie so tun, als hätte Russland bereits einen Reformprozess vollendet, der in Wirklichkeit noch in den Kinderschuhen steckt, oder russische Führer für Qualitäten loben, die sie erst unter Beweis stellen müssen. Ob Russland dem internationalen Handelssystem als verlässlicher Partner beitritt, wird zum großen Teil von seiner Fähigkeit abhängen, ein transparentes Rechtssystem, eine kalkulierbare Regierungsstruktur und eine echte statt einer oligarchischen Marktwirtschaft einzuführen. In dem Maße, wie es diese Ziele erreicht, wird Russland mit seinen natürlichen Ressourcen und seinem großen Reservoir an Fachpersonal gewiss einen beträchtlichen Strom an ausländischen Investitionen anlocken.

Manch einer meint, Europa könne Russland bei seiner Integration in die internationale Gemeinschaft helfen, indem es als Vermittler zwischen Russland und den Vereinigten Staaten auftrete. Premierminister Tony Blair hat für Großbritannien eine Rolle als »Dreh- und Angelpunkt« reklamiert, und zwar im Hinblick auf die umstrittene Raketenabwehr. Andere spielen auf das Fernziel eines NATO-Beitritts Russlands an, wieder andere spekulieren auf eine eventuelle Mitgliedschaft Russlands in der EU als Gegengewicht entweder zu Deutschland oder zu den Vereinigten Staaten.

Doch keiner dieser Kurse stellt eine ernst zu nehmende Option für die nächsten beiden Jahrzehnte dar. Eine russische Mitgliedschaft in der NATO würde das atlantische Bündnis in ein Sicherheitsinstrument nach Art einer Mini-UNO verwandeln oder ansonsten in eine antiasiatische – besonders antichinesische – Allianz der demokratischen Industriestaaten des Westens. Andererseits würde eine Mitgliedschaft Russlands in der Europäischen Union einen Keil zwischen die beiden Seiten des Atlantik treiben. Ein solcher Schritt würde notgedrungen weiter dazu führen, dass sich Europa durch Abgrenzung zu den Vereinigten Staaten zu definieren sucht und die Vereinigten Staaten eine vergleichbare Politik in der übrigen Welt betreiben müssten. Eine institutionelle Beziehung zwischen Russland und Europa, die enger wäre als die zwischen Europa und den Vereinigten Staaten, oder auch nur vergleichbar damit, würde eine Revolution in den atlantischen Beziehungen auslösen – und genau dies ist der Grund, weshalb Putin einige von Amerikas Verbündeten so beharrlich umwirbt.

Jeder Geschichtskenner weiß, wie sehr es darauf ankommt, Russland eine wichtige Rolle beim Aufbau einer neuen internationalen Ordnung zuzuerkennen, ohne es freilich zu seinen historischen Handlungsmustern zu ermutigen. Am Ende der napoleonischen Kriege hatte Europa vor einem ähnlichen Dilemma gestanden. Trotz der Furcht vor einem Wiederaufleben des französischen Militarismus gelang es Europa damals, Frankreich in das internationale System zu integrieren. Die Quadrupelallianz von Chaumont – Russland, England, Österreich und Preußen – schützte Europa vor dem militärischen Wiederaufstieg Frankreichs. Gleichzeitig wurde Frankreich innerhalb des so genannten Europäischen Konzerts, das sich um die politischen Fragen hinsichtlich der politischen Stabilität Europas kümmerte, zum gleichberechtigten Partner der Quadrupelallianz gemacht.

Eine ähnliche Lösung wird für die heutige internationale Ordnung gebraucht. Die NATO muss als Absicherung gegen eine Reimperialisierung Russlands beibehalten werden. Parallel dazu sollten die demokratischen Industriestaaten ein zuverlässiges System der Kooperation mit Russland aufbauen. Die politischen Konsultationsmechanismen innerhalb der Organisation für Sicherheit und Zusammenarbeit in Europa (OSZE) sollten gestärkt und auf die Ebene der Regierungschefs erhoben werden, die dann periodische Treffen abhalten sollten, um die internationale Lage zu begutachten. Russland nimmt bereits an den G-8-Gipeltreffen teil. Auf diese Weise würde in Europa eine neue Ordnung von Westen nach Osten und nicht, wie es sich einige vorstellen, von Osten nach Westen geschaffen werden.

Auf dem Weg zu einer neuen Struktur der atlantischen Beziehungen

Die NATO wird in Zukunft als einziger institutioneller Rahmen für die atlantische Kooperation nicht mehr ausreichen. Es wird ein über die Sicherheitsaspekte hinausgehender Träger für die atlantische Kooperation erforderlich sein, der alle Staaten der Europäischen Union umfasst, auch solche, die nicht NATO-Mitglieder sind: die verschiedenen Institutionen der EU und die nordamerikanischen Mitglieder des Atlantischen Bündnisses – die Vereinigten Staaten, Kanada und eines Tages auch Mexiko.

Eine Transatlantische Freihandelsunion (*Trans-Atlantic Free Trade Area*, TAFTA) würde einem solchen Zweck dienen. Zunächst einmal für Industriegüter und Dienstleistungen ausgelegt – Verhandlungen über landwirtschaftliche Produkte könnten später folgen –, würde die TAFTA den Trend zum freien Handel beschleunigen, dem alle Staaten der nordatlantischen Region verpflichtet sind. Sie würde auch den Zentrifugalkräften entgegenwirken, welche die nordatlantische Zusammenarbeit schwächen, und dem Gefühl eines gemeinsamen Schicksals der Anrainerstaaten des Nordatlantik neuen Auftrieb verleihen.

Die Bedingungen sind vorteilhaft. Arbeitsnormen, Lohntarife und Umweltanliegen auf beiden Seiten des Atlantik sind miteinander vergleichbar. Zu gegebener Zeit könnten NAFTA (*North American Free Trade Agreement*, das Nordamerikanische Freihandelsabkommen, dem die USA, Mexiko und Kanada angehören) und TAFTA miteinander verschmolzen werden. An diesem Punkt müssten neue konsultative Mechanismen auf politischem und sozialem Gebiet entwickelt werden, um engere Verbindungen zwischen der Neuen Welt und der Europäischen Union zu knüpfen. Wenn sich Russlands Wirtschaft entwickelt und innenpolitisch an Rechtsstaatlichkeit gewinnt, käme es als assoziiertes Mitglied einer solchen Freihandelszone durchaus in Frage.

Der Bereich der politischen Konsultation erfordert den größten Kreativitätsschub. Die zentrale Frage lautet: Wie viel Einheitlichkeit brauchen die atlantischen Demokratien, um ihre Zukunft zu bewältigen, und wie viel Verschiedenheit können sie aushalten? Es liegt in Amerikas Interesse, dass sich Europa aktiver an der Weltpolitik beteiligt. Doch es liegt nicht in Amerikas Interesse, dass sich diese Identität in Opposition zu den Vereinigten Staaten definiert. Es sollte eine Atlantische Lenkungsgruppe gebildet werden, welche die verschiedenen Komponenten der Atlantik-Zone repräsentiert und aus den Vereinigten Staaten, der integrierten Europäischen Union, denjenigen europäischen Staaten, die nicht Teil des politisch integrierten Europa sind, dem Generalsekretär der NATO und dem Hohen Vertreter für die Gemeinsame Außen- und Sicherheitspolitik der Europäischen Union besteht. Diese Gruppe sollte in bestimmten Abständen zusammentreten, unterstützt von einem Sekretariat, um parallele Ansätze zur Weltpolitik zu entwickeln, aber auch Differenzen beizulegen, wenn solche entstehen. Die Mitglieder dieser Gruppe könnten auch an dem zuvor beschriebenen Konsultationsmechanismus mit Russland unter der Schirmherrschaft der OSZE teilnehmen.

In diesem Konzept wäre die atlantische Region durch eine Reihe sich überlappender Kreise gekennzeichnet. Auf der militärischen Seite gäbe es die NATO, zusammen mit der gegebenenfalls von der Europäischen Union aufgestellten Eingreiftruppe, die in der Praxis auf die eine oder andere Weise mit der NATO zu integrieren wäre. Was die Sicherheit betrifft, so müssten alle Mitglieder der Europäischen Union über eine Art NATO-Garantie verfügen, auch wenn sie nicht Teil des integrierten Kommandos sind. Auf der wirtschaftlichen Seite gäbe es die Transatlantische Freihandelszone. Politische Themen würden von der Atlantischen Lenkungsgruppe behandelt.

Es ist keine Übertreibung, zu sagen, dass die Zukunft der demokratischen Regierungsform, wie wir sie verstehen, davon abhängt, ob die Anrainerstaaten des Nordatlantik es schaffen, ihre Beziehungen zueinander in einer Welt ohne Kalten Krieg zu revitalisieren und ob sie den Herausforderungen einer globalen Weltordnung gerecht werden können. Wenn die atlantische Beziehung allmählich zu jener Art von Rivalität ausartet, die, neben allen ihren großen Leistungen, das Ende der herausragenden Stellung Europas in der Weltpolitik bedeutet hat, würde die daraus resultierende Krise die von den Gesellschaften des Westens gemeinsam hochgehaltenen Werte untergraben.

Während viele Lippenbekenntnisse zur Bedeutung dieses Ziels ablegen, so wurde doch kaum etwas unternommen, um ihm näher zu kommen. Die Streitigkeiten innerhalb der Atlantikzone sind durchaus real, und viele davon – besonders auf wirtschaftlichem Gebiet – betreffen bedeutende miteinander konkurrierende Wählerschaften auf beiden Seiten des Atlantik. Der Wunsch Europas nach einer größeren Eigenidentität ist verständlich und liegt langfristig auch im Interesse der Vereinigten Staaten. Die Schwierigkeit besteht darin, eine Definition der Identität zu finden, die nicht gerade in einer fast angeborenen Opposition zu den Vereinigten Staaten besteht. Eine Beziehung echter Zusammenarbeit bedeutet, dass beide Seiten des Atlantik bereit sind, ihre unmittelbaren kurzfristigen Interessen zugunsten der langfristigen Erfordernisse einer weiter reichenden Vision abzuwandeln. Da jedoch die westlichen Demokratien im Innern ständig mehr von kurzfristigen Erwägungen getrieben werden, schrumpfen die Wählerschaften, die sich langfristigen Zielen verschrieben haben; politisch zahlen sich Aktionen aus, die entweder unmittelbare Vorteile hervorbringen oder kurzfristige Leidenschaften befriedigen. Daher ist letztlich auf beiden Seiten des Atlantik alles eine Frage der Führung.

Wenn ich auf den vorangegangenen Seiten manche Entwicklungen innerhalb Europas kritisiert habe, so muss doch jeder, der sich mit der Zukunft der atlantischen Beziehungen befasst, auch anerkennen, dass ein arroganter amerikanischer Triumphalismus ebenfalls Mitschuld trägt. Zu groß ist die Tendenz auf amerikanischer Seite, unter Zusammenarbeit die Zustimmung zur amerikanischen Agenda zu verstehen; zu oft wird amerikanische Gesetzgebung auf enge Verbündete in deren eigenen Ländern angewandt; zu wenig Verständnis wird den Bedürfnissen derjenigen Gesellschaften entgegengebracht, die sich erst mit dem Verlust ihrer früheren Stellung in der Welt abfinden müssen. Eine sensiblere amerikanische Politik tut Not, ebenso aber auch eine weniger doktrinäre europäische Politik. Schließlich besteht die Aufgabe der Regierenden darin, ihre Gesellschaften von dem Punkt, an dem sie stehen, dorthin zu führen, wo sie noch nie gewesen sind.

Amerika: Die Welt der Demokratien II

Revolution in der Region

In dem Maße, wie politische und wirtschaftliche Organisationen die Art der internationalen Rolle einer Region bestimmen, lässt sich Lateinamerika mit den Anrainerstaaten des Nordatlantik vergleichen. Seine politischen Systeme sind demokratisch; seine Wirtschaften sind zunehmend marktorientiert; Streitigkeiten zwischen den lateinamerikanischen Staaten werden durch Verhandlungen oder Schiedsspruch beigelegt. Kriege zwischen den Ländern Lateinamerikas sind praktisch ausgeschlossen. Gelegentliche Grenzscharmützel, wie etwa zwischen Peru und Ecuador in den achtziger Jahren, sind als singuläre Rückfälle in vergangene Zeiten zu betrachten, die sich in den kommenden Jahren kaum noch einmal wiederholen werden. Die Rüstungsausgaben liegen, gemessen am jeweiligen Inlandsprodukt, in Lateinamerika niedriger als in jedem anderen Teil der Welt. Von dieser Warte aus gesehen, scheint Lateinamerikas Eintreten in die globalisierte Welt – mit Argentinien, Brasilien und Mexiko an der Spitze – eine Erfolgsstory der Grundsätze von Demokratie und freier Marktwirtschaft widerzuspiegeln. Als Präsident Clinton auf dem Amerika-Gipfel in Miami im Dezember 1994 eine gesamtamerikanische Freihandelszone (*Free Trade Area of the Americas*, FTAA) vorschlug, tat er dies im Hinblick auf diese lateinamerikanische Welt.

Doch es gibt noch eine lateinamerikanische Welt, die unterentwickelt und weit davon entfernt ist, an fortschrittlicher Technologie und dem Internet teilzuhaben. In diesem

Lateinamerika ist die Kluft zwischen dem politischen Anspruch und der wirtschaftlichen Realität eklatant. Der Abgrund zwischen Reich und Arm wird dort immer größer. In manchen Ländern – Venezuela zum Beispiel – stellen populistische, ihrem Wesen nach autoritäre Bewegungen, die demokratischen Institutionen in Frage. In anderen – unter denen Kolumbien den krassesten Fall darstellt – untergräbt eine linke Guerilla, finanziell unterstützt vom Drogenhandel, den staatlichen Zusammenhalt. Das alles könnte den Nährboden für eine neue Form des Nationalismus, der nationale und regionale Identität in der Konfrontation mit den Vereinigten Staaten sucht, abgeben. Letztlich besteht die Herausforderung für die Politik der Vereinigten Staaten in ihrer westlichen Hemisphäre in der Frage, ob es ihr gelingt, die Vision einer Freihandelszone beider Amerikas umzusetzen, oder ob die Neue Welt zum ersten Mal in ihrer Geschichte in konkurrierende Blöcke zerbrechen wird; ob Demokratie und freie Marktwirtschaft die vorherrschenden Institutionen bleiben werden oder ob es – zumindest in einigen Ländern – zu einem Rückfall in einen populistischen Autoritarismus kommt.

Diese Herausforderung ist umso ernster, als sich die Vereinigten Staaten, zumindest seit der Monroe-Doktrin, eine Sonderrolle in der Neuen Welt zuschreiben. Lateinamerika seinerseits hat die angenehme Vorstellung einer gesamtamerikanischen Gemeinschaft mitgetragen, obwohl es die damit verknüpfte US-Definition dessen, was zu tun oder zu lassen sei, alles andere als akzeptiert hat. Auf jeden Fall unterliegt der Charakter dieser Sonderrolle seit den achtziger Jahren einer tief greifenden Veränderung, setzte in dieser Zeit doch eine nicht weniger weitreichende politische und wirtschaftliche Umwälzung ein als etwa zur gleichen Zeit in Osteuropa und der Sowjetunion.

Nach dem Zweiten Weltkrieg war Lateinamerika drei Jahrzehnte lang eine Region autoritärer Regime – darunter Militärdiktaturen, von denen sich einige nur mit äußerst repressiven Methoden an der Macht halten konnten. Nur Costa Rica und Kolumbien können in gewissem Grad auf eine ununterbrochene Geschichte ziviler Regierungsformen verweisen.

Mit Beginn in den achtziger Jahren wurden die Militärregime nach und nach durch zivile, frei gewählte Regierungen abgelöst; die Regierungen begannen den Menschenrechten einen neuen Stellenwert zuzuschreiben; die Parlamente erlangten die Initiativmacht zurück. Dabei widerspricht die Tatsache einiger Rückfälle – sowie der unerhörten, langjährigen Ausnahme Kubas – keineswegs der bemerkenswerten Entscheidung für die demokratische Alternative in ganz Südamerika.

Dem Triumph der Wahlurne entsprechen die gleichermaßen eindrucksvollen Fortschritte an der Wirtschaftsfront. Bis zum Wendepunkt in den achtziger Jahren litten praktisch alle südamerikanischen Staaten unter riesigen Defiziten der öffentlichen Haushalte, unter Arbeitslosigkeit (manchmal verschleiert durch aufgeblähte Verwaltungsapparate), ineffizienten Staatsunternehmen, Schutzzöllen und einer nicht wettbewerbsfähigen Wirtschaft. Seit den achtziger Jahren begannen Zentral- und Provinzregierungen des gesamten Kontinents, angeführt von Argentinien, Brasilien, Mexiko und Chile, Unternehmen abzustoßen, die der Privatisierung und dem Wettbewerb des Marktes standhalten zu können versprachen. Die Inflation ist stark zurückgegangen. Die globale Wettbewerbsfähigkeit verbessert sich. Ein freier Handel auf dem gesamten Kontinent ist – zumindest formell – zum Ziel aller Staaten der Region geworden.

Auch in ihren gegenseitigen Beziehungen vollzogen die Staaten Lateinamerikas einen tief greifenden Wandel. Argentinien und Brasilien, die sich einst auf ein atomares Wettrüsten einlassen zu wollen schienen, haben diese bedenklichen Pläne wieder aufgegeben. Beide haben das formelle Versprechen abgegeben, jeder Aspiration auf den Bau nuklearer Sprengköpfe oder Trägersysteme zu entsagen, und folgen damit Mexiko, das seinen Verzicht auf nukleare Fähigkeiten bereits zehn Jahre früher erklärt hatte. Das übrige Lateinamerika folgte ihrem Beispiel. Es gibt keine konkurrierende militärische Rüstung in der Region, und es ist auch keine in Aussicht. Kurz gesagt, die wichtigsten Staaten Lateinamerikas legen eine ganze Reihe von Charakterzügen an den Tag, die sie zu vorrangigen Kandidaten für eine Vollmitgliedschaft in der Gruppe der entwickelten Länder machen: eine wachsende Tradition des Parlamentarismus und der offenen Gesellschaftsform, ein Engagement für universale Bildung sowie eine gerechte und effiziente Justiz.

Neue Herausforderungen

Im Moment beschreiben diese hoffnungsvollen Aussichten eine Vision, aber noch keine Realität; um diese zu erreichen, ist ein zweites Stadium innenpolitischer Veränderungen und Reformen erforderlich. Rudimentär ist die Demokratie überall vorhanden (wiederum mit der Ausnahme Kubas). Doch in keinem der Länder ist sie unproblematisch, wie die jüngeren Ereignisse in Peru und Venezuela zeigen, gar nicht zu reden von Haiti, wo sogar die Fiktion von Demokratie am Verschwinden ist. Die ersten Schritte der Privatisierung, die Sanierung der Finanzen und die Senkung der Zölle, wurden angegangen. Doch die harte Arbeit, die Korruption von Grund auf auszurotten, Rechtssicherheit herzustellen und öffentliche Dienstleistungen effizient und gerecht zu verteilen, hat gerade erst begonnen. In mehreren Ländern, am offenkundigsten in Kolumbien, aber auch in Mexiko und in mehreren der karibischen Mini-Staaten hat die Kommerzialisierung der Drogenindustrie die Korruption der Behörden auf neue Höhen geführt. So hat die Zentralregierung in Kolumbien die öffentliche Kontrolle über bestimmte Gebiete formell einer radikalen Guerilla überlassen. In ähnlicher Weise sind Peru und Ecuador nicht imstande oder willens, ihre Hoheitsrechte über beträchtliche Landesteile geltend zu machen. Die Gewalt nimmt fast überall in Lateinamerika zu, und die öffentliche Sicherheit ist ein wachsendes Problem geworden.

Die öffentlichen Dienstleistungen, am auffälligsten das Schul- und Gesundheitswesen, rangieren weit unter den

Normen anderer Nationen des Westens – und nicht in erster Linie mangelnder finanzieller Mittel wegen. In mehreren Ländern entsprechen die Ausgaben pro Schüler durchaus denen Europas. Wenn Lateinamerika aber seine Position im globalen Wettbewerb behaupten und verbessern will, wird sich eine gründliche Reform und Modernisierung des Erziehungswesens als unumgänglich erweisen.

Gleichermaßen wichtig für die Modernisierung ist eine Justiz- und Gesetzesreform. Im manchen Ländern ist die Justiz käuflich und steht unter dem Einfluss der politischen Führung. Besitztitel sind nicht sicher. Streitfälle werden von den Gerichten willkürlich und unvorhersehbar behandelt, wodurch der Eindruck entsteht, dass das Justizsystem der Aufgabe, Menschen und Eigentum zu schützen, nicht gewachsen ist.

Alle diese Mängel treten durch den Prozess der Globalisierung noch deutlicher zutage. In dem Maße, wie die Industrialisierung die Menschen vom Land in die Städte zieht, werden traditionelle Unterstützungssysteme geschwächt und verschwinden schließlich ganz. Einkommensunterschiede, die in ländlichen Gesellschaften tragbar waren, werden zur Herausforderung der politischen Ordnung. Wenn, was immer Produktivität und Exporte an Gewinn abwerfen, nicht zum wirtschaftlichen Wohle der Bevölkerungsmehrheit eingesetzt wird und wenn unter der von den internationalen Finanzmärkten geforderten sparsamen Haushaltsführung am meisten die Benachteiligten zu leiden haben, wird das politische System zukünftigen Herausforderungen kaum gewachsen sein.

Die Kluft zwischen der wirtschaftlichen Realität und dem politischen Anspruch ist die Achillesferse der Globalisierung. Wie im Kapitel über die »Politik der Globalisierung« darzustellen sein wird, bringt die Globalisierung das Risiko mit sich, dass in Entwicklungsländern wirtschaftlich zwei Klassen entstehen. Vielleicht 20 Prozent der Wirtschaft werden zum Teil des internationalen Systems, üblicherweise im Rahmen großer multinationaler Gesellschaften. Der Rest – und damit vielleicht auch der größere Teil der Bevölkerung – könnte zurückbleiben, hätte keinen Zugang zu den durch die Globalisierung erzeugten Einkommen, Arbeitsstellen und sonstigen Möglichkeiten. Diese Dichotomie führt zu Ressentiments, sozialen Unruhen, und Hass auf die Vereinigten Staaten, der sich noch steigert, wenn im Verlauf einer Rezession die amerikanische Wirtschaft eine härtere Landung hinlegt, als allgemein vorhergesagt wird.

Darüber hinaus steht kaum zu erwarten, dass durch heimische Sparmaßnahmen genug Investitionsmittel erwirtschaftet werden können, um die Region in das nächste Wachstumsstadium zu befördern. Dies hätte zur Folge, dass früher oder später die produktivsten Wirtschaftsunternehmen Lateinamerikas in ausländischen Besitz gelangen würden. Während dies für Nationalökonomen Anlass wäre, eine derartige Demonstration der Effizienz des Marktes mit Begeisterung aufzunehmen, könnten sich einige lateinamerikanische Politiker versucht fühlen, die öffentliche Wahrnehmung einer De-facto-Erosion der nationalen Souveränität auszunutzen und sie mit einer Attacke auf das marktorientierte politische System zu verschmelzen.

Dieser Fall ist in den Andenstaaten bereits eingetreten. In jedem dieser Staaten hat das Militär einen neuen Stellenwert gewonnen. Auf Kosten der gewählten Parlamente haben die Präsidenten die Macht in ihren Händen konzentriert. Persönliche Freiheiten wie auch die Pressefreiheit sind beschnitten worden, eine institutionelle Krise grassiert. Besonders eindrucksvoll zeigt sie sich in Venezuela, wo ein populistischer früherer Armeeoffizier, Hugo Chávez, die öffentliche Verärgerung über Korruption und Ungleichheit ausgenutzt und mit bemerkenswertem demagogischem Erfolg in einen Angriff auf US-amerikanische Maßnahmen und Lösungsvorschläge umgemünzt hat. Chávez hat viele der konstitutionellen und demokratischen Kontrollmechanismen des politischen Systems in Venezuela außer Kraft gesetzt; das lobenswerte Ziel der Eliminierung von Korruption und Vetternwirtschaft ist in eine Plattform für eine populistische, militärische Autokratie umgewandelt worden. Nur der Anstieg des Ölpreises, Venezuelas Hauptexportartikel, hat es Chávez ermöglicht, die Folgen seines Flirts mit Fidel Castro und seiner antiamerikanischen und in gewisser Weise antikapitalistischen Parolen der Art, die durch die Umwälzungen der achtziger Jahre überwunden schienen, zu vermeiden.

Peru ist gerade dabei, sich aus einem ähnlichen System, Alberto Fujimoris Kombination aus persönlicher Autokratie, Vetternwirtschaft und Marktwirtschaft, zu befreien, Alternativen dazu müssen sich erst noch entwickeln. Alan García, dessen dirigistischer Ansatz Peru wirtschaftlich ruiniert und den Weg für Fujimori bereitet hatte, ist bereits aus dem Exil zurückgekehrt, und andere Konkurrenten um die Präsidentschaft beobachten die Entwicklung aus den Nachbarländern, bevor sie ihren eigenen Kurs bestimmen.

In ähnlicher Weise hat Ecuador in den letzten Jahren mit so vielen Staatschefs experimentiert und sie wieder abgesetzt, dass sich die verwirrten Bürger nur ungern daran erinnern – und mitten in der Krise beschloss es auch noch, seine Währung aufzugeben und das Finanzsystem des Landes zu »dollarisieren«. Weder Globalisierung noch Demokratie haben den Anden Stabilität gebracht.

Ist Chávez Relikt einer vergangenen Ära oder Vorbote eines neuen Stils in der lateinamerikanischen Politik? Übernimmt er Castros Erbe, oder ist er nur ein vorübergehendes Phänomen? Bietet die globale Wirtschaft genügend psychologische und politische Erfüllung, um demokratische Institutionen zu erhalten, oder schafft sie ein Vakuum für einen neuen Zyklus autoritärer populistischer Machthaber? Wird die kommende Generation junger politischer Führer dem radikalen populistischen Stil eines Hugo Chávez zu folgen versuchen, oder wird sie sich eher an Brasiliens Präsidenten Fernando Henrique Cardoso halten, der für Demokratie und freie Marktwirtschaft steht? Die Gestaltung der Zukunft Lateinamerikas hängt von den Antworten auf diese Fragen und von Amerikas Rolle in der Auseinandersetzung damit ab.

Die Vereinigten Staaten können keinen direkten Einfluss auf die innere Entwicklung von Peru, Venezuela und Ecuador nehmen. Die Versuche der Clinton-Regierung, doch Einfluss zu nehmen, geschahen meist dann, wenn eine Regierungskrise bereits in vollem Gange war und womöglich durch plumpe amerikanische Erklärungen nur noch verschlimmert wurde. Kurzfristig besteht die beste Option für die Vereinigten Staaten darin, die auf dem Miami-Gipfel von 1994 proklamierte gesamtamerikanische Freihandelszone FTAA als Unterbau für die demokratische, marktorientierte Alternative voranzutreiben.

Gibt es einen Weg aus dem Chaos? – Der »Plan Colombia«

Kolumbien ist ein Land voller Widersprüche. Es kann auf eine lange Geschichte ununterbrochener Demokratie verweisen; während der letzten fünfzig Jahre waren die Führer des Landes größtenteils tadellose Zivilisten und gingen aus periodischen Wahlen hervor, selbst wenn sich die politischen Parteien über einen langen Zeitraum hinweg verschworen hatten, sich in der Ausübung der Macht abzuwechseln. Kolumbien ist auch zumeist dem Zyklus von Boom und Pleite entgangen, von dem seine Nachbarn heimgesucht wurden. Durch eine kluge Finanzverwaltung ging es im Wesentlichen der lateinamerikanischen Schuldenkrise der achtziger Jahre aus dem Wege und konnte so auf eine Umstrukturierung seiner Auslandsschulden verzichten.

Doch Kolumbien besitzt auch eine Tradition extremer Gewalt. Während des letzten halben Jahrhunderts wurde das Land von einem tückischen Bürgerkrieg zerrissen. Zum Teil ist der Grund für die endemische Gewalt darin zu suchen, dass Kolumbien ein höchst heterogenes Land ist. Unterschiedliche Kulturen in verschiedenen Landesteilen ergeben in der Tat verschiedene Gesellschaften: das Hochland, wo die meisten Menschen europäischen Ursprungs leben; die Küstenebene, die von vielen Abkömmlingen von Sklaven bewohnt wird, die im 19. Jahrhundert ins Land gebracht wurden; und die bewaldeten Regionen, wo sich Spuren der ursprünglichen indianischen Kultur am Leben erhalten haben.

Der Bürgerkrieg, von radikalen marxistischen Gruppen ausgelöst, ist mit dem Krieg der Drogenindustrie, die einen Großteil der in den Vereinigten Staaten konsumierten Drogen liefert, gegen die staatliche Autorität verschmolzen. Die Drogenbarone finanzieren die Guerilla, diese schützt im Austausch für die mit deren Geld erworbenen Waffen die Drogenproduktion. Im Ergebnis ist die Guerilla in vielerlei Hinsicht finanziell besser ausgestattet als die Regierung. Diese ist bisher nicht imstande gewesen, die militärische Pattsituation zu überwinden; ihre Misserfolge haben inzwischen einen Punkt erreicht, an dem sie der Guerilla sichere Zufluchtsstätten hat überlassen müssen. So werden jetzt Teile des Landes effektiv von radikalen Gruppen regiert, die entschlossen sind, die Zentralregierung zu stürzen, und von Drogenbaronen, die sich ganz offen über die nationale Gesetzgebung hinwegsetzen.

Im Verlauf dieses Prozesses findet sich Kolumbien im klassischen Dilemma der Guerilla-Kriegsführung gefangen. Die Guerilla lässt sich nur dann auf einen Kampf ein, wenn sie aus sicheren Zufluchtsstätten heraus operieren kann und die Chancen, die Oberhand zu behalten, günstig stehen. Und sie braucht keine Schlachten zu gewinnen; ihr Ziel ist es, Opfer zu verursachen, die nach und nach das Stehvermögen der Regierung und ihre politische Vertrauensbasis untergraben. Im Allgemeinen gewinnt die Guerilla so lange, wie sie nicht verliert, und umgekehrt verliert die Regierung, wenn sie nicht gewinnt – das heißt, wenn sie die Guerilla nicht vernichtet.

Historisch haben Guerillakriege entweder mit dem totalen Sieg der einen Seite oder in der totalen Erschöpfung beider Seiten geendet. Verhandlungen zwischen beiden Seiten ergeben fast nie einen Kompromiss – obwohl sie weiterhin als Lieblingsrezept der nordamerikanischen Berater, die »politische« Lösungen einfordern, verschrieben werden. Auch in Kolumbien haben sie trotz aller Bemühungen der Regierung und des außergewöhnlichen Schritts, den beiden größten Guerilla-Gruppen umfangreiche Gebiete abzutreten, nicht zum Erfolg geführt.

All dies hat Kolumbien zur bedrohlichsten außenpolitischen Herausforderung der Vereinigten Staaten in Lateinamerika gemacht. Ein Zusammenbruch der staatlichen Ordnung droht. Selbst ernannte paramilitärische Kommandos führen einen offenen Krieg gegen die Guerilla, Gesetz und Ordnung sind nicht mehr weit von ihrer völligen Auflösung entfernt. Für die Vereinigten Staaten hätte dies schwerwiegende Folgen. Die staatliche Desintegration in Kolumbien wäre ein schwerer Schlag für den wirtschaftlichen Fortschritt in der Region, sie würde eine Flüchtlingswelle ins Rollen bringen, die unweigerlich Kolumbiens Nachbarn und die Vereinigten Staaten überschwemmen würde, und sie würde auch noch die begrenzten Maßnahmen zur Kontrolle des Drogenhandels zum Erliegen bringen, die es im Lande gegenwärtig noch gibt. Zurückbleiben würde eine – wenigstens vorläufig – von Drogengeldern unterstützte radikale marxistische Regierung im größten und auf die längste Tradition zurückblickenden Andenstaat. Diese Krise ist um ein Vielfaches ernster als jene Krise in Haiti, die der ungeschickt durchgeführten Intervention der Clinton-Regierung vorherging, oder jene in Panama, die eine militärische Reaktion der Regierung von George H. W. Bush auslöste.

Es steht außer Frage, dass die Vereinigten Staaten ein Interesse an der Wiederherstellung der Stabilität in Kolumbien haben. Sie sollten alles in ihrer Macht Stehende unternehmen, um dort bei der Bildung einer Regierung mitzuhelfen, die imstande ist, ihre eigenen Gesetze gegen den Mohn- und Koka-Anbau, gegen die Drogenküchen und gegen das ausgeklügelte Transportsystem durchzusetzen, mittels dessen die Drogen aus Kolumbien zur Verteilung und zum Verbrauch in die Vereinigten Staaten geschmuggelt werden. So hat dann die Clinton-Administration in den letzten Monaten ihrer Amtsperiode unter dem Motto »Plan Colombia« auch ein größeres Hilfsprogramm aufgelegt. 1,2 Milliarden US-Dollar sollten für moderne Helikopter und weitere Ausrüstung ausgegeben werden, amerikanische Berater sollten kolumbianische Offiziere für den Guerillakampf ausbilden. Das Ziel der Aktion bestand darin, den in den Drogenhandel verwickelten Teil der Guerillabewegung zu vernichten, und die Guerilla vor die Wahl zu stellen, entweder zugrunde zu gehen oder sich auf Verhandlungen einzulassen.

Leider ist der »Plan Colombia« mit seiner Beschränkung auf ein fast ausschließlich militärisches Vorgehen zum Scheitern verurteilt. Um der kolumbianischen Regierung zu helfen, ihre Machtbefugnis über die von der Drogen produzierenden Guerilla beherrschten Gebiete wiederherzustellen, die Herstellungs- und Transportsysteme zu kontrollieren und den Dreieckskrieg mit der Guerilla und den paramilitärischen Truppen zu gewinnen, wird viel mehr benötigt als Kampfhubschrauber und eine Handvoll militärischer Einheiten, die einem amerikanischen Kurzlehrgang unterzogen werden. Die Drogenanbauer, zumeist Kleinbauern, müssen bessere Möglichkeiten bekommen, einen alternativen Ackerbau zu betreiben. Die Hilfe der Vereinigten Staaten für Kolumbien in dieser Hinsicht ist im Verhältnis zur Militärhilfe bisher äußerst bescheiden gewesen. Aber es ist gerade die wirtschaftliche Verzweiflung kolumbianischer Bauern, die sie zur leichten Beute der Drogenbarone macht.

Natürlich müssen auch die rechtsgerichteten paramilitärischen Organisationen bekämpft werden. In den Zonen, in denen Gewalt herrscht, müssen die Menschenrechte der Bevölkerung nicht nur vor der Guerilla, sondern auch vor den selbst ernannten privaten Sicherheitskräften geschützt werden, die ihre Existenz mit der Ineffizienz der offiziellen Polizei- und Sicherheitskräfte rechtfertigen. Eine umfassende Reform der Institutionen der Strafgerichtsbarkeit ist unbedingt erforderlich.

Unter diesen Umständen droht dem »Plan Colombia« das gleiche Schicksal, das Amerikas Engagement in Vietnam erst in die Sackgasse und dann zur völligen Frustration führte: Zu Beginn beschränken die Vereinigten Staaten ihr Engagement auf die Ausbildung und die Bereitstellung entscheidender militärischer Ausrüstung – in diesem Fall großer Kampfhubschrauber. Doch nachdem der Aufwand einen bestimmten Punkt überschritten hat, sehen sich die Vereinigten Staaten, um die Niederlage der lokalen Streitkräfte abzuwenden, in die sie so viel Prestige und Geld investiert haben, selbst zum Eingreifen gezwungen.

Wenn so viel auf dem Spiel steht, ist es gefährlich, an das Unternehmen ohne die Unterstützung mindestens eines der größeren Länder Südamerikas heranzugehen. Hinsichtlich des »Plan Colombia« hat die Kooperation in der Neuen Welt jedoch sehr zu wünschen übrig gelassen. Venezuela, das eine lange gemeinsame Grenze mit Kolumbien hat, sympathisiert unter Hugo Chávez mit der radikalen Guerilla und widersetzt sich selbst einer indirekten US-Präsenz in der Nähe seiner Grenzen. Brasilien, mit einer weiteren langen gemeinsamen Grenze, hat sich bisher mit Rücksicht auf die Rolle der USA zurückgehalten. Peru und Ecuador sind mit ihren eigenen Problemen zu sehr beschäftigt, um aktiv Beistand zu leisten. Kolumbiens Nachbarn fürchten im Allgemeinen einen Erfolg des Plans ebenso sehr wie sein Misslingen. Sie befürchten, dass die Drogenindustrie, wenn sie aus Kolumbien vertrieben wird, nach Ecuador, Peru und Brasilien abwandert und die Koka-Kulturen mit ihren eigenen bewaffneten Streitkräften bewacht: Streitkräften, die zur Keimzelle neuer Guerillabewegungen werden könnten. Viele Länder sorgen sich weniger vor der Gefahr einer linksgerichteten Regierung in Bogotá, deren Toleranzschwelle gegenüber der Drogenproduktion noch niedriger liegen könnte, als vor der Errichtung von Drogenzentren auf ihrem eigenen Boden.

Als Alibi für die Verweigerung ihrer Zusammenarbeit neigen lateinamerikanische Regierungen dazu, den Vereinigten Staaten Heuchelei zu unterstellen, indem sie behaupten, dass diese eher bereit sind, den Drogenkrieg auf fremdem Boden zu führen, als den Drogenkonsum im eigenen Land unter Kontrolle zu bringen. Lateinamerikas Kritik daran, dass die USA dem Problem der Zufuhr der Drogen die höchste Priorität beimessen, ist ebenso wenig von der Hand zu weisen wie der Vorwurf der unzulänglichen Drogenbekämpfung im eigenen Land. Dies ändert jedoch nichts an der Tatsache, dass die Drogenkultur in Lateinamerika noch verderblichere Auswirkungen hat als in den Vereinigten Staaten. In stark zentralistischen Systemen wie denen Lateinamerikas reicht die mit dem Drogenhandel verbundene Korruption unweigerlich hoch in Regierungs- und Justizkreise hinauf. In einem dezentralisierten System wie dem der Vereinigten Staaten konzentriert sich die Korruption auf die lokale Ebene. In Lateinamerika wirkt der Drogenhandel destabilisierend; in den Vereinigten Staaten ist er eine politische Peinlichkeit und ein soziales Unglück. Nichtsdestoweniger werden beide Regionen einen enormen Preis zahlen – nicht zuletzt den eines verderblichen Einflusses auf die gegenseitigen Beziehungen –, wenn das Problem nicht kooperativ angegangen wird.

Die neue Administration hat keine wichtigere Aufgabe, als Lateinamerikas Kooperation für ein Programm zu gewinnen, das die militärischen Aspekte des »Plans Colombia« mit einem weitsichtigen Sozialprogramm der Landwirtschafts- und Justizreform kombiniert. Ein wichtiger erster Schritt ist die erweiterte Zusammenarbeit zwischen Mexiko und den Vereinigten Staaten in dem Bestreben, die Flut der Drogen von Kolumbien über Mexiko in die Vereinigten Staaten einzudämmen. Wie der mexikanische Präsident Vicente Fox dargelegt hat, könnte dieses Programm der kooperativen Kontrolle auf Mittelamerika und Kolumbien ausgedehnt werden. Die anderen Länder, besonders Kolumbiens Nachbarn, sollten die Tatsache begreifen, dass sie nicht der wachsenden Gefahr ausweichen können, die sich für sie ergibt, wenn sich die kolumbianische Regierung auflöst oder die Kontrolle über immer größere Landesteile verliert. Es mag so weit kommen, dass ihr nichts anderes übrig bleibt, als mit der Guerilla ein Abkommen auszuhandeln, das der letzte Schritt auf dem Weg zum völligen Kontrollverlust ist. Ein solcher Zusammenbruch und die Entstehung einer radikalen, mit Drogengeldern finanzierten Regierung hätte katastrophale Auswirkungen auf andere Länder in der Region.

Die Entscheidung der Clinton-Regierung, einem solchen Ergebnis vorzubeugen, falls nötig auch unilateral, ist nur zu verständlich. Verständlich ist aber auch die Sorge jener, die dieselbe Gefahr am Ende eines langwierigen und letztlich erfolglosen Anti-Guerilla- beziehungsweise Anti-Drogen-Kampfes sehen. Als jemand, der in einer Regierung diente, die einen in die Sackgasse gefahrenen Krieg in Vietnam erbte, der in dem Bemühen begonnen wurde, mit Hilfe amerikanischer Technologie eine einheimische Guerilla zu besiegen, reagiere ich vielleicht überempfindlich auf die Aussicht auf einen Krieg, der mit edlen Motiven begonnen wird, aber wahrscheinlich wieder in einer Sackgasse, in Ernüchterung und mit einer noch größeren Bedrohung von Stabilität und Sicherheit enden würde.

Der militärische Aspekt des »Plans Colombia« und seine unilaterale Durchführung durch die Vereinigten Staaten kann höchstens eine Möglichkeit sein, Zeit für ein gesamtamerikanisches, multilaterales soziales und politisches Programm herauszuschlagen. Aber was geschieht, wenn sich die lateinamerikanischen Länder weigern, dabei mitzuspielen? Angesichts der Bedeutung Kolumbiens und der Gefahr, die ein völliger Zusammenbruch der staatlichen Ordnung dort mit sich bringen würde, wäre ein umfangreiches Hilfsprogramm angebracht. Doch die Vereinigten Staaten dürfen in ihrer beratenden Eigenschaft nicht die Linie überschreiten, die sie zum Teilnehmer an einem bewaffneten Konflikt machen würde. Die Ausbildung kolumbianischen Militärpersonals sollte in den Vereinigten Staaten selbst oder auf nahe gelegenen Militärstützpunkten stattfinden, zum Beispiel in Panama. Der Zweck und gleichzeitig auch die Grenzen eines solchen Programms müssen klar definiert werden. Und die unvermeidliche nationale Debatte muss mit einem gewissen Verständnis der lokalen Realitäten geführt werden, zumal Guerillagruppen gelernt haben, westliche Menschenrechtsbedenken auszunutzen, um eine Intervention auszulösen (wie im Kosovo) oder den Rückzug zu erzwingen (wie in Vietnam).

Bevor sich die Vereinigten Staaten unilateral zu tief in den Konflikt hineinziehen lassen, sollte die neue Regierung ihre Ziele definieren: Geht es ihr um eine Stabilisierung der militärischen Lage oder um den Sieg? Und was ist der Unterschied? Eine militärische Stabilisierung könnte das Vorspiel zu einer hinausgezögerten Niederlage sein. Wenn ein Sieg das Ziel ist, wie definiert er sich, wie lange wird es dauern, ihn zu erringen, und welcher Aufwand wird dafür nötig sein? Wie weit können wir diesen Weg allein beschreiten? Vor allem muss die Regierung der Öffentlichkeit erklären, was auf sie zukommt, sonst schlittern wir in Entscheidungen auf größtenteils taktischer Grundlage hinein, die weder den Erfolg noch einen Rückzug zulassen.

Das Versprechen der Neuen Welt

Ironischerweise hätte Präsident Clinton, dessen hektische Suche nach einem außenpolitischen Vermächtnis seine letzten Monate im Amt überschattete, seine dauerhafteste Hinterlassenschaft möglicherweise bereits in den ersten Monaten seiner Präsidentschaft in die Wege leiten können, als er sich für den freien Handel in ganz Amerika stark machte. So brachte er 1993 das in den Amtszeiten seiner Vorgänger zwischen Kanada, Mexiko und den Vereinigten Staaten ausgehandelte Nordamerikanische Freihandelsabkommen (*North American Free Trade Agreement*, NAFTA) zur Vorlage und Ratifizierung im Kongress.

Die NAFTA hat auch jedem der beteiligten Partner dauerhafte Vorteile gebracht. Der Handel der Vereinigten Staaten mit Mexiko übertrifft denjenigen mit Japan und mit ganz Europa. Über 70 Prozent der mexikanischen Exporte gehen in die USA. Der Zugang zum nordamerikanischen Markt, den die NAFTA garantiert, hat einen beträchtlichen Zufluss von frischem Kapital in das Land begünstigt. Dieser Trend würde sich gewiss auch anderswo wiederholen, wenn der Freihandel zwischen der NAFTA und Lateinamerika eingeführt würde. Die NAFTA war ein außenpolitischer Glanzpunkt, der seine Krönung erfahren würde, wenn die Grundsätze des Abkommens auch noch auf die übrigen Staaten der Neuen Welt ausgedehnt werden könnten.

In einer zukunftsweisenden Rede auf dem Miami-Gipfel im Dezember 1994 schlug Präsident Clinton genau einen solchen Schritt vor, wodurch er unilaterale Vorschläge, ähnlich denen seiner Vorgänger Ronald Reagan und George H.W. Bush, zum gesamtamerikanischen Freihandel in den Rang einer offiziellen Absichtserklärung aller amerikanischen Staatschefs erhob. Clinton beschrieb die NAFTA als den grundlegenden ersten Schritt zu einer neuen Art der Staatengemeinschaft, aufgebaut auf einer gemeinsamen Basis demokratischer Werte, zusammengehalten durch den freien Austausch von Waren, Dienstleistungen und Kapital, den Menschenrechten zugetan und der Erhaltung ihrer gemeinsamen Umwelt verpflichtet.

Eine gesamtamerikanische Freihandelszone wäre auch aus wirtschaftlichen Gründen wichtig. Die FTAA könnte anderen Nationen als Ansporn dienen, die globalen Bemühungen zur Ausweitung des freien Handels auf dem Landwirtschafts-, Kommunikations- und Dienstleistungssektor voranzutreiben und gleichzeitig die Verhandlungsposition der Neuen Welt gegenüber anderen Regionen zu stärken. Dies ist kein theoretisches Problem; eine Reihe von dicht gedrängten Terminen treibt die Handelsgespräche voran. Eine gesamtamerikanische Gipfelkonferenz hat bereits vom 20. bis 22. April 2001 in Quebec stattgefunden, im November 2002 sollen die FTAA-Verhandlungen fortgesetzt werden, die unter dem Vorsitz von Brasilien und den Vereinigten Staaten bis zum Jahr 2005 abgeschlossen sein sollen. Der lateinamerikanische Handelsblock Mercosur hat Verhandlungen über den Freihandel mit der Europäischen Union aufgenommen, Zieldatum ist 2004/2005. Gelingt es den Vereinigten Staaten nicht, eine klare und vorausschauende Politik zu verfolgen, werden die anderen Staaten der Neuen Welt in Konkurrenz zu den Vereinigten Staaten mit anderen regionalen Gruppierungen verhandeln oder sich ohne sie in kleineren Gruppen organisieren. Beide Optionen widersprechen den nationalen Interessen der USA.

Doch genau dies ist geschehen, seit die Clinton-Regierung ihre eigene weitsichtige Vision vernachlässigt hat. Sie hat ihr Versprechen einer baldigen Aufnahme Chiles in die NAFTA nicht erfüllt, und sie hat eine Fühlungnahme Argentiniens in der gleichen Richtung während der Präsidentschaft Carlos Menems ignoriert. Seinen konkreten Ausdruck fand dieser Rückzug von den eigenen Initiativen in der Weigerung der Clinton-Regierung, den Kongress um Verlängerung des Fast-Track-Mandats für den Präsidenten zu bitten, als dieses 1994 ablief. Dieses Mandat, mit dem die US-Präsidenten seit 1974 Handelsgespräche geführt und Verträge abgeschlossen hatten, hatte es ihnen ermöglicht, Abkommen auszuhandeln und dem Kongress schlicht zur Bewilligung oder Ablehnung vorzulegen.

Die Clinton-Regierung schrak davor zurück, nach ihren Überzeugungen zu handeln, weil sie feststellen musste, dass beide Kongressparteien aufgesplittert waren zwischen Gruppen, die eine institutionelle Verbindung mit der übrigen Welt ablehnten, und anderen, die unilateral US-Normen (besonders Arbeits- und Umweltkriterien) in die Verträge einführen wollten. So kam es, dass ein amerikanischer Präsident zum ersten Mal seit mehr als zwei Jahrzehnten keine Befugnis hatte, die Expansion der NAFTA über Kanada und Mexiko hinaus zu betreiben oder Verhandlungen mit anderen regionalen Gruppierungen zu führen. Ohne das Fast-Track-Mandat, so wissen die Gesprächspartner, ziehen sich die Verhandlungen endlos hin und sind außerdem mit dem Risiko behaftet, dass jedes Verhandlungsergebnis vom Kongress abgeändert werden kann und dann neu verhandelt werden muss.

Diese Lahmlegung der Aktionsfähigkeit der Regierung wirkt sich umso schlimmer aus, als sie gleichzeitig mit der Gründung der südamerikanischen Freihandelszone Mercosur erfolgte, der Brasilien, Argentinien, Paraguay und Uruguay unter Führung Brasiliens angehören. Ermüdet vom Warten auf den lange versprochenen Beitritt zur NAFTA, ist Chile assoziiertes Mitglied geworden, ebenso Bolivien; Venezuela und Peru haben ihr lebhaftes Interesse an einem Beitritt zum Ausdruck gebracht. Wie jeder neue Handelsblock versichert auch Mercosur, dass es keine diskriminatorischen Absichten hege; die Realität sieht anders aus. Es entspricht der Definition eines Handelsblocks, dass seine inneren Barrieren niedriger als die äußeren sind; seine Verhandlungsposition hängt von seiner Fähigkeit ab, Vorteile zu gewähren oder zu versagen, welche die Mitglieder von Rechts wegen genießen.

Genau mit diesen Verlockungen winkt Europa über den Atlantik. Aus Anlass eines Lateinamerika-Besuchs beschwor Frankreichs Staatspräsident Jacques Chirac im März 1997 seine Gastgeber, die Zukunft Lateinamerikas nicht im »Norden« zu suchen, womit er die NAFTA und die Vereinigten Staaten meinte, sondern in Europa. Andere selbst ernannte europäische Antihegemonisten – das Codewort für jene, die für eine Reduzierung von Macht und Einfluss Amerikas sind – haben den Faden aufgenommen und kunstvoll weitergesponnen. Ein gutes Beispiel ist ein Interview vom Dezember 2000 mit dem damaligen Vorsitzenden des Rats der Außenminister der Europäischen Union, dem Portugiesen António Guterres, der ein von Europa initiiertes Landwirtschaftsabkommen mit der Begründung rechtfertigte, dass es in seinen Auswirkungen den Einfluss der Vereinigten Staaten reduzieren würde:

> »Die Stärkung der Bindungen zu Mercosur ist von strategischer Bedeutung und muss, im Falle eines Landes mit einer globalen Vision wie Frankreich, hinter anderen Erwägungen zurückstehen (z. B. Differenzen in der Agrarpolitik). Denn wenn es dazu kommt, eine neue multipolare Ordnung zu schaffen, welche die natürliche Hegemonie der Vereinigten Staaten begrenzen kann, wird Europa einige Zugeständnisse machen müssen.«[1]

Einige lateinamerikanische Verfechter von Mercosur zögerten nicht, sich diesem Gedanken anzuschließen.

Nachdem sich die Aussichten auf eine rasche Verwirklichung der FTAA zunächst einmal verflüchtigt haben, sind die inneramerikanischen Handelsgespräche erlahmt und in bürokratischen Streitigkeiten versunken, die gelegentlich schon Ansätze für eine zukünftige Konkurrenz zwischen

NAFTA und Mercosur erkennen lassen. Die Gefahr dieses Dahintreibens besteht darin, dass die Integration Lateinamerikas ihren eigenen Rhythmus entwickeln wird, ohne eine gesamtamerikanische Struktur im Auge zu behalten, der sie eventuell sogar feindselig gegenübersteht. Dies wäre nicht nur ein Rückschlag für die wirtschaftlichen Aussichten der USA auf einen Markt von 400 Millionen Menschen, in den 20 Prozent ihrer Exporte gehen, sondern vor allem für ihre Hoffnungen auf eine Weltordnung, die auf einer wachsenden Gemeinschaft amerikanischer und europäischer Demokratien basiert.

NAFTA und Mercosur

Angesichts des Fehlens einer dynamischen und vorwärts gerichteten US-Politik könnte Mercosur zu einem Ebenbild jener Tendenzen in der Europäischen Union werden, die Europas politische Identität in der Abgrenzung – wenn nicht sogar in einer regelrechten Opposition – zu den Vereinigten Staaten sehen. Besonders in Brasilien gibt es Politiker, die die Aussicht eines politisch vereinten, mit den Vereinigten Staaten und der NAFTA konkurrierenden Lateinamerikas verlockend finden. »Mercosur ist unser Schicksal«, so Präsident Cardoso, »während die FTAA eine Option ist.«[2]

Wenn die Führer der amerikanischen Staaten jedoch keinen Weg finden, »Schicksal« und »Option« miteinander in Einklang zu bringen – ja wenn diese sogar als inkompatibel betrachtet werden –, dann würden Länder mit vergleichbarer Geschichte und gleichermaßen freien Institutionen im 21. Jahrhundert den gleichen selbstzerstörerischen Kurs einschlagen, der ihnen bereits im 20. Jahrhundert die Substanz geraubt hat. Im Moment befinden sich Brasilien und die Vereinigten Staaten im stillschweigenden Wettbewerb miteinander; offen dazu bekennen wollen sie sich aber nicht, denn dies würde ihren wirtschaftlichen Erfordernissen zuwiderlaufen. Die Vereinigten Staaten ihrerseits haben keinen Grund, als erste den Weg zur Partnerschaft zu verlassen. Während sie weiterhin eine intensive Diplomatie betreiben, um sowohl die NAFTA als auch Mercosur in eine gesamtamerikanische Freihandelszone zu integrieren, können sie durch die Stärkung ihrer bilateralen Beziehungen mit Mexiko, Brasilien und Argentinien, den wichtigsten Staaten und Nachbarn im Süden, nur gewinnen.

Mexiko erfreut sich bereits einer besonderen Beziehung zu den Vereinigten Staaten und ist ihr zweitgrößter Handelspartner. Die NAFTA, zur Zeit ihrer Gründung beiderseits des Rio Grande als unmögliche Heirat zwischen Reich und Arm geschmäht, hat sich zu einem erstaunlichen Erfolg gemausert. Ein völlig neues Mexiko ist entstanden. Früher wurde in Mexiko die Geschäftswelt – einschließlich der Regierungsgeschäfte – von einer ständig ihre Macht erneuernden politischen Elite dominiert; Neulinge waren entschieden unerwünscht. Das alte Mexiko, das lieber in Streitigkeiten vergangener Zeiten schwelgte, als an zukünftige Möglichkeiten zu denken, war nur mit sich selbst beschäftigt und in einen Kreislauf von wirtschaftlichen Höhen und Tiefen, von Fortschritt und Korruption eingeschlossen. Es blickte mit einer Mischung aus Neid und Furcht zu seinem nördlichen Nachbarn hinüber, lehnte von Natur aus alles ab, wofür sich die USA in der internationalen Politik stark machten, und fühlte sich gleichzeitig geborgen in dem Bewusstsein, dass sich der »Koloss im Norden« schon jeder Bedrohung der Sicherheit der westlichen Hemisphäre annehmen würde.

Heute sind Wettbewerb und Transparenz in fast jedem Lebensbereich an die Stelle von Monopol und Mauschelei getreten, und die meisten Mexikaner scheinen begierig nach Reformen zu sein. Zum Teil spiegelt dies die enormen historischen, wirtschaftlichen, technologischen und kulturellen Kräfte wider, die überall eine Umgestaltung ganzer Gesellschaften bewirken. Doch in hohem Maße reflektiert die Umwandlung auch Erfahrungen, die einzigartig mexikanisch sind. Präsident Carlos Salinas de Gortari, 1988 durch Wahlmanipulationen an die Macht gekommen, förderte die wirtschaftliche Liberalisierung, wodurch die Wettbewerbskräfte freieres Spiel erhielten und die Beherrschung der Wirtschaft durch den Staat abgeschwächt wurde. Dies wiederum machte erst die Verhandlungen zum Nordamerikanischen Freihandelsabkommen möglich.

Salinas und seine Technokraten erlitten letztlich Schiffbruch, weil sie es nicht schafften, das politische System Mexikos den wirtschaftlichen Veränderungen anzupassen. Präsident Ernesto Zedillo – der 1994 als Behelfskandidat an die Macht kam, nachdem Luis Donaldo Colosio ermordet worden war – unternahm den historischen Schritt, ein Wahlsystem einzuführen, das für faire und freie Wahlen sorgte. Als Vicente Fox im Dezember 2000 das Amt antrat, war er der erste mexikanische Präsident, der frei gewählt wurde und in einem echten Mehrparteiensystem regiert.

Fox hat noch schwere Aufgaben zu bewältigen: An die Stelle des monarchischen Regierungsstils, der vor der Wahl vom 2. Juli 2000 die Regel war, muss ein System der Gewaltenteilung und eine gesetzgebende Kammer treten, in der der Präsident nicht die Mehrheit besitzt. Fox ist der erste mexikanische Präsident in sieben Jahrzehnten, der nicht den Apparat einer Regierungspartei mit Mehrheit im Kongress zu seiner Verfügung hat und dessen Günstlinge nicht auch die Justiz beherrschen.

Einer der positiven Beiträge der vorherigen Regierungspartei, der Partei der Institutionalisierten Revolution (*Partido Revolucionario Institucional*, PRI), war ihr Geschick gewesen, die Extreme der Rechten und Linken zu absorbieren und zu mäßigen. Nun, da sie nicht mehr an der Regierung ist, dürfte die PRI dieser Eigenschaft verlustig gehen.

Darüber hinaus unterstützten viele Mexikaner Fox nicht unbedingt deshalb, weil sie mit seinen moderaten Mitte-Rechts-Positionen einverstanden waren, sondern weil sie in erster Linie das Regierungsmonopol der PRI brechen wollten. Wenn sich das neue mexikanische System erst einmal etabliert hat, dürften sie zu ihren gewohnten Wahlverhalten zurückkehren, und Mexiko könnte sehr wohl auf eine Rechts-Links-Ausrichtung ähnlich derjenigen vieler parlamentarischer Systeme in Europa zusteuern. Dann müssen Regierungskoalitionen gebildet werden – eine völlig neue Erfahrung für das politische System Mexikos.

Viele Aufgaben warten auf Fox. Der Reichtum ist immer noch sehr ungleich zugunsten relativ weniger verteilt. Die Reallöhne sind zu niedrig, um der Mehrheit der Bevölkerung einen angemessenen Lebensstandard zu ermöglichen. Polizei und Justiz sind von Drogengeldern korrumpiert. Die Infrastruktur des Landes hat mit den neuen wirtschaftlichen Möglichkeiten nicht Schritt gehalten. Und das mexikanische Bildungssystem wird den Erfordernissen des 21. Jahrhunderts nicht gerecht.

Gleichzeitig befindet sich Mexiko in einer einzigartigen Lage, um von seinen Bindungen zu den Vereinigten Staaten zu profitieren. Kein anderes Land mit einer so großen Bevölkerung teilt eine so lange Grenze mit einem so reichen Nachbarn. Doch wenn Geographie alles wäre, dann wäre Mexiko schon längst zu wirtschaftlichem Erfolg gelangt. Zwei Veränderungen haben ihm ein Fenster zu neuen Möglichkeiten geöffnet: die NAFTA und die Globalisierung.

Die NAFTA forcierte Handel und Investment in einer Weise, nicht zuletzt dank eines Rekordwachstums in den Vereinigten Staaten, die alle Vorhersagen haushoch übertrifft. Aber der Aufschwung ist auch darauf zurückzuführen, dass Mexiko sich in einer guten Position befindet, um von der Globalisierung zu profitieren. Denn die Instrumente der neuen globalisierten Wirtschaft treffen in Mexiko fast zur selben Zeit und beinahe zum selben Preis wie in den industrialisierten Ländern ein. Da nun einmal die Technologie der Schlüssel zum Wachstum ist, kann jedes Land, das bereit ist, sie zu nutzen, erfolgreich sein, besonders wenn es, wie in Mexiko, über eine große Zahl junger Menschen verfügt, die mit Computern und dem Internet aufgewachsen sind. In Mexiko sind 65 Prozent der Bevölkerung unter dreißig Jahre alt, und so könnte das Land in der Weltwirtschaft noch eine wichtige Rolle spielen, vorausgesetzt, es ändert radikal sein Bildungssystem, reformiert seine öffentlichen Finanzen und schafft es, den Drogenhandel unter

Kontrolle zu bekommen – Ziele, die Fox zu seinen ersten Prioritäten gemacht hat.
So verzahnen sich die mexikanischen Realitäten mit den ersten Zeugnissen der Prioritäten der Regierung von George W. Bush. Als ehemaliger Gouverneur von Texas ist Präsident Bush mit der Bedeutung eines gesunden, kreativen und produktiven Mexikos für die Vereinigten Staaten persönlich vertraut. Und er hat dem dadurch Rechnung getragen, dass er Mexiko Priorität auf seiner außenpolitischen Agenda eingeräumt hat, darunter als einer der wichtigsten Punkte gemeinsame Bemühungen mit Kanada, die NAFTA bis 2005 in die gesamtamerikanische Freihandelszone zu integrieren.

Ob dieses Ziel erreicht wird, hängt weitgehend von einer ganz anderen besonderen Beziehung ab – derjenigen zwischen den Vereinigten Staaten und Brasilien. Die Entwicklung der brasilianischen Außenpolitik ist in mancher Hinsicht das Gegenteil der mexikanischen. Der größte Teil der mexikanischen Geschichte war von einer Mischung aus Misstrauen und Verärgerung gegenüber den Vereinigten Staaten geprägt, auch wenn die geographische Nähe und die wirtschaftlichen Realitäten eine enge Zusammenarbeit erzwangen. Erst in letzter Zeit hat sich eine besondere Freundschaft ergeben. Dagegen war Brasilien bis vor kurzem der engste Verbündete der Vereinigten Staaten auf dem gesamten Kontinent. Die geographische Entfernung hielt die beiden Länder bis vor fünfzig Jahren von gegenseitigen Einmischungen ab, und auch danach geschah nichts, was Brasilien als Angriff auf seine Souveränität hätte verstehen können.

Weiterhin hat Brasilien im Gegensatz zu anderen lateinamerikanischen Staaten geradezu kontinentale Dimensionen. Allerdings wurde das Land bis zur Mitte des vorigen Jahrhunderts von seiner Bevölkerung nicht in der gleichen Weise bis ins Innerste erschlossen, wie es durch die Siedler in Nordamerika geschah, vielmehr klammerte sich die Bevölkerung an einen Küstenstreifen, als sei sie entschlossen, die Verbindung zur Alten Welt offen zu halten.

Doch sind Brasiliens Institutionen und seine Politik aufgrund der schieren Größe des Landes von einem natürlichen Selbstbewusstsein geprägt statt von Geltungsbedürfnis, das von dem Zwang herrührt, ein rastloses Nationalbewusstsein zu befriedigen. Vor seiner Unabhängigkeit war Brasilien nicht so sehr eine Kolonie als vielmehr der größere Teil des Königreichs Portugal. Fast für die Dauer einer Generation, während Napoleon Portugal besetzt hielt (1807–1811) und noch einige Zeit danach (bis 1820), war Rio de Janeiro die Hauptstadt des portugiesischen Reiches. Diese Geschichte hat Lateinamerikas effektivsten Auswärtigen Dienst hervorgebracht – gut ausgebildet, mehrsprachig, die nationalen Interessen Brasiliens mit einer Mischung aus Charme, Beharrlichkeit und einer sorgfältigen Einschätzung der internationalen Realitäten verfolgend. Als ich einmal einem brasilianischen Außenminister gegenüber von einer gewissen Gruppe von Ländern feststellte, dass sie nur Stärke respektierten, antwortete mein Gesprächspartner: »Ja, besonders bei denen, die stark sind.«

So hat Brasilien während des größten Teils seiner Geschichte als unabhängiger Staat (seit 1822) auf einer besonderen Beziehung zu den Vereinigten Staaten bestanden und erhielt sie auch. Es spielte als Verbündeter der USA eine ähnliche Rolle wie Großbritannien nach dem Zweiten Weltkrieg. Eine brasilianische Division kämpfte in Italien an der Seite der Vereinigten Staaten gegen Mussolini und Hitler; brasilianische Truppen begleiteten 1965 die Vereinigten Staaten bei der Besetzung der Dominikanischen Republik, wobei ein brasilianischer General als Führer der Gesamtstreitmacht vorgeschoben wurde.

Brasilien hat seine Beziehung zu den Vereinigten Staaten immer als etwas Ähnliches gesehen wie das Zwei-Säulen-Konzept, das Präsident Kennedy für die atlantische Partnerschaft vorgelegt hat. Brasilien sah sich selbst als Organisator Lateinamerikas, während die Vereinigten Staaten die gleiche Aufgabe in Nordamerika versehen sollten, wobei die beiden Unternehmen darauf angelegt sein sollten, durch häufigen Meinungsaustausch zwecks Artikulierung gemeinsamer Ziele in Harmonie zusammen zu arbeiten. Die vom interamerikanischen System geforderte theoretische souveräne Gleichheit jedes anderen lateinamerikanischen Staates gehörte dabei nicht zum außenpolitischen Vokabular Brasiliens.

Erst 1976, während der Präsidentschaft Gerald Fords, gewährten die Vereinigten Staaten Brasilien einen besonderen beratenden Status. Vom Vorsitzenden des außenpolitischen Ausschusses des Repräsentantenhauses, Thomas »Doc« Morgan, gefragt, ob die Vereinigten Staaten Brasilien dadurch den Status einer Weltmacht verliehen, entgegnete ich seinerzeit:

> »Herr Vorsitzender, dieses Abkommen macht Brasilien nicht zu einer Weltmacht. Brasilien hat eine Bevölkerung von 100 Millionen, riesige wirtschaftliche Ressourcen, eine sehr schnelle Rate wirtschaftlichen Wachstums. Brasilien ist dabei, eine Weltmacht zu werden, es braucht dazu nicht unsere Zustimmung, und es ist unsere außenpolitische Pflicht, uns mit den existierenden Realitäten auseinander zu setzen.«

Die besondere Beziehung, die damals eingerichtet wurde, gedieh jedoch nicht. Die Existenz eines Militärregimes in Brasilien nach 1964, wachsende Sorgen wegen seiner autoritären Tendenzen und die Handelsgesetzgebung der Vereinigten Staaten führten zu einer Reihe von Irritationen, die sich unter der Regierung Carter verstärkten. Eine fast zehnjährige Unterbrechung der engen Beziehung folgte, und Brasilien begann sich anderweitig zu orientieren. Bis zu den achtziger Jahren war es dann auch zu dem Schluss gekommen, dass es aufgrund der verschlungenen Wege der US-Innenpolitik einerseits und der eigenen wachsenden Stärke und des wachsenden Selbstvertrauens andererseits unangemessen sei, von einem besonderen Ehrenstatus abhängig zu sein, den es im Wesentlichen dem Wohlwollen der Vereinigten Staaten verdankte. Brasilien ersetzte die Politik der ausschließlichen Abhängigkeit von den Vereinigten Staaten durch eine bewusste Anstrengung, seine diplomatischen und wirtschaftlichen Optionen zu vervielfachen und die Vereinigten Staaten durch eine Vielzahl an eigenen Alternativen zu beeinflussen. Seitdem versucht Brasilien, sich eine eigenständige dominierende Stellung in Lateinamerika zu schaffen, wobei es auf seine pulsierende Wirtschaft, die Größe seiner Bevölkerung (über 150 Millionen zur Jahrhundertwende) und die Partner setzte, die es in Mercosur vereinigen konnte.

In Verfolgung dieser Politik reagiert Brasilien zunehmend empfindlich auf wirkliche oder vermeintliche Kränkungen seitens der Vereinigten Staaten. Führende Persönlichkeiten hegen den Verdacht, dass die FTAA einseitig den USA Nutzen bringen soll, dass Umweltbelange nur ein Vorwand sind, um Brasiliens Souveränität im Amazonasgebiet zu beschneiden, und dass die Vereinigten Staaten Antidumping- und Arbeitsnormen als Vorwand für Protektionismus benutzen. Um Fortschritte in Richtung einer Verwirklichung der FTAA zu machen, müssen die Vereinigten Staaten eingehende Bemühungen unternehmen, um die Beziehungen zu Brasilien auf eine neue Grundlage zu stellen.[3]

Derartige Bemühungen sind umso wichtiger, als sich Brasilien in den neunziger Jahren der Welle politischer und wirtschaftlicher Umstrukturierungen anschloss, die in Mexiko und Chile ihren Ausgang genommen hatte. Unter Führung eines bemerkenswerten Präsidenten, Fernando Henrique Cardoso, schraubte Brasilien seine Hyperinflation von monatlich 40 Prozent auf weniger als 10 Prozent im Jahr herunter. Dadurch stiegen Gruppen mit festem Einkommen, die zuvor Opfer der Inflation gewesen waren, in die Mittelklasse auf und trugen nicht nur zum wirtschaftlichen Wachstum, sondern auch zur politischen Stabilität bei. Staatseigene Unternehmen wurden systematisch privatisiert und Handelsschranken reduziert, wenn auch nicht immer in dem von den US-Unterhändlern gewünschten Maße; ausländische Investitionen wurden willkommen geheißen; die Regierung beschränkte sich auf ihre eigentlichen Aufgaben, das Wirtschaftswachstum blieb zunehmend den Kräften des Marktes überlassen.

Die brasilianische Industrie, die provinziell und protektionistisch gewesen war, wurde immer internationaler. Mit einer Wachstumsrate von vier Prozent, finanzieller Stabilität, einem großen Binnenmarkt und einer stabilen Regierung verwandelte sich Brasilien in eines der wirtschaftlich und politisch bedeutendsten Länder des 20. Jahrhunderts. Aus dieser Position der Stärke heraus gelang es Brasilien – mit seinem geschickten diplomatischen Stil, hinter dem sich eine zielgerichtete Politik verbirgt –, die Anerkennung jener Stellung und Vorreiterrolle in der Region von den Vereinigten Staaten zu erlangen, die es vorher durch das zwei Jahrzehnte zuvor aufgegebene besondere Arrangement gegenseitiger Konsultationen mit den USA vergeblich zu erreichen gesucht hatte.

Weil es die existierenden interamerikanischen Institutionen als Mittel zur Stützung der US-amerikanischen Vorherrschaft empfand, hat Brasilien auch versucht, die Realisierung einer gesamtamerikanischen Freihandelszone zu verzögern, um Mercosur zur verfestigen, um Argentinien, Paraguay und Uruguay einzubeziehen und um die Vereinigten Staaten zu zwingen, mit einem regionalen Block anstatt mit einzelnen Ländern zu verhandeln.

Vom rein geographischen Standpunkt ist Mercosur durchaus sinnvoll. Doch solange die Währungssysteme der beiden größten Mitglieder, Brasilien und Argentinien, nicht miteinander in Einklang zu bringen sind – Brasilien hat freie Wechselkurse, während der argentinische Peso an den Dollar gekoppelt ist –, wird eine umfassende institutionelle Integration nur langsam vonstatten gehen, Spannungen werden unvermeidlich sein. Auf jeden Fall ist es unwahrscheinlich, dass Brasiliens Nachbarn ihr Interesse an einer engen Beziehung zu den Vereinigten Staaten einer theoretischen lateinamerikanischen Solidarität unterordnen werden.

Die Vereinigten Staaten haben kein Interesse daran, sich gegen Mercosur zu stellen, solange es im Prozess der Schaffung einer gesamtamerikanischen Freihandelszone als Partner der NAFTA auftritt. Etwas ganz anderes ist es jedoch, wenn Mercosur, noch bevor es seine endgültige Gestalt erreicht hat, dazu benutzt wird, die Vereinigten Staaten von bilateralen Handelsbeziehungen mit traditionellen Freunden abzuhalten, oder interne Regelungen trifft, wie sie sich auch in der Europäischen Union finden, wo man dazu tendiert, die Vereinigten Staaten auf wirtschaftlichem und politischem Gebiet vor eine Reihe vollendeter Tatsachen zu stellen. Dies würde die inneren Beziehungen der Neuen Welt mit einer Starre und einem konfrontativen Stil belasten, die abträglich für die Erfüllung der mit ihr verbundenen historischen Hoffnungen und Verfahren wären.

Wenn den Dingen weiterhin ihr Lauf gelassen wird, sieht alles nach einem zukünftigen Wettbewerb zwischen Brasilien und den Vereinigten Staaten um die Zukunft Südamerikas aus. Dies wäre eine Bankrotterklärung der Staatskunst auf beiden Seiten. Es sollte doch möglich sein, die traditionellen engen Beziehungen zwischen den zwei Ländern weitgehend wiederherzustellen, wenn beide realisieren, dass es in einem Konflikt keine Sieger geben kann. Die Vereinigten Staaten müssen im Umgang mit Brasilien eine größere Sensibilität für das Ehrgefühl einer Gesellschaft entfalten, die auf dem Sprung ist, eine der großen Mächte zu werden. Dies bedeutet, auf diplomatische Bevormundung ebenso zu verzichten wie auf Versuche, jeden amerikanischen Wunsch mit Hilfe von Sanktionen durchzusetzen. Des Weiteren wird es nötig sein, sich für eine Lösung der erbitterten Handelsstreitigkeiten um die brasilianischen Zucker-, Zitrus- und Stahlexporte zu engagieren. Brasilien seinerseits sollte nicht vergessen, dass sein traditioneller diplomatischer Stil bei den Amerikanern besser ankommt als die Methode der *faits accomplis* der Franzosen. Angesichts der Differenzen zwischen Europa und Lateinamerika über die Agrarpolitik handelt es sich bei der europäischen Option eher um einen Verhandlungstrick als um eine langfristige Politik.

Die Vereinigten Staaten sollten nicht auf diejenigen hören, die da meinen, dass mit dem Aufbau der FTAA so lange gewartet werden sollte, bis Mercosur fertig eingerichtet ist. Vielmehr sollten beide Vorhaben gemeinsam vorangetrieben werden. Der gesamtamerikanische Handel sollte nicht von der jeweiligen Integrationsgeschwindigkeit der beiden regionalen Gruppierungen abhängig gemacht werden. Bis zur Vollendung der FTAA sollten die Vereinigten Staaten offen bleiben für bilaterale Handelsvereinbarungen zwischen geeigneten lateinamerikanischen Ländern und der NAFTA; auf diesem Weg ließe sich der Impetus in Richtung auf ein gesamtamerikanisches System am besten beschleunigen, zugleich wäre es ein großer Schritt hin zu einer neuen internationalen Ordnung. Der ultimative Kompromiss wäre eine Regelung, mittels deren sich Brasilien mit der FTAA abfindet und die Vereinigten Staaten Mercosur keine Hindernisse in den Weg stellen.

In mancherlei Hinsicht wird Argentinien eine entscheidende Rolle in dieser Entwicklung spielen. Noch vor einigen Jahrzehnten wäre eine so wichtige Rolle Argentiniens in den inneramerikanischen Beziehungen undenkbar gewesen. Im Laufe seiner Geschichte blickte Argentinien zumeist nicht nach Norden, sondern nach Osten, das heißt nach Europa. Mit reichen Ressourcen und einer talentierten Bevölkerung gesegnet, hatte das Land vor Beginn der Perón-Diktatur das sechsthöchste Pro-Kopf-Einkommen der Welt besessen. Innerhalb der Neuen Welt hat es seinen besonderen Charakter betont, seine Nachbarn im Norden mit Geringschätzung behandelt und sich über die dominante Rolle der Vereinigten Staaten geärgert, ohne dabei jedoch über eine Haltung der herablassenden Reserviertheit hinauszugehen.

Mit der Diktatur Juan Peróns (1946–1955) endete Argentiniens Anspruch auf Einzigartigkeit. Während des letzten halben Jahrhunderts ist Argentinien ein Land der Paradoxe gewesen. Lange Zeit das reichste Land Lateinamerikas mit der höchsten Alphabetisierungsrate und der wohlhabendsten Mittelklasse, hat es auch die bizarrsten Formen der Regierungspraxis unter dem Einfluss der ersten Ehefrau Peróns, Evita, und der Herrschaft der zweiten, der Tänzerin Isabel, hervorgebracht. So, als fürchte es sich vor Stabilität, hat es sich mehrmals erneut in Unruhen gestürzt, gerade wenn der Erfolg in Sichtweite war. Auch eine weltkluge Politikerklasse war nicht in der Lage, die aufeinander folgenden Regierungen davon abzuhalten, die durch den großen Reichtum des Landes eröffneten Chancen zu vernichten.

Perón unterstellte die dominierenden Wirtschaftszweige staatlicher Kontrolle, belastete die Nation mit einem unhaltbaren sozialen Wohlfahrtsprogramm, um sich beim Volk beliebt zu machen, und verkündete eine Außenpolitik, die sich durch einen scharfen Antiamerikanismus auszeichnete. Nachdem er 1955 ins spanische Exil geschickt worden war, gelangte Perón 1973 aufgrund der Unfähigkeit seiner Nachfolger, das Land zu führen, erneut an die Macht. Doch er starb 1975 und hinterließ seiner völlig unvorbereiteten zweiten Frau ein ruinöses Erbe. Selbst nach Peróns Tod beherrschte der Peronismus noch die Loyalität von 40 Prozent der Bevölkerung, was Reformen wirksam verhinderte. Peronistische Regierungen wollten Demokratie und Reformen nicht verwirklichen, und nichtperonistische Regierungen konnten es nicht. Mitte der siebziger Jahre war Argentinien praktisch steuerlos. 1976 forderte das Militär Señora Perón zum Rücktritt auf und ersetzte sie durch ein Direktorat aus Generälen und Admirälen, das der Herausforderung ebenfalls nicht gewachsen war. Sie verstärkten die staatliche Kontrolle der wirtschaftlichen Aktivitäten, ließen riesige Haushaltsdefizite auflaufen und fielen dann in einem Akt der Verzweiflung über die Falklandinseln her.

Die demütigende Niederlage der argentinischen Streitkräfte brachte letztlich eine nationale Katharsis zustande. Das Militär zog sich in seine Kasernen zurück, es wurden Wahlen für eine Zivilregierung abgehalten. Präsident Raúl Alfonsín jedoch erwies sich als unfähig, die Wirtschaft wieder in Gang zu bringen; Inflation und Arbeitslosigkeit erreichten neue Höhen. Als Carlos Menem als Chef der peronistischen Partei Präsident wurde, war die Nation reif für eine starke Medizin, obwohl angesichts von Menems Hintergrund nur wenige damit rechneten, dass er sie auch verschreiben würde. Doch dann wurde das Land von Menems Mut und seinem geradezu unheimlichen Instinkt überrascht. Gleich zu Beginn seiner Amtsperiode stellte er, beraten von Domingo Cavallo, einer der überragenden Gestalten der wirtschaftlichen Revolution in Lateinamerika, Argentiniens Geschichte auf den Kopf. Er koppelte den Peso an den Dollar, zerlegte staatseigene Unternehmen, brachte den Staatshaushalt unter Kontrolle und zwang die

Inflation in die Knie. Er schuf ein neues Argentinien, das sich von allen vorangegangen historischen Erfahrungen des Landes himmelhoch unterschied. Bis Mitte der neunziger Jahre hatte er es zu einer der führenden Nationen der Demokratiebewegung in der Region gemacht, sich bei internationalen Friedensmissionen an die Seite der Vereinigten Staaten gestellt und alles, was einst den Peronismus ausmachte, aufgegeben – bis auf den Namen.

Hätte die US-Regierung in diesem Augenblick ein »Fast Track«-Mandat besessen und Argentinien entweder den NAFTA-Beitritt oder ein bilaterales Handelsabkommen angeboten, so wären die Chancen nicht schlecht gewesen, dass Menem begeistert eingeschlagen hätte, und sowohl die argentinische Wirtschaft wie auch die FTAA hätten neuen Schwung bekommen. Da jedoch die Clinton-Regierung zögerte, ihren eigenen Plänen zu folgen, konzentrierte sich Argentinien auf die Mitgliedschaft in Mercosur, ohne ihr jedoch den politischen Charakter zu verleihen, den Brasilien anstrebte.

Argentinien kam nicht zur Ruhe. Menems Bewerbung um eine dritte Amtszeit stieß in der Bevölkerung nicht auf Gegenliebe, und die Wahl des Jahres 2000 ging an Fernando de la Rua, einen tadellos ehrlichen, fähigen und anständigen Demokraten, allerdings ohne Menems Beherztheit. Und gerade als de la Rua die Präsidentschaft übernahm, begann sich das internationale Wirtschaftsklima zu verschlechtern. Der Dollar, an den der argentinische Peso gekoppelt war und von dem Argentiniens Exportindustrie abhing, stieg. Brasilien, Argentiniens wichtigster Exportmarkt, geriet in wirtschaftliche Schwierigkeiten und wertete seine Währung ab, wodurch Argentinien auf einen Schlag um einen Großteil seiner Exportgewinne gebracht wurde. Nach dem Miami-Gipfel war das Projekt der gesamtamerikanischen Freihandelszone in scheinbar endlosen technischen Verhandlungen von einer Komplexität versunken, die nur passionierte Bürokraten ertragen konnten. Argentiniens politischer und wirtschaftlicher Fortschritt blieb stecken.

Während ich diese Zeilen schreibe, versucht sich Argentinien aus dieser Misere zu befreien. Domingo Cavallo ist erneut mit der Aufgabe betraut worden, Argentiniens Wirtschaft auf der Grundlage eines Programms der nationalen Einheit zu erretten. Allein sein Ruf berechtigt zu Hoffnungen, und es gibt auch langfristige Faktoren, die Argentiniens Gesundung begünstigen. Der Dollar wird wieder schwächer, und die Zinsen für Dollar-Obligationen sind ebenfalls gesunken, während Brasiliens Wirtschaft auch wieder an Fahrt gewinnt und sich die Importmöglichkeiten somit wieder verbessern. Die Exporterlöse für Argentinien sind gestiegen. Wenn es mit dem Programm der nationalen Einheit gelingt, eine Finanzreform durchzuführen, sollte Argentinien mit seinem Potenzial bald wieder bessere Zeiten erleben. Die Vereinigten Staaten sollten ihr Möglichstes tun, um dem Land bei der Überwindung seiner kurzfristigen Krise zu helfen.

Langfristig ist für Argentinien wie für jedes Land des Kontinents das wichtigste Thema die Aussicht auf eine gesamtamerikanische Freihandelszone. Argentinien steht hier gewissermaßen stellvertretend für das übrige Lateinamerika. Deutlicher als die meisten Länder zeigt es die Folgen und den potenziellen Nutzen, der sich aus der kommerziellen Integration Latein- und Nordamerikas ergeben würden. Argentiniens Exportmöglichkeiten in die Vereinigten Staaten und nach Kanada würden sich erheblich verbessern. Wie Mexiko, als es der NAFTA beitrat, würde es unvergleichlich attraktiver für direkte ausländische Investitionen werden. Dies würde Argentinien seiner derzeit übermäßigen Abhängigkeit von Auslandsanleihen entheben. Schließlich würde eine erfolgreiche Regelung des gesamtamerikanischen Freihandels wiederum der Schlüssel sein, mit dem der europäische Markt für landwirtschaftliche Produkte Argentiniens, besonders Getreide und Rindfleisch, geöffnet werden könnte, von denen die Gemeinsame Agrarpolitik der Europäischen Union derzeit nichts wissen will.

Doch gleichzeitig stellt diese Aussicht für Argentinien auch ein politisches Dilemma dar. Sich für die FTAA zu entscheiden, ohne die entsprechenden Qualifikationen zu erfüllen, könnte Mercosur in Gefahr bringen und damit auch die bedeutenden Vorteile, die Argentinien durch den Zugang zum brasilianischen Markt genießt. Es könnte im weiteren Sinne einen Tiefschlag für die politischen Beziehungen zwischen den beiden Supermächten Südamerikas bedeuten, die zur Zeit von einer nie da gewesenen Herzlichkeit geprägt sind.

Die Herausforderung an die Staatsmänner Amerikas lautet: ein Freihandelssystem auf eine solche Weise aufzubauen, die allen beteiligten Staaten nützt, ohne dass es zu einer Konfrontation zwischen NAFTA und Mercosur kommt. Ein Wettbewerb zwischen den Vereinigten Staaten und Brasilien darum, wer von ihnen den Vorrang hat, ergibt einfach keinen Sinn. Die Vereinigten Staaten haben keinen Grund, Mercosur zu befehden, wenn es sich nur um einen regionalen Handelsverbund handelt. Und Brasilien braucht nicht die Konfrontation mit den USA suchen, um seine Bedeutung zu unterstreichen, noch sollte es die Rolle anstreben, Amerika in rivalisierende Gruppierungen zu spalten, wozu es sicher in der Lage wäre. Argentinien und den anderen Staaten der Region sollte es ermöglicht werden, an dem allgemeinen amerikanischen Freihandelsabkommen teilzunehmen und gleichzeitig im Rahmen von Mercosur besondere Handelsvereinbarungen mit ihren Nachbarn beizubehalten. Die Staaten Amerikas sollten der Versuchung widerstehen, den Ausspruch des britischen Außenministers George Canning umzudrehen, der die Monroe-Doktrin mit den Worten begrüßte, die Neue Welt sei ins Leben gerufen worden, um das Gleichgewicht der alten wiederherzustellen. Soll die Europäische Union vielleicht ins Leben gerufen werden, um eine Rivalität zwischen Blöcken in Amerika zu fördern und auszunutzen? Statt Europa als Gegengewicht gegen die NAFTA zu benutzen, sollte das Ziel darin bestehen, die NAFTA, Mercosur und die Europäische Union in einer atlantischen Freihandelszone zu vereinen.

Die Neue Welt stellt somit einen Mikrokosmos der internationalen Herausforderungen dar, vor denen die Vereinigten Staaten stehen. Sie illustriert die Möglichkeiten einer auf den Kräften des Marktes beruhenden globalen Wirtschaft, aber auch die Notwendigkeit, die Kluft zwischen den wirtschaftlichen und den politischen Strukturen der Globalisierung zu überbrücken. Die Wahrheit ist, dass wirtschaftliches Wachstum Reformen erfordert und dass Reformen eine stabile, legitime und demokratische politische Struktur mit transparenten Institutionen und einem unabhängigen Justizsystem voraussetzen. Durch die Drogenindustrie, durch Terrorismus und Guerillabewegungen sind neue Bedrohungen der Sicherheit und Stabilität von Gesellschaften entstanden. Aber da ist andererseits die Aussicht auf eine regionale Struktur, die das gesamte Amerika umfasst, um eine neue Periode von Wachstum und Demokratie einzuleiten. Und darüber hinaus gibt es die Aussicht einer atlantischen Freihandelszone. Viel hängt davon ab, ob die Vereinigten Staaten das staatsmännische Format aufbringen, das nötig ist, um diese Gelegenheiten zu nutzen.

Asien: Die Welt des Gleichgewichts

Asiens geopolitische Komplexität

In der ersten Hälfte des 20. Jahrhunderts beteiligten sich die Vereinigten Staaten an zwei Weltkriegen, um die Beherrschung Europas durch einen potenziellen Gegner zu verhindern. Nach dem Zweiten Weltkrieg war kein Land Westeuropas stark genug, um Europa zu beherrschen, oder immer noch dazu bereit, den Krieg als Mittel der Politik gegen seine Nachbarn einzusetzen. Die Bedrohungen der Sicherheit kamen von außen.

In der zweiten Hälfte des 20. Jahrhunderts (genauer gesagt mit Beginn im Jahr 1941) fochten die Vereinigten Staaten drei weitere Kriege aus, um die gleichen Grundsätze in Asien zu verteidigen – gegen Japan, in Korea und in Vietnam. Doch die Dinge haben sich nach diesen Kriegen nicht so entwickelt wie in Europa. Die Staaten Asiens sehen sich als strategische Rivalen, selbst wenn sie in vielen wirtschaftlichen Angelegenheiten zusammenarbeiten. Kriege zwischen ihnen sind eher unwahrscheinlich, aber ausschließen kann man sie nicht. Daher ähnelt die internationale Ordnung Asiens eher derjenigen Europas im 19. als der nordatlantischen Ordnung im 21. Jahrhundert.

Ein Blick auf die politische und wirtschaftliche Landkarte Asiens illustriert die ungeheure Bedeutung und Komplexität der Region. Sie umfasst ein Land mit fortschrittlicher Industrie wie Japan, dessen Wirtschaftskraft größer ist als diejenige irgendeines der historischen Staaten Europas; drei Länder von kontinentalem Ausmaß wie Indien, China und Russland; zwei Länder – Korea und Singapur –, die sich der wirtschaftlichen und technologischen Kapazität der fortschrittlichen Industriestaaten annähern; zwei große Inselgruppen – die Philippinen und Indonesien –, die aus Tausenden von Inseln bestehen und einige der wichtigsten Seestraßen kontrollieren; Thailand und Myanmar (Burma), zwei alte Staaten, mit Bevölkerungszahlen wie Frankreich oder Italien; und Nordkorea, einen Schurkenstaat, der Atomwaffen und Langstreckenraketen entwickelt. Eine größtenteils muslimische Bevölkerung besiedelt die malaiische Halbinsel, Borneo und die indonesische Inselwelt, wobei Indonesien die zahlenmäßig größte muslimische Bevölkerung aller Länder der Welt besitzt. Schließlich ist da noch Vietnam, das sein militärisches Können und seinen glühenden Nationalismus in Kriegen gegen Frankreich, die Vereinigten Staaten und China sowie gegen seine beiden Nachbarn Laos und Kambodscha, über die es eine Art Vorherrschaft ausübt, unter Beweis gestellt hat.

Asiens Wirtschaft wird immer wichtiger für die Wirtschaft der Vereinigten Staaten und der übrigen Welt. 1996 bestritten die USA 68 Prozent ihres weltweiten Handels mit Asien; die US-Exporte nach China wuchsen in den neunziger Jahren mit einer durchschnittlichen jährlichen Rate von 13 Prozent, im gleichen Zeitraum verdreifachten sich die dortigen US-Investitionen. Zwar ist Asien in die globale Wirtschaft eingebunden, doch mangelt es dort an regionalen Strukturen oder irgendwelchen anderen finanziellen Sicherungssystemen – abgesehen von der Stärke der einzelnen Volkswirtschaften –, um weltwirtschaftliche Turbulenzen abzuschwächen. Asiens Finanzkrise von 1997 zeigte die Verletzlichkeit insbesondere der kleineren und mittleren Volkswirtschaften gegenüber schwankenden Zinssätzen, Währungsbewertungen und spekulativen Kapitalflüssen, über die solche Länder wenig oder gar keine Kontrolle hatten. Ein Wirtschaftsblock ist in Asien bisher nicht entstanden, obwohl es japanische Vorschläge gibt, die in diese Richtung gehen, und es gibt sogar erste Schritte hin zu einer Asiatischen Freihandelszone, die von China und Japan unterstützt wird. Das Misstrauen der asiatischen Staaten untereinander ist aber noch zu groß und der jeweilige Grad der Entwicklung zu unterschiedlich, um mittelfristig das asiatische Äquivalent einer Europäischen Union zu erlauben. Dies bedeutet jedoch nicht, dass sich die Staaten Asiens, ob sie nun groß oder klein sind, mit ihrer Verletzlichkeit abfinden. Eine weitere bedeutende Finanzkrise in Asien oder in den demokratischen Industriestaaten würde gewiss Anstrengungen der asiatischen Staaten nach sich ziehen, durch die Schaffung eines den anderswo existierenden regionalen Systemen entsprechenden Gegenparts eine bessere Kontrolle über ihr wirtschaftliches und politisches Los zu gewinnen.

Ein feindseliger asiatischer Block, in dem die bevölkerungsreichsten Länder der Welt, mächtige Ressourcen und einige der fleißigsten Völker vereint sind, wäre mit dem nationalen Interesse Amerikas unvereinbar. Aus diesem Grund muss Amerika in Asien präsent bleiben, und es muss sein geopolitisches Interesse weiterhin darauf richten, zu verhindern, dass sich Asien in einem unfreundlichen Block vereinigt (was am ehesten unter Führung einer der dortigen Großmächte geschehen könnte). Amerikas Beziehung zu Asien ist somit vergleichbar mit derjenigen, die über vier Jahrhunderte zwischen Großbritannien und Kontinentaleuropa bestanden hat. Winston Churchill beschrieb diese Situation mit beredten Worten:

> »Seit vierhundert Jahren hat die Außenpolitik Englands darin bestanden, sich der stärksten, aggressivsten, beherrschenden Großmacht auf dem Kontinent entgegenzustellen ... Im geschichtlichen Rückblick müssen diese vier Jahrhunderte beharrlichen Strebens im Wechsel so mancher Namen, Tatsachen und Verhältnisse als eine der beachtenswertesten Erscheinungen gelten, welche die Geschichte irgendeiner Rasse, eines Staates oder eines Volkes aufweist. Überdies wählte England bei allen Gelegenheiten den schwierigeren Weg. Gegenüber Philipp II. von Spanien, gegenüber Ludwig XIV. unter William III. und Marlborough, gegenüber Napoleon und Wilhelm II. von Deutschland wäre es leicht gewesen und muss auch eine große Verlockung bedeutet haben, sich der stärkeren Seite an-

zuschließen und die Früchte ihrer Eroberungen zu teilen. Wir schlugen aber immer den härteren Weg ein, schlossen uns den weniger starken Mächten an, schufen zwischen ihnen eine Verbindung und besiegten damit den militärischen Tyrannen auf dem Kontinent, wer immer er war und welche Nation er auch anführen mochte. Auf diese Weise bewahrten wir die Freiheit Europas, schützten das Gedeihen seiner lebensvollen und verschiedenartigen Gemeinschaften …

… Wir folgen einem Gesetz der Politik, nicht einer bloßen Zweckmäßigkeit, die durch zufällige Umstände Neigungen und Abneigungen oder andere Gefühle bestimmt wird.«[1]

Im 21. Jahrhundert stellt eine ähnliche Zielsetzung für die Vereinigten Staaten in Asien eine komplexere Herausforderung dar. Das europäische Machtgleichgewicht wurde von Nationalstaaten mit einer im Wesentlichen (mit Ausnahme Russlands) homogenen ethnischen Zusammensetzung aufrechterhalten; viele der großen asiatischen Staaten hingegen (China, Russland, Indien, Indonesien) sind von kontinentaler Größe, ihre Bevölkerungen sind von multiethnischer Zusammensetzung. Das europäische Gleichgewicht war nahtlos in dem Sinn, dass alle größeren Staaten daran teilhatten – das heißt, das Gleichgewicht der Mächte beruhte auf dem Wechselspiel ihrer Allianzen; so konnte eine Krise um Serbien dann auch zum Ersten Weltkrieg eskalieren. Das asiatische Machtgleichgewicht ist differenzierter und daher auch komplizierter.

In Europa haben zwei Weltkriege und die unzureichende Größenordnung des europäischen Nationalstaats angesichts globaler Herausforderungen die Frage des Machtgleichgewichts, wie sie das 19. Jahrhundert stellte, irrelevant gemacht. Die Staaten Europas behandeln einander nicht mehr als strategische Bedrohungen; Bedrohungen von außerhalb Europas wurden im Rahmen der Allianz mit den Vereinigten Staaten abgewehrt.

Im Gegensatz hierzu haben sich die Nationen Asiens nie zu einer gemeinsamen Gefahr bekannt, die es abzuwehren gelte, da sie jeweils völlig unterschiedliche Vorstellungen davon haben, was ihre Sicherheit bedroht. Einige haben sich immer vor Russland gefürchtet; anderen bereitet vor allem China Sorge; wieder andere rechnen mit einem möglichen Wiedererwachen des japanischen Expansionismus; und in Südostasien betrachten manche Vietnam als die Hauptgefahr. Indien und Pakistan sind beide von dem Gedanken besessen, vom jeweils anderen bedroht zu werden.

Was regionale Streitigkeiten betrifft, so haben sich die Staaten Asiens viel gewaltbereiter gezeigt als die europäischen Nationen, die von den Massakern des Zweiten Weltkriegs geläutert worden sind. Jeder Zuwachs an Stärke eines Landes bringt daher kompensatorische Anpassungen auf Seiten aller anderen hervor, die in der Lage sind, sich um ihre Sicherheit selbst zu kümmern. Daher sind die Verteidigungsausgaben in ganz Asien trotz des Endes des Kalten Krieges stetig gestiegen. Schätzungen von British Aerospace zufolge werden die Militärausgaben Asiens bis zum Jahr 2010 diejenigen Europas übersteigen und zwei Drittel der Ausgaben der Vereinigten Staaten erreichen.[2]

Im Gegensatz zum Europa des 19. Jahrhunderts gibt es in Asien kein einziges homogenes Gleichgewicht; die schiere Größe der Region und die kulturellen und historischen Unterschiede haben zusammen zwei strategische Gleichgewichte hervorgebracht: in Nordostasien interagieren China, Japan, Russland und die Vereinigten Staaten um einen möglichen Brennpunkt auf der unbeständigen Halbinsel Korea; in Südostasien sind China, Indien, Japan und die Vereinigten Staaten die Hauptakteure, deren Interessen mit denen Vietnams, Thailands, Australiens und der Philippinen in Einklang gebracht werden müssen.

Darüber hinaus befindet sich das Rollenverständniss der meisten asiatischen Staaten selbst im Fluss. In dem Maße, wie sich Japan in Richtung auf eine offener zur Schau getragene nationale Politik hin entwickelt, dürfte sein Aktivismus in beiden Gleichgewichtsregionen zunehmen und sich hauptsächlich darauf konzentrieren, den Einfluss Chinas einzudämmen. In ähnlicher Weise ist Indien auf dem Weg zur Großmacht und wird zunehmend in Südostasien aktiv werden, wo es der traditionellen Politik der britischen *raj*

(Kolonialherrschaft) nacheifern wird, die auf die Vorherrschaft von Singapur bis Aden abzielte. China wird auf einer politischen Rolle bestehen, die seiner wachsenden wirtschaftlichen Macht entspricht.

All dies erklärt, warum das Sicherheitssystem der Vereinigten Staaten in Asien sich so sehr von dem in Europa unterscheidet. Im Atlantischen Bündnis unterstreichen eine umfangreiche amerikanische Militärpräsenz, ein integriertes Militärkommando und ein permanenter Botschafterrat Amerikas Engagement. Das gegenseitige Sicherheitsabkommen zwischen den Vereinigten Staaten und Japan wird durch keinen formellen Mechanismus gestützt; es ähnelt eher einer unilateralen Garantie, als dass es eine umfassende asiatische Strategie widerspiegeln würde. Die amerikanische Militärpräsenz auf den Philippinen, die 1992 offiziell endete, schloss deren Beteiligung an der Bewegung der blockfreien Staaten nicht aus. Allein in Südkorea verlaufen die Frontlinien wie einst in Europa, nur dass hier die einheimischen Streitkräfte stärker in der Verantwortung stehen, als dies während des Kalten Krieges entlang des Eisernen Vorhangs der Fall war. Eine enge bilaterale Zusammenarbeit mit Australien am Rande Asiens rundet diese Arrangements ab.

Vom Sicherheitsstandpunkt her koexistieren die Staaten Asiens gleichzeitig in zwei verschiedenen Welten. Hinsichtlich des globalen Machtgleichgewichts suchen sie Zuflucht unter dem Schirm, den ihnen die Vereinigten Staaten bieten, indem sie für ein globales Gleichgewicht sorgen. Doch ihr eigener Beitrag zu diesem Gleichgewicht besteht bei vielen allein in einer Doktrin der Blockfreiheit, durch welche sie eine formelle politische Bindung an die USA vermeiden und sich die Freiheit bewahren, sogar eine Politik zu verfolgen, deren Ziel es ist, die angebliche Vorherrschaft Amerikas zu schwächen.

Der Zusammenfluss dieser Elemente verhindert, dass die Vereinigten Staaten einen einheitlichen Ansatz zum Aufbau einer internationalen Ordnung in Asien finden können. In Europa verfolgten die USA eine duale militärische und politische Strategie: die Schaffung eines Militärbündnisses, um der Bedrohung durch eine sowjetische Invasion die Stirn zu bieten, gekoppelt mit der systematischen Förderung demokratischer Institutionen durch Unterstützung des wirtschaftlichen Wiederaufbaus und später der europäischen Integration. Keine dieser Strategien hat sich in Asien jemals vollständig anwenden lassen – außer in Amerikas bilateralen Beziehungen mit Japan und Südkorea. Die Kriege in Korea und Vietnam wurden nicht namens eines regionalen Bündnisses geführt. Die – zumeist europäischen – Länder, die im Koreakrieg an der Seite Amerikas kämpften, taten dies, um ihren eigenen Anspruch auf Amerikas Engagement in Europa zu stärken und nicht aufgrund eines asiatischen Sicherheitssystems. Eine im eigentlichen Sinne multilaterale Verteidigung Südkoreas wurde möglich, weil sich bei der entscheidenden Abstimmung im UN-Sicherheitsrat der sowjetische Vertreter zufällig wegen des Ausschlusses des kommunistischen China aus den Vereinten Nationen im Boykott befand. Der Koreakrieg wurde juristisch zur UN-Mission, obwohl seine Leitung und Führung in Wirklichkeit in erster Linie den Vereinigten Staaten oblag.

In Vietnam wurden die Vereinigten Staaten von keinem einzigen NATO-Partner unterstützt, nicht einmal politisch; diese stellten lediglich unterschiedliche Grade von Reserviertheit zur Schau. Südkorea, Thailand, Australien und die Philippinen stellten verschiedene Arten von Hilfsdiensten zur Verfügung, Südkorea entsandte sogar zwei Kampfdivisionen. Und hier hätte sich vielleicht ein asiatisches Sicherheitssystem entwickeln können, wenn die Vereinigten Staaten den Krieg zu einem erfolgreichen Ende geführt hätten. Doch als offenbar wurde, dass die Vereinigten Staaten nach einem Ausweg aus dem Krieg suchten, fiel die SEATO *(Southeast Asia Treaty Organization)*, der potenzielle Kern eines jeglichen Sicherheitsbündnisses, auseinander, und ASEAN *(Association of Southeast Asian Nations)* nahm ihren Platz ein – eine regionale Gruppierung zur wirtschaftlichen und politischen Kooperation ohne irgendwelche Sicherheitsfunktionen.

Diese historischen Tatsachen sollten von denen berücksichtigt werden, die meinen, dass Amerikas Asienpolitik in direkter Analogie zum Kalten Krieg aufgebaut werden sollte, wobei China die Stelle der Sowjetunion als bedrohender Faktor einnehmen würde. Doch in Asien existieren die politischen und strategischen Bedingungen einfach nicht, um eine Trennlinie zu ziehen und alle Staaten auf einer Seite zu gruppieren – ausgenommen im Falle einer größeren Provokation durch China. Der Versuch, dies zu tun – sei es offenkundig oder stillschweigend –, würde genau das Gegenteil dessen bewirken, was beabsichtigt ist. Befreundete Staaten würden höchstwahrscheinlich in deutlich erkennbarer Weise auf Distanz gehen. Sie würden sich irgendwo in der Mitte ansiedeln und die fortschreitende Isolierung der Vereinigten Staaten in der Region bewirken, während sie gleichzeitig Nationalismus und Neutralismus in Asien anstacheln.

Auch wilsonsche Appelle an die Demokratie werden keine Sammelbewegung bewirken. Obwohl die meisten asiatischen Staaten die eine oder andere Art Wahlsystem eingeführt haben, gehört die Demokratie nicht zu den Erfahrungen, mit denen sie ihre Staatlichkeit definiert haben, mit Ausnahme vielleicht der Philippinen – obwohl selbst dort die 350 Jahre währende spanische Kolonialherrschaft immer noch einen mächtigen Einfluss ausübt. Jedenfalls würde kein Land in der Region – nicht einmal das ausgesprochen demokratische Australien – das Risiko eingehen, sich im Namen der Demokratie auf eine Konfrontation mit China oder sonst einer der größeren Mächte einzulassen. Japans demokratische Institutionen begannen als Anpassung seit langer Zeit bestehender Konventionen an die Überzeugungen der Besatzungsmacht nach dem Zweiten Weltkrieg. So fest diese Institutionen inzwischen auch verwurzelt sein mögen, so ist doch keine japanische Partei und kein japanischer Politiker bereit, sie auf andere Gegenden Asiens zu übertragen, und zwar vorwiegend deshalb, weil die anderen Staaten Asiens dies als Beispiel eines neuen japanischen Imperialismus betrachten würden.

Die Republik Korea sieht in ihrem Bündnis mit den Vereinigten Staaten eine Möglichkeit, sowohl ihre Unabhängigkeit zu bewahren als auch die Wiedervereinigung Koreas zu betreiben. Trotz seiner innenpolitisch demokratischen Institutionen, auf die es allen Grund hat, stolz zu sein, steht Koreas Außenpolitik nicht unter dem Zeichen wilsonscher Grundsätze. Es fürchtet sich mehr vor dem demokratischen Japan als vor dem autoritären China und würde deshalb niemals an einem Kreuzzug teilnehmen, der zum Ziel hätte, innere Strukturen eines anderen asiatischen Staates zu verändern, am allerwenigsten Chinas, auf das es angewiesen ist, um seine Beziehungen zu Nordkorea, Japan und Russland auszutarieren.

Auch Thailand und die Philippinen betrachten ihre heimischen Institutionen nicht als Vorbild für ihre Außenpolitik. Während sich Indonesien noch um den Aufbau der Demokratie im Lande bemüht, betrachtet es diesen Prozess als nicht relevant für seine Diplomatie; es unterhält freundschaftliche Beziehungen zu Irak, Iran, Libyen und Kuba – die alle unter US-Sanktionen stehen – und hat dies damit begründet, dass diese Beziehungen notwendig seien, um wichtige Wählerschichten im eigenen Land zufrieden zu stellen. Und Indien, der demokratischste aller asiatischen Staaten, hat niemals zugelassen, dass seine innenpolitische Struktur die Außenpolitik bestimmt; während des Kalten Krieges stand Indien die meiste Zeit der Sowjetunion näher als den Vereinigten Staaten.

Dass sich die Erfahrungen des Atlantischen Bündnisses nicht ohne weiteres auf Asien übertragen lassen, sollte die Vereinigten Staaten jedoch nicht daran hindern, ihre geopolitischen und strategischen Ziele dort durchzusetzen. Wenn es sich überhaupt vergleichen lässt, so sind die Bedingungen dafür in Asien günstiger als in Europa in den frühen Tagen des Kalten Krieges. Kein asiatischer Staat – nicht einmal China – befindet sich in der Lage, alle seine Nachbarn gleichzeitig zu bedrohen, so wie die Sowjetunion es bis zum Ende des Kalten Krieges vermochte. Indien, Japan, China und Russland sind jeder allein stark genug, Angriffe jedes beliebigen Nachbarn abwehren zu können, umso mehr im Verbund mit anderen bedrohten Staaten. Daneben wären auch Südkorea, Vietnam oder Australien keine leichte Beute für einen potenziellen Aggressor.

Die geopolitische Herausforderung für jeden größeren asiatischen Staat, nicht zuletzt China, besteht nicht so sehr in der Frage, wie man die Nachbarländer erobern kann, sondern wie man diese Nachbarn daran hindern kann, sich gegen einen selbst zu verbünden. Japans Albtraum ist die Konsolidierung des chinesischen Riesen. Chinas eigene Sorgen hinsichtlich dessen, was Japan und Russland im Schilde führen könnten, beruhen auf einem Jahrhundert schlechter Erfahrungen. Die Grenze zwischen China und Indien ist seit einem halben Jahrhundert umstritten und war schon vorher Gegenstand von Auseinandersetzungen zwischen dem kaiserlichen China und den britischen Herrschern in Indien.

Die Realität wird manchmal überdeckt durch Treffen asiatischer Staatsmänner – besonders russischer und chinesischer –, auf denen sie eine strategische Partnerschaft gegen das Schreckgespenst der amerikanischen Hegemonie proklamieren. Mögen die Sorgen wegen einer amerikanischen Vorherrschaft auch noch so echt klingen, so können durch Gipfeltreffen zwischen Staatschefs doch keine seit langem bestehenden geographischen und strategischen Realitäten beseitigt werden. Russlands lange Grenze mit China, auf russischer Seite nur spärlich besiedelt, ist von Natur aus durchlässig, und dies seit Menschengedenken. Keines der beiden Länder wird die Sicherheit dieser Grenzen dem fortgesetzten Wohlwollen des anderen anvertrauen, mag man sich im Moment auch noch so sehr über eine angebliche Hegemonie der Vereinigten Staaten erregen. Nur der unwahrscheinliche Fall einer schonungslosen amerikanischen Einschüchterungspolitik könnte beide Seiten in eine innigere Partnerschaft treiben.

Eine vergleichbare Analyse könnte über die Beziehung jedes anderen asiatischen Landes zu den Vereinigten Staaten angestellt werden. Keines von ihnen, nicht einmal Vietnam, könnte einen Vorteil daraus schlagen, wenn es sich mit irgendeinem asiatischen Gegner der Vereinigten Staaten auf engere Beziehungen einließe, als es mit Washington unterhält. Hierin liegt Amerikas relativer Vorteil und der

Schlüssel zur Aufrechterhaltung der diversen asiatischen Gleichgewichte.

Amerika sollte sich daran orientieren, kooperative Beziehungen zu allen Nationen Asiens zu unterhalten und eine Politik zu vermeiden, die von einer inhärenten Feindseligkeit jeder größeren asiatischen Macht ausgeht, solange es keinen deutlichen Beweis dafür gibt.

Auf diese Weise wären die Vereinigten Staaten in einer Position, ihren Einfluss nur dann geltend machen zu müssen, wenn es wirklich darauf ankäme, und würden nicht Gefahr laufen, andere Staaten zur Passivität zu verleiten oder auch zu verführen, Amerika gegen einen dritten Gegner auszuspielen. Gleichzeitig müssen sich die Vereinigten Staaten jedoch unerbittlich zeigen, wenn das Machtgleichgewicht oder Amerikas nationale Interessen wirklich bedroht werden.

Natürlich wird die Sorge um die Menschenrechte ein wichtiger Faktor der amerikanischen Außenpolitik bleiben, wer auch immer gerade Präsident ist. Dies entspricht einfach den Werten des amerikanischen Volkes. Und dies wird auch Regierungsentscheidungen beeinflussen, soweit ein Handlungsspielraum gegeben ist. Ein kluger asiatischer Staatsmann wird Amerikas Werte ernst nehmen und es vermeiden, eine Beziehung zu gefährden, von der nicht nur weitgehend Asiens Stabilität, sondern auch der Weltfriede so sehr abhängt.

Die Beziehungen zu Japan

Ihre wichtigste Beziehung in Asien unterhalten die Vereinigten Staaten zu Japan. Japan ist ein Verbündeter; auf japanischem Boden befinden sich amerikanische Militärstützpunkte; es ist das wirtschaftlich bei weitem stärkste Land in Asien und wird diese Stellung wenigstens noch ein Vierteljahrhundert behalten. Es ist aber auch ein Land mit einer geheimnisvollen Kultur, die zu verstehen Amerika denkbar schlecht vorbereitet ist. US-Politiker behandeln die japanische Demokratie, als wäre sie ein einheimisches Gewächs, als wären japanische Politiker von den gleichen Erfordernissen motiviert wie die Amerikaner selbst und als wäre die japanische Demokratie auf ständige Anleitung oder Bestätigung angewiesen. Prangern amerikanische Ökonomen immer wieder die Mängel der japanischen Wirtschaft an, weigern sich die Japaner zur Verblüffung ihrer amerikanischen Kritiker mit der gleichen Hartnäckigkeit, Amerikas beharrlichen Mahnungen zu folgen.

Im Hinblick auf die gemeinsame Sicherheit wird Japan auf der Grundlage von in Washington entworfenen und als allgemein anerkannte Wahrheit nach Tokio übermittelten Konzepten bei der Teilung der Lasten in die Pflicht genommen. Dieser Ansatz hat dort weniger offene Einwände gegen eine amerikanische Vorherrschaft hervorgerufen als in Europa, weil er Japans Interesse an dem empfohlenen militärischen Wiederaufbau und einer größeren strategischen Rolle entgegengekommen ist. Denn er ermöglicht es dem Land, eine selbstbewusstere internationale Rolle zu übernehmen und seine strategische und politische Reichweite auszudehnen, ohne sich dem Vorwurf auszusetzen, Politik nur aus nationalen Motiven zu betreiben. Ein strategischer Dialog – selbst gemessen an europäischen Maßstäben – findet nur periodisch statt, wenn überhaupt, und zwar zum Teil deshalb, weil sich Japan nach dem Ende des Zweiten Weltkriegs fast ein halbes Jahrhundert lang auf seinen wirtschaftlichen Wiederaufbau konzentriert und die Sicherheitspolitik größtenteils den Vereinigten Staaten überlassen hat; ein Grund liegt auch in der nationalen Lebensart der Japaner, bei der Entscheidungen lieber durch Konsens als durch Konfrontation gesucht werden.

Japans Kultur ist – im Gegensatz zur chinesischen – nicht so sehr darauf angelegt, Ausländer zu übervorteilen, sondern sie mit ihrer überall gegenwärtigen Eigenart so zu umkreisen, dass sie keine andere Wahl haben, als sich deren Erfordernissen anzupassen. Seine Institutionen sind einzigartig und tragen den Stempel »nicht zum Export geeignet«. Das im Zentrum eines Kontinents gelegene China war immer gezwungen, seine Wesensart und Unabhängigkeit dadurch zu schützen, dass es die Ausländer an seinen Grenzen manipulierte und sie, falls notwendig, durch Konversion zur chinesischen Kultur zu zähmen. Die Insel Japan schlug den entgegengesetzten Weg ein.

Bevor es 1854 von Commodore Matthew Perry gewaltsam dem Westen geöffnet wurde, hatte sich Japan vierhundert Jahre lang von der Außenwelt abgeschottet. Es vervollkommnete seine militärische Tradition in Feudalkriegen und begründete seine innere Struktur auf dem Stolz auf seine Singularität. In der Tat besaß Japan ein so großes Vertrauen in seine Einzigartigkeit, dass es sich nach Perrys Ankunft nicht scheute, seine Institutionen westlichen Methoden anzupassen, einfach weil es keinerlei Zweifel darüber gab, dass es dennoch seinen besonderen Charakter behalten würde.

Auf einer dicht besiedelten Insel steht keine strategische oder psychologische Tiefe für innere Konflikte zur Verfügung. So hat die japanische Gesellschaft im Laufe der Jahrhunderte die geschmeidigen und subtilen Umgangsformen entwickelt, durch die Meinungsverschiedenheiten abgefedert werden und Entscheidungen aus einem Konsens heraus zustande kommen, bei dem es keine Gewinner oder Verlierer gibt. Dies erforderte einen ausgeprägten Sinn für Rangordnungen, wobei die niederen Ränge dadurch einbezogen wurden, dass ihnen das Gefühl vermittelt wurde, es werde für sie gesorgt, vergleichbar damit, wie etwa eine Familie sich um ihren Nachwuchs kümmert. Selbst in der heutigen Zeit sind in Japan die Unterschiede zwischen Arm und Reich kleiner – oder zumindest weniger wahrnehmbar – als in jedem anderen fortschrittlichen Industriestaat, und so ist dies in der ganzen japanischen Geschichte gewesen.

Japan entwickelte sich vom Feudalismus zu einem Amalgam von Aspekten westeuropäischer parlamentarischer Systeme, preußischer Militäreinrichtungen und britischer Marinevorschriften, alles zusammengehalten durch die göttliche Gestalt des Kaisers und ein so einzigartiges hierarchisch-feudales Lebensgefühl, dass es als ein weiteres Merkmal der Außergewöhnlichkeit Japans eingeordnet wurde.

Nach seiner Niederlage von 1945 passte Japan seine Institutionen abermals den neuen Umständen an, ohne ihren Charakter der Einzigartigkeit jedoch aufzugeben. Ein parlamentarisches System wurde eingeführt und eine Verfassung angenommen, die größtenteils im Hauptquartier der amerikanischen Besatzungsstreitkräfte entstanden war und in der auf den Krieg als Mittel der Politik verzichtet wurde. Der japanische Sinn für kulturelle Identität ist aber so ausgeprägt, dass Japan imstande war, diesen Wandel zu verkraften: Was in anderen Ländern eine revolutionäre Umwälzung gewesen wäre, ging hier in der inneren Kontinuität der japanischen Kultur auf.

So ist jede Ähnlichkeit zwischen den politischen Institutionen Japans und des Westens meistenteils nur oberflächlich. So haben die Wahlen in Japan nach 1945 fast ausnahmslos die regierende Partei im Amt bestätigt, seit rund 50 Jahren regiert die Liberaldemokratische Partei (LDP) mit nur einer kurzen Unterbrechung. Die Wahlen entscheiden nicht, wie in den parlamentarischen Systemen des Westens, über die Berufung des Ministerpräsidenten, sondern über das Verhältnis der vier oder fünf Splittergruppen zueinander, in welche die regierende Partei zerfällt. Jede dieser Gruppen hat einen Führer, der, aufgrund seines Dienstalters zu Bedeutung gelangt, die Stimmen seiner Gruppe kontrolliert und von seinem Vorgänger zum Führer der Gruppe bestimmt wird. Japans Ministerpräsidenten entstammen immer demselben engen Zirkel der Gruppenführer und der von ihnen designierten Nachfolger und lassen sich gewöhnlich schon zehn Jahre im Voraus vorhersagen, wobei die Reihenfolge nur durch einen gelegentlichen Skandal oder vorzeitigen Tod durcheinander gerät.

Daraus folgt, dass sich japanische Außenpolitik nicht im Sinne von Entscheidungen einzelner Politiker verstehen lässt. Viel zutreffender ist es, sie als Familienunternehmen anzusehen, das sich in Rivalität mit einer Welt von unpersönlichen, potenziell feindseligen Konkurrenzunternehmen betrachtet, die wiederum als unendlich fern und letztlich wohl unverständlich empfunden werden.

Dieser kulturelle Abgrund bewirkt eine seltsame und manchmal frustrierende Atmosphäre in den Verhandlungen zwischen japanischen und amerikanischen Politikern. Der amerikanische Präsident ist nicht nur Regierungschef, sondern auch Staatsoberhaupt; von ihm als höchster Autorität der Exekutive wird erwartet, dass er Entscheidungen trifft, sich Untergebenen gegenüber durchsetzt und sie, falls nötig, entlässt. Der japanische Ministerpräsident geht aus komplizierten, alle zwei Jahre unter den verschiedenen Parteigruppen stattfindenden Verhandlungen hervor; praktisch kann er nur einmal für die üblicherweise zweijährige Amtsperiode wiedergewählt werden und kann daher nicht länger als insgesamt vier Jahre dienen. Die Parlamentswahlen spielen in diesem Prozess nur eine untergeordnete Rolle. Der Ministerpräsident sitzt fast immer bereits im Sattel, wenn sie stattfinden, und falls die Liberaldemokraten nicht unerwartet doch einmal abgewählt werden, bleibt er danach im Amt. Bei den nächsten Wahlen ist er dann schon wieder durch die internen Verfahren der LDP ersetzt worden. Der Ministerpräsident kann einen Kabinettsminister nur entlassen, wenn dessen Parteigruppe damit einverstanden ist, und er kann ihm auch nicht befehlen, Maßnahmen zu ergreifen, wenn die Parteigruppe, der der Minister angehört, dagegen ist.

So folgt die japanische Führung ganz anderen Vorstellungen, als sie etwa in westlichen Demokratien üblich sind. Die japanische Elite ist darauf trainiert, die direkte Konfrontation zu vermeiden, und es behagen ihr keine Prozeduren, bei denen Entscheidungen durch persönlichen Erlass zustande kommen. Ein Handlungskurs ergibt sich aus einem langen Beratungsprozess, bei dem der Eindruck vermieden wird, dass Gewinner und Verlierer auseinander dividiert werden – genau auf diese Weise wird in Washington Status gewonnen. Ein hohes Amt berechtigt in Japan nicht dazu, Befehle zu erteilen, geschweige denn per Dekret zu regieren; vielmehr bedeutet es das Privileg, die Führung bei der Überzeugungsarbeit an den Kollegen zu übernehmen.

Ein japanischer Ministerpräsident ist der Wächter des nationalen Konsenses, nicht dessen Urheber. Gegenüber amerikanischen Verhandlungsführern, die ihn auf persönlicher Ebene durch beharrliche Wiederholung von Argumenten oder persönlichen Charme zu beeinflussen suchen – so als wäre eine mangelnde Einigung auf Unverständnis zurückzuführen –, sucht der Japaner Zuflucht in obskuren Ausflüchten; steht er mit dem Rücken zur Wand, gibt er vor, etwas zu versprechen, auch wenn er es nicht erfüllen kann, wobei er hofft, dass ihm eine plötzliche Wende der Dinge zu Hilfe kommt. Natürlich könnte ein solches Verhalten nicht zuletzt aber auch eine bewusste Strategie sein, um ungeduldige amerikanische Gesprächspartner zu zermürben.

Daher enden Gipfeltreffen zwischen amerikanischen Präsidenten und japanischen Ministerpräsidenten nur allzu oft in Frustration. Der amerikanische Präsident erwartet eine Entscheidung – das heißt einen Willensakt gegenüber zögernden Kollegen oder einer widerstrebenden Behörde. Da kein moderner Ministerpräsident Japans so viel Autorität hat – oder jemals gehabt hat –, bedeutet jede Einwilligung bestenfalls eine verbindliche Zusage, Überzeugungsarbeit zu leisten, nicht aber Anordnungen zu geben. Bis die für den Konsens relevante – gewöhnlich die für die Durchführung der Entscheidung zuständige – Gruppe zugestimmt hat, dass es keine Alternative gibt, kann eine Zusage nicht erfüllt werden. Die Aufrichtigkeit des Konsensprozesses wird damit auf Kosten einer scheinbaren Unempfänglichkeit für die Empfindlichkeiten und Ansichten von Ausländern sowie eines schleppenden Tempos bei der Entscheidungsfindung erkauft.

Eine vergleichbare kulturelle Kluft besteht auf dem Gebiet der Wirtschaft. Die Notwendigkeit einer japanischen Strukturreform ist seit über einem Jahrzehnt Hauptgegenstand amerikanischer Ratschläge und Drucks auf die Japaner. Wie es heißt, ist die Strukturreform nötig, um die stagnierende Wirtschaft wieder in Gang zu bringen, denn eine florierende japanische Wirtschaft soll angeblich auch das Wachstum der Weltwirtschaft wieder ankurbeln. Obwohl sich hinter diesem missionarischen Eifer der Amerikaner eine im Allgemeinen unbestreitbare wirtschaftliche Kompetenz verbirgt, zeitigt sie kaum eine unmittelbare Wirkung. Der Grund kann nicht darin liegen, dass die Japaner den Rat der Amerikaner nicht verstehen. Eine Gesellschaft, die eineinhalb Jahrhunderte lang eine derart bemerkenswerte Disziplin und Hingabe bei der Überwindung ihrer Krisen an den Tag gelegt hat, wird wohl kaum an einem Mangel an Verständnis scheitern. Wenn sie den Rat ignoriert, so muss es daran liegen, dass die japanische Führung nicht die gleiche Dringlichkeit verspürt, entweder weil Entscheidungsprozesse dort nach anderen Zeitvorstellungen vor sich gehen oder weil, nähme man den amerikanischen Rat an, dies die bestehenden kulturellen Gewohnheiten kurzfristig durcheinander bringen würde.

Der Weltwirtschaft auf die Sprünge zu helfen wäre für Japan kein hinreichendes Motiv, um sein Geschäftsgebaren zu ändern oder seinen politischen Zusammenhalt zu untergraben, zumal sich die japanische Öffentlichkeit nicht als arm empfindet, was auch immer die Amerikaner sagen mögen. In der Tat könnten Vorhaltungen und Drängen seitens der Amerikaner ein Gefühl der Unsicherheit unter den Japanern verbreiten, das sie dazu bringt, ihre Ersparnisse anzulegen, statt sie auszugeben, wodurch das Problem einer ungenügenden Nachfrage, über das sich die Ökonomen beschweren, noch vergrößert würde (dass dem Kauf von Kühlschränken und anderen Haushaltsgeräten in den japanischen Kleinhaushalten natürliche Grenzen gesetzt sind, könnte aber auch eine Rolle spielen). Geht man nach den geschichtlichen Erfahrungen, so wird sich Japan erst dann bewegen, wenn sich der Druck der mangelnden Wettbewerbsfähigkeit auf die Bevölkerung direkt bemerkbar macht, und keinen Augenblick früher. Und auch dann wird es über das traditionelle Konsenssystem aktiv werden, bei dem die verschiedenen betroffenen Gruppen als eine Gruppe auftreten und nicht wie im Westen der Regierungschef ein Machtwort spricht oder das Parlament in Aktion tritt.

Die größten Veränderungen in Japan – die Meiji-Restauration und die Industrialisierung nach dem Zweiten Weltkrieg – benötigten fünfzehn Jahre, um in Gang zu kommen, aber dann brachte das Konsenssystem rasante Fortschritte. Natürlich ist es möglich, dass das japanische System in Konventionen erstarrt und seine Anpassungsfähigkeit verliert. Das nächste Jahrzehnt wird zeigen, ob eine alternde Bevölkerung und eine rigide Bürokratie Japan daran gehindert haben, mit einer für das Land völlig neuen Welt fertig zu werden, oder ob es sich hier wie bei einem Marathonläufer verhält, dessen Schnelligkeit sich nicht an einem bestimmten Punkt der Strecke beurteilen lässt, sondern erst wenn er im Ziel eingetroffen ist. Was immer dabei herauskommt, jedenfalls wird Japan noch in den nächsten Jahrzehnten das wirtschaftlich bei weitem stärkste Land Asiens bleiben.

Die erwähnten kulturellen Fragen zu verstehen ist in diesen Tagen umso wichtiger, als die politischen Beziehungen zwischen Amerika und Japan kurz vor einem Wendepunkt stehen. Unter dem Eindruck der Niederlage und der Gefahren des Kalten Krieges akzeptierte es Japan, sich unter amerikanischen Schutz zu stellen und sein historisches Vertrauen auf die eigene Stärke preiszugeben. Obwohl auf wirtschaftlichem Gebiet ein entschlossener Wettbewerber, ordnete es seine Außen- und Sicherheitspolitik derjenigen der Vereinigten Staaten unter. Solange Japan nur einer Hauptbedrohung seiner Sicherheit gegenüberstand – nämlich der Sowjetunion –, verliefen die Ansichten Japans und Amerikas zur Sicherheit auf parallelen Bahnen.

Bei dieser Haltung wird es wohl nicht mehr lange bleiben. Südkorea und China gewinnen an politischem Einfluss, wirtschaftlichem Potenzial und militärischer Stärke; aufgrund von Schritten seitens Seouls, Washingtons und Pekings, über die Tokio zuvor nicht konsultiert, ja vielleicht nicht einmal informiert wurde, kristallisiert sich Nordkorea als wichtiger Mitspieler heraus. Der noch intakteste Teil der russischen Streitkräfte ist in Sibirien stationiert. Unter den Bedingungen, die nach dem Ende des Kalten Krieges herrschen, werden die langfristigen Planer in Japan nicht glauben, sich immer darauf verlassen zu können, dass die Vereinigten Staaten das daraus resultierende Wechselspiel der

Kräfte ganz und gar mit ihren – der Japaner – Augen sehen werden. Washington wird dies lautstark bestreiten, und das ist sicherlich auch ernst gemeint. Doch derartige Versicherungen verlieren an Überzeugungskraft, wenn jede neue amerikanische Administration zunächst einmal eine Neubewertung der vorhandenen politischen Grundsätze abgibt, wenn sich die Handelsstreitigkeiten häufen und wenn wichtige Entscheidungen hinsichtlich Asiens unilateral von Washington getroffen werden – nicht selten unter innenpolitischem Druck. So ist es denn auch kein Zufall, dass Japans Verteidigungsetat langsam, aber stetig angestiegen und bereits zum zweitgrößten der Welt geworden ist. Auf der politischen Ebene wird Japan gewiss versuchen, einen beträchtlichen Grad an Handlungsfreiheit wiederzuerlangen.

Ausmaß und Charakter der japanischen Unabhängigkeit von der amerikanischen Sicherheits- und Außenpolitik werden von der Fähigkeit beider Länder abhängen, einen ausgeglicheneren politischen und strategischen Dialog zustande zu bringen. Es wird viel ausmachen, ob Japan seine Handlungsfreiheit – die eine gewisse Distanzierung von den Vereinigten Staaten bedeutet – allmählich oder plötzlich ausweitet und ob es seine Autonomie durch einen erneuerten Nationalismus auszudrücken sucht oder als Beitrag zu einer kooperativen Weltordnung gestaltet – ein schwieriges Unterfangen in einer hierarchisch aufgebauten Gesellschaft. Das wichtigste Ziel der amerikanischen Außenpolitik muss deshalb darin bestehen, Japan auf breiterer Basis in das politische Beziehungsgeflecht einzubeziehen, *bevor* seine politische und militärische Stärke eine Eigendynamik entwickeln.

Vor zwei Anforderungen werden die Vereinigten Staaten damit gestellt: das amerikanische Engagement in Asien fortzusetzen – symbolisiert in der amerikanischen Militärpräsenz – und das japanisch-amerikanische Bündnis neu zu definieren. Ohne eine amerikanische Präsenz in Asien wird Japan zunehmend in eine auf nationalen Impulsen beruhende Sicherheits- und Außenpolitik übergleiten. Wenn Japan und die Vereinigten Staaten ihre Politik im gegenseitigen Einvernehmen formulieren, wird sich der Aufbau einer autonomen japanischen Militärmacht sowohl in Grenzen halten als auch in einen strategischen Kontext einfügen und sich viel weniger störend auf das übrige Asien auswirken. Der bilaterale politische Dialog und die Koordination der Außenpolitik beider Länder, besonders in Asien, müssen somit eine neue Dimension erhalten.

Die japanisch-amerikanischen Beziehungen werden besonders durch das Verhältnis Amerikas zu China beeinflusst werden. Die sino-japanischen Beziehungen sind durch Ambivalenz auf beiden Seiten geprägt. Bis zur Entstehung des modernen Japan im späten 19. Jahrhundert war China noch keinem asiatischen Staat begegnet, der seine Vorrangstellung in Asien anfechten konnte. Es brauchte sich nicht mit dem Gleichgewicht in Asien zu befassen, denn China selbst war das Gleichgewicht.

Bis China von Mao Zedong vereinigt wurde, war Japan seinerseits noch keinem anderen asiatischen Staat begegnet, den es als permanenten Konkurrenten behandeln musste. Doch Chinas Aufstieg hat japanische Ängste geweckt und seinen strategischen Erwägungen einen völlig neuen Anstoß gegeben. Ende der 1990er Jahre erklärte mir ein bedeutender Bürger des Landes, Japans Strategie müsse sich auf zwei entgegengesetzte Möglichkeiten einstellen: die Auflösung Chinas als Ergebnis seiner Unfähigkeit, die Folgen der Modernisierung zu absorbieren, und Chinas wachsende Macht, falls dem Land die Modernisierung gelänge. Für beide Fälle, so die Folgerung, müsse Japan die Aufgabe in Angriff nehmen, Barrieren gegen mögliche hegemoniale Aspirationen Chinas zu errichten, beziehungsweise es vermeiden, als Unbeteiligter einer inneren Katastrophe Chinas zuzusehen, was gewiss außenstehende Mächte ins Spiel bringen würde. Die Bedeutung, die Japan diesen Zielen beimisst, zeigt sich an den japanischen Investitionen in Asien, deren Nutznießer, von Taiwan über Vietnam bis nach Usbekistan, praktisch einen Ring um China bilden, von dem aus die Macht Chinas je nach den Umständen eingedämmt oder beeinflusst werden kann. Derartige Erwägungen veranlassten Japan wahrscheinlich auch, Südostasien während der Finanzkrise von 1997 trotz der eigenen wirtschaftlichen Stagnation Geld zu leihen.

Welche der Eventualitäten auch eintreten mag, Japan jedenfalls wird darauf bestehen, in den Beziehungen zu China ein Tempo anzuschlagen, auf das es selbst Einfluss nehmen kann. Angesichts der engen kulturellen Beziehung zum Festland, dem es die Hauptelemente seiner Kultur verdankt, wird sich Japan dagegen wehren, sich seine Optionen von irgendeinem anderen Land beschneiden zu lassen, wie eng verbündet es auch sein mag. Wenn Japan meint, eine amerikanische Konfrontation mit China sei von Amerika provoziert worden, wird das japanisch-amerikanische Bündnis in eine schwierige Phase geraten; Japan wird sein Äußerstes geben, um einen Ausweg zu finden. Gute Beziehungen zu China – oder wenigstens eine Beziehung, in der die Partnerschaft mit Amerika nicht schon allein als Ursache von Krisen gilt – sind die Voraussetzung für die Vitalität des japanisch-amerikanischen Bündnisses.

Eine weitere wichtige Herausforderung ist die Politik gegenüber Korea – es gibt kaum ein heikleres Thema für Japan. Die japanische Führung ist sich der Ressentiments der Koreaner aufgrund der vierzigjährigen japanischen Besatzung ihres Landes nur zu bewusst und weiß, dass die koreanische Außenpolitik zwangsläufig darauf ausgerichtet ist, eine neuerliche japanische Vorherrschaft in Nordostasien zu verhindern. Gleichzeitig erachtet es Japan als wesentlich für seine Sicherheit, dass Korea an keine größere asiatische Macht gebunden ist. Und es ist ebenfalls beunruhigt über Südkoreas Aufstieg zum Konkurrenten auf wirtschaftlichem Gebiet, gar nicht zu reden von seiner zunehmend selbstbewussten Diplomatie, und sogar seine Bindungen an die Vereinigten Staaten sind Japan ein Dorn im Auge – obwohl dies selten zugegeben wird.

Daher rührt denn auch Japans zweigleisige Politik: Einerseits sollen – als Schlüsselelement des asiatischen Gleichgewichts – amerikanische Truppen in Südkorea stationiert bleiben, und dies umso mehr, als ihr Abzug es innenpolitisch schwierig machen würde, amerikanische Stützpunkte in Japan zu behalten, und sich somit ganz neue Sicherheitsprobleme für Japan und das übrige Asien ergeben würden. Andererseits möchte Japan auch seinen eigenen Einfluss auf die koreanische Halbinsel behalten. Ambivalent hinsichtlich einer Wiedervereinigung Koreas, weil ein vereintes Korea früher oder später als Konkurrent auf politischem wie auf wirtschaftlichem Gebiet noch selbstsicherer auftreten (und seine Außenpolitik vermutlich auf Misstrauen gegenüber Japans Motiven aufbauen) würde, hilft Japan Nordkorea, wirtschaftlich zu überleben, indem es Geldüberweisungen von der koreanischen Diaspora in Japan nach Nordkorea zulässt. Doch Nordkoreas Atomwaffen und Raketen – und die Aussicht, dass diese im Falle der Wiedervereinigung Eingang in das Arsenal Gesamtkoreas finden würden – dienen als Ansporn für die Wiederaufrüstung Japans, die Entwicklung einer japanischen Raketenabwehr und die Beibehaltung der Option, eigene Atomwaffen zu bauen.

1993 wurde der damalige Ministerpräsident Kiichi Miyazawa von einem Journalisten gefragt, ob Japan Atomwaffen in Nordkorea akzeptieren würde. Darauf antwortete er auf sehr unjapanische Weise mit einem einzigen Wort: »Nein.« Was hatte das zu bedeuten? Dass Japan eine diplomatische Offensive in Gang setzen würde? Dass es Gegenmaßnahmen ergreifen könnte, und wenn ja, welche? Dass es seine eigenen nuklearen Fähigkeiten entwickeln würde, wenn alles andere versagte? Wahrscheinlich sind diese Fragen bisher weder in Japans internen Beratungen noch in irgendeiner Vereinbarung mit den Vereinigten Staaten beantwortet worden. Doch es ist offensichtlich, dass sie zu gegebener Zeit entweder im Kontext einer gemeinsamen amerikanisch-japanischen Strategie oder durch die Entscheidung Japans beantwortet werden, einen eigenen unabhängigen Kurs zu verfolgen.

Die Beziehungen zu Korea

Korea ist seit hundert Jahren ein asiatischer Krisenherd. 1904/05 ging es im russisch-japanischen Krieg darum, welches der beiden Länder die Kontrolle über Korea haben sollte. 1908 löschte Japan die Unabhängigkeit Koreas aus. Nach dem Ende der japanischen Besatzung im Jahr 1945 wurde Korea aufgrund der Beschlüsse von Jalta entlang dem 38. Breitengrad geteilt, und die Sowjets setzten Kim Il Sung als Ersten Sekretär der »Koreanischen Arbeiterpartei« ein, der in Nordkorea das repressivste kommunistische Regime der Welt errichtete. 1950 brach dieses Regime einen weiteren brutalen Krieg vom Zaun, in dem die Vereinigten Staaten und ihre südkoreanischen Verbündeten zusammen mit symbolischen UN-Streitkräften eine kommunistische Machtübernahme in Südkorea vereitelten. Seitdem gilt der 38. Breitengrad als eine der undurchlässigsten Grenzen der Welt – ideologisch, politisch, militärisch und wirtschaftlich.

Im letzten Jahr der Clinton-Administration rückte die Zukunft der Koreanischen Halbinsel plötzlich ins Rampenlicht. Südkoreas Präsident Kim Dae Jung wurde nach Pjöngjang, der Hauptstadt Nordkoreas, eingeladen. Der zweithöchste nordkoreanische Militärbefehlshaber erhielt eine Einladung nach Washington, und Außenministerin Madeleine Albright stattete Pjöngjang einen Gegenbesuch ab.

Diese dramatischen Ereignisse dürfen nicht die Realität verschleiern, dass die Spannungen auf der Koreanischen Halbinsel eine Reihe komplexer und miteinander verzahnter Probleme widerspiegeln, die sich nicht durch dramatische Gesten lösen lassen. Dazu gehören die jeweiligen Rollen Seouls und Pjöngjangs, insbesondere die Verantwortung beider Seiten für den Prozess der Wiedervereinigung (falls diese jemals stattfinden sollte); die möglichen Szenarien für eine Entfaltung Nordkoreas; die Rolle der interessierten außenstehenden Mächte, zu denen Japan, China, Russland und die Vereinigten Staaten gehören; und schließlich die fortdauernde Präsenz amerikanischer Truppen in Südkorea, die tief greifende Folgen für die zukünftige militärische und politische Stellung der Vereinigten Staaten in Asien hat, da auch die Zukunft der amerikanischen Stützpunkte in Japan davon abhängen könnte.

Nachdem Südkorea aus den Ruinen des Koreakrieges auferstanden war, entwickelte es sich allmählich zu einer echten Demokratie und steht im Begriff, eine fortschrittliche Industrienation mit wachsender Wettbewerbsfähigkeit auf den Weltmärkten zu werden. Gleichzeitig wurde aus dem Norden die Karikatur eines stalinistischen Staates, der heute wohl der vollkommenste Polizeistaat der Welt ist. Seine Wirtschaft liegt am Boden; der Unterschied im Lebensstandard zwischen dem Norden und dem Süden ist nur deshalb kein Problem für die nordkoreanische Diktatur, weil es das Regime geschafft hat, seine Bevölkerung abzuschotten, und weil seine Sicherheitsorgane zu den brutalsten und skrupellosesten der Welt gehören. Nordkoreas verkümmernde Industrie ist unfähig, auf den Weltmärkten zu konkurrieren, und seine Landwirtschaft ist so heruntergekommen, dass sie eine fast permanente Hungersnot produziert. Die Bevölkerung leidet an chronischer Unterernährung, der jedes Jahr wohl Zehntausende zum Opfer fallen.

Indem es einen beispiellosen Anteil seines Bruttosozialprodukts militärischen Zwecken widmete, hat Nordkorea massenhaft Panzerstreitkräfte und Artillerie in Reichweite der südkoreanischen Hauptstadt Seoul aufgestellt und ist so in der Lage, ohne Vorwarnung große Zerstörungen anzurichten, denen auch Hunderttausende Menschenleben zum Opfer fallen würden. Es hat die Herstellung von Nuklearwaffen und Raketen in ein erfolgreiches Medium für internationale Erpressung umgewandelt. Nordkorea verdient Devisen durch den Verkauf von Raketen an Länder, die den Vereinigten Staaten feindlich gegenüberstehen, und hat die Vereinigten Staaten, Japan und Südkorea mit der Drohung, Atomwaffen oder Langstreckenraketen zu bauen, zur Lieferung moderner Technologie erpresst.

Nordkoreas langfristiges Ziel ist dennoch nicht Krieg, den Nordkorea nicht durchhalten würde, sondern die Demoralisierung Südkoreas und Störung seiner Beziehungen zu den Vereinigten Staaten, indem es direkt mit Washington über die Zukunft Koreas verhandelt. Wenn Nordkorea es schaffte, sich als legitimer Vertreter des nationalen Interesses Koreas zu etablieren, würde Seoul als amerikanische Hilfstruppe marginalisiert.

Eine Zeit lang war diese Politik nicht ohne Erfolg. 1994 führten die Vereinigten Staaten separate Verhandlungen mit Nordkorea, aufgrund deren Japan und Südkorea sich bereit erklärten, zwei Schwerwasserreaktoren für Nordkorea zu bauen, und die USA zustimmten, Öl für Nordkoreas Kraftwerke zu liefern; im Gegenzug sollte Nordkorea sein Atomprogramm suspendieren (freilich nicht aufgeben). Zwar wurde dieser Handel als Beitrag zur Nichtweitergabe von Atomwaffen verkauft, doch hatte er wahrscheinlich den gegenteiligen Effekt. Denn er könnte andere Schurkenstaaten ermuntert haben, selbst Atomwaffenprogramme aufzulegen, um ein vergleichbares Geschäft zu machen.

Der Handel könnte auch noch andere Aspekte des nordkoreanischen Proliferationsproblems beschleunigt haben. Denn kurz danach testete Nordkorea eine Langstreckenrakete, die vorgeblich der Raumfahrtforschung diente und Japan überflog. Dies setzte weitere Verhandlungen in Gang, in deren Verlauf Außenministerin Madeleine Albright nach Pjöngjang flog, um den Preis für die Aufgabe dieses Programms zu erkunden. Ein geplanter, dann aber doch wieder aufgegebener Besuch Bill Clintons im letzten Monat seiner Amtszeit, der wahrscheinlich dem Muster des Atom-Deals folgen sollte, so genannte wissenschaftliche Raketentechnologie im Austausch für die Aufgabe des als »militärisch« etikettierten Programms zu offerieren, wäre Teil dieses politischen Preises gewesen.

Durch die Verhandlungen mit Nordkorea wurde eine einstweilige Einstellung der nordkoreanischen Plutoniumproduktion erreicht, doch um den Preis der stillschweigenden Folgerung, dass die Zukunft Koreas direkt zwischen Washington und Pjöngjang, unter Ausschluss Seouls, geregelt werden könnte. Zwei Ereignisse brachten diese Entwicklung zum Stehen. Das erste war im Jahr 1994 der Tod des nordkoreanischen Diktators Kim Il Sung, der Pjöngjangs Manövrierraum einschränkte. Das zweite war die Wahl von Kim Dae Jung zum südkoreanischen Präsidenten. Kim Dae Jungs so genannte Sonnenschein-Politik, mit der er wirtschaftliche Zusammenarbeit, Familienzusammenführung und andere Arten von Austausch anregte, stellte das Gleichgewicht zu den Vereinigten Staaten bei den Kontakten mit dem Norden wieder her.

Doch das Problem des Inhalts dieser Kontakte war damit noch nicht erledigt. Denn als der neue nordkoreanische Herrscher Kim Jong Il den südkoreanischen Präsidenten Kim Dae Jung im Sommer 2000 einlud, öffneten sich Tür und Tor. Obgleich Kim Dae Jung von Kim Jong Il wenig mehr als das Versprechen eines Gegenbesuchs in Seoul sowie sehr begrenzter Möglichkeiten der Familienzusammenführung erhielt, begrüßte die Außenwelt die Veränderung in der Tonlage Nordkoreas euphorisch als Vorboten einer neuen Ära. Der zweithöchste nordkoreanische Militärbefehlshaber erhielt im Oval Office einen warmen Empfang und fungierte als Gastgeber bei einem offiziellen Dinner im State Department. Den Treffen in Washington folgte wenige Wochen später Außenministerin Albrights Besuch in Pjöngjang, wo sie an einem Massenaufmarsch zum fünfzigsten Jahrestag der Gründung der Kommunistischen Arbeiterpartei Koreas teilnahm. Andere Nationen, die nicht zurückbleiben wollten, rissen sich darum, in Pjöngjang empfangen zu werden.

Der kollektive Drang nach direkten Gesprächen mit Pjöngjang könnte ironischerweise zur Folge haben, dass sich Kim Jong Il dazu verführen lässt, zur früheren Politik der Isolierung Seouls zurückzukehren, denn er könnte zu der Schlussfolgerung gelangen, dass er nicht mehr auf direkte Gespräche mit Südkorea angewiesen ist, um seine internen Probleme zu lösen. Im März 2001 kündigten die Regierungschefs der Europäischen Union eine diplomatische Mission an, um die angebliche Lücke zu füllen, die Amerika mit seiner »Politik der harten Linie« – in den Worten des schwedischen Außenministers, dessen Land gerade die EU-Präsidentschaft innehatte – hinterlassen habe. Sie sollten einmal darüber nachdenken, ob sie mit diesem Kurs nicht genau das Gegenteil ihrer erklärten Absichten bewirken. Wird der diplomatische Kontakt um seiner selbst willen das brutalste kommunistische System zu einer versöhnlicheren Politik bewegen? Oder wird Pjöngjang nicht vielleicht versucht sein, durch eine veränderte Tonart erst an Wirtschaftshilfe zu gelangen und dann, im Erfolgsfall, das Interesse an Gesprächen mit Seoul über die Wiedervereinigung und mit Amerika über die Raketen zu verlieren?

Daher ist eine enge Koordination der amerikanischen und südkoreanischen Strategie vonnöten. Weder für Amerika noch für Südkorea – und am allerwenigsten für die Europäische Union – kann es wünschenswert sein, lediglich auf der Grundlage eines sanfteren Tones Pjöngjangs Kontrollsystem zu unterstützen oder es zu weiteren militärischen Erpressungsversuchen zu ermutigen. Ein Fortschritt in den Beziehungen zu Pjöngjang muss auf klaren Normen fußen, an denen der Fortschritt gemessen werden kann – wie es in ähnlicher Weise zwischen den Vereinigten Staaten und der Bundesrepublik Deutschland geschah, als der 1969 begonnene Prozess der Aussöhnung zwischen Ost- und Westdeutschland erfolgreich mit Garantien für den Status von Berlin verknüpft wurde.

Zu diesen Normen sollte ein umfassenderer Austausch menschlicher Kontakte anstelle der derzeit eher symbolischen Besuchsmöglichkeiten gehören. Die am 38. Breitengrad stationierten Streitkräfte sollten ausgedünnt und ein unzweideutiger Verzicht auf Atomwaffen von beiden Seiten ausgesprochen werden. Das Verfahren des Atom-Deals, bei dem so genannte wissenschaftliche Technologie gegen so genannte Waffentechnologie angeboten wird, sollte aufgegeben werden, weil diese Technologien sowieso austauschbar sind und Schurkenstaaten einen Anreiz bieten, ebenfalls den Weg der Erpressung zu gehen. Doch sollten sich Seoul und Washington empfänglich zeigen, wenn Nordkorea durch sein Handeln den Beweis erbringt, dass es sich von dem Status eines Schurkenstaates befreien will. Und nur dann besäße eine gegenseitige Annäherung wirklich Substanz.

Alle amerikanischen Regierungen haben sich bisher an zwei Grundsätze gehalten: dass das Bündnis Amerikas mit Südkorea der Schlüssel zur Stabilität auf der Halbinsel ist und dass der Schlüssel zu einer Verbesserung der Beziehungen zu Pjöngjang der Fortschritt der Beziehungen Nordkoreas zum Süden in Form von bilateralen Gesprächen ist.

Angesichts der nunmehr in Korea herrschenden Atmosphäre bleibt es im überragenden Interesse der Vereinigten Staaten, Südkorea zu ermutigen, die führende Rolle bei den innerkoreanischen Verhandlungen zu spielen und sich nicht von anderen vertreten zu lassen. Pjöngjang muss überzeugt werden, dass der Weg nach Washington über Seoul führt und nicht umgekehrt. Wenn diese Prioritäten verdreht werden, wird Südkorea allmählich an den Rand des Geschehens gedrängt. Nordkorea könnte die Wirtschaftshilfe, die es benötigt, nicht von – oder durch – Südkorea erhalten, sondern von außenstehenden Ländern, die sich in Pjöngjang eine gute Ausgangsposition zu schaffen versuchen. Eine Aussöhnung Amerikas (oder Europas) mit Pjöngjang ohne vorausgegangene Versöhnung der beiden Koreas birgt das Risiko einer allmählichen Verhärtung der Haltung Pjöngjangs gegenüber Südkorea, die schließlich zur Demoralisierung in Seoul führen würde – selbst wenn die kurzfristigen Erfordernisse des koreanischen Wahlzyklus einen impulsiveren Kurs nahelegen.

Doch die Rücksichtnahme Amerikas auf Südkorea in Angelegenheiten, welche die wirtschaftlichen Beziehungen und menschlichen Kontakte mit Nordkorea berühren, kann einen dauernden Fortschritt nur bewirken, wenn Seoul Verständnis für Washingtons globale Verantwortung zeigt. Die südkoreanische Führung sollte sich weder zum Sprecher für den Transfer von militärischer oder Mehrzwecktechnologie nach Nordkorea ernennen noch größere amerikanische Militärprogramme wie die Raketenabwehr attackieren.

Dabei darf Amerika nicht die Tatsache aus dem Auge verlieren, dass Korea am Schnittpunkt der Interessen mehrerer

Großmächte liegt. Weder China noch Japan legen Wert auf eine rasche Wiedervereinigung Koreas – zumal wenn ein vereinigtes Korea Nordkoreas Atom- und Raketentechnologie erben sollte. Beide haben lebhafte Erinnerungen an Invasionen, die von koreanischem Boden ausgingen und sich gegen ihr Territorium richteten. Peking sorgt sich wegen der Auswirkungen des koreanischen Nationalismus auf die koreanischen Minderheit in der Mandschurei. Japan seinerseits hat die amerikanischen Stützpunkte auf seinem Boden weitgehend deshalb zugelassen, um den Status quo in Korea zu verteidigen, und es fürchtet, dass ein vereintes Korea das Volk mit Appellen an die seit langem bestehenden Antipathien gegen Japan zu den Fahnen rufen könnte. Daher ziehen Japan und China ein behutsames Tempo der Korea-Diplomatie vor – wenn auch nicht unbedingt das Regime in Pjöngjang.

Aus allen diesen Gründen muss Washington hinsichtlich der Zukunft Koreas mit allen beteiligten Parteien in engem Kontakt bleiben, besonders mit Japan, aber auch mit China und Russland. Kein Nachbar Koreas kann von militärischen Unruhen auf der Halbinsel profitieren, mag es auch Differenzen über die Art und Weise und das Tempo einer erstrebenswerten Entwicklung geben. Niemand kann sich wünschen, durch plötzliche Eruptionen überrascht zu werden. Ein wichtiger erster Schritt wäre eine Zusammenarbeit der am meisten an Koreas Zukunft interessierten vier Mächte, um Pjöngjangs Erpressungstaktik mit Massenvernichtungswaffen zu stoppen. Denn welche Differenzen zwischen ihnen auch immer bestehen mögen, keine der interessierten Mächte kann sich wünschen, in einen durch die Weitergabe von Atomwaffen entstandenen Konflikt hineingezogen zu werden, der durch gemeinsames Handeln hätte vermieden werden können.

Konsultationen sind deshalb notwendig, weil auch noch andere Ergebnisse möglich sind als eine Fortsetzung des repressiven Regimes in Pjöngjang oder sein Zusammenbruch. Länder, sie sich wegen einer Vereinigung Koreas Sorgen machen, könnten auf den Gedanken kommen, auf eine mildere Regierung in Pjöngjang hinzuarbeiten, wobei die Trennung von Seoul aufrechterhalten bliebe. Doch in der wirklichen Welt haben derartige Optionen nur begrenzte Chancen. Jede demokratische Regierung in Nordkorea wird die Vereinigung wünschen. Jede autoritäre Regierung wird auch wieder den jetzigen vergleichbare Probleme schaffen. Am Ende wird es ebenso wenig wie in Deutschland möglich sein, durch den Einfluss außenstehender Mächte eine Vereinigung Koreas aufzuhalten.

Natürlich könnte das nordkoreanische Regime ebenso wie das ostdeutsche zusammenbrechen, weil Kim Jong Il die Kontrolle über die Ereignisse verliert. In mancherlei Hinsicht wäre dies für Seoul ein Albtraum. Ein schneller Vereinigungsprozess in Korea würde die monumentalen Probleme, denen sich Deutschland zehn Jahre lang gegenübersah, noch in den Schatten stellen. Das Verhältnis der Bevölkerungszahl von West und Ost betrug in Deutschland etwa drei zu eins; in Korea beträgt es eher zwei zu eins. Das Verhältnis im Pro-Kopf-Einkommen lag in Deutschland bei rund zwei zu eins; in Korea liegt es näher bei zehn zu eins – was bedeutet, dass die wirtschaftliche Herausforderung bei einer Vereinigung Koreas viel beängstigender ist als in Deutschland.

Wenn es dazu kommt, müssten die vier außenstehenden Mächte – die Vereinigten Staaten, Russland, Japan und China – den internationalen Status Koreas diskutieren, während die beiden Koreas die interne Durchführung unter sich ausmachen, ähnlich der Prozedur, die der Vereinigung Deutschlands vorausging.

Was die Vereinigten Staaten betrifft, so haben sie keine Veranlassung, sich einer Vereinigung Koreas zu widersetzen, aber allen Grund, sie zu fördern. Aber für Amerika steht viel mehr auf dem Spiel als die Zukunft Koreas, denn die Zukunft Asiens wird weitgehend davon abhängen, was mit den amerikanischen Truppen geschieht, die jetzt am 38. Breitengrad stehen.

Zwar ist Kim Jong Il von dem südkoreanischen Präsidenten Kim Dae Jung dahingehend zitiert worden, dass er eine fortgesetzte amerikanische Truppenpräsenz favorisiert, unabhängig davon, was bei den innerkoreanischen Gesprächen herauskommt, doch ist dies keine Aussage, auf der eine langfristige Politik aufgebaut werden kann. Auch wird die Zukunft der amerikanischen Truppen in Korea nicht völlig von den Führern der beiden Koreas abhängen. Sollten die Spannungen drastisch zurückgehen, könnte die Präsenz amerikanischer Truppen zu einem höchst kontroversen Thema in Südkorea werden, und zwar unabhängig von den Wünschen des amtierenden Präsidenten. Andererseits würde mit dem Abzug dieser Truppen die Zukunft der amerikanischen Militärstützpunkte in Japan problematisch werden. Und wenn die amerikanischen Truppen die asiatische Pazifikküste verlassen, würde für den gesamten Kontinent eine völlig neue Sicherheits- und vor allem politische Lage entstehen. Sollte dies geschehen, würde sogar eine positive Entwicklung auf der koreanischen Halbinsel dazu führen, dass Seoul und Tokio nach einer autonomen Verteidigungspolitik streben und es zu einem verstärkten Nationalismus in Japan, China und Korea kommt. Die Vereinigten Staaten mögen nicht in der Lage sein, derartige Tendenzen aufzuhalten, aber sie sollten auch nicht durch allzu intensive Beschäftigung mit den Taktiken und Schlagzeilen des Tages geradezu hineinschlittern.

Die Beziehungen zu China: Der historische Kontext

Zum Amtsantritt eines neuen US-Präsidenten beherrschen zwei Denkschulen die amerikanische Debatte:

Die Sichtweise der Clinton-Regierung ließ sich mit den Schlagworten »Engagement« und »strategische Partnerschaft« zusammenfassen. Auf der wilsonschen Prämisse basierend, dass es in einer aus Demokratien bestehenden Welt keine Feinde geben kann – jedenfalls keine, die bereit sind, ihre Ansichten mit Waffengewalt durchzusetzen –, soll die Vermehrung von Kontakten auf den Gebieten des Handels, der Umwelt, der Wissenschaften und der Technologie diejenigen Kräfte stärken, welche die internationale Zusammenarbeit und den inneren Pluralismus favorisieren.

Der entgegengesetzte Standpunkt betrachtet China als moralisch fragwürdigen, zwangsläufigen Gegner – im Moment mit Hinblick auf Taiwan, letztlich auch hinsichtlich des Westpazifik und zu gegebener Zeit des globalen Gleichgewichts. Dieser Denkschule zufolge sollten die Vereinigten Staaten China nicht als strategischen Partner, sondern so wie die Sowjetunion während des Kalten Krieges behandeln: als Rivalen und als Herausforderung. Sie sollten den Handel, wo immer möglich, auf nichtstrategische Güter beschränken, ein Bündnis asiatischer Staaten zur Eindämmung Chinas schaffen oder anderenfalls Japan so aufbauen, dass es mit Amerika die Bürde teilen kann, Asien zu verteidigen und China in Schach zu halten. Die Vertreter dieses Standpunkts behandeln Taiwan als unabhängiges Land und militärischen Außenposten und legen praktisch die »Ein China«-Politik zu den Akten, auf der die sino-amerikanischen Beziehungen beruhen, seit 1971 die diplomatischen Kontakte wieder aufgenommen wurden.

Die grundlegende Frage, welche die neue Administration beantworten muss, ist die, ob überhaupt einer dieser beiden Ansätze den heutigen Ansprüchen Amerikas genügt. Der Ansatz der Clinton-Regierung wich dem geopolitischen Problem der Beziehung zu China aus. Doch ist es eine Sache, eine strategische Partnerschaft abzulehnen, die nie wirklich funktioniert hat; eine andere ist es, China als permanenten Gegner zu betrachten. Die Bedingungen in Asien sind nicht mit denen des Kalten Krieges zu vergleichen. Damals bedrohte ein einziger ideologischer Gegner alle Staaten Westeuropas, die darum verstärkt Amerikas Beistand suchten. In Asien würden die Vereinigten Staaten, wenn es nicht gerade zu einer größeren chinesischen Provokation kommt, eine Eindämmungspolitik allein und über einen unbestimmten Zeitraum betreiben müssen.

Wenn ihr eigenes Überleben nicht klar und direkt bedroht ist, wird keine asiatische Nation bereit sein, an einem Kreuzzug teilzunehmen, der sie zusammenschmiedet wie seinerzeit die Staaten Europas gegenüber einer einzelnen Bedrohung. Eine asiatische Version der Eindämmungspolitik der achtziger Jahre wird, wenn überhaupt, nur wenige Abnehmer finden, außer vielleicht in Vietnam, wodurch die Geschichte auf den Kopf gestellt würde; wahrscheinlicher ist, dass sich die asiatischen Staaten in einem solchen Fall von den USA abwenden würden. Amerikas Fähigkeit, Einfluss auf Japan zu nehmen, würde schwinden. Korea würde zum Pulverfass werden. Staaten mit außenpolitischem Ehrgeiz oder territorialen Ansprüchen würden Morgenluft wittern. Amerikas europäische Verbündete würden eilig in das wirtschaftliche und politische Vakuum treten. Eine amerikanische Politik, die darauf hinausliefe, China allein aufgrund seines wirtschaftlichen Wachstums und seiner unangenehmen Ideologie zum Feind zu erklären, würde mit der Isolation der Vereinigten Staaten enden.

Natürlich liegt es im Interesse Amerikas, sich *jeder* Macht zu widersetzen, die in Asien die Vorherrschaft zu ergreifen versucht, doch müssten die Vereinigten Staaten im Extremfall bereit sein, dies ohne Verbündete zu tun. Doch eine kluge amerikanische Politik wird danach streben, einer solchen Entwicklung vorzubeugen. Sie sollte kooperative Beziehungen zu allen bedeutenden Nationen pflegen, um die Möglichkeit gemeinsamen Handelns offen zu halten, falls die Umstände es erfordern sollten. Aber sie würde China auch zu vermitteln suchen, dass der Widerstand gegen eine Hegemonie mit der Präferenz für eine konstruktive Beziehung gekoppelt ist und dass Amerika die Teilnahme Chinas an einer stabilen internationalen Ordnung fördern und nicht behindern wird. Eine Konfrontation mit China sollte das letzte Mittel, nicht die strategische Wahl sein.

Die Unzulänglichkeit beider vorherrschenden Denkschulen wurde durch den Zwischenfall deutlich, bei dem im April 2000 ein amerikanisches Aufklärungsflugzeug auf chinesischem Boden landete und die Besatzung elf Tage lang festgehalten wurde. Die Möglichkeiten des »Engagements« wurden von den Realitäten der chinesischen Innenpolitik überholt. Doch die ideologischen Interpretationen des Problems lieferten auch der Bush-Regierung keine Richtschnur. Denn die Verhaltensweise Chinas wurde viel mehr durch nationalistisches Gedankengut des 19. Jahrhunderts als durch den aus der gleichen Zeit stammenden Marxismus geformt. Fernüberwachung aus dem Luftraum dicht an den Grenzen des Hoheitsgebiets ist zwar völkerrechtlich legal, bedeutet aber zugleich eine Herausforderung an ein traditionelles Verständnis von Souveränität, das auf der Prämisse der Undurchlässigkeit von Grenzen beruht und durch die moderne Technologie heutzutage irrelevant geworden ist. Verschlimmert wurde die Sache noch durch die Empfindlichkeit der Chinesen gegenüber einem von ihnen als kolonialistisch wahrgenommenen Verhalten. Daher ging die Herausforderung an Amerika nicht vom ideologischen Teil der chinesischen Gesellschaft, der Kommunistischen Partei, sondern – ausgerechnet – von Studenten und vom Militär aus.

Es ist wichtig, sich dieses Zusammentreffen von Motiven genau zu vergegenwärtigen, um die Relevanz des Zwischenfalls für die künftigen sino-amerikanischen Beziehungen zu analysieren. Das Verhalten der Chinesen war in erster Linie von dem Versuch einer Regierung bestimmt, die Untiefen der chinesischen Innenpolitik zu umschiffen, deren ideologisches Element im Untergang begriffen ist und die bald vor der Entscheidung über eine Nachfolge steht. Die Herausforderung an die amerikanische Außenpolitik besteht darin, zu wissen, wie mit dem chinesischen Nationalismus umzugehen ist, ohne ihn zu anzufachen, und gleichzeitig eine feste Haltung anzunehmen, wenn er mit Drohungen agiert. Die Herausforderung an die chinesische Führung besteht darin, die Zwänge richtig einschätzen zu lernen, die der amerikanischen Politik durch ihr Wertesystem und die öffentliche Meinung auferlegt sind.

In fatalistischer Stimmung wird der Aufstieg Chinas oft mit demjenigen Deutschlands im 19. Jahrhundert verglichen, der letztlich zum Ersten Weltkrieg führte. Doch dieser Krieg war nicht vorherbestimmt. Die Geschichte hat als Ursache vor allem einen Mangel an Staatskunst verzeichnet, ein Versagen, das alle Beteiligten um ein Vielfaches teurer bezahlten, als sie jemals durch den Krieg hätten gewinnen können. Welcher der Staatsmänner, die 1914 in den Krieg zogen, hätte nicht gern die Chance beim Schopf ergriffen, seine Entscheidung zu revidieren, als sie einige Jahre später zurückblickten und die Katastrophe sahen, die sie der eigenen Gesellschaft, der europäischen Zivilisation und den langfristigen Aussichten der gesamten Welt zugefügt hatten?

Natürlich liegt die Wahl nicht allein bei den Vereinigten Staaten. Angesichts einer drohenden Hegemonie in Asien – durch welches Regime auch immer – würde Amerika ebenso dagegen einschreiten wie im Zweiten Weltkrieg gegen Japan und im Kalten Krieg gegen die Sowjetunion. Doch insoweit die Entscheidung zwischen den beiden Denkschulen von amerikanischem Handeln abhängt, sollte sie mit großer Sorgfalt getroffen werden. Sie kann nicht durch haarspalterische Dispute über die Bezeichnung gefunden werden, mit der die sino-amerikanischen Beziehungen charakterisiert werden sollen, noch sollte die Frage durch die innenpolitischen Erfordernisse von Haushaltsdebatten entschieden werden.

Das nationale Interesse hinsichtlich Chinas zu definieren verkompliziert sich durch die riesigen kulturellen Unterschiede zwischen der chinesischen und der amerikanischen Herangehensweise an außenpolitische Fragen und die Veränderung der internationalen Gegebenheiten, seit amerikanische Emissäre 1971 erstmals China besuchten. Für amerikanische Politiker spielen der persönliche gute Wille und persönliche Beziehungen eine große Rolle. In seiner ununterbrochenen, fünf Jahrtausende umfassenden Geschichte hat China zu viele Umwälzungen und Tragödien erlebt, um sich auf den guten Willen Einzelner zu verlassen, die – im Kontext der Geschichte – ebenso schnell wieder gehen, wie sie gekommen sind. Dagegen haben die Vereinigten Staaten im Verlauf ihrer 200-jährigen Geschichte die an sie gestellten Herausforderungen durch eine Kombination aus Idealismus, Willenskraft, Organisation und einer es gut meinenden Geographie bewältigt. China hat viele großartige Leistungen aufzuweisen, aber es begegnete oft auch Problemen, die nur durch Ausdauer zu meistern waren. Chinas politische Vorgehensweise ist von Skepsis und Besonnenheit geprägt, die amerikanische von Optimismus und missionarischem Eifer. Chinas Zeitgefühl folgt einem anderen Rhythmus als das amerikanische. Wenn ein Amerikaner aufgefordert wird, ein historisches Ereignis zu datieren, nennt er einen bestimmten Kalendertag; der Chinese verbindet es mit einer Dynastie. Und von den vierzehn Kaiserdynastien dauerten zehn länger als die gesamte Geschichte der Vereinigten Staaten.

Amerikaner denken im Sinne konkreter Lösungen zu bestimmten Problemen. Die Chinesen denken in Form von Etappen in einem Prozess, der keinen genauen definierten Kulminationspunkt hat. Amerikaner glauben, dass internationale Streitigkeiten entweder von Missverständnissen oder von bösem Willen herrühren; im ersten Fall heißt das Heilmittel Überzeugungskraft – gelegentlich recht nachdrücklicher Art –, im zweiten Fall Niederschlagung oder Vernichtung des Übeltäters. Der chinesische Ansatz ist unpersönlich, geduldig und reserviert; das Reich der Mitte fürchtet nichts so sehr, wie als Bittsteller zu erscheinen. Wo Washington Treu und Glauben und guten Willen als Schmierstoff der internationalen Beziehungen sieht, geht Peking davon aus, dass Staatsmänner ihre Hausaufgaben gemacht haben und subtile Anspielungen verstehen; Drängen wird daher als Zeichen der Schwäche gedeutet, und gute persönliche Beziehungen werden nicht für sich allein als ausreichende Grundlage eines ernsthaften Dialogs erachtet. Den Amerikanern erscheinen die Chinesen als höflich, aber reserviert und herablassend. Die Chinesen sehen die Amerikaner als sprunghaft und etwas leichtfertig.

Zum Teil wegen der Schwierigkeiten auf beiden Seiten, Kultur und Verhaltenskodex des anderen zu verstehen, ist es ihnen nur selten gelungen, die sino-amerikanischen Beziehungen über einen längeren Zeitraum in ein stabiles Gleichgewicht zu bringen. Zu Beginn des 20. Jahrhunderts war Amerikas China-Verständnis stark von Missionaren und Händlern beeinflusst, die größtenteils blind gegenüber der

Demütigung waren, welche die chinesische Gesellschaft unter dem kolonialistischen Druck der europäischen Mächte empfand. In den dreißiger Jahren und während des Zweiten Weltkriegs wurde China als Opfer der japanischen Aggression und als heldenhafter demokratischer Verbündeter idealisiert. Nach dem kommunistischen Sieg im Bürgerkrieg wurde China in den Augen der amerikanischen Öffentlichkeit zum Inbegriff ideologischer und strategischer Feindschaft. Eine Mischung aus militanter maoistischer Ideologie, Chinas Intervention im Koreakrieg, Amerikas Abneigung gegen die innenpolitischen Pekinger Institutionen und dem Aufmarsch der Siebenten US-Flotte in der Straße von Taiwan führte dazu, dass die beiden Länder fast ein Vierteljahrhundert keine diplomatischen Beziehungen unterhielten und auch sonst kaum Kontakt miteinander pflegten.

Nachdem der diplomatische Kontakt 1971 wiederhergestellt worden war, fuhren fünf US-Regierungen, sowohl republikanische wie demokratische, fort, eine von einem breiten parteiübergreifenden Konsens getragene Politik zu betreiben, die auf sino-amerikanischer Kooperation beruhte. Erst in den neunziger Jahren gewann der Gedanke einer Konfrontation zwischen den beiden Ländern wieder Auftrieb, und es drohte ein Rückfall der Beziehungen in den früheren Spannungszustand. An diesem Punkt könnte ein Exkurs, der diese Entwicklung nachvollzieht, dazu beitragen, den Charakter bestehender Alternativen zu erkunden.

1971/72 stellten Präsident Nixon und der Vorsitzende Mao Zedong die diplomatischen Kontakte wieder her, aber nicht weil die amerikanische und die chinesische Ideologie plötzlich zueinander gefunden hätten, sondern aufgrund der jeweiligen geopolitischen Erfordernisse. In der Anfangszeit wurde viel naiver Unsinn darüber verbreitet, wie »unnatürlich« die Entfremdung zwischen dem amerikanischen und dem chinesischen Volk gewesen sei, so als ob die Wiederannäherung ein tiefes emotionales Bedürfnis auf beiden Seiten erfüllt hätte. Die Tatsachen waren weit prosaischer. In seiner langen Geschichte hat China selten die Erfahrung gemacht, mit anderen Gesellschaften auf einer gleichberechtigten Grundlage umzugehen. Die meiste Zeit übte China die Vorherrschaft in der Region aus; im 19. Jahrhundert und in der ersten Hälfte des 20. Jahrhunderts erlebte es dann eine Demütigung durch die imperialen Großmächte. Davor hatte es sich am wohlsten gefühlt, wenn es Distanz wahren und sich selbst versorgen konnte, als eine Kultur, deren Einzigartigkeit es dem Zugriff Außenstehender entrückte – und, bis etwa 1500 – auch als das fortschrittlichste Land in Wissenschaft und Technologie. Für China war es überhaupt nicht unnatürlich, sich von den Vereinigten Staaten fern zu halten.

Man kann auch nicht sagen, dass es 1971 in den Vereinigten Staaten einen vermehrten Bedarf an einer Öffnung nach China gegeben hätte. Was immer an öffentlichem Druck in dieser Richtung ausgeübt wurde, hatte seine Ursachen nicht in geopolitischen Erwägungen, sondern in der ganz generellen Auffassung, dass »gute Beziehungen« einen Wert an sich darstellten und dass der Kalte Krieg am besten dadurch beendet werden könnte, dass man in einer Art psychologischer Übung die Feindseligkeit überwand.

Was die beiden Nationen zusammenführte, war das Bewusstsein einer gemeinsamen Bedrohung. Die chinesische Führung sah einen furchteinflößenden Aufbau sowjetischer Militärmacht an ihren Grenzen, darunter Atomraketen sowie vierzig moderne Kampfdivisionen – über eine Million Mann. 1969 wurde China klar, dass die marxistische Theorie es nicht nur nicht vor militärischem Druck der Sowjets schützte, sondern sogar einen Vorwand dafür bot. Denn die jüngst verkündete Breschnew-Doktrin nahm für den Kreml das Sonderrecht in Anspruch, die Einheit innerhalb des »sozialistischen Lagers« notfalls mit Militärgewalt aufrechtzuerhalten.

Für die Vereinigten Staaten verschmolz die Gelegenheit einer Annäherung mit ihrer Notwendigkeit. Unter dem Eindruck des Vietnamkrieges wurde den Vereinigten Staaten – oder genauer gesagt Richard Nixon – klar, dass China eine wichtige Rolle bei der Errichtung eines neuen Machtgleichgewichts in Asien spielen könnte. Im geopolitischen

Sinn gab es massive Gründe, eine Wiederannäherung an China zu suchen, um ein Gegengewicht gegen die Sowjetunion zu bilden – entweder um sie im Zaum zu halten oder zu ernsthaften Verhandlungen zu zwingen; um Hanoi zu isolieren und dadurch ein Ende des Vietnamkrieges herbeizuführen; um inmitten des schmerzhaften Rückzugs aus Vietnam Amerikas Selbstbewusstsein zu bewahren und schließlich um Amerikas unverminderte Fähigkeit unter Beweis zu stellen, ein internationales Umfeld zu meistern, das im Begriff stand, multipolar zu werden.

Die neuen Bande zwischen China und den Vereinigten Staaten gediehen so lange, wie beide Seiten in der Lage waren, sich auf das gemeinsame Ziel zu konzentrieren, sich dessen zu erwehren, was in ihren Kommuniqués als »Hegemonie« bezeichnet wurde. Einfach ausgedrückt, bedeutete dies, sowjetischen Versuchen, das globale beziehungsweise asiatische Mächtegleichgewicht auszuhebeln, Widerstand entgegenzusetzen, und ein stillschweigendes Übereinkommen über eine angemessene Strategie, um dieses Ziel zu erreichen.

Selbst hier führten die unterschiedliche historische Erfahrung und geopolitische Lage zu Unstimmigkeiten hinsichtlich der anzuwendenden Taktik. Das unmittelbar bedrohte Peking war für eine resolute Konfrontation mit Moskau. Washington, das seine Verbündeten und eine widerspenstige öffentliche Meinung zu berücksichtigen hatte, legte das Schwergewicht auf eine Taktik, bei der Moskau Gelegenheit erhalten sollte, die Konfrontation beizulegen oder die Schuld daran auf sich zu nehmen. China stand allen Verhandlungen zwischen Washington und Moskau misstrauisch gegenüber – nach außen hin besonders darum besorgt, dass der Anschein eines Fortschritts die Bereitschaft des Westens untergraben würde, der Sowjetunion die Stirn zu bieten, innerlich jedoch von der Furcht geplagt, dass sie zu einer nicht weiter spezifizierten amerikanisch-sowjetischen Vereinbarung auf Kosten Chinas führen könnten, und wenn auch nur dadurch, dass der Sowjetunion erlaubt würde, ihre Aufmerksamkeit auf Asien zu richten. Peking seinerseits tendierte dazu, in Konkurrenz zu Moskau in der Dritten Welt um radikale Bewegungen zu buhlen, und dies führte oftmals dazu, dass es Regime oder Bewegungen unterstützte, die kaum zu Amerikas Favoriten zählten.

Der Autoritätsschwund der Exekutive durch Watergate und seine Folgen schwächte Pekings Vertrauen in das Vermögen Amerikas, sowjetischen Pressionen und Schmeicheleien Widerstand entgegenzusetzen, und dies wiederum machte es für die Vereinigten Staaten noch schwieriger, das komplexe Dreiecksverhältnis zwischen Washington, Moskau und Peking im Gleichgewicht zu halten. Die Herausforderung an die USA bestand darin, sicherzustellen, dass sie immer über mehr Optionen verfügten als jede der beiden anderen beteiligten Parteien. Dies zwang die Vereinigten Staaten, sowohl zu Moskau als auch zu Peking engere Beziehungen zu unterhalten, als diese sie untereinander pflegten, wobei Peking erste Wahl war, da die Sowjetunion die unmittelbarere und bei weitem gefährlichere Bedrohung darstellte.

Trotz seiner Komplexität wurde dieser Balanceakt zwanzig Jahre lang von fünf Präsidenten beider Parteien erfolgreich durchgeführt – eine außerordentliche parteiübergreifende Leistung. Einige dieser Präsidenten rechtfertigten die Dreieckspolitik auf ausdrücklich konzeptioneller Grundlage, andere taten dies in pragmatischerer Weise jeweils von Fall zu Fall. Es gab zwar auch Differenzen, doch wurde eine ungewöhnliche Koordination von Strategien und, im großen Ganzen, von politischen Maßnahmen erreicht. Auf hochrangigen chinesisch-amerikanischen Treffen wurden selten Verfahrensfragen oder aktuelle Themen erörtert (in jenen Tagen gab es, wenn überhaupt, nur wenig Kontakte auf Handelsebene); die meiste Zeit tauschte man sich einfach über die gegenseitigen Vorstellungen, globalen geopolitischen Einschätzungen und Strategien aus.

Der parteiübergreifende Konsens wurde durch zwei Ereignisse zerrüttet: das erste war der Zusammenbruch des Kommunismus, der 1989 mit Revolutionen in Osteuropa begann und zwei Jahre später in der Auflösung der Sowjetunion gipfelte. Das zweite Ereignis war die blutige Unterdrückung der Studentenproteste auf dem Tiananmen-Platz. Der Zusammenbruch in Moskau beseitigte die gemeinsame Furcht, während die gewaltsame Niederschlagung der Unruhen in Peking die innenpolitische Unterstützung Amerikas für eine auf gemeinsamen Zielen basierende Politik untergrub. Die antikommunistische Rechte, die nie besonders glücklich über allzu enge Beziehungen zu kommunistischen Ländern war, begann Peking als das neue Übel zu behandeln, das ausgetilgt werden müsse. Und die amerikanische Linke, die sich nicht mit geopolitischen Denkweisen anfreunden kann, kehrte dazu zurück, die Menschenrechte und die Förderung der Demokratie als wichtigste Prioritäten der Außenbeziehungen Amerikas herauszustellen.

Hinter den Ereignissen auf dem Tiananmen-Platz verbarg sich mehr als eine simple antikommunistische Revolte; wenigstens drei Gründe hatten dazu geführt: die auf die demokratischen Grundsätze des Westens sich berufende Studentenrevolte; das Aufbegehren der Arbeiter für eine Abschaffung oder zumindest Abmilderung der Ungerechtigkeiten, Missbräuche und Erschütterungen infolge der Wirtschaftsreform; und schließlich die Auseinandersetzung innerhalb der Partei vor allem um die politischen Konsequenzen der Wirtschaftsreform.

Für Deng Xiaoping, der damals China seit einem Jahrzehnt regierte und von den westlichen Medien heftig attackiert wurde, stellte der Aufstand vom Tiananmen-Platz eine Ironie des Schicksals dar. Mao hatte ihn ein Jahrzehnt lang eingesperrt, weil er angeblich einen »kapitalistischen Weg« verfolgte, und in die Geschichte wird er wohl als Reformer eingehen, der China auf den Weg der Modernisierung gebracht hat. Im Verlauf der 1979 begonnenen Reformen wurden Zehntausende chinesischer Studenten an westliche Universitäten geschickt, wo sie mit Werten in Berührung kamen, für die sie auf dem Tiananmen-Platz ihr Blut vergossen. Deng gab die landwirtschaftlichen Genossenschaften auf und machte China in der Lebensmittelversorgung fast autark. Er industrialisierte das triste, graue, furchtsame China der Kulturrevolution unter besonderer Betonung der Konsumgüterindustrie.

Was Deng und sein Politbüro nicht voraussahen – oder glaubten vermeiden zu können –, waren die politischen Konsequenzen der Überwindung der wirtschaftlichen Stagnation in Maos China, das den unvermeidlichen Krankheiten eines ausgereiften Kommunismus zum Opfer gefallen war. Stagnation wurde belohnt, vor Initiative wurde abgeschreckt. In einer zentralen Planwirtschaft werden Investitionsgüter und Dienstleistungen durch bürokratische Entscheidung verteilt. Im Laufe der Zeit verlieren die durch administrativen Erlass festgelegten Preise jeden Bezug zu den Herstellungskosten. Solange das System als Polizeistaat funktioniert, wird die Preisfestsetzung zu einem Mittel, die Arbeitskraft der Bevölkerung auszubeuten. Sobald der Terror jedoch nachlässt, werden die Preise zu Subventionen und verwandeln sich in eine Methode, öffentliche Unterstützung für die Kommunistische Partei zu gewinnen. Am Ende wird alles, von den Lebensmitteln bis zum Wohnraum, ohne irgendein Kriterium für Effizienz subventioniert, was eine Verbesserung des Lebensstandards unmöglich macht.

Bürokraten mit weitgehenden Entscheidungsvollmachten auszustatten führt zu Korruption. Arbeit, Bildung und die meisten Vergünstigungen hängen dann von persönlichen Beziehungen ab. Es ist eine Ironie der Geschichte, dass der Kommunismus, der eigentlich der Vorbote einer klassenlosen Zukunft sein sollte, am Ende eine privilegierte Klasse hervorbrachte, die mit derjenigen einer traditionellen Feudalgesellschaft vergleichbar ist.

Als Deng und seine Mitstreiter beschlossen, diesen Tendenzen durch Einführung marktwirtschaftlicher Elemente und dezentralisierter Entscheidungsprozesse gegenzusteuern, kombinierten sie – im Anfangsstadium der Reform – die Probleme der zentralen Plan- mit denen der freien Marktwirtschaft. Der Versuch, die Preise mit den tatsächlichen Kosten in Einklang zu bringen, führt zu Preiserhöhungen, wenigstens kurzfristig. Eine explosionsartige Inflation war dann auch einer der Auslöser der Unruhen.

Die Hinwendung zur Marktwirtschaft vermehrte die Gelegenheiten zur Korruption, jedenfalls zu Beginn. Weil der schrumpfende, aber immer noch sehr große öffentliche Sektor neben einer wachsenden Marktwirtschaft weiterexistierte, ergaben sich zwei Preiskategorien. Skrupellose Bürokraten und Unternehmer waren so in der Lage, Kapital und Waren zwischen den beiden Sektoren hin- und herzuschieben, um persönlichen Gewinn daraus zu schlagen. Kurz gesagt, zu Beginn einer Reform kann es kurzfristig immer zu ernsthaften Erschütterungen kommen, die sich dann in Form von Unruhen in der Bevölkerung äußern, und in China war das der Fall.

Deng hatte sich vielleicht mit seinen Wirtschaftsreformen zu weit vorgewagt und war bei den politischen Reformen, die daraus folgen mussten, zu vorsichtig gewesen – ironischerweise genau der umgekehrte Fehler seines Zeitgenossen Michail Gorbatschow. Seine Aufgabe wurde noch schwieriger gemacht durch die Ambivalenz vieler seiner Kollegen unter der herrschenden kommunistischen Elite. In den meisten Ländern, in denen vergleichbare wirtschaftliche Umstellungen stattfinden, müssen innovative Manager der unteren Ebene den Widerstand einer konservativeren Führungsschicht überwinden. In China geschah das Gegenteil. Die Anweisungen der obersten Führung zu Leistungsanreizen und Marktkräften mussten von leitenden Kadern ohne Erfahrung mit derartigen Maßnahmen und ohne Begeisterung für die Reformen durchgeführt werden. Deng hatte daher an zwei Fronten zu kämpfen: gegen die durch die Reform heraufbeschworene Versuchung der Korruption und gegen die Überlebenden des Maoismus, die auf ihrer Version einer kommunistischen Wirtschaft bestanden. Zwar gewann er die Auseinandersetzung auf wirtschaftlichem Gebiet, doch musste er sich mit der Fortführung der kommunistischen Dominanz in der politischen Arena abfinden. Deng entschied sich dafür, mit dem Paradox zu leben, auf der politischen Stabilität zu beharren, um eine wirtschaftliche und soziale Revolution zu vollenden. Seiner Auffassung nach bekämpfte er das Chaos, nicht die Demokratie. »Ich bin immer noch ein Reformer«, sagte er mir sechs Monate nach der Niederschlagung der Tiananmen-Revolte, »aber wäre die Stabilität verloren gegangen, hätte es einer Generation bedurft, sie wiederherzustellen.«

Ich habe die Umstände skizziert, unter denen die Unruhen auf dem Tiananmen-Platz stattfanden, weil sie den Wendepunkt markierten, an dem China von vielen erstmals wieder als ideologischer und geopolitischer Widersacher empfunden wurde. Sie entstanden in der Tat aus den Dilemmas der Reform ebenso wie aus der kommunistischen Ideologie. Sie waren fast völlig von innenpolitischen Erwägungen dominiert und repräsentierten keine Philosophie, die auch anderenorts anzuwenden gewesen wäre.[3]

Was auch immer Dengs Motive gewesen sein mögen, die Brutalität, mit der die Unterdrückung des Aufstands auf dem Tiananmen-Platz vollzogen wurde – die ganze Welt konnte es im Fernsehen miterleben –, hat China als repressives Regime stigmatisiert. Diese Ereignisse fielen in eine Zeit (deren Ursprünge in den siebziger Jahren liegen), als in den demokratischen Industriestaaten den Menschenrechten erhöhte Aufmerksamkeit geschenkt wurde, besonders in den Vereinigten Staaten, wo die Frage der Menschenrechte als ureigenes Thema betrachtet wird und bald zum vorherrschenden Thema wurde, was die Beziehungen Amerikas zu China betraf. Alle anderen Fragen wurden bald von Debatten über Chinas innere Strukturen verdrängt und auch verzerrt, weil Unstimmigkeiten, die früher als normales Nebenprodukt von Beziehungen zwischen Großmächten abgehakt worden waren, jetzt in einem Großteil der öffentlichen Diskussion als Konflikte mit einem totalitären Übel behandelt wurden.

Gleichzeitig zog auch Chinas militärische Modernisierung, die während des ersten Jahrzehnts der dengschen Reformen aufgeschoben worden war, wachsende Aufmerksamkeit auf sich. Maßnahmen Chinas wurden zunehmend im Sinne eines möglichen geopolitischen und ideologischen Anschlags auf seine Nachbarn interpretiert. Es folgte ein Zyklus sich selbst erfüllender Prophezeiungen, der nicht zuletzt durch gelegentliche plumpe Taktiken Chinas beschleunigt wurde.

Während der Regierungszeiten von George H. W. Bush und Bill Clinton schwächte sich die politische und psychologische Basis für konstruktive sino-amerikanische Beziehungen immer mehr ab. Präsident Bush, der Mitte der siebziger Jahre, vor der Aufnahme der diplomatischen Beziehungen, als Leiter des Verbindungsbüros der Vereinigten Staaten in Peking gedient hatte, suchte die Beziehungen auch noch nach den Ereignissen um den Tiananmen-Platz in einer Art Gleichgewichtszustand zu stabilisieren. Bill Clinton trat sein Amt mit dem Vorsatz an, Verbesserungen in der chinesischen Menschenrechtspraxis zum Schlüssel der sino-amerikanischen Beziehungen selbst auf wirtschaftlichem Gebiet zu machen. Bis 1995 war seine Regierung jedoch zu der von den Amtsvorgängern eingeführten Gewohnheit eines regelmäßigen Dialogs zurückgekehrt, der nunmehr jedoch mit Parolen gerechtfertigt wurde, die eher an wilsonsche Grundsätze erinnerten.

Während die Clinton-Administration zwar die Wirtschaftsbeziehungen zu Peking konsolidierte, indem sie Chinas Mitgliedschaft in der Welthandelsorganisation (*World Trade Organization*, WTO) und normale Handelsbeziehungen zwischen den USA und China befürwortete, agierte sie doch nie auf der Grundlage eines überzeugenden geopolitischen Grundprinzips. Indem sie auch auf die Chinapolitik ihre innenpolitische Taktik anwandte, sich die Ziele von Kritikern zu Eigen zu machen und gleichzeitig zu behaupten, sie sehe einen besseren Weg zu ihrer Verwirklichung, proklamierte die Clinton-Regierung eine Politik des »Engagements«. Wie es hieß, sollte China aufgrund dieser Politik durch vermehrte Kontakte auf allen Gebieten, jedoch besonders auf dem der Wirtschaft, zur amerikanischen Auffassung von den Menschenrechten bekehrt werden.

Während Clintons zweiter Amtszeit wurde das Schlagwort vom Engagement zur »strategischen Partnerschaft« aufgewertet, was sich nach einer Art globaler Kooperation anhörte – eine Idee, die sich als politisch kontrovers und angesichts der fortgesetzten Krisen und des Fehlens eines anhaltenden politischen Dialogs im Wesentlichen als leere Phrase erwies (zum Beispiel kam es während Clintons neuntägigem Chinabesuch im Juni 1998 lediglich zu einem vierstündigen Gespräch auf Gipfelebene – noch abzüglich der Zeit, die zum Dolmetschen benötigt wurde).

So blieb denn bis zum Ende der Clinton-Ära die amerikanische China-Politik eine Geisel der Innenpolitik. Was dabei fehlte, war eine Definition des nationalen Interesses, die der Beziehung geopolitischen Gehalt verliehen hätte. Handel und andere New-Age-Themen wie Umwelt und Drogen genügen nicht, um ein Richtungsgefühl zu vermitteln oder die Mischung aus Zusammenarbeit, Misstrauen, gegenseitigem Missverstehen und Stagnation zu überwinden, von der die sino-amerikanischen Beziehungen zu Beginn des 21. Jahrhunderts geprägt sind. Bei dieser möglicherweise leicht entzündlichen Kombination darf es um der Stabilität in Asien und des Weltfriedens willen nicht bleiben.

Die Beziehungen zu China: Der strategische Kontext

Sollten die Vereinigten Staaten alle zu ihrer Verfügung stehenden Mittel nutzen, um das Heranreifen Chinas zur Großmacht so lange wie möglich hinauszuzögern? Oder sollten sie versuchen, in Asien eine Struktur zu schaffen, die für die Zusammenarbeit mit allen Staaten offen ist, eine Struktur, die nicht auf der Annahme einer inhärenten Aggressivität aller Staaten gründet, aber zugleich so flexibel ist, dass sie hegemoniale Bestrebungen eines jeden Landes abwehren kann?

Zwar lassen sich diese Fragen in gewissem Maße auf jeden Teil der Welt anwenden, doch sind sie für die Beziehungen zwischen der mächtigsten Industrienation und der bevölkerungsreichsten Nation der Welt besonders relevant. China hat die längste ununterbrochene Geschichte aller Länder der Welt und ist der letzte größere Staat mit einer

Regierung, die sich kommunistisch nennt. Es ist derjenige Staat mit dem größten Potenzial, irgendwann in diesem Jahrhundert zum Rivalen der Vereinigten Staaten zu werden, wenn auch – in meinen Augen – nicht im ersten Viertel des Jahrhunderts.

Die Antwort auf diese Fragen wird nicht über eine theoretische Debatte, sondern über die Gestalt der Welt des 21. Jahrhunderts entscheiden. Und diese Welt ist kaum noch mit der des Kalten Krieges zu vergleichen. Die Sowjets hatten auf der universalen Anwendbarkeit ihrer Ideologie bestanden, und jeder Sowjetführer bis hin zu Michail Gorbatschow erklärte den weltweiten Sieg des Kommunismus zum höchsten Ziel. Sowjetische Armeen hielten Osteuropa besetzt. Die Breschnew-Doktrin bekräftigte die Entschlossenheit der Sowjets, kommunistische Parteien an der Macht zu halten, falls nötig mit Gewalt; die Sowjetunion intervenierte militärisch in Ungarn und in der Tschechoslowakei, sie drohte damit in Polen und indirekt auch in China. Die chinesische Führung praktiziert keine derartige Politik im Ausland und stellt keine solch universalen Ansprüche; es gibt kein internationales Netzwerk kommunistischer Parteien, die nach Pekings Pfeife tanzen, oder radikale Organisationen, die Peking ihre Loyalität bekunden. China stellt auch nicht aus ideologischen Gründen die inneren Strukturen anderer Länder in Frage.

Es ist der chinesische Nationalismus, nicht der Kommunismus, der zur Konfrontation mit den Vereinigten Staaten führen könnte, und der Anlass wäre nicht ein Streit der globalen Hegemonie wegen, sondern Taiwan. Während der ersten beiden Jahrzehnte ihrer Herrschaft basierte die Legitimität der Kommunistischen Partei Chinas darauf, das Land geeinigt und die Kolonialisten (japanische wie westliche) vertrieben zu haben. Während der zwei Jahrzehnte nach der Katastrophe der Kulturrevolution beruhte die Legitimität der Partei auf ihrer Fähigkeit, einen erstaunlichen wirtschaftlichen Fortschritt hervorgebracht zu haben – was die unbeabsichtigte Nebenwirkung hatte, ihr politisches Monopol zu schwächen. Nachdem nunmehr eine so genannte sozialistische Marktwirtschaft eingeführt und im Wachsen begriffen ist, könnte die regierende Schicht versucht sein, ihren Anspruch auf ein Machtmonopol im Nationalismus zu verankern. Im Verlauf seiner Entwicklung könnte dieser Anspruch das Thema der Zukunft Taiwans in den Vordergrund rücken, aber er lässt sich nicht unbedingt in ein Streben nach Hegemonie in Asien übersetzen.

Chinas Außenpolitik ist geduldig und langfristig angelegt. Aus der Sicht Pekings stellt weniger die Eroberung der Nachbarländer die geopolitische Herausforderung dar, sondern vielmehr die Verhinderung einer gegen China gerichteten Vereinigung derselben. Ganz und gar nicht im Interesse der chinesischen Führung kann es liegen, die weit entfernt liegenden Vereinigten Staaten zu provozieren, die Chinas Einheit und Integrität im Lauf der Geschichte niemals bedroht haben. Natürlich werden in öffentlichen Erklärungen Pekings die amerikanischen Militärbündnisse in Asien oftmals der Kritik unterzogen, was die Ansicht plausibel macht, dass Chinas langfristiges Ziel darin bestehe, die amerikanische Rolle und Präsenz in der Region zu untergraben. Doch man braucht nicht den guten Willen oder fortdauernde friedliche Absichten Chinas als gegeben vorauszusetzen, um zu dem Schluss zu kommen, dass eine kluge chinesische Führung im gegenwärtigen Stadium der Entwicklung Chinas eine Konfrontation mit der weltweit dominanten Militärmacht kaum leichtfertig riskieren wird. Zudem hat das moderne China ein mächtiges Interesse am internationalen Wirtschaftssystem – mehr, als die Sowjetunion jemals hatte –, was einen großen Anreiz darstellt, den Status quo in Asien nicht anzugreifen.

Ein Konflikt mit den Vereinigten Staaten würde es allen Ländern an der weiten Peripherie Chinas freistellen, ihren verschiedenen Ambitionen und Ansprüchen nachzugehen. Ein weit klügerer Kurs für China wäre es, die Grundmaxime ihrer traditionellen Staatskunst einzusetzen – die weit entfernten Barbaren gegen die unmittelbar benachbarten auszuspielen. In einem solchen Kontext fiele den Vereinigten Staaten eher die Rolle einer geopolitischen Option für China zu – sogar in Gestalt eines potenziellen Sicherheitsnetzes – als die eines Erzgegners. Im Großen und Ganzen – und trotz einiger Höhen und Tiefen, meistens wegen Taiwan – ist dies tatsächlich die Stoßrichtung der chinesischen Politik.

Ein Blick sollte auch auf die militärische Fähigkeit Chinas geworfen werden, die Vereinigten Staaten direkt anzugreifen. Die Sowjetunion besaß rund 2 500 strategische Atomraketen, viele davon mit Mehrfachsprengköpfen von hoher Treffsicherheit. Ein Großangriff auf die Vereinigten Staaten wäre technisch möglich und strategisch nicht undenkbar (obwohl eher unwahrscheinlich) gewesen. Das strategische Kontingent Chinas von rund dreißig mit Flüssigtreibstoff angetriebenen Raketen und Einfachsprengköpfen, für deren Abschuss Stunden benötigt werden, ist kein Instrument für Angriffsoperationen. Und wenn sich die Chinesen im Verlauf der nächsten Jahrzehnte Mehrfachsprengköpfe und eine größere Zahl von Trockenbrennstoffraketen zulegen, wird ein amerikanisches Raketenabwehrsystem dafür Sorge tragen, dass das Gleichgewicht erhalten bleibt.

Was die chinesischen Bodenstreitkräfte betrifft, so sind sie zwar in der Lage, die Heimat durch eine Strategie der Zermürbung zu verteidigen, jedoch nicht dazu geeignet, längerfristige Angriffsoperationen gegen einen größeren Gegner durchzuführen. Und entlang seinen Außengrenzen muss China mit einer strategischen Situation fertig werden, die viel schwieriger ist als diejenige der Sowjetunion in Europa. Die Sowjetunion bedrohte schwache Nachbarn, die den sowjetischen Landstreitkräften nichts entgegenzusetzen hatten, sei es allein oder gemeinsam mit anderen. China ist von militärisch bedeutsamen Nachbarn umgeben, darunter Indien, Vietnam, Japan, Russland und die beiden Koreas, von denen jedem allein nur schwer beizukommen wäre, umso weniger wenn sie sich verbünden. Zumindest ist China dadurch zu einer Diplomatie gezwungen, die nicht alle Nachbarn gleichzeitig bedroht.

Während China seine, wie man es dort nennt, »umfassende nationale Stärke« entwickelt, wird seine Militärmacht natürlich zu einer signifikanteren Herausforderung werden, doch verfügen die Vereinigten Staaten in voraussehbarer Zeit noch über einen genügend großen diplomatischen, wirtschaftlichen und militärischen Spielraum, um die Zukunft ohne eine vorbeugende Konfrontation mit China zu gestalten.

Die Frage lautet nicht, ob man sich Versuchen Chinas widersetzen soll, in Asien eine Vorherrschaft auszuüben. Falls dies geschieht, muss etwas dagegen unternommen werden. Doch zu einer Zeit, da die Kapazitäten dafür gar nicht vorhanden sind, welchen Sinn macht es da, eine konfrontative Strategie nur um ihrer selbst willen zu betreiben? Was soll das strategische Ziel sein? Was gewinnt Amerika dadurch, dass es sich Peking gegenüber wie im Kalten Krieg verhält, es sei denn, es lässt den Vereinigten Staaten keine andere Wahl? Inwieweit ist Amerika allein in der Lage, Chinas Wachstum zu verhindern angesichts der fast hundertprozentigen Gewissheit, dass eine solche Politik kaum internationale Unterstützung finden würde? Eine kluge amerikanische Führung sollte das Risiko, nationalistische Gefühle in China anzustacheln, sehr genau dagegen abwägen, was aus kurzfristig angelegten Pressionen zu gewinnen wäre. Selbst unter der Annahme, dass ein neuer Kalter Krieg unvermeidlich sei – eine Ansicht, die ich nicht teile –, sollte eine weise amerikanische Politik die Verantwortung für einen Konflikt lieber Peking anlasten, um eine Isolierung Amerikas zu vermeiden.

Wenn China im Inneren stabil bleibt, ist es zur Großmacht prädestiniert und wird als solche eher in der Lage sein, die Vereinigten Staaten herauszufordern. Aber es wird nicht die einzige sein: Indien, Brasilien und Russland verfügen über ähnliche Optionen und haben dabei in mancherlei Hinsicht weniger Hindernisse zu überwinden. Sollen die Vereinigten Staaten ihre Sicherheit dahingehend definieren, dass es gelte, die Entstehung jeder möglichen Großmacht zu verhindern? Dies würde sie zum Weltpolizisten machen und letztlich die meisten anderen Nationen gegen sich aufbringen. Es würde Amerikas Ressourcen und psychologisches Gleichgewicht erschöpfen, wenn permanente

Interventionen und Kreuzzüge zum charakteristischen Kriterium der amerikanischen Außenpolitik würden – auf dieses Thema werde ich im Schlusskapitel näher eingehen.

Die Chinapolitik sollte von den vertrauten Parolen befreit werden. Die Frage ist nicht, wie die Beziehungen etikettiert werden sollen, sondern welcher Gehalt ihnen gegeben werden kann. Kooperative Beziehungen sind kein Gunsterweis, den ein Land einem anderen erbringt. Vielmehr müssen beide Länder etwas davon haben. Es gibt genügend Kernfragen, an denen man die Ernsthaftigkeit der anderen Seite testen kann. Ein permanenter Dialog zu Themen wie der Zukunft Koreas und der Weiterverbreitung von Atomwaffen und Raketentechnologie könnte die Aussichten einer stabilen Beziehung einer Probe unterziehen. Dann gibt es noch die gesamte Bandbreite der New-Age-Themen: Umwelt, kultureller und wissenschaftlicher Austausch und vieles mehr. Ein permanenter Dialog wäre das beste Mittel, eine stabilere Welt zu schaffen oder zumindest dem amerikanischen Volk und Amerikas Verbündeten zu zeigen, warum dies nicht möglich ist.

Taiwan und China

Unter normalen Umständen sollten sich viele der Fragen, welche die sino-amerikanischen Beziehungen belasten, mit der Zeit von selbst klären. Die innersten Motive Chinas würden zutage treten, und mit zunehmender Erfahrung und Geduld würde sich eine konsistente amerikanische Politik entwickeln. Doch lauert auf der politischen Bühne noch eine Unwägbarkeit, die entweder Peking oder Washington zum Handeln zwingen könnte: die Zukunft Taiwans. Sie ist Gegenstand innenpolitischen Drucks sowohl auf dem chinesischen Festland wie in den Vereinigten Staaten, aber vor allem hängt sie von einem Prozess ab, der eigenen Regeln gehorcht.

Seit dem 17. Jahrhundert zu China gehörig, wurde Taiwan 1895 von Japan annektiert, und zwar, wie sich zeigen sollte, als erster Schritt des späteren Versuchs, das gesamte chinesische Festland zu erobern. 1945 wurde es China von den siegreichen Alliierten des Zweiten Weltkrieges zurückerstattet, nachdem Präsident Roosevelt Taiwan 1943 in Kairo zum Teil Chinas erklärt hatte. 1949, nach dem kommunistischen Sieg auf dem Festland, zog sich Tschiang Kaischek nach Taiwan zurück und machte es zum Sitz seiner nationalistischen Regierung, die den Anspruch erhob, ganz China zu vertreten, und auch von den Vereinigten Staaten als Regierung Gesamtchinas anerkannt wurde, bis 1979 die diplomatischen Beziehungen zwischen Washington und Peking wiederhergestellt wurden. Beim Ausbruch des Koreakriegs 1950 ließ Präsident Truman die 7. US-Flotte in der Straße von Taiwan auffahren, wodurch er eine kommunistische Eroberung der Insel verhinderte und die Vereinigten Staaten gleichzeitig indirekt Partei im chinesischen Bürgerkrieg ergreifen ließ.

Inzwischen war Taiwan zu einem Thema von zutiefst symbolischer Bedeutung für viele Amerikaner geworden. Der Insel fiel nun der gute Ruf zu, den sich die Nationalisten durch ihren tapferen Widerstand gegen den japanischen Imperialismus erworben hatten. Und sie wurde zu einem Symbol für die so genannte China-Lobby, die – schockiert über den kommunistischen Sieg im chinesischen Bürgerkrieg – entschlossen war, diesen Sieg nicht in der Übernahme Taiwans gipfeln zu lassen. Viele – darunter auch jene von uns, die schließlich die Öffnung nach China bewerkstelligten – hegten eine große Sympathie für die Bemühungen der Chinesen auf Taiwan, eine bedeutsame, demokratische Basis für eine autonome Existenz zu schaffen. In den Vereinigten Staaten hat es immer einen breiten Konsens gegen die gewaltsame Angliederung Taiwans an China gegeben.

Doch die Sache besitzt auch für Peking zutiefst symbolischen Wert. In Taiwan begann die Zerstückelung Chinas – es war die erste Provinz, die von den Kolonialisten annektiert wurde. Die Vereinigung mit dem Festland wird sogar von Chinesen, die nicht die Ansichten der regierenden Partei teilen, als »heilige nationale Pflicht« betrachtet, die zwar aus praktischen oder taktischen Gründen hinausgeschoben, aber niemals aufgegeben werden kann.

Während der ersten Jahre nachdem die diplomatischen Kontakte zu Peking erneuert worden waren, stand dieses Thema nicht zur Diskussion. Die Frage, welche Regierung die Vereinigten Staaten »wirklich« anerkannten – Peking oder Taipeh –, wurde im Shanghai-Kommuniqué von 1972 zurückgestellt. Die Beteuerungen der Chinesen beiderseits der Straße von Taiwan, es gebe nur ein China, wurden von den Vereinigten Staaten »anerkannt«, die Versicherung, diese Übereinkunft zu respektieren, gegeben. Seit 1972 hat jeder amerikanische Präsident Amerikas Engagement für die »Ein China«-Politik betont und sich von einer »Zwei China«- oder »Ein China, ein Taiwan«-Politik distanziert. Die ausgeprägteste Bestätigung dieser Politik schlug sich 1982 in einem gemeinsamen Kommuniqué mit Peking während der Reagan-Administration nieder, und auch Präsident Clinton blieb dabei, als er Ende Juni 1998 China besuchte. Seit 1972 hat jeder amerikanische Präsident ebenfalls sein bleibendes Interesse an einer friedlichen Lösung des Problems hervorgehoben – ein Euphemismus für die Abneigung gegen den Einsatz von Gewalt –, desgleichen geschah durch den *Taiwan Relations Act* von 1979, in dem der Grundsatz im amerikanischen Gesetz verankert wurde.

Innerhalb dieses Rahmens ist Taiwan aufgeblüht, ist zur Demokratie geworden und hat an internationalen Foren teilgenommen, die keine formellen zwischenstaatlichen Beziehungen erforderten. Gleichzeitig erkannten die Vereinigten Staaten Peking 1979 als legitime Regierung Chinas an, ebenso die große Mehrheit aller Regierungen der Welt – die meisten bereits vor den USA. Doch gleichzeitig versorgten die Vereinigten Staaten, anders als andere Nationen, Taiwan mit dem Großteil der Verteidigungsgüter, die es benötigte, um sich vor der politischen Kontrolle durch ebenjene Regierung zu schützen, die als legitime Regierung ganz Chinas, einschließlich Taiwans, anerkannt worden war.

Zwar besteht China auf der Wiedervereinigung als einem geheiligten Grundsatz, doch hat es bei mehreren Gelegenheiten seine Bereitschaft zum Ausdruck gebracht, eine endgültige Lösung im Interesse der Beziehungen zu anderen Ländern, insbesondere zu den Vereinigten Staaten, hinauszuschieben, vorausgesetzt, Taiwan erhebe keinen formellen Anspruch auf Souveränität. (Im November 1973 sagte mir Mao, China könne »hundert Jahre darauf warten, dass es zu uns kommt«.[4]) Die Vereinigten Staaten ihrerseits brachten zwar seit 1971 unter jeder – sowohl republikanischen wie auch demokratischen – Regierung immer wieder ihre Abneigung gegen den Einsatz von Gewalt zum Ausdruck, taten dies jedoch ausnahmslos im Rahmen einer »Ein China«-Politik.

Diese stillschweigende Abmachung begann sich zu verwässern, als 1995 Präsident Lee Teng-hui von Taiwan ein Visum zum Besuch der Cornell-Universität im Bundesstaat New York ausgestellt wurde. Dies geschah, nachdem Außenminister Warren Christopher dem chinesischen Außenminister versichert hatte, dass die Politik der Nichtanerkennung Taiwans als souveräner Staat in Kraft bleiben und das Einreiseverbot für führende taiwanesische Politiker bestehen bleiben würde. Die Chinesen reagierten, indem sie Militärübungen und Raketenabschüsse – allerdings ohne Sprengköpfe – in der Straße von Taiwan vornahmen. Dies veranlasste die Vereinigten Staaten, zur Warnung ein aus zwei Flugzeugträgern bestehendes Flottenkommando zu entsenden. Die Krise wurde beigelegt, aber die sino-amerikanischen Beziehungen haben sich davon nie vollständig erholt. Seitdem hat Taiwan einen neuen Präsidenten gewählt, dessen Partei sich für die Unabhängigkeit auszusprechen pflegte, und China hat sich ein wenig zurückgezogen und angedeutet, dass es nur dann zur Gewalt greifen werde, wenn Taiwan formell die Unabhängigkeit erkläre.

Das heikle Thema Taiwan fällt in die Kategorie von Problemen, die – wie die Zukunft Palästinas – nicht von heute auf morgen gelöst werden können. Das Debakel des Nahostgipfels von Camp David im Jahr 2000, der in einer militärischen Auseinandersetzung endete, zeigt, dass selbst die bestgemeinten Bemühungen um eine Lösung, für die die beteiligten Parteien noch nicht reif sind, zu einer Explosion führen können, ja beinahe zwangsläufig führen müssen.

Die Frage ist, wie man mit einem Problem leben kann, das eigentlich behoben werden sollte, aber noch keine abschließende Einigung zulässt. Worum es bei der Sache geht, ist allen klar, und doch wird die Zurückhaltung, die dabei allen Beteiligten abverlangt wird, zunehmend offensichtlicher. Wenn die Vereinigten Staaten weiterhin eine Demontage des »Ein China«-Prinzips betreiben, das erstmals 1943 von Präsident Roosevelt bekräftigt und von allen sechs amerikanischen Präsidenten seit Nixon erneut bestätigt wurde, ist eine militärische Konfrontation wahrscheinlich. Wenn China die Dinge militärisch zur Entscheidung zu bringen versucht, stößt es gewiss auf den Widerstand Amerikas. Wenn Taiwan seine Zurückhaltung aufgibt und die stillschweigende Vereinbarung über den Haufen wirft, die in der Straße von Taiwan jahrzehntelang für Frieden gesorgt hat, entweder vor Ort oder durch geschicktes Lobbying in Washington, wird dies einen Konflikt auslösen, dessen Konsequenzen sich nicht absehen lassen, aber Taiwan langfristig kaum zum Vorteil gereichen werden.

Alle Beteiligten haben ein Interesse daran, die Dinge nicht auf die Spitze zu treiben. Die Vereinigten Staaten müssen dem innenpolitischen Druck widerstehen, das »Ein China«-Prinzip aufzugeben. Diejenigen Gruppen, die durch eine Reihe scheinbar marginaler Abänderungen auf diesen Wechsel der China-Politik drängen, müssen verstehen, dass es zur Explosion kommen kann, weil jeder Schritt in einer Serie von Schritten, die jeweils gerade noch toleriert wurden, ein Schritt zu viel sein kann. Es muss ein ernsthafter Versuch unternommen werden, die Atmosphäre der Konfrontation zu bereinigen. Anzeichen von Zurückhaltung und Flexibilität auf Seiten Pekings sollten als konstruktiv bewertet werden – wie etwa Verlautbarungen des stellvertretenden Ministerpräsidenten Qian Qichen, Taiwan würde nicht mehr als abtrünnige Provinz der Volksrepublik China gesehen, sondern als eine von zwei getrennten (und vermutlich gleichwertigen) Komponenten eines einzigen China. Dieser Gedanke, zusammen mit Chinas oben erwähnter Andeutung, dass es keine Gewalt gebrauchen werde, um die Vereinigung zu bewirken, es sei denn, Taiwan erkläre einseitig seine Unabhängigkeit, verdient sorgfältige Untersuchung.

Gleichzeitig sollte China bedenken – selbst wenn es die These von sich weist, dass die Vereinigten Staaten ein Recht auf Mitsprache bei der Gestaltung der Zukunft Taiwans haben –, dass die verschiedenen US-Präsidenten es durchaus ernst meinten, wenn sie ihr Interesse an einer friedlichen Lösung des Problems bekräftigten. Sie brachten darin nicht nur einen persönlichen Wunsch zum Ausdruck, sondern die mehrheitliche Ansicht der öffentlichen Meinung in Amerika. Welchen rechtlichen Rang die Chinesen diesen Erklärungen auch beimessen mögen, jedenfalls muss sich Peking in Acht nehmen, nicht aufgrund einer Fehlkalkulation in eine Konfrontation mit den Vereinigten Staaten mit all ihren Konsequenzen hineinzuschlittern.

Ein bedeutendes Maß an Verantwortung, was die Zurückhaltung betrifft, fällt auch der taiwanesischen Führung zu. Manche ihrer Unterstützer in den Vereinigten Staaten tun so, als sei es im Interesse Taiwans, die Spannungen zwischen Washington und Peking zuzuspitzen und im Kongress und bei der Regierung auf Maßnahmen im Sinne einer »Zwei China«-Politik zu drängen. Sie stellen sich sehr geschickt dabei an, sich Maßnahmen auszudenken, die Amerikanern als nebensächlich erscheinen mögen, aber Peking verärgern müssen. Eine solche Strategie ist kurzsichtig, denn der bestehende Rahmen ist ganz im Interesse Taiwans. Denn ein Schlüsselfaktor, der Chinas Taiwan-Politik Schranken auferlegt, ist Chinas Interesse an der Beziehung zu den USA. Sollte Taiwan von den Vereinigten Staaten die formelle Anerkennung eines separaten Status erlangen, auf die einige taiwanesische Sprecher und ihre amerikanischen Befürworter hinarbeiten, würde dies das Risiko einer militärischen Konfrontation heraufbeschwören, und eine politische Krise wäre garantiert, die Asien teilen und Taiwans Rolle bei den daraus resultierenden Spannungen zu einem globalen Problem machen würde. Unter solchen Bedingungen wäre Taiwans Lage nicht sicherer, sondern unsicherer.

Indien

Während des Kalten Krieges spielte Indien in der amerikanischen Asienpolitik die meiste Zeit nur eine Statistenrolle, was sich an der Tatsache erkennen lässt, dass es vom US-Außenministerium in seiner Nahost- und nicht in der Ostasienabteilung geführt wurde. In der Tat blickt Indien gleichzeitig in drei Richtungen: nach Norden, wo es China und Russland begegnet, nach Westen, wo es an den Leidenschaften und Rivalitäten des Mittleren Ostens Anteil nimmt, und nach Osten, wo es an die bevölkerungsreichen Staaten Südostasiens mit ihren gewaltigen wirtschaftlichen Ressourcen angrenzt.

Die ganze Zeit über litten Amerikas Beziehungen zu Indien unter der gleichen kulturellen Kluft, die auch für die Beziehungen zu anderen asiatischen Staaten gilt. Im Falle Indiens erscheint dies auf den ersten Blick unerklärlich, denn oberflächlich gesehen scheint alles für ein sehr gutes Verständnis zwischen den beiden Ländern zu sprechen. Indien ist eine Demokratie, es verfügt über das bei weitem am besten funktionierende System von allen Nationen, die nach dem Zweiten Weltkrieg unabhängig wurden. Die herrschende Elite spricht ein ausgezeichnetes Englisch. Der öffentliche Dienst in Indien, obwohl äußerst bürokratisch und von sozialistischen Ideen beeinflusst, die von der London School of Economics herrühren, ist einer der effizientesten unter den Entwicklungsländern. Fast alle politischen Führer haben an westlichen Universitäten studiert. Doch in der Vergangenheit haben Amerikaner große Schwierigkeiten gehabt, mit dem indischen Verständnis von Außenpolitik zurechtzukommen.

Im Süden vom Indischen Ozean, im Norden von den mächtigen Gebirgszügen des Himalaja, im Westen von den fast ebenso gewaltigen Bergen des Hindukusch und im Osten von den Niederungen und Flüssen Bengalens umgrenzt, hat Indien seit Jahrtausenden als eine Welt für sich existiert. Seine vielsprachigen Völker sind Zeugnisse der Wellen von Eroberern, die über die Bergpässe, die angrenzenden Wüsten und gelegentlich auch über das Meer gekommen und über das Land hergefallen sind. Hunnen, Mongolen, Griechen, Perser, Afghanen, Portugiesen und zuletzt die Briten errichteten Königreiche und verschwanden wieder, wobei sie Massen von Menschen zurückließen, die an ihrer jeweils eigenen Lebensweise festhielten.

Anders als die Gesellschaften Nordostasiens, die jede auf eine lange Geschichte nationaler Existenz zurückblicken, entstand Indien in seiner jetzigen Ausdehnung erst 1947 mit dem Ende der britischen Herrschaft. Jahrhundertelang brachte es das erstaunliche Meisterstück zustande, seine Identität ohne einen spezifisch indischen Staat zu behaupten. Während China seine eigenen politischen Institutionen besaß und sich den Eroberern gegenüber im Laufe der Zeit die chinesische Kultur durchsetzte, bis sie schließlich kaum noch von den Chinesen selbst zu unterscheiden waren, hat Indien seinen besonderen Charakter nicht dadurch bewahrt, dass es Ausländer integrierte, sondern dass es sie absonderte. Die indische Gesellschaft mag sich der Gewalt beugen, aber sie hat sich behauptet, weil sie anderen Kulturen gegenüber so gut wie undurchlässig ist.

Wie der Nahe und Mittlere Osten ist Indien die Wiege großer Religionen. Doch anders als der Islam oder das Christentum ist der Hinduismus eine Religion des Erduldens, nicht der persönlichen Erlösung. Stattdessen bietet er den Trost eines unausweichlichen Schicksals. Er akzeptiert keine Konversion; entweder wird man als Hindu geboren, oder man muss für immer auf seine Tröstungen verzichten. Die gesicherte Stellung, die durch das Kastensystem verliehen wird, ist so beherrschend, dass die unteren Kasten lieber in ihrem Stand in der Hindu-Religion verbleiben, als ihm durch Wechsel in eine der vorhandenen egalitären Religionen, wie den Islam oder das Christentum, zu entrinnen. Ausländer können keinen Status in der Hindu-Gesellschaft erlangen, wodurch sie sich einer Fremdherrschaft gegenüber völlig abschotten kann.

Indien wurde in seinen heutigen Grenzen vereinigt, weil Großbritannien dem Subkontinent, der bis dahin lediglich ein religiöser, kultureller und geographischer Begriff gewesen war, eine homogene Regierungs-, Verwaltungs- und Rechtsstruktur verlieh. Es entstand ein auf liberalen Grundsätzen von Demokratie und nationaler Souveränität aufgebauter indischer Staat, auf dem jedoch das Problem seines etwa 100 Millionen starken muslimischen Bevölkerungsteils lastete, der nach der Abtrennung von Pakistan in Indien verblieben war. Für Indien war die Geburt Pakistans eine Herausforderung, nicht nur weil ihm dadurch Territorium verloren ging, das Indien als Teil seines Patrimoniums betrachtete, sondern auch weil die Behauptung, dass Muslime nicht ungestört in Indien leben können, als Zeitbombe und ständiger Unruhefaktor betrachtet wird. Aus diesem Grund verdarb das Militärbündnis der Vereinigten Staaten mit Pakistan während der fünfziger und sechziger Jahre, obwohl gegen China und die Sowjetunion gerichtet, die amerikanisch-indischen Beziehungen.

Doch die eigentliche Ursache für Indiens Zurückhaltung während des Kalten Krieges lag tiefer. Indien hat all die Jahrhunderte überlebt, indem es seine kulturelle Unzugänglichkeit mit einem außerordentlichen psychologischen Geschick im Umgang mit dem Ausland verband. Der passive Widerstand Mohandas Gandhis gegen die britische Herrschaft legte die außerordentlichen moralischen Eigenschaften des Mahatma zutage, und er war auch die effektivste Methode, die Imperialmacht zu bekämpfen, indem er die Werte der britischen Gesellschaft im 20. Jahrhundert gegen sie wandte. Während des Kalten Krieges erklärte sich Indien zum neutralen moralischen Schiedsrichter der Weltpolitik, und viele amerikanische Intellektuelle akzeptierten, dass es einen höheren moralischen Standard als die Supermächte anstrebte. Doch die logischste Erklärung für die Ablehnung der »Machtpolitik des Kalten Krieges«, wie Indien es nannte, war der, dass im Ost-West-Konflikt kein nationales Interesse

Indiens auf dem Spiel stand. Um der Freiheit Berlins willen, um nur ein Beispiel zu nennen, hätte Indien es nicht riskiert, die Feindschaft der nur einige hundert Kilometer entfernten Sowjetunion auf sich zu ziehen und ihr damit einen Anlass zu liefern, sich mit Pakistan zu verbünden. Auch wollte es wegen eines demokratischen Israel nicht den Hass der Muslime auf sich lenken; und in der Tat, während der radikalsten antiwestlichen Phase der Herrschaft Gamal Abdel Nassers war Jawaharlal Nehru ein getreuer Freund Ägyptens. Während des Vietnamkrieges war der totalitäre Charakter des Regimes in Hanoi kein Hindernis für Indien, Nordvietnam rhetorisch politische Unterstützung zu leisten. Indiens Führer waren entschlossen, sich nicht von den radikalen Tendenzen in den Entwicklungsländern zu isolieren. Und sie verkalkulierten sich nicht, wenn sie glaubten, dass Indien aufgrund seiner demokratischen Institutionen und gehobener Rhetorik genügend Freunde in liberalen und intellektuellen Kreisen innerhalb der Vereinigten Staaten hätte, um die Irritationen auf amerikanischer Seite in Grenzen zu halten.

In der Tat unterschied sich Indiens Verhalten während des Kalten Krieges gar nicht so sehr von demjenigen der Vereinigten Staaten in ihren Entstehungsjahren. Wie die amerikanischen Gründungsväter glaubte Indiens Führung aus der Nehru-Dynastie, sie würden ihr junges Land am besten dadurch schützen, dass sie es aus Streitigkeiten heraushielten, die seine vitalen Interessen nicht berührten. Und wiederum wie die Vereinigten Staaten wandte Indien seine Abneigung gegen Machtpolitik nicht auf diejenige Region an, die seine unmittelbaren Sicherheitsinteressen berührte. Was immer die Vereinigten Staaten im 19. Jahrhundert zur europäischen Machtpolitik proklamierten, hielt sie nicht davon ab, gegen Mexiko oder in der Karibik Gewalt anzuwenden. Ebenso wenig zögerte Indien, in Sikkim, Goa, Sri Lanka, Bangladesch und Nepal auf seine Macht zu pochen. Und Indien arbeitete mindestens 25 Jahre an einem Nuklearwaffenprogramm, das 1998 in Atomwaffentests kulminierte.

Als Präsident Clinton 1999 Indien besuchte, sprach er mit einiger Beredsamkeit von den Banden der gemeinsamen demokratischen Grundlagen, gleichzeitig belehrte er seine Gastgeber jedoch über die Sinnlosigkeit ihres Nuklearwaffenprogramms. Keines von beidem dürfte die Basis einer neuen Beziehung bilden. Indien wird weder eine Außenpolitik im Geiste Wilsons einschlagen, noch wird es sein Nuklearwaffenprogramm aufgeben.

Die indische Außenpolitik lässt sich am besten verstehen, wenn man sie in Analogie zu derjenigen der Briten betrachtet, als diese das Land beherrschten. Und diese Politik wurde in der Tat zunächst in Kalkutta formuliert (dem ersten Regierungssitz) und dann, ab 1934, in Neu-Delhi. Sie begründete die Sicherheit Indiens auf der Seemacht im Indischen Ozean, auf befreundete oder zumindest nicht bedrohliche Regime von Singapur bis Aden und auf ebensowenig feindliche Regime am Khyberpass und im Himalaja. Im Norden hatte Britannien auf der McMahon-Linie etwas jenseits der historischen Grenzen zwischen China und dem indischen Subkontinent bestanden. Das kaiserliche China akzeptierte diese Demarkationslinie nie, war aber zu schwach, um dagegen vorzugehen. Das kommunistische China forderte die traditionelle Grenze zurück und kämpfte 1962 dafür. Das Problem ist bis heute ungelöst.

In dem Bogen von Singapur bis Aden verlaufen die amerikanischen und indischen Interessen ziemlich parallel. Keines der beiden Länder sähe es gerne, wenn ein fundamentalistischer Islam die Region beherrschen würde, wenn dieser Haltung auch unterschiedliche Motive zugrunde liegen. Mit Rücksicht auf seine innenpolitischen Verhältnisse sorgt sich Indien eher wegen des afghanischen als wegen des iranischen Fundamentalismus und weit mehr wegen der finanziellen Unterstützung der Fundamentalisten durch die Saudis als wegen Saddam Husseins Unversöhnlichkeit. Zumindest aus taktischen Gründen präsentiert sich Indien als potenzieller Vermittler zwischen den Vereinigten Staaten und den Radikalen am Persischen Golf. Dies könnte seine Vorteile haben, solange es ein klares Übereinkommen darüber gibt, wo die Grenzen der Toleranz liegen.

Das Gleiche gilt für die Region zwischen Indien und Singapur. Dort dürfte sich, mit Chinas wachsender Stärke und Japans wachsendem Selbstbewusstsein, eine Dreiecks- oder, wenn Indonesien sich konsolidiert, sogar eine vierseitige Rivalität entwickeln. Das Hauptinteresse Amerikas besteht darin, eine Hegemonie durch einen der Beteiligten zu verhindern; es handelt sich um das klassische Problem der Balance of Power. Es gibt also Möglichkeiten einer engen Zusammenarbeit – vorausgesetzt, Indien lässt sich von seiner zunehmenden militärischen Stärke nicht mitreißen und die Vereinigten Staaten sind in der Lage, eine Politik des Gleichgewichts für diese Region zu formulieren.

Im Norden, im Himalaja, besteht für die Vereinigten Staaten kein nationales Interesse, das sie veranlassen könnte, sich in die Grenzstreitigkeiten zwischen China und Indien hineinziehen zu lassen, solange keine der beiden Seiten ihr Ziel mit Waffengewalt zu erreichen versucht. Es handelt sich hier um ein Problem, für das die Vereinigten Staaten ihre Beziehungen zu keiner der beiden Seiten aufs Spiel setzen sollten. Dies ist ein klassischer Fall der Notwendigkeit, die Grenzen amerikanischer Interessen zu erkennen.

Die Beziehungen zwischen China und Indien gehen die Vereinigten Staaten nur insoweit etwas an, als einer der beiden Staaten versuchen sollte, den anderen zu dominieren. Die USA sollten es vermeiden, ihre Einwände gegen das indische Atomprogramm auf gemeinsamen Foren mit China vorzubringen – wie es während der Clinton-Ära geschah –, als sie den Anschein erweckten, als übten sie eine Art nuklearer Bevormundung über den indischen Subkontinent aus. Andererseits liegt es auch nicht in Amerikas Interesse, sich mit Indiens Rechtfertigung einverstanden zu erklären, sein Atomprogramm sei nötig, um China in Schach zu halten.

Das indische Atomwaffenprogramm wurde während der letzten beiden Jahre der Clinton-Regierung sogar zum Hauptstreitpunkt zwischen Indien und den Vereinigten Staaten. Die erste Reaktion Amerikas auf die indischen Atomtests klang in den Worten Präsident Clintons höchst emotional:

»Zu denken, dass man an der Schwelle zum 21. Jahrhundert seine Größe durch ein Verhalten unter Beweis stellen muss, das an die schlimmsten Ereignisse des 20. Jahrhunderts erinnert, wenn alle anderen versuchen, das Atomzeitalter hinter sich zu lassen, ist schlichtweg falsch. Und sie brauchen es bestimmt nicht, um ihre Sicherheit zu wahren.«[5]

Jede Analyse muss mit der Erkenntnis beginnen, dass das nukleare Wettrüsten auf dem Subkontinent eine lange Geschichte hat, Indien zündete seine erste Atombombe 1974. China testete seine erste Atomwaffe 1964. Als Außenminister gelang es mir 1976 nicht, Pakistan von seinem im Anfangsstadium stehenden Atomprogramm abzubringen. So zeigen uns die Atomversuche, dass es trotz der viel beschworenen Globalisierung geopolitische Realitäten gibt, die modische Träumereien von einer Universalität ad absurdum führen.

Indien und Pakistan testen Atomwaffen, da sie beide nun mal in einer sehr prekären Nachbarschaft leben und sie ihr Überleben nicht von Ermahnungen aus Ländern abhängig machen wollen, die ihre Sicherheit selbst auf Atomwaffen stützen. Während die Vereinigten Staaten allen Grund haben, Ziele der Nichtweiterverbreitung zu verfolgen, haben die Ministerpräsidenten von Indien und Pakistan gleichermaßen ihre Gründe, wenn sie ihre eigenen atomaren Ziele verfolgen. Daher sollte Amerika nicht mehr versuchen, Indien und Pakistan von ihren Atomprogrammen abzubringen, sondern sie zu Partnern in einem Programm der nuklearen Zurückhaltung und des Abbaus politischer Spannungen in Südasien zu machen.

Es gibt mindestens drei Motive, warum Staaten Atomwaffenprogramme auflegen:

- Der Wunsch, eine Weltmacht zu sein, der auf dem Glauben beruht, dass ein Staat, der nicht in der Lage ist, sich gegen die gesamte Skala möglicher Gefahren zu wehren, keine Weltmacht sein kann. Ein solcher Staat wird sich sowohl Atomwaffen zulegen als auch die Fähigkeit anstreben, jeden möglichen Gegner zu erreichen. Um sich ihren besonderen Status zu bewahren, werden sich diese

Staaten am wenigsten auf die Weitergabe von Atomwaffen einlassen, außer wenn, wie im Fall Russlands, die Disziplin zusammengebrochen ist. Sie sind auch am wenigsten durch Sanktionen angreifbar, weil die anderen Weltmächte ihre Kooperation auf anderen Gebieten schätzen. Indien fällt in diese Kategorie.

- Staaten, die sich durch einen Nachbarn mit größerer Bevölkerung und reicheren Ressourcen bedroht fühlen, könnten in Atomwaffen ein Mittel sehen, sich diesem Nachbarn gegenüber als untragbares Risiko darzustellen oder eine Abschreckung gegen Bedrohungen ihres Überlebens zu schaffen. Dies ist besonders dann der Fall, wenn der Nachbar selbst über Atomwaffen verfügt. Solche Staaten könnten nur dann davon abgehalten werden, eigene Atomwaffen zu entwickeln, wenn ihnen eine bereits existierende Atommacht eine glaubhafte Garantie gibt. Doch es ist ebenso unwahrscheinlich, dass eine solche Garantie erteilt würde, wie dass man ihr Glauben schenkt. Israel und Pakistan fallen in diese Kategorie.
- Nationen, die entschlossen sind, das Machtgleichgewicht in ihrer Region zu stören und in Atomwaffen ein Mittel sehen, ihre Nachbarn einzuschüchtern und von einer Intervention von außen abzuschrecken. In diese Kategorie fallen der Irak, Nordkorea und andere so genannte Schurkenstaaten.

Von einem allgemeinen Konsens, »das Atomzeitalter hinter uns zu lassen«, sind wir also noch weit entfernt. Diejenigen Länder, die auf Atomwaffen verzichtet haben, befinden sich zumeist in Lateinamerika und Afrika oder im Südpazifik, außerhalb der Reichweite der großen Atommächte, und haben weder mit diesen noch untereinander größere Konflikte. Doch in den explosiven Regionen Süd- und Nordostasiens, des Nahen Ostens und des Persischen Golfs herrschen gegenläufige Tendenzen.

Die Vereinigten Staaten müssen ihr Äußerstes unternehmen, um die Verbreitung der Atomwaffentechnologie zu verhindern. Doch nachdem die Weiterverbreitung einmal stattgefunden hat, sollten sie nicht gegen Windmühlenflügel ankämpfen. Amerika sollte die Nichtweitergabe in Beziehung zu anderen Zielen setzen und zwischen Ländern unterscheiden, deren Aktivitäten keine Bedrohung amerikanischer Interessen oder des Weltfriedens darstellen, und solchen, die ein Atomwaffenprogramm starten, um das Gleichgewicht zu stören. Des Weiteren sollte es zwischen solchen Staaten unterscheiden, die bereit sind, sich einem System der Nichtweitergabe von Atomwaffen anzuschließen, und anderen, denen die Weitergabe entweder gleichgültig ist oder die sie sogar unterstützen. Indien und Pakistan sollten sich verpflichten, weder Atom- noch Raketentechnologie weiterzugeben. Sie sollten auch demonstrieren, dass sie sich glaubhaft bemühen, die Spannungen untereinander abzubauen. Als zweites Ziel sollte sich eine tatkräftige Diplomatie sowohl den politischen Fragen als auch den Fragen der Waffenkontrolle, die den Subkontinent betreffen, widmen. Den Schutz der Zweitschlagfähigkeit und die Verhinderung von Unfällen gilt es sicherzustellen. Doch die Vereinigten Staaten haben auch andere gemeinsame Interessen mit Indien, die durch Überbetonung der Atomfrage nicht gefährdet werden dürfen.

Die Herausforderung besteht nicht darin, jahrzehntealte Debatten aufzufrischen, sondern die indisch-amerikanische Beziehung auf ein neues Fundament zu stellen. Denn unter den Bedingungen nach dem Ende des Kalten Krieges liegt die enge Zusammenarbeit beider Länder in ihrem gegenseitigen und grundlegenden Interesse.

Wie geht es weiter?

Amerikas Asienpolitik sollte sich von oberflächlichen Parolen befreien und auf der Basis einiger der folgenden Operationsgrundsätze zu handeln beginnen:

Erstens liegt Amerikas nationales Interesse in Asien darin, die Beherrschung des Kontinents durch eine einzige

Macht – besonders eine feindselige – zu verhindern, sich des Beitrags asiatischer Staaten zur allgemeinen globalen Prosperität zu versichern und die innerasiatischen Konflikte abzumildern. Allen diesen Interessen ist am meisten gedient, wenn die Option konstruktiver Beziehungen zu allen diesen Ländern offen gehalten wird, ohne eines von ihnen von vornherein zum Gegner zu erklären, es sei denn, sein Verhalten lässt uns keine andere Wahl.

Zweitens besteht für die Vereinigten Staaten der beste Weg zur Verteidigung Asiens gegen *jede* hegemoniale Bedrohung darin, weiterhin eine überlegene Streitmacht zu unterhalten und eine Außenpolitik zu betreiben, die mit den nationalen Zielen derjenigen bedeutenderen asiatischen Länder kompatibel ist, deren Ziele kompatibel mit den eigenen sind. Eine militärische Verteidigung des asiatischen Machtgleichgewichts setzt voraus, dass die Nationen Asiens ein Gleichgewicht halten, das verteidigt werden kann, und dies sicherzustellen wird viel stärkere politische Bemühungen erfordern, als dies in Europa der Fall war.

Drittens bleibt das Bündnis mit Japan die Grundlage der amerikanischen Asienpolitik. Besondere Sorgfalt muss darauf verwandt werden, Japans Führung glaubhaft zu versichern, dass die Vereinigten Staaten keinen wichtigeren Partner in Asien haben und dass Japan über eine gewichtige Stimme bei der Gestaltung der amerikanischen Politik verfügt. Das Problem des Zugangs zu Energieträgern wird eine hohe Priorität gewinnen und vielleicht zur Konkurrenz führen. Diese Themen müssen Gegenstand jedes Dialogs werden.

Viertens ist ein ähnlicher Dialog mit Indien erforderlich, besonders was die Region von Singapur bis Aden betrifft. Amerikas Interesse ist hauptsächlich geopolitischer Art; ebenso sehr ist Indien um die Auswirkungen von Ereignissen in der islamischen Welt auf die eigene Bevölkerung besorgt. Die Vereinigten Staaten haben die größten Probleme mit dem Iran und dem Irak; Indien ist mehr auf Afghanistan und die Unterstützung fixiert, die die Taliban von Saudi-Arabien erhalten, mit dem wiederum Amerika verbündet ist. Nichtsdestoweniger sind die Bedingungen für einen konstruktiven strategischen Dialog gegeben.

Fünftens sollten die sino-amerikanischen Beziehungen, insofern sie durch die amerikanische Politik beeinflusst werden können, auf der Einsicht basieren, dass China aufgrund seiner Bevölkerung, Geschichte, Kultur und geographischen Lage unverzichtbarer Bestandteil einer konstruktiven Asienpolitik ist, und dies erfordert eine beständige Politik und keine Parolen. Konfrontation sollte ein letztes Mittel, keine bevorzugte Option sein. Eine konstruktive Beziehung zwischen den Vereinigten Staaten und China ist keine Gunst, die das eine Land dem anderen erweist, und sie wird den Belastungen der Zukunft nur widerstehen, wenn sie auf einem Konzept gemeinsamen Interesses basiert. Ein fortlaufender geopolitischer Dialog zwischen China und den Vereinigten Staaten ist daher unumgänglich – um eine sicherere internationale Ordnung zu schaffen, falls er erfolgreich ist, oder um der amerikanischen Öffentlichkeit und Amerikas Verbündeten zu zeigen, dass Washington es wenigstens versucht hat, sollte er fehlschlagen. Die Herausforderung besteht nicht darin, nur klangvolle Worte zu finden, um den Dialog zu etikettieren, sondern darin, ihm einen für die Zukunft relevanten Gehalt zu verleihen. Die Vereinigten Staaten und China, das technologisch fortgeschrittenste und das bevölkerungsreichste Land der Welt, haben eine besondere Verpflichtung, ihre Differenzen beizulegen und parallele Interessen zu identifizieren. Obwohl keine der beiden Seiten viel Erfahrung im langfristigen Umgang mit Großmächten von gleicher Statur und auf einer Grundlage der Gleichheit besitzt, haben sie keine bessere Option. Denn in dem Maße, wie sich China entwickelt und die Skala seiner internationalen Interessen erweitert, wird es den beiden Ländern obliegen, miteinander in Regionen wie Zentralasien, dem Mittleren Osten – speziell im Iran – und Korea zu interagieren. Konfrontation würde eine Lage herbeiführen, in der beide verlieren. Amerika hat nichts zu gewinnen, wenn es vorbeugend auf Konfrontationskurs geht, denn es hält für jede vorhersehbare Situation starke Karten in der Hand.

Sechstens haben der Besuch des südkoreanischen Präsidenten Kim Dae Jung in Pjöngjang und Washingtons Flirt mit Nordkorea auf der koreanischen Halbinsel eine neue Phase eröffnet. Das wäre kaum möglich gewesen ohne Chinas Einwilligung, wenn nicht gar Ermutigung, und auch Verständnis und Unterstützung seitens Japans sind erforderlich. Nun, da der Prozess im vollen Gange ist, wird er sich in bis dato unvorhersehbare Richtungen entwickeln, und das wird ein höchstes Maß an Koordination zwischen Washington, Peking, Moskau und vor allem Seoul erfordern, wie bereits in dem entsprechenden Kapitel beschrieben.

Siebtens haben die Vereinigten Staaten ein nationales Interesse daran, die weitere Ausbreitung von Atomwaffen zu verhindern oder zumindest zu begrenzen und hierzu die Staaten Asiens heranzuziehen. China ist bereits einer Reihe internationaler Abkommen beigetreten, die die Verhinderung der Weiterverbreitung von Atom- und Raketentechnologie zum Inhalt haben. Es hat sich einverstanden erklärt, die Zusammenarbeit mit dem Iran auf dem Nuklear- und Raketensektor einzustellen. Weitere Schritte sind notwendig, besonders bilaterale Abkommen mit Indien und Pakistan über strengere Kontrollen beim Export von nuklearem, chemischem und biologischem Material.

Achtens kann eine Weltordnung – oder asiatische Ordnung – nicht aus einer Strategie des Gleichgewichts allein entstehen, aber ohne diese Strategie auch nicht. Und um das Machtgleichgewicht in Asien zu erhalten, ist eine zusammenhängende Beurteilung der Zukunft der Region erforderlich. Die Vereinigten Staaten müssen unter den verschiedenen politischen Konstellationen, die sich in Asien bilden, mit Umsicht, Ausdauer und einer festen, langfristigen Perspektive agieren. Sie müssen präsent sein, ohne den Anschein der Dominanz zu erwecken. Sie sollten eine größere Rolle bei der Bewältigung von Gefahren spielen, ohne selbst zum Brennpunkt jeder Kontroverse zu werden.

Jeder ernsthafte Dialog mit den Nationen Asiens darf auch am Thema der Menschenrechte nicht vorbeigehen. Sogar die »realistischsten« amerikanischen Regierungen müssen solche Ziele verfolgen, allerdings nicht als Instrument der Bevormundung, sondern als Ausdruck der höchsten Werte und Bedürfnisse Amerikas. Keine Regierung, die es versäumt, dieser Realität Rechnung zu tragen, kann auf dauerhafte öffentliche Unterstützung zählen. Der amerikanische Präsident spricht für alle Amerikaner, wenn er, mit gebührendem Respekt vor dem Nationalstolz anderer Gesellschaften, diese Interessen hervorhebt. Kein asiatischer Staat, der weiß, was für ihn gut ist, sollte sie auf die leichte Schulter nehmen.

Der Nahe Osten und Afrika: Welten im Übergang

Der emotionale Anstoß für die Konflikte des Nahen und Mittleren Ostens entspringt Kräften, die mit jenen vergleichbar sind, die im Europa des 17. Jahrhunderts herrschten. Unterschiedliche religiöse wie ideologische Überzeugungen reißen die Region auseinander. Das herausragendste Beispiel ist der arabisch-israelische Konflikt, doch die Risse innerhalb der islamischen Welt sind nicht weniger tief, wenn auch nicht so offensichtlich. Die Vereinigten Staaten haben einen Großteil ihrer diplomatischen Bemühungen in der Region dafür aufgewandt, arabisch-israelische Spannungen zu lösen. Doch die Herausforderungen am Golf und die Entstehung eines fundamentalistischen Iran, um nur zwei Beispiele zu nennen, stellen eine ebenso große direkte Bedrohung der Sicherheit und des Wohlstands Amerikas dar, wenn nicht gar, langfristig gesehen, eine noch größere.

Die Ironie der Rolle Amerikas im arabisch-israelischen Konflikt liegt darin, dass der im letzten Jahr der Clinton-Administration unternommene Versuch, ihn ein für alle Mal zu lösen, dahin geführt hat, dass er jetzt kaum noch lösbar ist. Israel sucht die Anerkennung seines Anspruchs auf Heimat, eines Anspruchs, der auf biblische Zeiten zurückreicht und ein symbolisches Ende der Verfolgungen bedeutet, die das jüdische Volk zwei Jahrtausende lang erdulden musste und die im Holocaust gipfelten. Den Arabern dagegen – und besonders den Palästinensern – erscheinen Israels Ziele als Aufforderung zur Einwilligung in die Amputation ihres kulturellen, religiösen und territorialen Erbes.

Ein derartiger Konflikt wird selten durch einen Kompromiss aufgelöst – jedenfalls nicht innerhalb der engen zeitlichen Grenzen eines amerikanischen Wahljahres; vielmehr endet er im allgemeinen aufgrund physischer und psychischer Erschöpfung. Es ist unwahrscheinlich, dass er durch ein Abkommen – wenn es denn dazu kommen sollte – definitiv beigelegt werden kann. Der realistischste Ansatz wäre noch die Definition einer Koexistenz. Der Versuch, weiter zu gehen, fordert nur den Ausbruch von Gewalt heraus, so wie nach dem Gipfeltreffen von Camp David im Juli 2000 zwischen Präsident Clinton, dem israelischen Ministerpräsidenten Ehud Barak und dem Vorsitzenden der Palästinensischen Befreiungsorganisation (PLO), Jassir Arafat. Die Herausforderung besteht nun darin, ob die Koexistenz durch Verhandlungen zustande kommt oder ob sie sich aus weiteren Kraftproben der Art ergeben wird, die, in einer vergleichbaren Epoche in Europa, den Dreißigjährigen Krieg auslösten.

Währenddessen wird die muslimische Welt von ihren eigenen Schismen zerrissen. Einige stellen eine Fortsetzung des historischen Konflikts zwischen den Zivilisationen am Nil und in Mesopotamien dar; zwischen radikalen säkularen Regimen wie dem des Irak und moderaten säkularen Regimen wie dem Ägyptens; zwischen Fundamentalisten, von denen die Regierung des Iran am bedeutendsten ist, und säkularen Regimen wie demjenigen Syriens; zwischen halbfeudalen Regierungen wie denjenigen Saudi-Arabiens und der Golfstaaten und begehrlichen, moderneren Nachbarn; zwischen Arabern und Persern; und zwischen dem sunnitischen und dem schiitischen Zweig des Islam.

In den vergangenen drei Jahrzehnten hat es mehr und bei weitem blutigere Kriege zwischen muslimischen Ländern als zwischen Israel und der muslimischen Welt gegeben. Jeder dieser innerislamischen Konflikte hat seine eigenen internen Abstufungen und Spannungen gehabt. Zeitweise war der Iran die Geißel der Golfstaaten und Saudi-Arabiens (wobei die Furcht der Golfstaaten so groß ist, dass sie sie nicht einmal einzugestehen vermögen). Sich selbst sieht der Iran durch den säkularen Irak und einen Fundamentalismus, wie den der Taliban in Afghanistan, bedroht; ein Fundamentalismus, der noch leidenschaftlicher ist als der eigene und der die Sicherheit des Irans nicht mehr nur im nordöstlichen Teil, sondern zunehmend auch vom Südosten her, nämlich über Pakistan, gefährdet. Für den Westen ist der Dreh- und Angelpunkt die Türkei, die stärkste Militärmacht in der Region, mit dem Westen verbündet, israelfreundlich und, aufgrund der geographischen Schlüssellage, wichtig für alle widerstreitenden Kräfte.

Auf diesem Ozean der Leidenschaften suchen die Vereinigten Staaten nach einem verlässlichen Kurs. Nur wenige ihrer traditionellen Navigationshilfen sind hier von großem Nutzen. Bei den Konflikten in dieser Region geht es nicht um Demokratie, weil außer Israel keiner der Beteiligten demokratisch ist. Dadurch sind die Vereinigten Staaten gezwungen, mit einer Reihe von Staaten allein auf der Grundlage gemeinsamer Sicherheitsinteressen zusammenzuarbeiten. Tatsache ist ganz einfach, dass die demokratischen Industriestaaten es nicht zulassen dürfen, dass ihnen der Zugang zum Golf-Öl verweigert wird, oder ruhig zusehen können, dass der Golf von einem Land oder einer Gruppe von Ländern kontrolliert wird, die unserem Wohlergehen gegenüber eine feindliche Haltung einnehmen.

Allerdings befindet sich der Begriff der »Feindseligkeit« ebenso im Fluss wie die Region selbst. Bis in die späten siebziger Jahre war der Iran die Stütze der amerikanischen Sicherheitspolitik am Golf; eine innere Revolution, die die Vereinigten Staaten weder verhindern noch deren sie Herr werden konnten, ließ dann das Land für die gesamte Region zu einem Sicherheitsrisiko ersten Ranges werden. Die Aufgabe, die Interessen des Westens am Golf zu schützen, wurde noch dadurch kompliziert, dass der Irak, der zweitgrößte Staat in der Region, nach dem Ende seines Krieges gegen den Iran 1988 ebenfalls wieder zum Gegner wurde. So muss also die Sicherheit am Golf einem Umfeld abgerungen werden, in dem die beiden stärksten Länder den schwächsten und strategisch am gefährdetsten gelegenen Ländern gegenüberstehen – nicht gerade eine beneidenswerte Aufgabe.

Der arabisch-israelische Konflikt

Bis zum Jahr 2000 hatte sich die Welt derart an den so genannten Nahost-Friedensprozess gewöhnt, dass sie fast vergessen hatte, wie quälend und bitter die Geschichte gewesen war, mit der alles angefangen hatte. Wenn die Bestrebungen eines Volkes, das seine Urheimat zurückfordert, auf die Ressentiments der Menschen stoßen, die in der Zwischenzeit dort gelebt haben, ist eine gemeinsame Gesprächsgrundlage nur schwer zu finden, und dies umso mehr, wenn der Versuch unternommen wird, den Glauben der Vorväter mit der Moderne in Einklang zu bringen.

In den arabisch-israelischen Verhandlungen führt das zwangsläufig dazu, dass territoriale und strategische Themen – also die üblichen diplomatischen Fragestellungen – mit den Gesetzen von Ideologie, Religion und Legitimität – den theologischen Fragestellungen – vermischt werden. Israel wird von den arabischen Staaten zu etwas Greifbarem aufgefordert, nämlich erobertes Territorium zurückzugeben, und zwar im Austausch dafür, dass die arabischen Staaten das bloße Existenzrecht Israels anerkennen, wobei es sich um einen widerruflichen Akt handelt. Der *Ausgangspunkt* der meisten Verhandlungen – dass nämlich überhaupt erst einmal die legitime Existenz der Parteien akzeptiert wird – läuft hier auf das ungewisse *Ergebnis* der arabisch-israelischen Friedensdiplomatie hinaus.

Das Haupthindernis eines Fortgangs der Friedensdiplomatie sind die unterschiedlichen Konzeptionen der Verhandlungspartner. Israelis und Amerikaner sehen den Frieden als einen Zustand der Normalität, in dem Ansprüche erlöschen und ein dauerhafter Rechtsstatus festgelegt ist – mit anderen Worten, sie stützen sich auf Begriffe der liberalen Demokratie des 20. Jahrhunderts. Die Araber hingegen und besonders die Palästinenser betrachten allein die Existenz Israels als ein Eindringen in »heiliges« arabisches Territorium. In Ermangelung einer besseren Alternative mögen sie territoriale Kompromisse akzeptieren, diese jedoch in der gleichen Weise sehen, wie Frankreich 1870 die Annexion Elsass-Lothringens hinnahm – als eine Notlösung, erleichtert durch die Entschlossenheit, auf eine Gelegenheit zu warten, bis das Verlorene zurückgewonnen werden kann. (Um fair zu sein, auch der israelische Diskurs ist nicht frei von geistlicher Rhetorik, zum Beispiel was die Unteilbarkeit Jerusalems betrifft.)

Diese unterschiedlichen Standpunkte haben die arabisch-israelischen Verhandlungen seit der Gründung des jüdischen Staates überschattet. Als Israel 1948 auf der Grundlage eines Planes der Vereinten Nationen, der auf der im Jahr zuvor erfolgten Aufteilung des britischen Mandatsgebiets Palästina fußte, gegründet wurde, antworteten die arabischen Nachbarn mit einer Invasion des gerade erst aus der Taufe gehobenen Staates. Israel gewann diesen Krieg und konnte in dessen Verlauf sein Staatsgebiet nahezu verdoppeln, indem es die im Wesentlichen unbesiedelte Negev-Wüste eroberte. Die Kämpfe wurden durch einen Waffenstillstand, aber ohne Friedensabkommen beendet. Doch alle arabischen Staaten weigerten sich weiterhin, Israel anzuerkennen, und machten sich daran, es mit Wirtschaftsboykotts und sporadischen Guerillaaktionen in die Knie zu zwingen.

Sieben Jahre vergingen, bis erste Verhandlungsversuche unternommen wurden. 1954/55 wurden unter britischer Ägide erste Friedensfühler zu Ägyptens Staatspräsident Gamal Abdel Nasser ausgestreckt. Er verlangte Israels Rückzug auf die Grenzen von 1948 und die Rückkehr aller palästinensischen Flüchtlinge in ihre Heimat. Ägyptens Gegenleistung sollte in der Anerkennung Israels bestehen (obwohl sich Nasser in dieser Beziehung etwas vage ausdrückte). Israel wurde also aufgefordert, die Hälfte seines Territoriums aufzugeben und es für die Anerkennung seiner Existenz riskieren, von den rückkehrenden Flüchtlingen erdrückt zu werden – an einem solchen Punkt sollte die eigentliche Diplomatie, wie bei anderen Ländern, erst beginnen und nicht enden.

In ähnlicher Weise ging es zwei Jahrzehnte lang weiter. 1967 löste Nasser einen Krieg aus, indem er die Hafenstadt Elat – Israels einzigen Zugang zum Roten Meer – blockierte und den Rückzug der UN-Streitkräfte erzwang, die nach der Suezkrise von 1956 auf ägyptischer Seite an der internationalen Grenze zwischen Israel und Ägypten postiert worden waren. Nachdem es gesiegt hatte, verdoppelte Israel wiederum sein Territorium, indem es die Halbinsel Sinai, das Westjordanland und die Golan-Höhen besetzte. Im Gefolge dieses Debakels begannen sich die arabischen Staaten allmählich auf Verhandlungen auf der Basis der Grenzen von 1967 hinzubewegen, die zu akzeptieren sie sich vor dem verlorenen Krieg geweigert hatten. Weil sie jedoch immer noch nicht bereit waren, Israel anzuerkennen, lehnten sie direkte Verhandlungen ab; allerdings gab es sporadische Kontakte über Vermittler, vor allem die Vereinigten Staaten.

1973 brach der so genannte Jom-Kippur-Krieg aus, als Ägypten und Syrien Israel am höchsten jüdischen Feiertag angriffen. Israel gewann den Krieg wiederum, allerdings weniger entscheidend als zuvor und unter schwereren Opfern. Die Vereinigten Staaten nutzten den Einfluss, den sie während des Krieges gewonnen hatten, um drei Abkommen zwischen den Kriegsparteien zu vermitteln – zwei zwischen Israel und Ägypten, das dritte zwischen Israel und Syrien. Dabei wurden Trennlinien zwischen den Streitkräften beider Seiten gezogen und der Truppenaufmarsch beiderseits dieser Linien begrenzt, um die Gefahr von Überraschungsangriffen zu reduzieren. Das zweite Sinai-Abkommen enthielt auch politische Elemente hinsichtlich des Inhalts eines Friedensvertrages. Doch die Festlegung auf eine gegenseitige Nichtanerkennung war zwischen den Parteien noch so unerbittlich, dass die Verhandlungen ausnahmslos durch einen amerikanischen Vermittler geführt werden mussten. Die beiden Seiten trafen nie direkt zusammen, außer auf militärischer Ebene ganz am Ende der Verhandlungen, um die erforderlichen Dokumente zu unterzeichnen; nur das zweite Sinai-Abkommen erhielt die Unterschriften von politischen Führern, und diese wurden dem Dokument jeweils getrennt angefügt.

Erst der ägyptische Präsident Anwar as-Sadat brachte den entscheidenden Durchbruch in der Friedensdiplomatie mit seinem dramatischen Jerusalem-Besuch im Jahr 1977. Er war der einzige arabische Führer der damaligen Zeit, der verstand, dass für die Israelis das Problem des Friedens größtenteils psychologischer Natur war. Nachdem Israel seit seiner Gründung aufgrund der Nichtanerkennung durch seine Nachbarn quasi eine Ghetto-Existenz geführt hatte, war es nun bereit, einen hohen Preis für die immateriellen Werte der Anerkennung und diplomatischen Normalisierung zu zahlen.

Der von US-Präsident Jimmy Carter auf dem ersten Camp-David-Gipfeltreffen von 1978 vermittelte israelisch-ägyptische Friedensvertrag zwischen Sadat und dem israelischen Ministerpräsidenten Menachem Begin sah den Rückzug Israels von der Halbinsel Sinai, die Normalisierung der Beziehungen zwischen Israel und Ägypten und die Demilitarisierung des Sinai vor, wodurch eine 300 Kilometer breite Pufferzone zwischen den ägyptischen und israelischen Streitkräften entstand. Was die Normalisierung der diplomatischen Beziehungen betrifft, ist dabei nicht viel herausgekommen; in den zurückliegenden Jahrzehnten hat der ägyptische Botschafter in Israel nicht viel zu tun bekommen. Der Handel zwischen beiden Ländern ist kaum erwähnenswert. Doch die militärischen Bestimmungen des Vertrags haben Israel im Austausch für den Rückzug einen hohen Gewinn an Sicherheit gebracht.

Das einzige israelische Abkommen mit einem arabischen Staat, das wirklich eine Zunahme an normalen Kontakten bewirkt hat, war das mit dem haschemitischen Königreich Jordanien. Und dies kam zustande, weil beide Parteien ein Interesse daran hatten, zu verhindern, dass das palästinensische Autonomiegebiet, das nach dem Gaza-Jericho-Abkommen 1993 entstand, die Existenz Jordaniens bedrohte.

Wann immer sich die arabisch-israelischen Verhandlungen dem Thema Palästina zugewandt hatten, stellten die unterschiedlichen Auffassungen von einem Frieden nahezu unüberwindbare Hindernisse dar. Im Westjordanland sind Araber und Israelis dazu verurteilt, auf einem 80 Kilometer breiten Streifen zwischen Jordan und Mittelmeer zusammenzuleben. Nicht nur gibt es hier rein geographisch keinen Raum für eine militärische Pufferzone, es ist bisher auch auf psychologischer Ebene kein Raum für eine echte Verständigung gefunden worden. Der Traum der israelischen »Tauben« bestand darin, dass sie mit ihren arabischen Nachbarn ebenso leben könnten wie beispielsweise Belgier und Holländer miteinander leben. Doch die Mehrheit der arabischen – besonders der palästinensischen – »Tauben« verstehen unter Frieden nicht eine Erfüllung, sondern eine Hinnahme von Tatsachen, die zu ändern sie machtlos sind. So wurde die israelische Auffassung von Frieden in den Verhandlungen mit den Palästinensern zu einer Art Fata Morgana, die sich auflöst, je näher man ihr zu kommen scheint und je verzweifelter man sie zu fassen sucht. Nachdem Ehud Barak Zugeständnisse gemacht hatte, die unter jedem seiner Vorgänger undenkbar gewesen wären – und ich habe sie alle gekannt, angefangen mit Ben Gurion –, fand Arafat es unmöglich, das israelische Angebot Land gegen Frieden zu akzeptieren, ohne seine eigene Anhängerschaft gegen sich aufzubringen. Ein weiteres Hindernis ergab sich dadurch, dass die Israelis darauf bestanden, dass die Palästinenser, nachdem sie die ihnen angebotenen Gebiete übernommen hatten, keine weiteren Forderungen stellten. So vernünftig dies in amerikanischen und israelischen Ohren klingen mag, Arafat jedenfalls schrak vor der Endgültigkeit dieses Ansinnens zurück. Vielleicht wäre er bereit gewesen, einige seiner Forderungen für geraume Zeit zurückzustellen, aber er konnte es nicht über sich bringen, sie allesamt und für alle Zeiten aufzugeben.

Der Frieden zwischen Israel und Ägypten kam zustande, weil Sadat erkannt hatte, dass er Ägyptens Grenzen sichern konnte, indem er Israels psychologisches Bedürfnis nach Anerkennung stillte. Zu diplomatischen Verhandlungen mit Syrien ist es noch nicht gekommen, obwohl Syrien bereits zu verstehen gegeben wurde, dass Israel tatsächlich bereit ist, ihm den gleichen Handel wie Ägypten anzubieten – das heißt, die gesamten Golan-Höhen zurückzugeben. Dies liegt zum einen daran, dass der verstorbene syrische Präsident Hafis al-Assad zuerst seine Nachfolge regeln wollte, und zum anderen, weil Syrien sich weiterhin als Sprecher des arabischen – und damit auch des palästinensischen – Nationalismus versteht. Und nach Assads Tod hat sein Sohn und Nachfolger Baschar der inneren Konsolidierung des Landes eine höhere Priorität eingeräumt als Verhandlungen mit Israel.

Den israelisch-palästinensischen Verhandlungen stehen unüberwindliche Hindernisse entgegen. Israels Grenzen von 1967 mit Ägypten, Syrien und Jordanien entsprachen im Wesentlichen den international anerkannten Grenzen des britischen Mandatsgebiets Palästina. Doch die Trennlinie des Westjordanlands beruht allein auf einem militärischen Waffenstillstand, und nach einem Abkommen müssen die beiden Völker weiterhin auf sehr engem Raum zusammenleben. Bei seinen arabischen Nachbarn hatte es Israel mit souveränen Staaten zu tun, deren territoriale Ansprüche nicht mit der Vernichtung des israelischen Staates verbunden waren. Doch in den Verhandlungen mit den Palästinensern war mit der PLO ein Partner beteiligt, dessen Satzung bis 1998 die Vernichtung des jüdischen Staates befahl und dessen Propaganda den eigenen Leuten gegenüber auch danach nicht aufgehört hat, dieses Ziel zu bekräftigen.

Trotz dieser Hindernisse fanden Israel und die PLO 1993 in Oslo zu einer Grundsatzerklärung zusammen, die den Boden für ein allumfassendes endgültiges Abkommen ebnen sollte. Sowohl der israelische Ministerpräsident Yitzhak Rabin als auch Arafat hätten einen Sieg vorgezogen. Sie fanden sich mit dem Gaza-Jericho-Abkommen ab, weil beide erkannten, dass es keine Alternative gab. Israel war zu stark, um militärisch geschlagen zu werden, und die PLO genoss zu große internationale Unterstützung, um politisch besiegt zu werden. Kein größeres Land war in der Lage, Waffen für einen arabischen Angriff auf Israel zur Verfügung zu stellen oder eine Politik der Konfrontation diplomatisch zu unterstützen. Kein arabisches Land war stark genug, um einen Krieg mit Israel zu beginnen und sich lange genug zu halten, um eine Intervention von außerhalb auszulösen. Andererseits hing Israel zu sehr von amerikanischer Hilfe ab, um der moralischen und politischen Isolierung standzuhalten, die ein erster eigener Schritt in Richtung eines Showdowns mit sich gebracht hätte.

Nachdem es nicht imstande gewesen war, die *Intifada* von 1987/88 im Gazastreifen und im Westjordanland niederzuschlagen, blieben Israel vier Optionen: erstens eine »ethnische Säuberung«, zweitens die Annexion des Westjordanlands und Schaffung eines Apartheidstaats, drittens die Integration der arabischen Bevölkerung in den israelischen Staat und viertens eine Art vereinbarter Trennung der beiden Gemeinschaften – das heißt die Einwilligung in die Schaffung eines Palästinensergebietes, das sich mit Sicherheit zu einem Staat entwickeln würde.

»Ethnische Säuberung« und Apartheid waren unvereinbar mit Israels moralischen Überzeugungen und politischen Erfordernissen. Auch war Israel nicht bereit, alle Araber des Westjordanlands in Israel zu integrieren, da dies den jüdischen Charakter des Staats zerstört hätte. Verhandlungen über eine Koexistenz der israelischen und arabischen Bevölkerung Palästinas stellten sich als die einzige gangbare Option heraus. Kurz vor seiner Ermordung brachte Rabin dies dem australischen Außenminister Gareth Evans gegenüber zum Ausdruck, als der ihm dazu gratulierte, dass er sich zum Friedensprozess bekehrt habe. »Nicht bekehrt«, entgegnete Rabin, »sondern verpflichtet.«

In ähnlicher Weise kam Arafat erst an den Verhandlungstisch, nachdem klar geworden war, dass ihm keine konventionelle militärische Option offen blieb. Mit der Auflösung der Sowjetunion war seine militärische Hauptnachschublinie gekappt; nach dem Golfkrieg hatte Saudi-Arabien seine Finanzhilfe eingestellt, und Kuwait hatte alle Palästinenser ausgewiesen und damit den Fluss der Geldüberweisungen zum Versiegen gebracht. Als ich Arafat im Juli 1994 aus Anlass der Verleihung des Félix-Houphouët-Boigny-Friedenspreises gemeinsam an ihn, Rabin und Shimon Peres in Paris traf, fragte ich ihn, warum die Israelis ihm trauen sollten. »Weil die Saudis uns im Stich gelassen haben«, sagte er.

»Die Jordanier versuchen uns zu schwächen, und die Syrier versuchen uns zu bevormunden.«

Dieses Zusammentreffen wenig kohärenter Motive führte zum Osloer Gaza-Jericho-Abkommen, in dem zwar ein größerer Durchbruch gelang, allerdings auf Kosten einer Orgie der Zweideutigkeiten. Zum ersten Mal akzeptierte Israel die PLO als Verhandlungspartner (wenn auch nicht als Staat), während die PLO die Existenz Israels de facto akzeptierte, ohne allerdings die Forderung nach seiner Zerstörung aus ihrer Satzung zu streichen. Der Teil des Westjordanlandes, der 1967 von Israel besetzt worden war, wurde in drei Zonen aufgeteilt: Zone A, etwa 45 Prozent des Westjordanlandes umfassend, in der der Großteil der palästinensischen Bevölkerung lebte, und der Gaza-Streifen wurde mit sofortiger Wirkung der vollständigen palästinensischen Kontrolle unterstellt und sollte über palästinensische Polizeikräfte in einer Stärke von bis zu 30 000 Mann verfügen; Zone B bedeutete palästinensische Zivilbehörde, aber israelische Sicherheitskontrolle; Zone C, in der sich jüdische Siedlungen befanden, blieb unter israelischer Kontrolle. Gut 90 Prozent der Bevölkerung wurden Gebieten unter Palästinenserkontrolle zugewiesen, und aufgrund weiterer Vereinbarungen sind es jetzt bereits 95 Prozent. Verhandlungen über eine abschließende Regelung sollten nach zwei Jahren beginnen und nach fünf Jahren beendet sein (im Mai 1998). Während dieser Zeit sollte Israel zunehmend weitere Teile der Zone B an Zone A überschreiben. Im Gegenzug sollten die palästinensischen Behörden fortschreitend die Atmosphäre für eine Koexistenz verbessern, indem sie bekannte Terroristenführer festnahmen und die antiisraelische Propaganda einstellten.

Die Unterzeichnung der »Grundsatzerklärung über eine Teilautonomie der Palästinenser im Gazastreifen und in der Stadt Jericho« (Gaza-Jericho-Abkommen) auf dem Rasen des Weißen Hauses im September 1993 war eine jener Gelegenheiten, bei denen die Hoffnung alle Zweifel schwinden lässt. Keiner der Anwesenden wird jemals das gequälte Zögern vergessen, mit dem Rabin Arafat die Hand schüttelte, oder die Hoffnung, die in den fast biblischen Worten des gewöhnlich so schweigsamen israelischen Ministerpräsidenten zum Ausdruck kam. Genauso wenig konnte man umhin, von dem Höhepunkt der langen und umständlichen Reise Arafats vom Terroristen bis zur Akzeptanz als Führer einer Nation auf gleicher Ebene mit den anderen Protagonisten beeindruckt zu sein. Dabei legten der würdevoll von Präsident Clinton geführte Vorsitz bei der Zeremonie und die minimale Rolle des russischen Außenministers Zeugnis von der unbestrittenen globalen Führerschaft ab, die, zumindest für den Augenblick, ganz deutlich den Vereinigten Staaten zugefallen war.

Man musste schon ein ausgesprochener Pessimist sein, um die Zuversicht nicht zu teilen, die dieser Anlass auslöste – selbst wenn das Abkommen bei nüchterner Betrachtung fast alle Schlüsselfragen aussparte: die endgültige Grenzziehung; die Zukunft Jerusalems; das Schicksal der palästinensischen Flüchtlinge; Souveränität, Wasserrechte und den militärischen Status der Palästinensergebiete. Alle diese Kontroversen wurden den abschließenden Statusverhandlungen vorbehalten, die für zwei Jahre später angesetzt waren. Damals schrieb ich einen Artikel, in dem ich folgende Fragen stellte: Was genau wurde von den Parteien jeweils anerkannt? Mit welchem Grad an innerer Überzeugung würde die Palästinenserpolizei Terroristen verfolgen? Wann könnte diese Polizeimacht zum Problem statt zur Lösung werden? War die durch die Zeremonie auf dem Rasen des Weißen Hauses ausgelöste Euphorie ein Ansporn für die zukünftige Diplomatie? Oder würde sie sich als Hindernis erweisen, wenn die nächsten Verhandlungen wieder in der Sackgasse endeten und damit für Enttäuschung sorgten?[1]

Normalerweise geht man davon aus, dass wechselseitiges Entgegenkommen vor abschließenden Verhandlungen Vertrauen zwischen den Parteien aufbauen sollte. In Wirklichkeit aber trat das genaue Gegenteil davon ein. Die Palästinenserpolizei wurde fast doppelt so stark wie im Abkommen vorgesehen und nahm zunehmend die Charakteristika einer Armee an. Und zum Kampf gegen den Terrorismus trug sie auch nicht wesentlich bei. Ebenso wenig ließ die palästinensische Propaganda gegen Israel nach.

Tatsache ist, dass im Verlauf der Zeit nach der Zeremonie vor dem Weißen Haus die Innenpolitik beider Seiten in Widerstreit zu den diplomatischen Zielen des so genannten endgültigen Status geriet. Als Israel wieder in Verhandlungen mit der PLO eintrat, war es in zwei Lager gespalten. Die israelischen »Tauben« sahen in den Verhandlungen eine Art eschatologischer Katharsis, welche die Parteien versöhnen, ihr gegenseitiges Misstrauen auslöschen und in einer echten Atmosphäre der Kooperation den exakten Grenzverlauf zur Nebensache machen würde. Die israelischen »Falken« verwarfen dies als Phantasie. Sie argumentierten, dass Israel mit Hilfe einer Verschleppungstaktik Sicherheit in Form einer »Autonomie« erzwingen könne, welche die Besetzung erträglicher gestalten würde, ohne der PLO jemals die Staatlichkeit zu verleihen.

Die Palästinenser waren in ähnlicher Weise aufgespalten: in eine kleine Gruppe, die den israelischen »Tauben« entsprach und ähnliche Ziele verfolgte – und die fortwährend von westlichen und israelischen Intellektuellen zitiert wurde als der wahre Ausdruck der palästinensischen Seele trotz des Mangels an Beweisen in dieser Richtung; in »Moderate«, die den Verhandlungsprozess als eine Etappe in dem fortgesetzten Kampf ansahen, Israel aufzureiben; und schließlich die »Falken«, die gegen jede Unterbrechung des Kampfes sind und auf jeden Fall die »Tauben« zahlenmäßig weit übertreffen.

Gleichzeitig scheiterte der Oslo-Friedensprozess größtenteils auch deshalb, weil einerseits keines der fundamentalen Probleme gelöst wurde, andererseits jedoch ein genügend starkes Gefühl der Sicherheit entstand, das auf beiden Seiten den Eindruck erweckte, sie könnten die Sache verschleppen und die Zeit das wichtigste Problem lösen lassen: dass nämlich die Wähler den Frieden wollten, ohne bereit zu sein, auch dessen Folgen zu tragen. Die Palästinenser verließen sich darauf, dass Amerikaner, Europäer und Araber gemeinsam Druck auf Israel ausüben würden, Schritt für Schritt das PLO-Programm zu erfüllen. Israel, aufgespalten zwischen »Tauben«, für die der Friede eine psychologische Erfüllung darstellte, und »Falken«, die im Friedensprozess eine Belastungsprobe sahen, steigerte sich in ein innenpolitisches Patt hinein, hin- und hergerissen zwischen der Hoffnung auf einen glücklichen Frieden und lähmender Angst vor einer nationalen Katastrophe. Die Bestimmung des Gaza-Jericho-Abkommens über einen teilweisen israelischen Abzug aus den Palästinensergebieten vor Aufnahme der Gespräche über den endgültigen Status wurde zunehmend zum Gegenstand der Debatte. Da sich die Definition einer politischen Gegenleistung der Palästinenser als schwer fassbar erwies, erschien der teilweise Rückzug vielen Israelis als einseitig zu zahlender Preis für die Zulassung zu den Gesprächen über den endgültigen Status, bei denen Israel dann aufgefordert werden würde, noch mehr Territorium aufzugeben.

In den Vereinigten Staaten begann eine Clinton-Administration, die die Parteien verzweifelt zusammenzubringen versuchte, die Spannungen im Nahen Osten als ein Missverständnis anzusehen, das durch einen Prozess der Einigung auf halbem Wege, wie es den parlamentarischen Gepflogenheiten in den Vereinigten Staaten entsprach, gelöst werden müsse. In Israel hatte Benjamin Netanyahu, Ministerpräsident von 1996 bis 1999 und ein »Falke«, den Osloer Verhandlungsprozess wegen seiner Salamitaktik angegriffen. Washington behandelte seine erklärte Vorliebe für eine umfassende Verhandlung als reine Verschleppungstaktik und benutzte seinen »Einfluss« (ein diplomatisches Wort für Druck), um Israel zu überreden, die erforderlichen teilweisen Gebietsabtretungen vorzunehmen.

Ein langwieriger Disput erhob sich darüber, ob die israelische Abzahlungsrate vor Aufnahme der Gespräche über den endgültigen Status weitere zehn Prozent des umstrittenen Territoriums betragen sollte, wie Netanyahu vorschlug, oder 13 Prozent, die Washington als Kompromiss anbot, nachdem Arafat einen teilweisen Rückzug von 30 Prozent des Territoriums verlangt hatte. Washingtons Drängen, das im Gegensatz zu einem früheren Versprechen Israel gegenüber stand, keine eigenen Vorschläge einzubringen, stellte die Schlüsselfrage, wohin die Verhandlungen letztlich überhaupt führen sollten, dann ganz in den Schatten. Das Fehlen eines vereinbarten Endziels nährte die Illusion in beiden Lagern, dass am Ende die Vereinigten Staaten eine endgültige Regelung herbeiführen würden, was es wiederum beiden Seiten überflüssig erscheinen ließ, der Realität ins Auge zu blicken, dass nämlich ein endgültiger Friedensschluss Opfer verlangen würde, die keine Seite zu erbringen bereit war.

Das Wye-River-Memorandum vom Oktober 1998, in dem Netanyahu der amerikanischen Forderung nach im Wesentlichen einseitiger Aufgabe von 13 Prozent des Westjordanlandes nachgab, führte zum Bruch von Netanyahus Koalition und Neuwahlen, aus denen Ehud Barak – mit nicht geringer Unterstützung Washingtons – als Sieger hervorging.

Es stellte sich als ein schicksalsschwerer Regierungswechsel heraus, denn Barak verkörperte eine neue Klasse israelischer Ministerpräsidenten. Alle seine Vorgänger hatten ausschließlich mit Zustimmung ihrer Kabinettskollegen gehandelt, was ihnen eine gewisse, gewöhnlich übergroße, Behutsamkeit auferlegte. Sie hatten auch immer die Haltung eingenommen, dass die Vereinigten Staaten, so entscheidend ihre Unterstützung für Israels Überleben und internationale Stellung auch sein mochte, den Israelis nicht die Verhandlungsbedingungen vorschreiben dürften. Wenn Amerika Empfehlungen aussprach, die nicht den Vorstellungen des israelischen Kabinetts entsprachen, pflegte sich der Ministerpräsident auf eine langwierige Verzögerungstaktik einzulassen, um die Anreize für Amerika, die gesamten Verhandlungen zu übernehmen, auf ein Minimum zu reduzieren. Dies galt sogar für Rabin – trotz des Mythos, der sich seit seiner Ermordung um ihn gebildet hat.

Was die Verhandlungsführung betrifft, erwies sich Barak als wagemutigster und bei weitem versöhnlichster Premier in der Geschichte Israels. Ehemals Führer einer Kommandoeinheit und Stabschef der israelischen Streitkräfte, war er bereit, Initiativen zu ergreifen, die weder von seinem Kabinett noch von seinen Parlamentsabgeordneten unterstützt wurden. Vor allem bewirkte er einen tief greifenden Wandel in den Beziehungen zu den Vereinigten Staaten. Aus Netanyahus Konflikt mit der Clinton-Regierung zog er den Schluss, dass Israel um jeden Preis einen Zwist mit dem einen Verbündeten vermeiden müsse, von dessen Unterstützung Israel abhängig war. Barak war entschlossen, ein Ergebnis zu verhindern, in dem Israel die Schuld an einem Fehlschlag der Verhandlungen gegeben würde. Und er hatte es eilig, ein Abkommen abzuschließen, bevor sich seine innenpolitische Unterstützung völlig auflöste.

Das Ergebnis war ein recht seltsames Verhältnis zwischen Barak und dem amerikanischen Präsidenten, das sich am besten als symbiotisch beschreiben lässt, was die Analyse des psychologischen Standpunkts des Gegenübers betraf. Es ist nicht etwa so, dass Clinton einem zögernden Barak Zugeständnisse aufgedrängt hätte. Vielmehr hat Clinton ausnahmslos allen Gesprächspartnern vermittelt, dass Flexibilität bei den Verhandlungen der Schlüssel zum amerikanischen Wohlwollen sei, wodurch er – vielleicht unbeabsichtigt – den Forderungen der Gegenseite eine Art undifferenzierten amerikanischen Nachdruck verlieh.

Barak, der Clinton zuvorkommen wollte (und dabei manchmal des Guten zu viel tat), entgegnete darauf mit einer subtilen und komplexeren eigenen Analyse. Seiner Analyse zufolge war Israel zu einer High-Tech- und Mittelklassegesellschaft geworden, deren Moral nicht unbegrenzt die zermürbende Ungewissheit ertragen konnte, in einem ständigen Belagerungszustand, dazu noch völlig isoliert, zu leben. Modifikationen der ehemals unantastbaren Grundsätze der Sicherheit waren in seinen Augen möglich, weil durch den Sturz der Sowjetunion kein arabischer Staat oder keine Gruppe von Staaten in vorhersehbarer Zukunft über eine genügend starke Bewaffnung verfügen würde, um einen traditionellen konventionellen Krieg vom Zaun zu brechen. In seinen Augen stellten vor allem ein Guerillakrieg und Massenvernichtungswaffen langfristig die entscheidende Gefahr für Israel dar. Um beidem zu begegnen, benötige Israel Amerikas politische Unterstützung, garantierten Zugang zu geheimdienstlichen Erkenntnissen der Amerikaner und eine moderne Militärtechnologie. All dies ließ sich nach Baraks Meinung nur so lange erreichen, wie Israel als verlässlicher Partner bei Amerikas Streben nach Frieden in der Region erschien.

Auf diese Weise begannen sich die amerikanische und die israelische Strategie genau in dem Augenblick miteinander zu verflechten, als die Nahost-Friedensdiplomatie ihre kritische Phase erreichte. Der schrittweise Ansatz, der in den früheren Stadien so nützlich gewesen war, hatte ausgedient. Worauf Barak (und vor ihm bereits Netanyahu) gedrängt hatte – und wofür auch ich mich in mehreren Zeitungskommentaren eingesetzt hatte –, konzentrierten sich die Verhandlungen nunmehr auf alle den so genannten endgültigen Status betreffende Fragen gleichzeitig: die endgültigen Grenzen, die palästinensische Souveränität, den militärischen Status eines Palästinenserstaats, Jerusalem, die Flüchtlinge und den Zugang zum Wasser.[2]

Was von den Fürsprechern des umfassenden Ansatzes nicht erwartet worden war, das war die enorme Dringlichkeit, mit der Barak und Clinton den Prozess vorantrieben. Im September 1999, auf einem Gipfeltreffen in Sharm el-Sheikh, verpflichteten sich beide auf eine Einjahresfrist für einen abschließenden Friedensvertrag, und im Juli 2000 setzten sie gerade mal eine Woche an, um die Verhandlungen in Camp David zum Abschluss zu bringen – trotz der Tatsache, dass im Vorfeld kaum detaillierte Sondierungen stattgefunden hatten und trotz Arafats wiederholten Warnungen, dass er noch nicht bereit sei.

Diese Fristen waren völlig unrealistisch, ja geradezu wahnwitzig. In den Wochen vor Camp David vermittelten amerikanische und israelische Sprecher einmütig den Eindruck, dass in der territorialen Frage Arafat begierig die beispiellosen Zugeständnisse aufgreifen würde, die Barak später formell anbot (Überlassung von rund 95 Prozent des umstrittenen Territoriums), und dass er sich bezüglich Jerusalems damit abfinden würde, die Hauptstadt Palästinas in einem der Vororte Jerusalems einzurichten, die von Israel in Großjerusalem eingemeindet worden waren. Dies erklärt, warum Barak und Clinton daran glaubten, dass innerhalb der für Camp David II angesetzten acht Tage ein Durchbruch erreichbar sei, und dies trotz der Erfahrung, die man bei Präsident Carters Gipfeltreffen mit Sadat und Begin gemacht hatte, das immerhin zwei Wochen in Anspruch nahm, obwohl es dabei nur um das viel weniger komplexe Sinai-Problem ging. Es sollte sich als außerordentliche Fehleinschätzung herausstellen.

Die enge Fristsetzung und paradoxerweise auch der Umfang der israelischen Vorschläge machten die Unvereinbarkeit dessen, was beide Seiten unter einem Frieden verstanden, offensichtlich und unüberbrückbar. Die wachsende Zahl derjenigen Israelis, die den Friedensprozess bejahten, sahen im Gaza-Jericho-Abkommen nichts weniger als eine Bekehrung der Palästinenser zu der liberalen westlichen Auffassung von Frieden. Dies war eines der Motive hinter der außerordentlichen, nie da gewesenen Flut von Zugeständnissen, mit der Barak die Verhandlungen in Camp David eröffnete, noch bevor Arafat seine Karten aufgedeckt hatte. Sie sollten die psychologische Blockade lösen, die, in den Augen der israelischen »Tauben«, das Haupthindernis vor dem Frieden darstellte.

Wie sich jedoch herausstellte, litten die meisten Palästinenser nicht so sehr unter einer geistigen Blockade, sondern wussten genau, was sie wollten. Indem sie sich weiter an ihre Vorstellung von Israel als einem Eindringling in »heiliges« arabisches Territorium klammerten, behandelten sie die echte Anerkennung der Existenz Israels als ein Zugeständnis, das nicht an die eigene Bevölkerung verkauft werden könne. Diese Haltung wurde mir bei Gelegenheit der Zeremonie auf dem Rasen des Weißen Hauses im September 1993 bewusst, als der Abschluss des Gaza-Jericho-Abkommens gefeiert wurde. Bei einem Essen für die beiden Delegationen, das von Außenminister Warren Christopher gegeben wurde, sagte mir ein Mitglied von Arafats Delegation, er freue sich schon darauf, nach vierzig Jahren zum ersten Mal nach Palästina zurückzukehren. Als ich ihn fragte, wie er sich fühlen würde, wenn er vom Westjordanland aus die Lichter israelischer Städte sähe, entgegnete er: »Obwohl ich seit vierzig Jahren nicht in Palästina gewesen bin, betrachte ich Jaffa [ein Vorort von Tel Aviv] als meine Heimatstadt. Und wenn Sie meine Kinder fragen, werden sie ebenfalls sagen, dass Jaffa ihre Heimatstadt ist.« Mit anderen Worten, die Orte an der Demarkationslinie waren nicht das Hauptproblem, sondern jene an der Küste – also die unmittelbare Existenz Israels – und damit die Frage nach der Rückkehr aller palästinensischen Flüchtlinge auf israelisches Territorium.

Daher kam bei Camp David II ein Dialog gar nicht mehr zustande. Was Barak und Clinton zu Recht als größere Abstriche von Israels etablierten Positionen betrachteten, erschien Arafat bestenfalls als Mindestangebot, das er seinen Wählern nicht als bedeutenden Fortschritt würde präsentieren können – zumal das Territorialangebot mit der Bedingung verknüpft war, dass die meisten israelischen Siedlungen im Westjordanland erhalten blieben. Wenn er es riskierte, das Angebot überhaupt anzunehmen, konnte er es zwangsläufig nicht als endgültigen Abschluss des Konflikts behandeln, sondern nur als Etappe auf dem Weg zur Erfüllung jener palästinensischen Forderungen, die er westlichen Zuhörern gegenüber tunlichst nicht offen legt. Und er ist bisher an der Macht geblieben, weil er seine Leute versteht. Wenn er zu ihnen spricht, entfernt er sich nie weit vom Vokabular des *jihad*, des heiligen Krieges, zur Auslöschung Israels.

Deshalb erwies sich die von Israel vorgeschlagene Gegenleistung eines formellen Verzichts auf alle zukünftigen Forderungen und auf die Rückkehr der Flüchtlinge als inakzeptabel für Arafat. Barak ist viel zu intelligent, um nicht gewusst zu haben, dass diese Bedingungen nicht durchsetzbar waren, doch er brauchte sie, um die Psyche seines Volkes zu besänftigen. Und Arafat musste sie aus dem gleichen Grund zurückweisen. Angesichts von drei Millionen Palästinensern in Flüchtlingslagern konnte er eine solche Zusicherung nicht geben, ohne die Unterstützung eines bedeutenden Segments seiner Anhängerschaft zu verlieren. In der wirklichen Welt, jenseits der Verhandlungen, hätte Arafat seine äußersten Forderungen zurückstellen können, vielleicht auf unbegrenzte Zeit, aber er befand sich nicht in der Position, eine formelle Verpflichtung in diesem Sinne zu übernehmen und gleichzeitig die Unterstützung seines Volkes zu behalten.

Als die territorialen Zugeständnisse auch noch von palästinensischen »Kompromissen« hinsichtlich der heiligen Stätten abhängig gemacht wurden, steuerten die festgelaufenen Verhandlungen auf eine Eskalation zu. Die Verknüpfung der heiligen Stätten mit den Territorialdisputen weitete die Verhandlungen von einem palästinensischen zu einem panarabischen, sogar zu einem panislamischen Problem aus, wodurch gleichzeitig Arafats Einfluss vergrößert und sein Handlungsspielraum noch weiter begrenzt wurde. Solange es in den Verhandlungen um Territorien ging, konnten moderate arabische Führer dies als palästinensisches Problem ansehen und sogar auf den einen oder anderen Kompromiss drängen. Doch war erst einmal die religiöse Frage auf dem Tisch, konnte kein arabischer Führer die Bedrohung seiner eigenen Herrschaft durch die Fundamentalisten ignorieren. Dies bedeutete, dass Clintons Appelle an die ägyptische und saudische Führung, bei Arafat zu intervenieren, nichts fruchten konnten.

Ironischerweise könnte Arafat durch Clintons Eifer, vor dem Ende seiner Amtszeit ein Abkommen herbeizuführen, in seiner Verschleppungstaktik noch bestärkt worden sein. Wenn der Vermittler so versessen auf einen Erfolg ist, wird er zur Verhandlungspartei und verliert den Status des Unparteiischen, er wird zum Anwalt, der Formeln für eine Einigung vermittelt und dabei die strategische Perspektive aus dem Auge verliert. Diese Tendenzen müssen Arafat überzeugt haben, dass, wenn er hart blieb, amerikanischer Druck und israelische Friedenssehnsucht weitere Zugeständnisse hervorbringen würden.

Dem Scheitern von Camp David II folgte eine weitere *Intifada*, die monatelang wütete. Obwohl er anfangs verkündete, dass Israel unter Druck nicht verhandeln würde, ermutigte Barak Clinton, die Verhandlungen wieder aufzunehmen, und zwar diesmal mit einem amerikanischen Friedensplan. Es war das erste Mal, dass ein amerikanischer Präsident ein eigenes umfassendes Programm präsentierte. Und dies bürdete den Vereinigten Staaten eine schwere Verantwortung auf, ob sie nun Erfolg hätten oder scheiterten. Wären die amerikanischen Bemühungen von Erfolg gekrönt, müsste Amerika eine nie da gewesene Rolle übernehmen, und zwar sowohl während der Verhandlungen bei der Durchsetzung von Detailfragen (wenn sich nicht alles in einer Art Grundsatzerklärung erschöpfen sollte) als auch später hinsichtlich der Garantien für das Ergebnis. All dies würde dann von einer neuen Regierung ausgeführt werden müssen, die mit der zugrunde liegenden Strategie, der Abfassung des Vorschlags oder dessen Verhandlung überhaupt nichts zu tun gehabt hatte. Und wenn die Verhandlungen wieder in der Sackgasse endeten, was sie ja dann auch taten, müsste die neue Regierung mit einer noch verschärften Krisenlage im Nahen Osten fertig werden, und dies in einem Kontext, da die Fähigkeit Amerikas, das Steuer zu führen, durch ihre vorangegangenen Fehlleistungen diskreditiert wäre.

Radikale in der gesamten Region mussten denken, dass man ungeschoren davonkam, wenn man amerikanische Vorschläge ablehnte oder zum Mittel der Gewalt griff. Man muss schon sehr naiv sein, zu glauben, dass, selbst wenn eine Vereinbarung erreicht worden wäre, dies die Spannungen beendet hätte. Das Problem der Siedlungen, des Umgangs der beiden Gesellschaften miteinander, der heiligen Stätten und der Flüchtlinge – alle diese Probleme mussten vielfältige Vorwände für eine Fortsetzung des Konfliktes liefern.

Wie geht es weiter?

Die größten diplomatischen Durchbrüche im arabisch-israelischen Konflikt ergaben sich aus zwei miteinander zusammenhängenden Umständen. Der erste war die dominierende Rolle der Vereinigten Staaten bei der Gestaltung des politischen und strategischen Umfelds des Nahen Ostens. Der zweite war subtiler und – auf den ersten Blick – paradox: eine israelische Regierung, die starrköpfig ihr nationales Interesse verteidigte und die sich nicht durch Druck ihrer Nachbarn, aber aus Rücksichtnahme gegenüber dem amerikanischen Verbündeten zu Zugeständnissen bereit fand. Unter günstigen Bedingungen war das Ergebnis eine Diplomatie, bei der keine Seite alles erreichte, was sie sich vorgenommen hatte, aber mehr, als sie ohne die Rolle Amerikas zustande gebracht hätte.

Der erste Durchbruch erfolgte 1973/74 als Höhepunkt einer von der Nixon-Administration über vier Jahre hinweg verfolgten Strategie, jegliche Diplomatie zu blockieren, die auf sowjetischen Waffen oder sowjetischem Druck beruhte.[3] Am Ende kam Sadat zu dem Schluss, dass Ägyptens Abhängigkeit von der Sowjetunion endlosen Stillstand bedeutete und ein Fortschritt in Richtung Frieden ohne die Dienste der Vereinigten Staaten unmöglich sein würde. Trotz der amerikanischen Luftbrücke nach Israel während des Jom-Kippur-Krieges von 1973, ohne die Israel sich in einer weit schwierigeren Situation befunden hätte, zählte Sadat auf amerikanische Vermittlung, und sogar Syriens Präsident Hafis al-Assad rief um Vermittlung der Vereinigten Staaten, um ein Truppenentflechtungsabkommen auf den Golan-Höhen zustande zu bringen.

Fast der gleichen Situation sah man sich nach dem Sieg Amerikas im Golfkrieg von 1991 gegenüber. Die radikalen Kräfte in der Region waren entweder geschlagen oder isoliert (darunter auch die PLO). Außenminister James Bakers Initiative für eine Nahost-Friedenskonferenz 1991 in Madrid eröffnete eine neue Phase im Friedensprozess, die zwei Jahre später zum Gaza-Jericho-Abkommen führte. Obwohl technisch von Norwegen vermittelt, wurde das Abkommen möglich, weil die PLO erkannt hatte, dass sie ihre Rolle ausgespielt hätte, wenn sie nicht auf Amerikas Bedingungen einging: nämlich Israel als Verhandlungspartner anzuerkennen und die grundlegenden Resolutionen des Sicherheitsrats der Vereinten Nationen, in denen die diplomatischen Rahmenbedingungen definiert sind, zu akzeptieren. Obwohl Arafat im Golfkrieg Saddam Hussein unterstützt hatte, nahm die PLO am Ende, einfach weil ihr nichts anderes übrig blieb, Zuflucht zur amerikanischen Vermittlung.

Diese beiden Bedingungen für einen diplomatischen Durchbruch schwächten sich in der zweiten Hälfte der neunziger Jahre ab. Der Verfall der amerikanischen Dominanz stand im umgekehrten Verhältnis zur Erholung Saddam Husseins von seiner Niederlage im Golfkrieg. Die Unfähigkeit, Saddam »in seiner Box« zu halten, was – in Außenministerin Albrights Worten – das erklärte Ziel amerikanischer Politik war, spiegelte sich in dem Verlust amerikanischen Einflusses bei Freund wie Feind wieder. Am Ende der Clinton-Administration war das Inspektionssystem der UN im Irak mit stillschweigender amerikanischer Billigung zusammengebrochen, und für Saddam gab es kein internationales Hinderniss mehr, die Produktion von Massenvernichtungswaffen nicht wieder aufzunehmen. Das System der verordneten Sanktionen war damit gescheitert. Erneute terroristische Aktivitäten, oft vom Ausland gesteuert, waren ein Faktor, von dem nur wenige arabische Führer in der Region keine Notiz zu nehmen wagten. Die Bereitschaft und die Fähigkeit, sich für politische Maßnahmen einzusetzen, die von Washington befürwortet wurden, oder Arafat zur Mäßigung zu bewegen, begannen nachzulassen.

Auch mussten arabische Führer den Eindruck bekommen, dass Israel zwar weiterhin militärisch ein Riese war, aber politisch zerfiel. Wie groß die Anerkennung für Israels Rückzug aus dem Libanon im Sommer 2000 auch gewesen sein mag, die abrupte Art, wie er vollzogen wurde – Tausende Libanesen, die für Israel gearbeitet hatten, wurden einfach ihrem Schicksal überlassen –, wies eher auf Panik als auf Zielbewusstheit hin. Und dieser Eindruck wurde noch verstärkt durch die Flut der Zugeständnisse, mit denen Barak die Gespräche über den endgültigen Status in Gang zu bringen versuchte. Er eröffnete die Verhandlungen in Camp David mit Angeboten, die keiner der vorangegangenen israelischen Ministerpräsidenten jemals in Betracht gezogen hatte, und verbesserte sie sogar noch, selbst angesichts von Ablehnung und *Intifada*. Die Palästinenser hätten daraus leicht den Schluss ziehen können, dass Israel psychologisch auf der Flucht sei und sie durch Verschleppungstaktik eine Plattform schaffen könnten, von der aus sie dann unter einer neuen US-Administration ihre übrigen Forderungen durchsetzen könnten.

Vor dieser Kulisse wurde die Rolle der Vereinigten Staaten ständig unbedeutender. In dem Maße, wie Arafat glaubte, Barak habe das Äußerste dessen angeboten, was Israel anzubieten in der Lage sei, gab es für die Vereinigten Staaten keine Funktion mehr, außer vielleicht das Aufsetzen des Vertrages zu fördern oder die nicht mehr herabsetzbaren israelischen Forderungen zu unterstützen. Amerika war, die Rolle des palästinensischen *deus ex machina* gebend – Arafat ging vielleicht wirklich davon aus, dass Clinton in der Lage sein könnte, das palästinensische Maximalprogramm ohne ernsthafte Verhandlungen durchzusetzen –, an einen Punkt gelangt, wo es nur noch eine Nebenrolle spielte. Dies erklärt, warum israelische und palästinensische Diplomaten in der letzten Phase der Verhandlungen direkt miteinander verhandelten, sowie auch die äußerst kleinlichen Kommentare der PLO zu Clintons Rolle, nachdem er nicht mehr im Amt war.[4]

Amerikas Abstieg vom Regisseur des strategischen und politischen Dialogs zum Makler juristischer Kompromissformeln bewirkte das genaue Gegenteil dessen, was eigentlich beabsichtigt war. Denn wenn bei den Parteien der Eindruck entsteht, dass der Vermittler seine Rolle darin sieht, einen Mittelweg zu finden, so sind sie versucht, ihre extremsten Forderungen zu stellen, um die mittlere Position möglichst in die Nähe dessen zu rücken, was sie in Wahrheit wollen. Oder sie bedienen sich der Verschleppungstaktik – was im Wesentlichen das Gleiche ist –, um den Vermittler dazu zu bringen, immer günstigere Vorschläge zu machen, die den toten Punkt überwinden sollen. Am schlimmsten für die Vereinigten Staaten ist eine Position wie diejenige, in die sie während des Camp-David-Prozesses und danach gerieten, als sie begieriger auf eine Einigung erschienen als die Parteien selbst. Eine solche Sachlage setzt sie Erpressungen von allen Seiten aus, sie verlieren ihre Vermittlerrolle und werden selbst zu einer der Parteien.

Wenn die Friedensdiplomatie wieder auflebt – und das muss sie, weil keine der Parteien eine gangbare Alternative hat –, wird der amerikanische Beitrag davon abhängen, inwieweit die Vereinigten Staaten imstande sind, sich mit einem strategischen und politischen Konzept für das Unternehmen durchzusetzen. Ohne eine klare Zielvorgabe zwischen den Positionen der Parteien vermitteln zu wollen würde zu einer Wiederholung des Debakels von Camp David führen.

Jeder neue Ansatz sollte auf folgenden Grundsätze aufbauen:

Erstens sind die Parteien noch nicht bereit für eine endgültige Regelung, zumal nach dem Versagen so zahlreicher legalistischer Formeln – jedenfalls nicht zu Bedingungen, die beide Seiten akzeptieren können. Die Themen brauchen mehr Zeit zur Reife. Ein zu hastiges Zusteuern auf eine endgültige Lösung würde wahrscheinlich zu einer weiteren Explosion führen. Im gegenwärtigen Stadium sollten sich die diplomatischen Bemühungen auf eine Reihe von Zwischenvereinbarungen beschränken. Als ihr Zweck sollte nicht ein endgültiger Frieden, sondern eine ausgedehnte Periode der Koexistenz festgehalten werden, die den Realitäten entspricht, mit denen die Parteien nun einmal leben müssen: dass sie sich das gleiche kleine, von beiden Seiten als heilig betrachte Territorium teilen und dass keiner von beiden in der Lage ist, dem anderen seinen Willen mit Gewalt aufzuzwingen.

Zweitens sollte Israel, als Teil eines erweiterten Zwischenabkommens, seinen Widerstand gegen die Schaffung eines Palästinenserstaats aufgeben, allerdings vorbehaltlich eines Abkommens über den endgültigen Status. Stattdessen sollte es die Errichtung eines solchen Staates zum Anlass nehmen, die Bedingungen für die Koexistenz der beiden Gesellschaften auszuarbeiten.

Die Ambivalenz der Israelis hinsichtlich eines Palästinenserstaates, wie verständlich sie auch sein mag, verträgt sich nicht länger mit den langfristigen Implikationen jeglicher Verhandlungen, auf welche Formeln sie auch zurückgreifen mögen. Sein Wert als Trumpfkarte hat sich schon längst in Luft aufgelöst. Ein Palästinenserstaat war im Grunde bereits Ministerpräsident Menachem Begins Angebot einer palästinensischen Autonomie beim ersten Camp-David-Gipfel von 1978 inhärent. Es war implizit im Gaza-Jericho-Abkommen enthalten. Arafat wird heutzutage sogar als Staatsoberhaupt empfangen, wenn er reist. Innerhalb kurzer Zeit wird ein palästinensischer Staat von den meisten – auch europäischen – Nationen anerkannt werden, selbst wenn sich die Vereinigten Staaten noch eine Zeit lang zurückhalten sollten. Die ambivalente Haltung Israels zu diesem Thema gibt Arafat ein permanentes Druckmittel an die Hand. Ist der Staat aber einmal da, so wird die Herausforderung in der Koexistenz mit Israel bestehen – und das bleibt, *Intifada* hin oder her, diejenige Option, der keine der beiden Parteien auf Dauer aus dem Weg gehen kann.

Drittens könnte, um das Beharren auf einer endgültigen Lösung zu vermeiden und dennoch dem Zwischenabkommen eine angemessene Dauerhaftigkeit zu verleihen, die Formel des zweiten Sinai-Abkommens von 1975 – dass die Vereinbarung steht, bis sie durch eine andere ersetzt wird – dem Zweck dienen, eine unbegrenzte Dauer mit der Anerkennung der Tatsache zu verbinden, dass einige Themen weiterer Verhandlungen bedürfen.

Viertens sollten sich die Verhandlungen für ein Zwischenabkommen auf territoriale Fragen konzentrieren und solche Themen auf einen späteren Zeitpunkt verschieben, welche die Rückkehr der Flüchtlinge, die heiligen Stätten und Palästinas Verzicht auf zukünftige Ansprüche betreffen. Besonders die Rückkehr der Flüchtlinge ist eine Frage der jeweiligen Machtverhältnisse. Solange Israel stark genug ist, eine Rückkehr der Flüchtlinge zu verhindern, ist die Klausel unnötig. Sollte sich das Machtgleichgewicht so verschieben, dass die Palästinenser darauf bestehen können, würde auch eine Klausel sie nicht daran hindern, die Rückkehr der Flüchtlinge durchzusetzen.

Zwar ist es an Israel, über die Definition seiner Sicherheit zu entscheiden, doch sollte Amerika es vermeiden, Grenzen wie die von 1967 vorzuschlagen, als die größeren Städte Israels lediglich durch einen Korridor von 15 Kilometern Breite miteinander verbunden waren und die Bevölkerung der israelischen Zentren äußerst exponiert in Mörserreichweite des Gegners lebte. Es ist kaum vorstellbar, dass so etwas mit der Sicherheit Israels kompatibel sein sollte.

Fünftens sollte bei der Grenzziehung im Rahmen des Zwischenabkommens der Möglichkeit der Palästinenser größere Aufmerksamkeit geschenkt werden, innerhalb eines wirtschaftlich lebensfähigen Gebildes ein Leben in Würde zu führen. Das palästinensische Territorium sollte möglichst zusammenhängend sein, und israelische Kontrollpunkte und Eingriffe in das tägliche Leben innerhalb dieses Territoriums sollten sich auf ein Minimum beschränken. Es ist auch an der Zeit, dass Israel seine Siedlungspolitik überdenkt, besonders im Hinblick auf Siedlungen in sehr exponierter oder isolierter Lage, die eine fortwährende Einladung zu neuen Ausbrüchen von Gewalt darstellen. Sie sollten auf jeden Fall zusammengelegt werden, ob mit oder ohne Abkommen. Als Teil des Interimsabkommens könnte auch die De-facto-Verwaltung Jerusalems überdacht werden, um die arabische Bevölkerung stärker zu beteiligen, ohne dabei jedoch das Problem der Souveränität zu berühren.

Sechstens müssen die Vereinigten Staaten einen klaren Kopf behalten, was die Rolle anderer Nationen im Friedensprozess betrifft. Viele europäische Staaten bieten ihre Dienste an, und andere, wie Ägypten und Saudi-Arabien, werden von Washington eingeladen, eine mäßigende Rolle zu spielen. Tatsache ist jedoch, dass die europäischen Staaten nur selten hinreichend unparteiisch sind, um eine mäßigende Rolle zu spielen. Darum bemüht, ihre Interessen in der arabischen und islamischen Welt zu wahren, die weit über ihre Beziehungen zu Israel hinausgehen, distanzieren sich die europäischen Verbündeten normalerweise von den Vereinigten

Staaten, wenn es um Nahostprobleme geht, und mehr noch von Israel. Amerika hat nichts dabei zu gewinnen, wenn es Nationen involviert, die im Prinzip eher der israelischen als der arabischen Seite Opfer abverlangen. Der Nahe Osten sollte stets Gegenstand intensiver Konsultationen zwischen Washington und seinen europäischen Verbündeten sein. Und wenn die Parteien eine Teilnahme Europas am Vermittlungsprozess verlangen, können die Vereinigten Staaten nichts dagegen tun. Doch insoweit eine direkte europäische Beteiligung von der Einwilligung Washingtons abhängt, sollte diese nur unter der Bedingung erteilt werden, dass potenzielle Teilnehmer der arabischen Seite ebenso viel abverlangen wie der israelischen. Sonst würde sich eine internationale Konferenz in einen Mechanismus verwandeln, durch den die Vereinigten Staaten entweder isoliert oder gezwungen werden, Israel eine Lösung zu diktieren.

Siebtens: Während Amerikas europäische Verbündete eine öffentliche Beteiligung am Friedensprozess geradezu herbeizusehnen scheinen, ist die Haltung der befreundeten arabischen Staaten zwiespältiger. Die Vereinigten Staaten haben oftmals die Rolle überschätzt, welche Länder wie Ägypten und Saudi-Arabien öffentlich zu übernehmen bereit sind. Ägypten, das die Wiederherstellung seines Territoriums bereits erreicht hat, unterstützt im Allgemeinen moderate Ziele. Aber es hat auch wenig Anreiz, innenpolitisch größere Risiken einzugehen, indem es sich in Verhandlungen für Programme einsetzt, die von radikalen arabischen Ländern scharf kritisiert werden.

Was das saudische Königreich angeht, so besteht dieses aus Stämmen fundamentalistischer Nomaden sowie urbanen Zentren, die mit westlichen Metropolen durchaus vergleichbar sind. Als der Irak Kuwait besetzte, sahen sich die Saudis einer unheilvollen Demonstration der Begierde durch einen mächtigen Nachbarn gegenüber. Traditionell hat Saudi-Arabien versucht, seine Verletzbarkeit zu verschleiern, indem es sich nicht in die Karten sehen ließ, indem es sich keinem Risiko aussetzte, bis alle anderen Parteien sich unwiderruflich engagiert hatten. Dies garantiert, dass sich die saudischen Herrscher mit außerordentlicher Umsicht verhalten werden. Man tut Saudi-Arabien keinen Gefallen, wenn man es in das tägliche Gezerre streitbarer Verhandlungen hineinzieht – und dies umso weniger, da es an keinem arabisch-israelischen Krieg teilgenommen hat und gewiss jedes Endergebnis aus dem Hintergrund fördern wird, wie die Saudis es schon bei früheren Gelegenheiten getan haben. Daher sollten die Vereinigten Staaten in engem Kontakt mit moderaten arabischen Staaten bleiben, sich aber davor in Acht nehmen, sie innenpolitischen Belastungen auszusetzen.

Achtens müssen die Vereinigten Staaten außer den Positionen der Hauptparteien auch die Sicherheit befreundeter Länder berücksichtigen, von denen die Stabilität der Region abhängt. Dies gilt besonders für das haschemitische Königreich Jordanien, das sich zwischen Israel, Syrien, Irak und dem zukünftigen Palästinenserstaat geographisch in einer sehr exponierten Lage befindet und daher für radikale Pressionen aus allen Richtungen äußerst anfällig ist. Das Königreich ist ein verlässlicher, aufrechter Freund der Vereinigten Staaten und hat sich immer als überaus hilfreich in der arabisch-israelischen Diplomatie erwiesen. Seine Sicherheit darf nicht durch Übereile beim Abschluss des Friedensprozesses gefährdet werden. Daher sollte das Abkommen über einen palästinensischen Staat auch Vorkehrungen für Jordaniens Sicherheit enthalten, und bei der Erörterung des Themas einer israelischen Militärpräsenz in den unbewohnten Teilen des Jordantales sollte dies berücksichtigt werden.

Neuntens liegt der Schlüssel zur Aussicht auf Frieden in Amerikas Beziehung zu Israel. Israels Überleben hängt letztlich von der diplomatischen Deckung und, zumindest im gleichen Maße, von den Lieferungen militärischer Ausrüstung durch die Vereinigten Staaten ab. In diesem Sinne wird – und kann – die amerikanische Position niemals als völlig unparteiisch angesehen werden. Eine alternative Versorgungsquelle gibt es nicht, und die militärische Beziehung zu beschneiden würde Amerika nur in größere Schwierigkeiten bringen. Denn ein von seinen Nachbarn als schwach oder schwächelnd empfundenes Israel würde die Konflikte geradezu heraufbeschwören, welche die amerikanische Politik zu vermeiden suchen sollte. Dann würde sich die Frage nach einer amerikanischen Sicherheitsgarantie für Israel erheben, die nur als letztes Mittel in Betracht gezogen werden darf. Denn eine solche – amerikanische oder internationale – Garantie würde die Vereinigten Staaten in jedem lokalen Zusammenstoß zur Partei machen, was im Zusammenhang mit der *Intifada*-Kriegsführung eine besondere Herausforderung darstellen würde. Es würde dazu führen, dass die Vereinigten Staaten sich ein Vetorecht vorbehalten müssten, was die Reaktionen Israels auf den Terrorismus betrifft, und in einen endlosen Guerillakrieg hineingezogen würden, oder es würde sich ein Mittel permanenter Nötigung Israels durch die Garantiemacht oder -mächte daraus entwickeln. Die gleichen Bedenken gelten sogar noch stärker für den Fall, dass amerikanische oder internationale Streitkräfte an Israels Grenzen aufgestellt werden. Ein Israel, das nicht mehr in der Lage ist, sich selbst zu verteidigen, wird früher oder später unter den Wogen des Hasses seiner Nachbarn begraben.

Amerika und der Golf

Kein Gebiet der Welt konfrontiert Amerikas Regelwerk mit größeren Komplexitäten als der Golf. Von wilsonschen Grundsätzen kann sich Amerika in dieser Region nicht leiten lassen. Das Grundprinzip, um zu verhindern, dass eine feindliche Macht in dieser Region die Vorherrschaft ausübt, ist – vom wilsonschen Standpunkt aus – eine Wahl unter mehreren Übeln; es gibt keine Demokratien zu verteidigen. Doch die Vereinigten Staaten – und andere demokratische Industriestaaten – haben ein zwingendes nationales Interesse daran, zu verhindern, dass die Region von Staaten dominiert wird, deren Ziele mit den unseren unvereinbar sind. Die fortschrittlichen Industriewirtschaften hängen von den Erdöllieferungen vom Golf ab, und eine Radikalisierung der Region hätte Konsequenzen von Nordafrika über Zentralasien bis nach Indien.

Doch dieser geopolitische Imperativ muss vor einem Hintergrund durchgesetzt werden, bei dem die beiden stärksten Nationen am Golf, Iran und Irak, den Vereinigten Staaten feindlich gesinnt sind und auch ihren Nachbarn gegenüber ein feindseliges Verhalten an den Tag legen. Wie erreicht man Stabilität am Golf gegen die beiden stärksten Mächte gleichzeitig, ohne permanente Stützpunkte und nur von schwachen Verbündeten unterstützt?

Die traditionelle Diplomatie würde dazu raten, die Beziehungen entweder zum Iran oder zum Irak zu verbessern, so dass wenigstens einer der beiden Staaten zum Machtgleichgewicht in der Region beitragen kann. Während dieses Buch geschrieben wird, erscheint keine der beiden Optionen sehr vielversprechend. Solange Saddam Hussein im Irak an der Macht bleibt, würde eine Wiederannäherung an Bagdad nicht nur in der gesamten Region, sondern wohl auch weltweit und gewiss von Saddam Hussein selbst als große Niederlage und Demütigung Amerikas empfunden. Und verbesserte Beziehungen zum Iran mögen zwar im Prinzip wünschenswert sein, doch würden sie in Teheran auf interne Hindernisse stoßen, da die Ayatollahs zu sehr mit sich selbst beschäftigt sind.

Bis auf weiteres stehen keine dramatischen Initiativen zur Verfügung, um dieser Lage der Dinge abzuhelfen. Wachsames Abwarten, nicht gerade eine Lieblingsbeschäftigung der Amerikaner, ist erforderlich. Angriffe auf die Stabilität am Golf müssen energisch abgewehrt werden; jedem Übergriff des Irak auf die vorhandenen UN-Strukturen muss in einer Weise begegnet werden, die keinen Zweifel darüber lässt, dass die wachsende Nachlässigkeit der vergangenen zehn Jahre ein Ende hat und Herausforderungen mit Entschiedenheit begegnet wird.

In diesem Zusammenhang ist es wichtig, die Beziehungen zu Verbündeten zu stärken, deren Unterstützung bei einer Konfrontation entscheidend wäre, darunter vor allem die Türkei. Als Nachbar Iraks, Irans und des gärenden Kaukasus ist ihre Kooperation bei jeglicher Krise in der Region unverzichtbar. In den Vereinigten Staaten und mehr noch in Europa ist die Tendenz einfach zu groß, die Mitarbeit der Türkei als Selbstverständlichkeit zu betrachten und so zu tun, als könnte man sie ohne weitere Kosten der eigenen Politik dienstbar machen und den Nationalstolz der Türken oder ihre besonderen Gegebenheiten einfach ignorieren. Die demokratischen Industrienationen – besonders Europa und die Vereinigten Staaten – müssen berücksichtigen, dass entscheidende Elemente ihrer grundlegenden nationalen Sicherheit auf dem Spiel stehen. Ihre Kritik an der innenpolitischen Struktur der Türkei muss gegen diese dringlichen Erfordernisse abgewogen werden.

Die gleiche Sensibilität sollten wir gegenüber Saudi-Arabien und den Golfstaaten walten lassen. Ihre relative Schwäche gegenüber den beiden Riesen der Region zwingt sie zu einer gewissen Vorsicht, wodurch eine Kluft entsteht zwischen dem, was sie öffentlich empfehlen, und dem, was sie sich von den Vereinigten Staaten erwarten. Diese müssen darauf achten, dass sie die Unsicherheit Saudi-Arabiens und der Golfstaaten nicht dadurch verschlimmern, dass sie sie über ihr Engagement im Unklaren lassen oder sich zu sehr in ihre fragilen innenpolitischen Strukturen einmischen.

Im Laufe der Zeit wird Indiens Rolle in der Region an Bedeutung zunehmen. Was die Ausbreitung des Fundamentalismus in der Region angeht, gibt es eine gewisse Gemeinsamkeit der Interessen zwischen Indien und den Vereinigten Staaten hinsichtlich der Stabilität am Golf. Doch wie bereits im vorangegangenen Kapitel aufgezeigt, ist Indien mindestens ebenso besorgt wegen der Unterstützung seiner eigenen Dissidenten durch die Saudis und die Taliban wie um die Sicherheitsbalance am Golf. Und es gerät gelegentlich in Versuchung, die Rolle des Vermittlers zwischen den Vereinigten Staaten und den Radikalen am Golf zu übernehmen – eine Rolle, die Amerika nur dann als hilfreich empfinden kann, wenn sie mit der langfristigen US-Strategie koordiniert ist. Dennoch sollte der Golf im Laufe der Zeit eine größere Rolle in einem zunehmend intensiven strategischen Dialog mit Indien spielen.

Der Irak

Der Irak wurde nach dem Ersten Weltkrieg, als das Osmanische Reich zwischen Frankreich und Großbritannien aufgeteilt wurde, zum britischen Mandatsgebiet. Geschaffen, um strategischen und wirtschaftlichen Interessen zu dienen, wurde der Vielvölkerstaat nach der Unabhängigkeit von einer haschemitischen Dynastie regiert und diente als Säule britischer Strategie am Golf. 1958 wurde die Dynastie in der Folge der britischen Demütigung bei der Suez-Operation von 1956 gestürzt. Angeführt von einer Gruppe von Offizieren, aus der in den siebziger Jahren schließlich Saddam Hussein als dominante Gestalt hervorging, übernahm die radikal-nationalistische Baath-Partei die Macht. Seitdem ist der Irak zur Geißel seiner Nachbarn geworden. In den achtziger Jahren griff er den Iran an und löste einen kräftezehrenden Krieg aus, in dessen Verlauf er allmählich in die Defensive geriet. Die USA hatten am Ergebnis dieses Krieges kein anderes Interesse, als zu verhindern, dass eine der Krieg führenden Parteien die Vorherrschaft in der Region gewann. Aufgrund seiner größeren Ressourcen, zahlreicheren Bevölkerung und seines radikalen Fundamentalismus wurde der Iran als die größere Bedrohung angesehen. Die Reagan-Regierung stellte die diplomatischen und wirtschaftlichen Beziehungen zum Irak wieder her und ermutigte die europäischen Verbündeten, Saddam Hussein militärische Ausrüstung zu liefern. Nachdem der Krieg mit dem Iran 1988 beendet war, suchte sich Saddam ein neues Ziel und annektierte 1990 Kuwait, wodurch er einen massiven Aufmarsch amerikanischen Militärs am Golf auslöste, gefolgt von einem siegreichen Feldzug im Jahr 1991.

Das Ende des Golfkrieges erbrachte jedoch eine weitere Demonstration der angeborenen Schwierigkeit der Vereinigten Staaten, militärischen Erfolg in politische Münze umzuwandeln. Weil die Vereinigten Staaten Macht und Gewalt traditionell als einzelne, getrennte und aufeinander folgende Phasen betrachten, führen sie ihre Kriege entweder bis zur bedingungslosen Kapitulation, was sie der Notwendigkeit enthebt, eine Beziehung zwischen Gewalt und Diplomatie herzustellen, oder sie tun so, als wäre nach dem Sieg das militärische Element nicht mehr erforderlich und Diplomaten hätten jetzt die Pflicht, in einer Art strategischem Vakuum die Sache in die Hand zu nehmen. Darum haben die Vereinigten Staaten die militärischen Operationen 1951 in Korea eingestellt, sobald die Verhandlungen begannen, und 1968 als Eintrittspreis für Verhandlungen die Bombardierung Vietnams gestoppt. In beiden Fällen hat das Nachlassen des militärischen Drucks die Anreize verringert, welche die Verhandlungsbereitschaft des Gegners überhaupt erst herbeigeführt hatten. Dadurch kamen die Gespräche immer wieder ins Stocken, und es gab neue Opfer.

In der Schlussphase des Golfkriegs stellte sich heraus, dass die Vereinigten Staaten aus ihrer Geschichte nicht gelernt hatten. So wurde es einem total geschlagenen Gegner möglich, sich den vollen Konsequenzen seines Debakels zu entziehen. Die Kriegsziele waren zu eng und zu legalistisch formuliert worden. Weil der Krieg wegen der Besetzung Kuwaits durch den Irak ausgelöst worden war, zogen die amerikanischen Entscheidungsträger den Schluss, dass mit der Befreiung des Scheichtums sowohl das Kriegsziel erreicht als auch das UN-Mandat erfüllt sei. Sie rechtfertigten diese Entscheidung, indem sie das Risiko weiterer Opfer bei einem Vormarsch auf Bagdad und die Wirkung weiteren Blutvergießens auf die öffentliche Meinung betonten, nachdem die Schlacht gewonnen schien. Sie erinnerten sich zwar an die zähen Verhandlungen in Korea und Vietnam, aber nicht an deren Ursachen.

Die Regierung von George H. W. Bush hatte, wie auch ihre Vorgänger, die Gründe für ihr militärisches Eingreifen dargelegt. Die höchsten Chargen der US-Regierung hatten vor dem Kongress ausgesagt und der internationalen Gemeinschaft versichert, dass Amerikas einziges Ziel die Befreiung Kuwaits sei. Nachdem dieses Ziel erreicht oder bereits übertroffen war, glaubte man, dass eine Fortsetzung des Krieges keine innenpolitische oder auch internationale Unterstützung mehr gefunden hätte.

Die Furcht vor einem Zerfall des Irak war eine weitere Rechtfertigung für eine schnelle Beendigung des Krieges. In Basra war eine schiitische Rebellion ausgebrochen, die zur Entstehung einer dem Iran zugeneigten Republik hätte führen können. Langfristig wurde aber der Iran als die ultimative Gefahr am Golf gesehen. Auch befürchtete man, dass eine unabhängige Kurdenrepublik im Norden des Irak die Türkei hätte beunruhigen und ihr Engagement bei der Unterstützung der amerikanischen Golfpolitik untergraben können. Schließlich wurde erwartet, dass die Niederlage und die Heimkehr Zehntausender irakischer Kriegsgefangener zum Sturz Saddams führen würde.

So plausibel diese Argumente auch erschienen, wurde darin doch Saddams Standfestigkeit und deren Auswirkung auf Amerikas Stellung am Golf unterschätzt. Solange Saddam im Amt blieb, konnte man nicht damit rechnen, dass sich der Irak an Bemühungen beteiligte, ein Gleichgewicht in der Region herzustellen. Zu schwach, um ein Gleichgewicht zum Iran darzustellen, zu stark für die Sicherheit seiner Nachbarn am Golf, den Vereinigten Staaten gegenüber zu feindselig eingestellt, sollte der Irak zu einem ständigen Faktor der Ungewissheit werden. Auch wurden die militärischen Optionen nicht angemessen definiert. Es ging nicht darum, ob man nach Bagdad marschieren oder den Krieg beenden sollte; der beste Kurs wäre gewesen, mit der Vernichtung der irakischen Eliteeinheiten – der Republikanischen Garde – fortzufahren, die damals wie heute die Grundlage der Herrschaft Saddam Husseins sind. Wäre man dieser Strategie gefolgt, so hätte die irakische Armee Saddam wahrscheinlich aus dem Sattel gehoben. Zwar wäre wohl auch sein Nachfolger kein großartiges Aushängeschild der Demokratie gewesen, doch die symbolische Wirkung der Beseitigung Saddam Husseins wäre beträchtlich gewesen, und die siegreichen Alliierten hätten damit beginnen können, den Irak wieder in ein regionales System einzuordnen.

Dem Argument, eine Fortsetzung des Krieges um eine weitere Woche hätte keine öffentliche und internationale Unterstützung gefunden, muss das Maß an Respekt entgegengehalten werden, das Präsident Bush mit dem Sieg, der erst durch seine Führungsqualitäten möglich wurde, erlangt hatte. Die am meisten betroffenen arabischen Führer, besonders in Saudi-Arabien, gaben später an, sie hätten es vorgezogen, weiterzumachen, bis Saddam der Macht enthoben worden wäre.

Der Versuch, das Ausmaß der Niederlage des Irak zu bestimmen, schuf ein langfristiges politisches Dilemma. Mit der Resolution Nr. 687 des Sicherheitsrats der Vereinten Nationen wurde ein Waffenstillstand festgelegt; die darin enthaltenen Bestimmungen zur Entwaffnung konnten nur mittels einer mit Nachdruck aufrecht erhaltenen internationalen Überwachung durchgeführt werden, während der schnelle Rückzug der US-Streitkräfte in zunehmendem Maße die Glaubwürdigkeit der Androhung einer erneuten militärischen Intervention ausschloss. Saddam ergriff die Gelegenheit beim Schopf und hat seitdem zielstrebig seine Position und die eines radikalen Irak wiederhergestellt.

Die Clinton-Regierung beschleunigte diese Entwicklung zum Schlimmeren. Als Saddam nach dem Golfkrieg an der Macht blieb, blieben den Vereinigten Staaten drei Optionen: erstens, sich mit einem hoffentlich geläuterten Saddam zu versöhnen; zweitens, Saddam »in seiner Box« zu halten, indem man ihn zwang, die Bedingungen der Resolution 687 zu erfüllen; und drittens, sich seinen Sturz zum nationalen Anliegen zu machen.

Die Clinton-Administration verfolgte alle drei Optionen gleichzeitig und erreichte keines der gesteckten Ziele. Nachdem Saddam den Golfkrieg überlebt hatte, verstärkte sein Verhalten die Ängste seiner Nachbarn. Systematisch unterlief er die Bedingungen des Waffenstillstands, der den Golfkrieg beendet hatte. 1996 beseitigte er die autonomen Institutionen, die unter amerikanischer Ägide für die Kurdengebiete eingerichtet worden waren. Hunderte wurden getötet, und mindestens dreitausend Personen, die mit den Vereinigten Staaten zusammengearbeitet hatten, wurden ausgewiesen. Ab November 1997 sabotierte Saddam methodisch das Inspektionssystem der UN, das die irakischen Programme zum Bau von Massenvernichtungswaffen überwachen sollte. Die Clinton-Regierung drohte mehrmals mit Gewalt und machte jedes Mal wieder einen Rückzieher, womit sie es Saddam ermöglichte, das UN-Inspektionssystem zu demontieren. Als die Vereinigten Staaten schließlich im Dezember 1998 vier Nächte lang tatsächlich Gewalt anwandten, war dies ein eher dürftiger Versuch, die völlige Einstellung der Inspektionen zu verschleiern.

Nachdem das Inspektionssystem demontiert war, machte sich Saddam daran, die Wirtschaftssanktionen zu unterlaufen, die zur Stärkung des Inspektionssystems verhängt worden waren und bis zur Bestätigung der Zerstörung aller Massenvernichtungswaffen und der Anlagen zu ihrer Produktion in Kraft bleiben sollten. Drei Monate nachdem der Irak die Waffenstillstandsvereinbarungen im Kurdengebiet über den Haufen geworfen hatte, erklärten sich die Vereinigten Staaten im Dezember 1996 mit einem von den Vereinten Nationen initiierten Programm einverstanden, das es dem Irak erlaubte, jährlich Erdöl für zwei Milliarden Dollar zu verkaufen, um Nahrungsmittel und Medikamente einkaufen zu können. Dadurch sollte Saddam »isoliert« werden, indem die Durchsetzung der militärischen Maßnahmen vom Wohlergehen der Bevölkerung getrennt wurde. Zu glauben, dass eine Stärkung der innenpolitischen Stellung Saddams ihn letztlich schwächen würde, zeigte wenig Verständnis für die Realitäten am Golf. Seitdem wurde das so genannte Erdöl-gegen-Lebensmittel-Programm erst auf sechs Milliarden Dollar jährlich angehoben, inzwischen gibt es keine Obergrenze mehr. So exportierte Saddam im Jahr 2000 Rohöl im Wert von 16 Milliarden Dollar – etwa so viel, wie der Irak vor dem Golfkrieg verdiente. Da Geld beliebig verwendbar ist, können die auf diese Weise freigesetzten Mittel natürlich auch für den Kauf von weit gefährlicheren Materialien eingesetzt werden.

Die zögerliche Antwort Amerikas auf alle diese Herausforderungen war von zwei psychologischen Hinterlassenschaften des Vietnamkrieges geprägt: der enormen Abneigung gegen Gewaltanwendung und dem Beharren darauf, sich vor jeder Drohung mit Gewalt der weitest möglichen multilateralen Unterstützung zu versichern. So ordnete Clinton als Antwort auf ein angeblich geplantes irakisches Attentat auf den früheren Präsidenten Bush bei einem Besuch in Kuwait 1993 an, ein paar Cruise Missiles auf ein einzelnes Gebäude abzufeuern, das Versicherungen des Pentagons zufolge leer stand. Als Saddam 1996 die von Amerika geförderten kurdischen Streitkräfte vernichtete, antwortete die Clinton-Regierung ebenfalls mit Cruise Missiles, diesmal gegen Radarstationen, die Hunderte Kilometer weiter südlich standen. Und wie schon gesagt, signalisierten vier Nächte folgenlosen Bombardements im Dezember 1998 die Ergebung Amerikas in den Zusammenbruch des UN-Inspektionssystems. Die ganze Zeit über tendierte die Clinton-Administration auch dazu, Verlautbarungen von Führern der Golf-Region, in denen diese auf Zurückhaltung drängten, für bare Münze zu nehmen. Wahrscheinlich sollten diese Erklärungen aber eher als Alibi dienen, und die verschiedenen Herrscher, die sich der von Saddam ausgehenden Gefahr nur allzu bewusst waren, erhofften sich insgeheim, dass die Vereinigten Staaten sie ignorieren würden.

Saddams politisches Überleben hat die Vereinigten Staaten gezwungen, zu einer Politik der »doppelten Eindämmung« gegen den Iran und den Irak Zuflucht zu nehmen. Saudi-Arabien, Kuwait und die Golfstaaten sind nicht stark genug, um sich auch nur eines der beiden Länder zu erwehren, geschweige denn beider zusammen. Und es war auch durchaus nicht klar, wie sich Amerika Saddams zukünftige Rolle auf lange Sicht überhaupt vorstellte. So sagte Präsident Clinton nach dem Abbruch eines in der Tat bereits in die Wege geleiteten Vergeltungsangriffs im November 1998:

> »Wenn es uns gelingt, dass UNSCOM [die UN-Inspektionsgruppe] dort ihre Arbeit fortsetzen kann, und wir ihm [Saddam] Gelegenheit zur ehrenvollen Versöhnung geben, indem er schlicht die UN-Resolutionen beachtet, dann sehen wir, dass wir etwas erreichen können.«[5]

Keiner unserer Verbündeten am Golf oder im weiteren Umkreis glaubte auch nur im Entferntesten an die Aussicht auf eine »ehrenvolle Versöhnung« aufgrund der Beachtung von UN-Resolutionen für die Dauer von einigen Monaten. Alle waren überzeugt, dass Saddam jede Anstrengung zur Wiederbewaffnung unternehmen würde, sobald die Sanktionen aufgehoben waren, und dass die Großmächte bereits mit aller Kraft nach Vorwänden suchten, um die UN-Sanktionen ganz und gar aufzuheben. Die Länder in der Region, die auf die Vereinigten Staaten angewiesen sind, werden deren Bedeutung für ihre Sicherheit letztlich an Amerikas Fähigkeit messen, entweder Saddam abzusetzen oder so weit zu schwächen, dass von ihm keine Gefahr mehr ausgeht – was auch immer sie dazu öffentlich verlautbaren mögen.

Mit den Vereinigten Staaten als De-facto-Garanten aller Grenzen in einer der unbeständigsten Regionen der Welt hängt die Sicherheit des Golfs heute von der weit verbreiteten Wahrnehmung der Fähigkeit Amerikas ab, mit den Folgen der fortgesetzten Herrschaft und wachsenden Stärke Saddam Husseins fertig zu werden. Die Golfstaaten sind sich ihrer Abhängigkeit von Amerika nur allzu bewusst und gleichzeitig sehr nervös, dass die Zusammenarbeit zu offensichtlich werden könnte, besonders wenn sich Amerika als schwankender Riese zeigt.

Saddams Strategie ist auf drei Ziele abgestellt: erstens, die Aufmerksamkeit der Welt auf die Beschwerden des Irak zu lenken; zweitens, die latente Spaltung der permanenten Mitglieder des Sicherheitsrats der Vereinten Nationen untereinander hinsichtlich der Irak-Sanktionen an das Licht der Öffentlichkeit zu zerren; und drittens, den Brennpunkt der Debatte von den Inspektionen auf die Aufhebung der Sanktionen zu verlagern. Er ist auf dem besten Wege, alle diese Ziele zu erreichen. Es gibt keine ernsthaften Bemühungen, das UN-Inspektionssystem wiederherzustellen; die internationale Debatte dreht sich größtenteils um die Milderung oder völlige Aufhebung der Sanktionen – tatsächlich halten sich mehrere Nationen, geführt von Russland, China oder Frankreich, gar nicht mehr daran. Bemerkenswerterweise scheint der Irak ein weiterer Testfall für den Versuch Frankreichs zu sein, eine von den Vereinigten Staaten abgegrenzte und in Opposition zu ihnen stehende europäische Identität zu definieren.

Am Ende eines fast zehnjährigen Sich-nicht-entscheiden-Könnens haben sich die Vereinigten Staaten in eine Lage manövriert, da in einem großen Teil der Welt – zumal in Europa – Amerika und nicht Saddam als derjenige erscheint, der eine Entspannung am Golf verhindert. Die Fürsprecher des Irak bei den Vereinten Nationen haben eine gute Chance, im Sicherheitsrat die notwendige Mehrheit für eine völlige Aufhebung der Sanktionen zu gewinnen. Obwohl die Vereinigten Staaten sicherlich Gebrauch von ihrem Vetorecht machen würden, so würde ein solches Ergebnis doch Amerikas wachsende Isolierung herausstellen und wahrscheinlich noch weitere Länder veranlassen, es mit der Einhaltung der Sanktionen nicht mehr so genau zu nehmen.

Wenn Amerika diesem Drängen nachgibt, würde dies auch keinen Vorteil bringen. Diejenigen Länder, welche die Sanktionen unterlaufen, würden lernen, dass man ungestraft eine von UN-Resolutionen gestützte amerikanische Politik missachten kann. Die Golfstaaten wären erleichtert über die vorübergehende Unterbrechung der irakischen Pressionen, würden sich aber Sorgen wegen Amerikas Standfestigkeit in der nächsten Krise machen.

Bei den »intelligenten Sanktionen«, die als Alternative vorgeschlagen werden, ist das Problem, ob sie sich zu einer Methode des Verzichts oder zu einer Form des Drucks entwickeln, der dann auch wirklich aufrechterhalten wird. Wenn die *smart sanctions* als eine Art und Weise interpretiert werden, die Sanktionen samt und sonders aufzugeben, erhebt sich die Frage, ob die Vereinigten Staaten bei einem Rückzug, der eher einer wilden Flucht gleichkommt, besser dran sind, wenn sie die Parade anführen, oder lieber anderen die Verantwortung überlassen sollen. Wenn die intelligenten Sanktionen ernst gemeint sind, kommt es auf ihre Art und Amerikas Bereitschaft an, auf ihrer Durchführung zu bestehen.

Vergleichbare Erwägungen gelten für den oft vernommenen Vorschlag, dass von den Vereinigten Staaten gedeckte Geheimoperationen es ihnen ermöglichen können, die

Komplexitäten der Sanktionspolitik zu umgehen. Im Prinzip wäre ich dafür, den inneren Widerstand im Irak zu unterstützen, da ich jedoch solche verdeckten Unternehmen von innen kennen gelernt habe, möchte ich hier drei warnende Hinweise geben: Solche verdeckten Operationen müssen von Profis, nicht von Abenteurern durchgeführt werden; es müssen dabei die Interessen von Nachbarländern berücksichtigt werden, besonders der Türkei, Saudi-Arabiens, Irans und Jordaniens, um zu verhindern, dass sie in Folgen hineingezogen werden, die zu tolerieren sie nicht fähig oder bereit sind und für die die Vereinigten Staaten nicht gerüstet sind; und schließlich müssen die Vereinigten Staaten bereit sein, die Widerstandsbewegung militärisch zu unterstützen, wenn sie in Schwierigkeiten gerät, sonst würde sich das Debakel in der Schweinebucht 1961 und im Nordirak 1975 und 1996 wiederholen, als die meisten, die von diesen Aktionen profitieren sollten, ausgelöscht oder vertrieben wurden.[6] Wenn diese Bedingungen nicht erfüllt werden können, wird der Ruf nach verdeckten Operationen zu einer gefährlichen Falle.

Selbst Amerikas europäische Verbündete, die das System der Sanktionen unterlaufen, können sich nicht wünschen, dass der Irak in die Lage versetzt wird, die OPEC in eine Waffe gegen die demokratischen Industriestaaten umzufunktionieren und im Verlauf dieses Prozesses die moderaten Regime in der Region nach und nach zu zersetzen. Wohl nur nach dem Ende der Herrschaft Saddams ist eine flexiblere amerikanische Politik gegenüber dem Irak möglich und angezeigt.

Eine unheilvolle Entwicklung deutete sich im Herbst 2000 an, als Saddam zunehmende Anstrengungen unternahm, den Leichtölmarkt zu manipulieren, indem er die unter dem Sanktionssystem erlaubten Öllieferungen periodisch reduzierte. Diese Versuche sollten nicht als ein Problem von Angebot und Nachfrage auf dem Energiemarkt, sondern als das bewertet werden, was sie wirklich sind, nämlich als Angriff auf die nationale Sicherheit. Eine kohärente kooperative Energiepolitik seitens der demokratischen Industriestaaten ist wesentlich, aber sie darf nicht mit einem Kniefall vor dem Irak gleichgesetzt werden.

Es ist nicht zu früh, sich mit der Art Irak zu beschäftigen, auf die man nach Saddams Entfernung aus dem Amt hoffen darf. Der Irak sollte weder zu stark für das Machtgleichgewicht in der Region noch zu schwach sein, um seine Unabhängigkeit gegenüber begehrlichen Nachbarn, darunter besonders dem Iran, zu bewahren. Einer der Gründe für die Golfkrise von 1991 war die Nachlässigkeit der Staaten des Westens nach dem Iran-Irak-Krieg, die sich keine Gedanken darüber machten, dass der Irak der nächste Aggressor werden könnte. Es wäre eine Ironie, wenn ein weiterer Anfall von Tunnelblick diesmal das entgegengesetzte Ergebnis hervorbringen würde: einen Irak, der so schwach ist, dass seine Nachbarn, zumal der Iran, sich beeilen, das Vakuum auszufüllen. Doch eine wohl abgewogene Irak-Politik ist nicht möglich, solange Saddam an der Macht ist; sie gilt für die Zukunft, wenn er keine Rolle mehr spielt.

Um Amerikas Interessen am Golf zu wahren, ist zielgerichtete Entschlossenheit dem für die neunziger Jahre charakteristischen Gerangel vorzuziehen. Paradoxerweise ist es ebenso wichtig für Amerikas Beziehung zum Iran, dem größten und mächtigsten Land in der Region. Die Vereinigten Staaten werden nicht in der Lage sein, einen mäßigenden Einfluss auf den fundamentalistischen Iran auszuüben, wenn sie mit einem besiegten Irak nicht zurechtkommen oder wenn die Führung in Teheran über die Grenze blickt und sieht, wie leicht und effektiv es ist, den Vereinigten Staaten zu trotzen. Welchen Ansporn sollten die Ayatollahs dann noch haben, einen gemäßigten Kurs einzuschlagen?

Der Iran

Es gibt nur wenige Staaten auf der Welt, mit denen die Vereinigten Staaten weniger Anlass zum Streit oder mehr kompatible Interessen haben, als mit dem Iran. Zwar stand in den siebziger Jahren der Schah als Symbol für die Freundschaft zwischen beiden Ländern, doch hingen jene Interessen nicht von einer Persönlichkeit ab. Vielmehr spiegelten sie politische und strategische Realitäten wider, die bis zum heutigen Tag gelten. Die Vereinigten Staaten haben gar kein Interesse daran, den Iran zu dominieren, wie die jetzt regierenden Ayatollahs immer behaupten. Während des Kalten Krieges hatte Amerikas Interesse darin bestanden, die Unabhängigkeit des Iran vor der Bedrohung durch die Sowjetunion zu schützen. Von Russland waren historisch schon immer Pressionen und Invasionen gegen Persien ausgegangen. Im 19. Jahrhundert verhinderte die Intervention der Briten, motiviert durch die Verteidigung Indiens und der dorthin führenden Seewege, dass große Teile Persiens in ähnlicher Weise dem Zarenreich einverleibt wurden, wie schon vorher die Nachbarstaaten in Zentralasien von den Zaren erobert worden waren. 1946 ist die Inbesitznahme der iranischen Nordwestprovinz Aserbaidschan durch die Sowjetunion als erstem Schritt zur Zerstückelung des Landes durch amerikanische Intervention gerade noch verhindert worden. Während des gesamten Kalten Krieges half der Iran, dem Druck der Sowjets auf Afghanistan und ihrem Eindringen in den Mittleren Osten Widerstand zu leisten.

Amerikas Interesse am Iran ging mit dessen eigenem Streben nach Unabhängigkeit Hand in Hand. Viele, die damals die amerikanische Politik betrieben, darunter auch ich, waren dem Schah zu tiefem Dank dafür verpflichtet, dass er den Vereinigten Staaten in mehreren Krisen des Kalten Krieges zur Seite stand. Doch unser Grundmotiv lag weniger auf der Gefühlsebene, sondern beruhte vielmehr darauf, dass wir uns der Bedeutung des Iran als Summe seiner geographischen Lage, seiner Ressourcen und der Talente seiner Menschen bewusst waren.

Es gibt keine geopolitische Motivation seitens Amerikas für eine Feindschaft zwischen dem Iran und den Vereinigten Staaten. Der Iran liefert Amerika jedoch immer wieder Gründe, auf Distanz zu bleiben. Mehrere US-Regierungen haben deutlich gemacht, dass die Vereinigten Staaten zu einer Normalisierung der Beziehungen bereit sind. Es ist dem Iran bestimmt, eine wesentliche, unter Umständen entscheidende Rolle am Golf und in der Welt des Islam zu spielen. Eine kluge amerikanische Regierung wird daher selbst wissen, dass eine Verbesserung der Beziehungen zum Iran nur von Vorteil sein kann.

Das Haupthindernis ist bisher die Regierung in Teheran gewesen. Seit dem Sturz des Schahs im Jahr 1979 hat sich das Ayatollah-Regime auf eine Reihe von Aktionen eingelassen, die im Widerspruch zu anerkannten internationalen Verhaltensregeln stehen, und viele davon waren ausdrücklich gegen die Vereinigten Staaten gerichtet. Von 1979 bis 1981 wurden fünfzig amerikanische Diplomaten vierzehn Monate lang als Geiseln im Iran festgehalten. Während der achtziger Jahre waren von Teheran finanzierte und unterstützte Organisationen für die Entführung von Amerikanern und Bürgern anderer Staaten des Westens in Beirut verantwortlich. Wesentlich unterstützt von dem Regime in Teheran wurden auch Gruppen, die für den Tod von mehreren hundert amerikanischen Soldaten in Beirut verantwortlich sind. Eng verknüpft ist Teheran auch mit Ausbildungslagern für Terroristen im Sudan, die es ebenfalls finanziert. Es gibt Beweise, die vom Iran geförderte Gruppen mit dem Bombenattentat bei den Khobar Towers, der amerikanischen Militärunterkunft in der Nähe von Dhahran in Saudi-Arabien, bei dem 1996 neunzehn amerikanische Soldaten das Leben verloren, in Verbindung bringen. In Frankreich wurde ein ranghoher Iraner, der dort im Exil lebte, von iranischen Agenten umgebracht, die zwar verhaftet werden konnten, dann aber im Austausch für eine in Beirut festgehaltene französische Geisel freigelassen wurden. Die iranischen Ayatollahs haben ein Todesurteil über den Schriftsteller Salman Rushdie verhängt, das noch immer nicht zurückgenommen worden ist, obwohl sich die Regierung in Teheran davon »distanziert« hat, was immer das auch bedeuten mag.

Abgesehen von diesen Einzelaktionen tut der Iran sein Bestes, die Nahost-Friedensdiplomatie zu untergraben. Teheran ist der Schutzherr der Hisbollah, die dem Frieden mit

Israel weiterhin bewaffneten Widerstand leistet. Der Hamas und dem Palästinensischen Islamischen Dschihad, die beide regelmäßig die Verantwortung für terroristische Anschläge auf israelische Zivilisten übernehmen, leistet der Iran substanzielle Finanzhilfe.

Das iranische Regime ist jetzt dabei, Langstreckenraketen zu bauen, die den Nahen Osten und den größten Teil Mitteleuropas treffen können. Im Geheimen wird an der Entwicklung von Nuklearwaffen gearbeitet, unterstützt von dualer Technologie aus dem Westen mit einiger Hilfe aus Russland, obwohl dieses den Atomwaffensperrvertrag unterzeichnet hat (China scheint seine früheren Hilfeleistungen eingestellt zu haben).

Die Schlüsselfrage, die sich der amerikanischen Politik stellt, ist die, ob diese Akte dem Teheraner Regime immanent sind oder ob eine Beziehung gegenseitiger Nicht-Feindschaft möglich ist. Diese Frage gehört zu einer Reihe von Meinungsverschiedenheiten zwischen Amerika und seinen europäischen Verbündeten, welche die atlantischen Beziehungen auf den Prüfstand stellen.

Einerseits geht der Streit darum, ob europäische Unternehmen sowie amerikanische Unternehmen mit Sitz in Europa den Strafen unterliegen, die der Kongress der Vereinigten Staaten für Verstöße gegen die Sanktionen verhängt hat. Ich habe bereits an anderer Stelle meiner Sorge darüber Ausdruck verliehen, dass vom Mittel der Sanktionen zu häufig Gebrauch gemacht wird. Eine exterritoriale Anwendung der Gesetze, zumal gegen Verbündete, ist schwer zu rechtfertigen und erfordert eine neue Sichtweise. Das Grundproblem jedoch ist nicht die gesetzliche Grundlage amerikanischer Strategien, sondern die Frage, ob es zur Verbesserung der Beziehungen zum Iran beiträgt, wenn einseitig Zugeständnisse gemacht werden, ohne dass eine Gegenleistung gefordert wird. Oder ist der Drang nach Teheran ein *Hindernis* auf dem Weg zu einer Wiederannäherung, die als solche nicht umstritten ist? Werden fortgesetzte Zugeständnisse angesichts der starren Haltung des Iran dem gemeinsamen Ziel besserer Beziehungen eher förderlich oder hinderlich sein?

Den Kern der Meinungsverschiedenheiten bildet das Beharren der europäischen Verbündeten auf einem – wie sie es nennen – »kritischen Dialog« mit dem Iran. Die Verbündeten argumentieren, dass der Dialog dazu dienen soll, die Aussichten auf eine Mäßigung der iranischen Politik zu erforschen, und immer Kritik an der Verletzung der Menschenrechte und anderen Missetaten des Iran beinhaltet habe; kurz gesagt, er würde allein durch die Tatsache seiner Existenz dazu beitragen, Spannungen abzubauen (ganz zu schweigen von der Unterzeichnung lukrativer Öl- und Gasgeschäfte).

Bisher hat es – kritisch oder nicht kritisch – kaum einen produktiven Dialog mit Europa gegeben, allerdings könnte ein vom iranischen Ministerpräsidenten Mohammad Khatami angedeuteter »Dialog der Zivilisationen« ein erster Anfang sein. Auch auf das Angebot eines offiziellen Dialogs seitens der Clinton-Regierung erfolgte keine positive Reaktion. Es wurde von einem iranischen Regime abgewiesen, das unfähig zu sein scheint, sich für eine Wiederannäherung an die Vereinigten Staaten zu entscheiden, und sich auch nicht durch formelle, untertänigste Entschuldigungen für frühere amerikanische Verhaltensweisen beeindrucken ließ.

Im Wesentlichen handelt es sich bei dem Ansatz, dass einseitige Gesten den Iran in seiner Feindseligkeit irgendwie erweichen werden, um die Anwendung der »politisch korrekten« psychiatrischen Theorie auf die Politik: Der Verbrecher wird als Opfer wahrgenommen, angeblich deformiert durch Zwänge, die er nicht selbst unter Kontrolle hat. Wenn man dies jedoch auf die Taten des Iran anwendet, so gibt es auch nicht den Schatten eines Beweises, der diesen Ansatz stützen würde. Einseitige Zugeständnisse jeglicher Größenordnung sind eher geeignet, Intransigenz zu stärken, als sie zu mildern. Warum sollte man sich schließlich ändern, wenn die Zielobjekte der auf Ideologie beruhenden Politik so überaus versessen darauf sind, sich irgendwie zu arrangieren?

Zwar gibt es kaum Zweifel, dass Khatami angesichts erheblichen Widerstandes im eigenen Land eine moderatere Innenpolitik betreiben will, doch gibt es bisher kaum Belege dafür, dass sich seine Mäßigung auch auf die außenpolitische

Bühne überträgt oder dass er überhaupt die Erlaubnis erhält, einen Kurswechsel durchzuführen, selbst wenn er das wollte. Genauso kann es sein, dass er sich durch Demonstrationen erhöhter ideologischer Wachsamkeit auf der internationalen Bühne Handlungsspielraum für den inneren Wiederaufbau erkaufen will. Tatsächlich hat sich Khatami öffentlich zur Unterstützung islamischer und palästinensischer Terroristengruppen in Damaskus und Beirut bekannt.

Die Debatte sollte über die theoretische Spekulation hinausgehen. Wenn es zu einer Verbesserung der Beziehungen zu dem islamischen Regime in Teheran kommen soll, erscheint es elementar, diese mit dem Verzicht auf den Export von gewaltsamer Revolution und Subversion, einer Zügelung des Terrorismus und einem Ende der Einmischung in die Nahost-Friedensdiplomatie zu verbinden. Gleichzeitig müssen Fortschritte hinsichtlich des Erwerbs von Raketen und Atomwaffen durch den Iran erzielt werden.

Gäbe es den ernsten Willen seitens des Iran, könnten sicherlich eine Reihe von wechselseitigen parallelen Schritten ausgearbeitet werden, um eine signifikante Verbesserung der Beziehungen zu erreichen, vorausgesetzt, die Herrscher im Iran sind zu einer normalen Beziehung bereit. Der Mechanismus eines solchen Ansatzes wäre nicht schwer zu konstruieren. Die neue amerikanische Regierung könnte einen vertrauenswürdigen Vertreter – oder »inoffiziellen« Sprecher – ernennen, um auszuloten, zunächst einmal im Geheimen, ob es möglich ist, sich über eine Reihe wechselseitiger Maßnahmen zu einigen, die zu einer schrittweisen Verbesserung der Beziehungen führen könnten. Nach der ersten Fühlungnahme könnten sich die Vereinigten Staaten sogar bereit finden, ein paar erste symbolische Schritte zu unternehmen, vorausgesetzt, dass diesen innerhalb eines Rahmens, der deutlich in zeitlichem Zusammenhang mit der einleitenden Aktion steht, iranische Maßnahmen folgen.

Wenn Amerikas Verbündete glauben, dass es die diplomatischen Optionen nicht angemessen ausgeschöpft hat, sollten die Vereinigten Staaten bereit sein, den ernsthaften Versuch einer gemeinsamen Diplomatie zu unternehmen.

Und zumindest theoretisch sollte es eine Gemeinsamkeit der Interessen geben. Die Staaten Europas wären die ersten Opfer der Ausbreitung des islamischen Fundamentalismus und iranischer Mittelstreckenraketen. Als Nuklearmacht wird sich der Iran langfristig als viel bedrohlicher für Europa (und Russland) denn für die Vereinigten Staaten erweisen. Und wenn es am Golf zum Äußersten kommt, werden die Europäer die ersten sein, die um Zugang zu amerikanischen Energievorräten bitten, um eine Wirtschaftskatastrophe zu vermeiden.

Außenpolitik läuft immer darauf hinaus, eine Wahl zu treffen. Eine effektive, gegen Terrorismus und Weiterverbreitung von Atomwaffen gerichtete Politik des Westens erfordert die Bereitschaft, um eines größeren, langfristigen Zieles willen Opfer zu bringen. Manchmal müssen dann eben kommerzielle Interessen hinter weiter gehenden Sicherheitsinteressen zurückstehen. Amerikanische Führung ist wesentlich, um diesen Kompromiss im Hinblick auf den Iran zu erreichen. Gleichzeitig ist zu betonen, dass ein Bündnis, das nur der einen Seite Verpflichtungen auferlegt, vor den Augen der Öffentlichkeit kaum Gnade finden wird.

Deswegen sollten die größten Anstrengungen unternommen werden, einen transatlantischen Konsens für ein Auftreten gegenüber dem Iran zu finden, das angemessenen diplomatischen Druck und gemeinsam vereinbarte diplomatische Offerten umfasst. Nur durch eine feste, konsistente und versöhnliche Politik kann der Tag beschleunigt herbeigeführt werden, an dem der Iran bereit sein wird, die konkreten politischen Maßnahmen zu ergreifen, welche die einzige verlässliche Grundlage für eine langfristige kooperative Beziehung bilden.

Was wird aus Afrika?

Afrika lastet schwer auf dem Gewissen Amerikas. Ein bedeutender Teil der US-Bevölkerung stammt dorther. Ihre Vorfahren wurden unter Umständen an unsere Gestade gebracht, die ein Schandfleck in der Geschichte dieses Landes bleiben werden, und sie wurden vor und nach der Sklaverei gezwungen, unter Bedingungen zu leben, auf die kein Amerikaner stolz sein kann. Doch die Vereinigten Staaten verschlimmern diese Demütigungen nur, wenn Afrikapolitik in erster Linie als Vergangenheitsbewältigung präsentiert wird. Denn die gegenwärtigen Probleme des Schwarzen Kontinents sind eine Herausforderung an eine Welt, die nach vorne blickt, um eine globale Ordnung zu schaffen.

In Afrika herrscht überall Armut. Es hat die niedrigste wirtschaftliche Wachstumsrate von allen Erdteilen und hinkt mit der Modernisierung weit hinterher. Weite Regionen werden von Bürgerkriegen zerrissen, in denen die Grenzen zum Völkermord überschritten sind. Korruption ist weit verbreitet. In dem entstandenen Chaos sind einige afrikanische Länder zu Heimstätten für Terroristengruppen, Geldwäscher und Verbrechenssyndikate geworden. Epidemien raffen einen größeren Teil der Bevölkerung hin als irgendwo sonst; 70 Prozent der Erwachsenen und 80 Prozent der Kinder, die auf der Welt an Aids leiden, leben in Afrika. Man kann nicht von einer auf Frieden und Gerechtigkeit gründenden Welt gegenseitiger Abhängigkeiten sprechen, wenn man gleichzeitig die Probleme Afrikas außer Acht lässt.

Nun werden in Afrika amerikanische Sicherheitsinteressen aber kaum tangiert. Mit dem Ende des Kalten Krieges ist kein außenstehendes feindliches Land in der Lage, Afrika zu dominieren, und auch kein afrikanischer Staat hat die wirtschaftliche oder militärische Fähigkeit dazu. Das Standardargument des Kalten Krieges – dass Afrikas Ressourcen nicht in die Hände des Feindes fallen dürfen – gilt in voraussehbarer Zukunft nicht mehr. Mangels eines strategischen Gegners, der den Kontinent bedroht, oder einer unfreundlichen afrikanischen Nation, die die Hegemonie anstrebt, gibt es keinen strategischen Grund für eine neue Afrikapolitik. Darüber hinaus investieren die Vereinigten Staaten in Afrika weniger als auf anderen Kontinenten, und die Abhängigkeit des Handels von afrikanischen Produkten ist vernachlässigbar.

Durch das Fehlen traditioneller geopolitischer Interessen bietet sich eine unserer Zeit ganz eigene Gelegenheit. Wenn der Begriff »Weltgemeinschaft« irgendeine Bedeutung haben soll, muss er in Afrika seinen Ausdruck finden. Und die Geschichte nimmt Amerika in die Pflicht, die Hauptrolle bei der Organisation und Durchführung solch eines multilateralen Unterfangens zu spielen.

Die dringendste Aufgabe ist es, die Leiden Afrikas zu mildern und seine Epidemien zu besiegen. Langfristiges Ziel muss es sein, die politischen Konflikte Afrikas zu reduzieren, bei einer Reform des politischen System behilflich zu sein und Afrika auf dieser Grundlage in die globalisierte Welt einzuführen. Solche Aktionen erfordern ein besseres Verständnis der dort herrschenden Bedingungen.

Die afrikanischen Gegebenheiten

Es hat sich in diesem Buch als nützlich herausgestellt, die Entwicklung der verschiedenen Erdteile in Analogie zu Epochen der europäischen Geschichte darzustellen. Schwarzafrika lässt sich jedoch nicht in einen solchen Rahmen stellen, denn der Kontinent ist ein Fall für sich. Afrika verfügt über eine eigene reiche, wechselvolle und tragische Geschichte, aber die heutigen afrikanischen Staaten gehen nicht auf diese Wurzeln zurück. Vielleicht mit Ausnahme Südafrikas haben ihre Grenzen und ihre nationale Zusammensetzung einen gemeinsamen Ursprung: den Zusammenbruch der Kolonialherrschaft. Auf keinem anderen Kontinent sind die Nationalgrenzen so direkt und eigentlich aus der Art und Weise hervorgegangen, wie die Imperialmächte ihre Einflusssphären absteckten.

Natürlich entstanden die nachkolonialen Staaten in Asien auch auf der Grundlage von Kolonialgrenzen; Indien wurde niemals in seiner heutigen Größe als eine Einheit regiert; und die historische Erfahrung, die Indonesien zu einem Staat vereinigte, war größtenteils die holländische Kolonialherrschaft. Doch in Asien zeigte der Kolonialismus eine konsolidierende Tendenz: Indien, Indonesien und Malaysia sind alle größer als die Fürstentümer, die vor dem Kolonialismus existierten. Dagegen herrschte in den postkolonialen Staaten Afrikas die Tendenz zur Fragmentarisierung vor.

In Afrika folgen die Grenzen nicht nur den Abgrenzungen *zwischen* den Einflusssphären der europäischen Mächte wie in Asien; sie spiegeln auch die Verwaltungsgliederungen *innerhalb* jedes Kolonialgebiets wieder. In Ost- und Westafrika regierten Großbritannien und Frankreich Kolonien mit langen Küstenstreifen. Daher bot es sich an, diese Kolonien in eine Vielfalt von Verwaltungseinheiten zu gliedern, jede mit einem eigenen Zugang zur See, aus denen dann später unabhängige Staaten wurden. Andererseits regierte in Zentralafrika das winzige Belgien über eine Region, die fast so groß war wie die britischen und französischen Besitzungen, ohne jedoch über ein längeres Küstenstück zu verfügen. Da dieses riesige Territorium nur über einen sehr schmalen Zugang zum Meer an der Kongo-Mündung verfügte, wurde es von Belgien als eine einzige Einheit verwaltet, aus der später ein einziger Staat mit einer explosiven ethnischen Zusammensetzung entstand.

Und was am wichtigsten ist, die Verwaltungsgrenzen in jeder Kolonie wurden ohne Rücksicht auf ethnische oder Stammesidentitäten gezogen; tatsächlich fanden es die Kolonialmächte sogar ganz nützlich, ethnische oder Stammesgruppen aufzuteilen, um die Entstehung einer geeinten Opposition gegen die Imperialherrschaft zu erschweren.

Mit Ausnahme Südafrikas sehen sich die schwarzafrikanischen Länder innenpolitischen Herausforderungen gegenüber, die es sonst nirgendwo auf der Welt gibt. In den meisten Ländern der Welt ging dem Staat eine Gesellschaft oder eine Nation voraus; in den meisten afrikanischen Ländern geht der Staat der Nation voraus und muss der Fülle von Stämmen, ethnischen Gruppen und in vielen Fällen auch verschiedenen Religionen erst ein nationales Bewusstsein abringen.

Zwangsläufig haben die westlichen demokratischen Grundsätze der politischen Organisation in Afrika nur sehr zarte Wurzeln geschlagen. Die westliche Demokratie beruht auf dem Mehrheitsprinzip in verschiedenen Ausformungen. Doch dies setzt voraus, dass die Mehrheiten wechseln können und die derzeitige Minderheit Aussicht hat, irgendwann zur Mehrheit zu werden. Wenn die Trennung jedoch nach Stämmen, Ethnien oder Religionen verläuft, gilt diese Formel nicht. Eine Gruppe, die zu einem ständigen Minderheitenstatus verurteilt ist, wird das politische System nicht als gerecht empfinden. Und dies gilt umso mehr, wenn eine Minderheit die Mehrheit regiert, wie es in Ruanda und mehreren anderen afrikanischen Staaten der Fall war beziehungsweise noch ist.

Weder das parlamentarische System in Europa noch das föderale System der Vereinigten Staaten kann unter diesen Umständen funktionieren. Denn wenn in Afrika ein föderales System auf Stämmen, Ethnien oder Religionen beruhen würde, entstünde die immer währende Gefahr der Sezession; und würde in den föderalen Einheiten die Zusammensetzung des Landes nach Stämmen, Ethnien oder Religionen nachgeahmt, so würden in jeder Region schlicht die Konflikte des gesamten Landes wiederholt. Unter diesen Umständen läuft der politische Prozess auf ein Streben nach Vorherrschaft, nicht nach Wechsel hinaus, der – wenn überhaupt – durch Putsche und ethnische Konflikte und nicht aufgrund verfassungsmäßiger Prozesse stattfindet.

Auch ein parlamentarisches System beseitigt nicht das Problem. Der Begriff der loyalen Opposition – das Wesen der modernen parlamentarischen Demokratie – lässt sich nur schwer anwenden, wenn Opposition als Bedrohung des nationalen Zusammenhalts bewertet und tendenziell mit Verrat gleichgesetzt wird.

Aus diesen Gründen besitzen afrikanische Länder eine starke Neigung zum Bürgerkrieg. Und wenn Stämme oder Ethnien über Staatsgrenzen hinweg in Loyalität verbunden sind, wie dies in Afrika außerordentlich häufig der Fall ist, werden Bürgerkriege zu internationalen Kriegen. So hat, was in Zaire als Bürgerkrieg begann – unterstützt von den Mächten des Westens im Namen der Demokratie –, dazu geführt, dass die Zentralregierung die Kontrolle über weite

Teile des Landes verloren hat. Nunmehr wieder in Kongo umbenannt, ist das Land zur Arena des Machtkampfs anderer afrikanischer Staaten geworden – Angola, Zimbabwe, Ruanda und Uganda. Zimbabwe geht es darum, Beute zu machen, doch für Angola, Ruanda und in gewissem Maße auch Uganda ist dies ein Kampf um die Stabilität im eigenen Land, weil die beteiligten ethnischen Gruppen beiderseits der Staatsgrenzen leben.

Überall auf der Welt werden ethnische Kriege mit außerordentlicher Grausamkeit geführt; in Afrika grenzen sie an Völkermord, wie in Ruanda, Sierra Leone und im Sudan. Der Bürgerkrieg in Angola dauert seit 38 Jahren an, der im Sudan fast ebenso lange. Den beteiligten Parteien geht es nicht um Zwistigkeiten über Regierungsprogramme, sondern um das Überleben der Ethnie, des Stammes, der Religion oder zumindest um die Vermeidung des Zustands fortdauernder Diskriminierung oder institutioneller Verfolgung.

Eine Verfassung, die per Definition das Gesetz über Regierungswillkür stellt, hat kaum Bedeutung, wo der Gedanke an eine unabhängige Justiz nicht nur inexistent, sondern geradezu undenkbar ist. Wo kein institutionelles Konzept von Legitimität vorhanden ist, wird die primitive Geltendmachung von Macht selbst zu einer Form der Legitimität. Daher sind eine Reihe von Ländern Afrikas, vormals ob ihrer fortschrittlichen Institutionen gelobt – wie zum Beispiel Kenia –, zu einer brutalen Form persönlicher Willkürherrschaft zurückgekehrt.

Dasjenige Land, das hier eine markante Ausnahme darstellt, ist Südafrika, und zwar trotz der Tatsache, dass seine Geschichte tragischer verlaufen ist als die der meisten anderen, oder vielleicht gerade deshalb. Als sich holländische Siedler im 17. Jahrhundert an der Südspitze Afrikas niederließen, brachten sie einen streng fundamentalistischen Kalvinismus mit, der mit den intellektuellen Strömungen der Folgezeit in Europa nichts zu tun haben wollte. Die Buren – oder »Afrikaners«, wie sie sich selbst nannten – entwickelten eine eigene Identität, die in der Geschichte des europäischen Kolonialismus einzigartig ist. Der Rationalismus der Aufklärung und die von der Französischen Revolution ausgelöste demokratische Befreiung gingen an ihnen spurlos vorüber.

So tief saß ihr Gefühl, etwas Besonderes zu sein, dass die Buren, als Großbritannien die Kapprovinz während der Napoleonischen Kriege annektierte, zusammenpackten und fast 1500 Kilometer nordwärts zogen, und zwar nicht als einzelne Siedler, sondern als ganzes Volk samt Regierungsinstitutionen, Kirchen und Schulen. In ihrer neuen Heimat stießen diese Afrikaners erstmals auf größere schwarze Bevölkerungsgruppen, die sie mit einem herablassenden Gefühl religiöser und rassischer Überlegenheit behandelten.

Die Isolation der Afrikaners währte nicht lange. Die Entdeckung des Goldes lockte die Engländer in die neuen Staaten, und dies führte zum Burenkrieg, in dem die winzigen Burenrepubliken dem Britischen Weltreich auf der Höhe seiner Macht eine Zeit lang die Stirn bieten konnten. Der Burenkrieg beendete die politische Eigenständigkeit der Afrikaners; ihre spirituelle Besonderheit konnte er jedoch nicht beseitigen.

Ab 1948 waren die Buren innerhalb des weißen Bevölkerungsanteils, der allein wahlberechtigt war, demographisch im Vorteil. Zwar hatte es die Rassentrennung im amerikanischen Sinne schon immer gegeben, doch jetzt machten sich die nunmehr dominanten Buren daran, sie auf die Spitze zu treiben. Strenge Gesetze wurden erlassen, mit denen Mischehen verboten sowie Wohngebiete, Arbeitsrecht und Freizügigkeit der nichtweißen Bevölkerung einem besonderen Reglement unterworfen wurden. Die Einführung des Systems der Apartheid war ein einzigartiger Akt politischer Torheit und Unmoral, weil er die weiße Bevölkerung zwang, eine wachsende Mehrheit anderer Rassen mit einer brutalen Gewalt niederzudrücken, die mit Anstand und Sitte ebenso unvereinbar war wie mit den Prozessen der Industrialisierung und Modernisierung.

Auf fast wunderbare Weise wurden diese Hindernisse von zwei außergewöhnlichen Führern, Nelson Mandela und Frederik de Klerk, gegen Ende des Jahrhunderts überwunden. Nelson Mandelas Karriere ist die Verkörperung von

Mut, gestärkt durch spirituelle Tiefe. Bereits 1964 brachte Mandela in einer Rede, in der er sich gegen den Vorwurf des Verrats verteidigte, sein Engagement für eine multirassische Gesellschaft zum Ausdruck:

> »Es stimmt nicht, dass die Verleihung der Bürgerrechte an alle auf eine rassische Vorherrschaft hinauslaufen wird. Eine auf Hautfarbe begründete politische Trennung ist ganz und gar künstlich, und wenn sie verschwindet, wird auch die Beherrschung einer durch ihre Hautfarbe gekennzeichneten Gruppe durch eine andere verschwinden. Der ANC [Afrikanischer Nationalkongress] hat ein halbes Jahrhundert damit verbracht, den Rassismus zu bekämpfen; wenn er triumphiert, wird er diese Politik nicht ändern.«[7]

Mandela hielt sein Wort. Die dreißigjährige Kerkerhaft scheint keinerlei Gefühle der Bitterkeit in ihm hinterlassen zu haben – jedenfalls viel weniger als in einigen seiner Kameraden, die ebenso lange Zeit im Exil verbrachten.

Wie der Abgang des Sowjetkommunismus, so vollzog sich auch das Ende der Apartheid mit einer nur ein Jahrzehnt zuvor noch unvorstellbaren Geschwindigkeit und mit einem Minimum an Gewalt. Ein philosophischer Idealismus und praktische Einsichten schmiedeten eine Partnerschaft zwischen dem gefangenen Revolutionär und seinen Wärtern. 1990 konnte de Klerk, der seine Karriere als Advokat der Apartheid begonnen hatte, als Ziel der Afrikaners verkünden, was am Tag zuvor noch illegal gewesen war:

> »[unser] Ziel ist eine völlig neue und gerechte konstitutionelle Ordnung, in der jeder Einwohner gleiche Rechte, gleiche Behandlung und gleiche Möglichkeiten auf allen Ebenen des Strebens – konstitutionell, sozial und wirtschaftlich – genießen wird.«[8]

Zur Überwindung dieser Probleme verfügte Südafrika über einzigartige Voraussetzungen. Die Legitimität des Staates war trotz Apartheid seit langem etabliert; die verschiedenen ethnischen Gruppen hatten beträchtliche Erfahrung im Umgang miteinander. Südafrika war reich an Ressourcen und besaß eine solide Infrastruktur, eine bedeutende industrielle Grundlage und ein höheres Bildungsniveau als alle seine Nachbarn – ein Niveau, das die gegenwärtige Regierung auch noch schnellstmöglich verbessern will. Und gerade die Vielfalt seiner ethnischen Gruppierungen bot einen gewissen Schutz vor bürgerkriegsartigen Konflikten. Denn wenn diese Büchse der Pandora einmal geöffnet wird, würden die Folgen letztlich unabsehbar sein – wie sich in den Nachbarstaaten Südafrikas nur allzu oft gezeigt hat.

Dabei hat Südafrika noch weitere Probleme zu meistern. Gesetz und Ordnung lassen zu wünschen übrig, weshalb sich ausländische Investoren eher zurückhalten; die Beziehungen zwischen der Regierung und der Zulu-Minderheit sind immer noch brüchig und unbeständig – obwohl sie sich bereits gebessert haben. Die weiße Minderheit fühlt sich nur unzureichend gegen ungesetzliche Handlungen geschützt. Aids grassiert. Die Weltgesundheitsorganisation schätzt, dass das Bruttosozialprodukt wegen der Seuche bis zum Jahr 2010 um 17 Prozent niedriger liegen wird als ohne Aids.

Wege zu einer Afrikapolitik

Das Paradox Afrikas besteht darin, dass einer ungeheuren Herausforderung kaum Konzepte gegenüberstehen, auf denen eine Politik zur Überwindung dieser Probleme begründet werden könnte. Politische Maßnahmen aus dem traditionellen Arsenal des Kalten Krieges sind durch den Zusammenbruch der Sowjetunion hinfällig geworden. Es gibt keine relevante äußere Bedrohung. Aufgrund der riesigen Ausdehnung Schwarzafrikas befindet sich keiner der dortigen Staaten in der Lage, alle anderen zu bedrohen. Kein Staat außer Nigeria oder Südafrika ist in der Lage, außerhalb seiner unmittelbaren Umgebung eine größere Rolle zu spielen.

Die Ausbreitung der Demokratie ist zwar wichtig, doch vermittelt sie kein einigendes Prinzip. Es gibt in Afrika keine fest verwurzelte Demokratie im amerikanischen Sinn – außer in Südafrika und vielleicht in Nigeria –, um die herum ein demokratischer afrikanischer Konsens aufgebaut werden könnte.

Auf seinen beiden Afrikareisen erklärte Präsident Clinton seinen Gastgebern wiederholt, dass die Vereinigten Staaten aufgrund ihrer Konzentration auf den Kalten Krieg und der Vernachlässigung des Schwarzen Kontinents verantwortlich für viele Einparteiensysteme in ganz Afrika seien. Doch mit Ausnahme vielleicht des Kongo fällt mir kaum ein Land ein, in dem die Vereinigten Staaten eine vorherrschende Rolle bei der Errichtung der postkolonialen Regierung gespielt haben könnten. In fast allen Fällen wurden die Führer der antikolonialen Bewegungen nach der Unabhängigkeit auch Führer ihres jeweiligen Landes. Fast zwangsläufig errichteten sie Einparteien- oder ähnliche Regierungssysteme – wiederum mit der Ausnahme Südafrikas.

Natürlich gibt es signifikante Unterschiede zwischen den einzelnen Regimen, und die Vereinigten Staaten sollten sich alle Mühe geben, in jedem Fall eine demokratische Entwicklung zu fördern. Sie können – und sollten – Regierungen ächten, welche die Menschenrechte in flagranter Weise verletzen. Darüber hinaus jedoch ist der Einfluss Amerikas auf die innenpolitische Entwicklung begrenzt.

Aus diesem Grund wäre die Anwendung der Prinzipien eines humanitären Militäreinsatzes wie auf dem Balkan, auf die manch einer drängt, in Afrika noch gefährlicher als im Kosovo – ganz abgesehen von den Fragen, die sich zu diesen Grundsätzen bereits auf dem Balkan erhoben; ich werde im Kapitel »Frieden und Gerechtigkeit« darauf zu sprechen kommen. Wollten die Vereinigten Staaten die innenpolitischen Krisen vom Sudan bis zum Kongo mit den gleichen Maßnahmen bezwingen wie auf dem Balkan, würde einem blutigen Konflikt eine lange Zeit der Überwachung von außen folgen. Es wäre nur eine Frage der Zeit, wann dann der Vorwurf des Kolonialismus von neuem erhoben würde. Amerikas Debakel in Somalia im Jahr 1993 macht dies deutlich. Die dortige Intervention begann als humanitärer Einsatz zur Lebensmittelverteilung, verwandelte sich aber rasch in eine Übung zum »Aufbau von Institutionen«, was die Vereinigten Staaten zwang, im Bürgerkrieg Partei zu ergreifen – und dazu waren sie nicht bereit.

Schließlich geht es im Bürgerkrieg darum, wer im Land die Macht erringt. Wenn die politische Legitimität verfällt, entsteht ein Vakuum, das mit neuer Autorität gefüllt werden muss. Haben sich jedoch die Vereinigten Staaten auf einen humanitären Militäreinsatz eingelassen, erscheinen früher oder später die Medien und andere Beobachter auf der Szene und finden dort mit Sicherheit das westliche Empfinden zutiefst beleidigende Zustände vor. Im nächsten Schritt drängen sie dann meist auf eine ganze Reihe verschiedener Initiativen, angefangen von der Beseitigung der Korruption bis hin zur Rechtspflege, die im westlichen Kontext durchaus Sinn machen. Nichts davon lässt sich jedoch ohne eine umfassendere Intervention durchsetzen, was dazu führen würde, dass die Vereinigten Staaten immer tiefer in den politischen Prozess hineingezogen werden. Und früher oder später – mögen die Absichten auch noch so gut sein – wird ein solches Auftreten die Gefühle der Afrikaner verletzen, und dies wiederum führt dann dazu, dass der Operation die innenpolitische amerikanische und die einheimische afrikanische Unterstützung allmählich verloren geht. Nichts ist mehr dazu geeignet, einen dauerhaften amerikanischen Beitrag zur Lösung der Probleme Afrikas zu beenden als eine militärische Rolle in seinen Bürgerkriegen.

Es mag Fälle von Völkermord geben, wo untätiges Beiseitestehen sich nicht mit Amerikas historischer Selbstwahrnehmung verträgt, dass seine moralischen und humanen Belange von universaler Anwendbarkeit sind – besonders wenn sich die Übergriffe in Ländern ereignen, in denen sie schnell unter Kontrolle gebracht werden können. In diesen Fällen könnte eine begrenzte militärische Intervention geradezu eine Verpflichtung sein. Die Gemetzel in Ruanda und Sierra Leone gehören in diese Kategorie. In beiden Fällen hätte ein relativ kleiner Truppeneinsatz genügt, dem Morden ein Ende zu bereiten. Eine internationale Aktion mit amerikanischer Beteiligung – besonders auf logistischem Gebiet – wäre angemessen gewesen, vorausgesetzt, dem wäre eine

Vereinbarung vorausgegangen, dass afrikanische Streitkräfte die internationale Truppe ersetzen würden, sobald die Ordnung wiederhergestellt wäre.

Das Fehlen überragender Sicherheitsinteressen definiert die Umrisse einer neuen Herangehensweise an die Probleme Afrikas. Es ist dies der einzige Kontinent, auf dem in ein im echten Sinne globales politisches, wirtschaftliches und soziales Programm sowohl praktische als auch moralische Erwägungen einfließen. Afrika sollte in einen Testfall für die Vereinten Nationen, nichtstaatliche Organisationen, andere internationale Institutionen und den privaten Sektor werden, in Verfolgung universaler Ziele zusammenzuarbeiten. Die Vereinigten Staaten sollten umgehend ein von ihnen und anderen demokratischen Industriestaaten organisiertes gemeinsames Programm vorlegen, das einen kreativeren Ansatz als bislang zur Entwicklungshilfe und Ausbildung von Fachkräften beinhaltet.

Ein Programm zur Entwicklung Afrikas unter Ägide der Vereinten Nationen oder der Weltbank muss die Tatsache berücksichtigen, dass öffentliche Entwicklungsgelder nur sehr begrenzt zur Verfügung stehen. Ein solches Programm könnte dazu beitragen, das Erbe der Korruption oder einer auf überholten sozialistischen Modellen der siebziger Jahre beruhenden Wirtschaft abzuschütteln, unter dem noch allzu viele afrikanische Regierungen leiden. Gleichzeitig machen diejenigen wenigen Länder gute Fortschritte, die sich – wie zum Beispiel Mosambik, Ghana und Senegal – bereit gezeigt haben, die an der London School of Economics vermittelten Lehren hinter sich zu lassen, und nunmehr heimisches Kapital mobilisieren oder ausländische Investoren anzulocken versuchen. Ein Entwicklungsprogramm für Afrika sollte den Ländern des Schwarzen Kontinents Anreize bieten, eine vernünftige Finanzpolitik zu betreiben sowie eine Handelsgesetzgebung und eine unabhängige Justiz einzuführen.

Zu den Anreizen für Länder, welche die Entwicklungskriterien erfüllen, sollten niedrigere Handelsbarrieren für landwirtschaftliche Erzeugnisse aus Afrika und der Erlass von Altschulden gehören. Ist das Programm einmal in Fahrt gekommen, sollte für afrikanische Länder, die sich Marktprinzipien zu Eigen machen, ein Freihandelsstatus in Betracht gezogen werden. Einige dieser Maßnahmen werden schmerzhaft für die Förderländer sein; gleichzeitig lässt sich aber daran die Ernsthaftigkeit ihrer Absichten ermessen.

Afrikanische Sicherheitsfragen – wobei es zumeist um Bürgerkriege und ethnische Konflikte geht – sollten größtenteils den Nationen Afrikas überlassen bleiben, wobei Südafrika und Nigeria die Hauptrolle spielen sollten. Die Industriestaaten könnten hier assistieren, indem sie bei der Aufstellung einer aus Truppen verschiedener afrikanischer Staaten bestehenden Interventionsstreitmacht ihre Unterstützung anbieten. Es könnte ein Ausbildungszentrum für friedenserhaltende Maßnahmen in Afrika geschaffen werden, in dem amerikanische und europäische Berater der geplanten afrikanischen Eingreiftruppe zur Seite stehen könnten.

Schließlich ist eine internationale Anstrengung zur Seuchenkontrolle überfällig. Das globale Programm zur Bekämpfung von Aids sollte wesentlich aufgestockt werden. Dies würde den Bau von Kliniken an strategischen Stellen in jedem der teilnehmenden Länder bedeuten, die Kliniken würden als Zentren der Aids-Aufklärung und der Verteilung von Medikamenten dienen. Die Pharmaunternehmen sollten sich an diesen Bemühungen beteiligen und die notwendigen Medikamente zu Preisen liefern, die nahe den Selbstkosten liegen – vorausgesetzt, ihnen kann Patentschutz zugesichert und eine Garantie gegen Weiterverkauf gewährt werden. Das internationale Freiwilligenkorps von Ärzten, Krankenpflege- und weiterem Fachpersonal sollte vergrößert werden. Wenn all dies in großem Maßstab durchgeführt würde – und das sollte es –, so würde ein solches afrikaweites Unternehmen die Schaffung einer angemessenen Infrastruktur erforderlich machen und somit nicht nur humanitären und sozialen, sondern auch wirtschaftlichen Zwecken dienen.

Afrika ist nicht nur eine Tragödie, es ist auch eine Herausforderung. Die Verschiedenartigkeit des Kontinents verbietet eine konzertierte Aktion; das Ausmaß seiner Krisen erfordert jedoch eine signifikante Antwort. Der Idealismus des amerikanischen Volkes – sein wilsonsches Engagement und seine Grundanständigkeit – steht hier auf dem Prüfstand, ebenso seine praktische Kreativität. Das Verständnis der zugrunde liegenden Probleme sollte von Realismus getragen sein. Doch ohne das moralische Engagement des amerikanischen Volkes und der internationalen Gemeinschaft wird sich die Tragödie Afrikas zur schwärenden Katastrophe unseres Zeitalters entwickeln.

Die Politik der Globalisierung

Zum ersten Mal in der Geschichte hat sich ein einziges weltweites Wirtschaftssystem herausgebildet. Märkte aller Erdteile stehen in ständiger Interaktion. Die modernen Kommunikationsmittel erlauben es dem Kapital, augenblicklich auf neue Gelegenheiten oder gesunkene Erwartungen zu reagieren. Raffinierte Kreditinstrumente erlauben eine nie da gewesene Liquidität. Die Globalisierung hat eine Explosion des Reichtums und ein Ausmaß an technologischem Fortschritt bewirkt, wie man es sich in keiner früheren Epoche vorstellen konnte. Und indem das Wachstum auf Interdependenz gegründet wurde, hat der Nationalstaat mit der Globalisierung gleichzeitig als einzige Determinante des Wohlstands einer Gesellschaft ausgedient – wobei dies allerdings auf die Vereinigten Staaten weit weniger zutrifft als auf viele andere Regionen.

Die Vereinigten Staaten waren und sind die treibende Kraft hinter der Dynamik der Globalisierung; sie sind auch der Hauptnutznießer der Kräfte, die sie entfesselt haben. In der letzten Dekade des 20. Jahrhunderts wurde die amerikanische Produktivität zum Motor des globalen Wirtschaftswachstums; amerikanisches Kapital bildete die Grundlage für ein überwältigendes Aufgebot an neuen Technologien und förderte deren weltweite Verbreitung; amerikanische Unternehmen versorgten riesige Märkte und stimulierten ein Niveau an privatem Konsum, das in früheren Jahrhunderten lediglich den Reichsten zugänglich war. Man mag sich der neunziger Jahre des 20. Jahrhunderts eines Tages als der »guten alten Zeit« erinnern; die amerikanische

Wirtschaft lief so gut, dass man sich eine Steigerung kaum noch vorstellen konnte. Und doch könnte es sein, dass die Vereinigten Staaten – folgt man Alan Greenspan, dem Vorsitzenden des Federal Reserve Board, des amerikanischen Zentralbankrats – erst an der Schwelle zur technologischen und wirtschaftlichen Revolution stehen.[1]

Ein Erfolg dieser Größenordnung regt zwangsläufig zur Nachahmung an, sodass das amerikanische Modell der Konjunktursteuerung in den meisten Teilen der Welt zur Norm geworden ist. Man würde gern glauben, dass sich die Verbreitung von Deregulierung, Privatisierung und Beseitigung von Handelsschranken der Beredsamkeit amerikanischer Ökonomen oder den Predigten des US-Schatzamtes und des Internationalen Währungsfonds (IWF) verdankt. Was jedoch den größten Teil der Welt wirklich überzeugt hat, das war die Unentbehrlichkeit der amerikanischen Kapitalmärkte und das scheinbar grenzenlose Wachstum der amerikanischen Wirtschaft.

Die freie Marktwirtschaft hat sich fast überall durchgesetzt, und das Internet verspricht die verschiedenen Komponenten der Weltwirtschaft in Realzeit miteinander zu verknüpfen. Auslandsinvestitionen werden im Allgemeinen befürwortet. In den meisten, vor allem aber den prosperierenden Regionen beschränken sich die Regierungen darauf, die Tätigkeit des Marktes zu erleichtern, statt ihn zu regulieren. Wirtschaftswachstum und die Schaffung von Arbeitsplätzen werden in einem nie da gewesenen Maße dem freien Unternehmertum und dem freien Handel überlassen.

Der Mangel an realistischen Alternativen verstärkt die Neigung zum amerikanischen Modell. Wegen der öffentlichen Ernüchterung hinsichtlich Korruption und Bürokratie ist die Verwendung öffentlicher Mittel für die Entwicklungshilfe drastisch reduziert worden. Da das Wachstum in den Entwicklungsländern nun in so bedeutendem Maße von der Verfügbarkeit privaten Kapitals abhängt und das Privatkapital wiederum auf einem kalkulierbaren Rechtssystem und zufriedenstellenden Erträgen bei überschaubarem Risiko besteht, ist jedes Land, das konkurrenzfähig werden will, dazu gezwungen, sich dem Prozess der Globalisierung anzuschließen, und zwar ebenso politisch wie wirtschaftlich.

Gewiss sind auch in den Vereinigten Staaten Einzelne und Gruppen durch die Globalisierung ins Abseits gedrängt worden. Während sich in manchen Sektoren die Arbeitsplätze vervielfachen, gehen sie an anderer Stelle verloren. Doch das protektionistische Argument, dass die Globalisierung schon an sich Arbeitslosigkeit produziere, wird – zumindest in den Vereinigten Staaten – Lügen gestraft durch Vollbeschäftigung bei gleichzeitig steigenden Löhnen. Das weltweite Erstaunen über einen wachsenden Protektionismus in fortschrittlichen Industriestaaten hat Joseph Stieglitz, ehemaliger Chefökonom bei der Weltbank, treffend zum Ausdruck gebracht: »Was sollen Entwicklungsländer von der wohlfeilen Rhetorik zugunsten der Kapitalliberalisierung halten, wenn reiche Länder – mit Vollbeschäftigung und starken sozialen Sicherheitsnetzen – argumentieren, dass sie Schutzmaßnahmen ergreifen müssen, um denjenigen ihrer eigenen Bürger zu helfen, die von der Globalisierung benachteiligt werden?«[2]

Unter diesen Umständen wäre es eine Ironie der Geschichte, sollte sich die herausragendste Leistung des neuen Jahrtausends als wunder Punkt herausstellen, der umso schwieriger zu behandeln ist, als es weder für dessen Wesen noch Heilung einen Präzedenzfall gibt. Der gleiche Prozess, der in den verschiedensten Gegenden der Welt größeren Reichtum hervorgebracht hat als je zuvor, könnte auch den Mechanismus für die Ausbreitung einer wirtschaftlichen und sozialen Krise rund um den Erdball liefern. In dem Maße wie die amerikanische Wirtschaft der Motor des weltweiten Wachstums gewesen ist, könnte ein größerer Rückschlag für Amerikas Wirtschaft auch schwerwiegende Folgen haben, die über den rein wirtschaftlichen Bereich hinausgehen. Je nach Größenordnung könnte dies die politische Stabilität in vielen Ländern bedrohen und Amerikas internationales Ansehen untergraben.

Fast alle Experten stimmen darin überein, dass die Marktwirtschaft zyklisch verläuft und daher früher oder später eine Konjunkturabschwächung wahrscheinlich ist. Die scheinbar endlose Expansion der US-Wirtschaft muss irgendwann in eine Rezession übergehen; die Frage ist nur, wann diese stattfinden und wie stark sie sein wird. Zu dem Zeitpunkt, da ich diese Zeilen schreibe – im Frühjahr 2001 –, sind weite Kreise überzeugt, dass in den Vereinigten Staaten eine Rezession überfällig ist, und Ungewissheit besteht in erster Linie lediglich in der Frage, ob es eine so genannte weiche Landung geben wird. Wann immer eine Rezession eintritt – besonders eine längerfristige –, werden sich deren Folgen aufgrund der Globalisierung wahrscheinlich schnell auf der ganzen Welt bemerkbar machen. Das Szenario ist oft beschrieben worden: Eine länger anhaltende Börsenflaute wird den privaten Konsum der Amerikaner einschränken, da viele von ihnen einen wesentlichen Anteil ihrer Ersparnisse in Aktien angelegt haben. Dies wiederum wird sich negativ auf die Exporte anderer industrialisierter Länder auswirken und in diesen Ländern für Konjunkturrückgänge sorgen. Kapital – insbesondere spekulatives Kapital – wird aus den betroffenen Ländern abfließen. Banken werden ihre Kreditbereitschaft einschränken. Angesichts einer ungewissen Zukunft werden Verbraucher auf der ganzen Welt mehr sparen und weniger ausgeben und dadurch die negativen Tendenzen beschleunigen. Einige der Tendenzen, die die Finanzmärkte Asiens und Lateinamerikas in den neunziger Jahren in die Krise trieben, könnten sich in unterschiedlicher Form, aber mit den gleichen zugrunde liegenden Elementen, wieder bemerkbar machen.

Leider stehen einer angemessenen Vorbereitung auf eine solche Krise bedeutende psychologische Hindernisse entgegen. Die Verantwortlichen für die Wirtschaft – das US-Schatzamt, die großen Investoren, Banker und Vorstände großer multinationaler Unternehmen – zweifeln nicht an der Wahrscheinlichkeit eines solchen Rückschlages. Aber sie zögern, entsprechende vorbeugende Maßnahmen zu ergreifen, um nicht gerade dadurch vorzeitig auszulösen, was sie möglichst in eine ferne Zukunft verbannen möchten – in eine Zukunft, in der sie dann selbst, wie sie hoffen, nicht mehr im Amt sind. Insgesamt fällt es ihnen psychologisch leichter, die Folgen einer Rezession zu managen, als kontroverse Maßnahmen zu ihrer Verhinderung zu ergreifen, deren Notwendigkeit sie im Voraus nicht veranschaulichen können. Oder sie überlassen es dem Vorsitzenden des Zentralbankrats, die Barrikaden zu bemannen. Darüber hinaus bewegen sich die Verantwortlichen, sowohl in der Regierung als auch im privaten Sektor, in unbekannten Gewässern. Sehr wenige von ihnen sahen den Grad und die Dauer des Booms voraus; noch weniger sagten die Finanzkrisen in Lateinamerika, Asien und Russland vorher, von denen die wirtschaftliche Expansion der achtziger und neunziger Jahre durchsetzt war – oder die relative Schnelligkeit, mit der diese Krisen überwunden wurden.

Ich selber kann zur Debatte über die wirtschaftlichen Maßnahmen, die erforderlich sind, um eine Rezession abzuwenden oder abzuschwächen, wenig beitragen. Ich will daher dieses Kapitel Fragen widmen, mit denen sich eine weitsichtige Staatskunst beschäftigen muss, um die Welt der Politik davon abzuhalten, die wirtschaftlichen Errungenschaften der Globalisierung zu zerstören.

Wirtschaft und Politik

Das globale System belohnt und bestraft seine Teilnehmer nach wirtschaftlichen Kriterien. Aber der Öffentlichkeit sind diese Kriterien viel zu esoterisch, um Loyalität oder Engagement zu wecken. In einer Krise werden sich die Menschen an ihre politische Führung wenden und von ihr erwarten, dass sie die Auswirkungen wirtschaftlicher Sanktionen von ihnen abwendet. Dies gilt umso mehr, als auch Perioden der Expansion ihren Tribut von Teilen der Bevölkerung fordern, sodass in den meisten Ländern – und insbesondere in denen, die sich noch in der Entwicklung befinden – eine fast permanente Minderheit nur auf ein Stichwort wartet, um die Richtigkeit ihrer Ressentiments einzuklagen.

Um globale Konkurrenzfähigkeit zu erlangen, bleibt den politischen Führern in den Entwicklungsländern gar nichts anderes übrig, als mit der Umstrukturierung der Wirtschaft, dem Abbau von Verschwendung und mit Kosteneinsparungen politisches Kapital zu verbrauchen. Dies führt häufig zu massiven Erschütterungen und – im Idealfall nur vorübergehend – steigenden Arbeitslosenzahlen im Austausch für langfristige Vorteile, die allerdings in dem Moment, wenn die Opfer gefordert werden, noch nicht greifbar sind. Eine solche Rechnung ist allerdings den meisten Führern aus Politik und Wirtschaft ein Gräuel, wenn sich die versprochenen Vorteile erst lange, nachdem sie selbst die Bühne verlassen haben, einstellen.

Die massiven Veränderungen in den Strukturen und Verfahrensweisen der meisten an der Globalisierung beteiligten Gesellschaften werden von der US-Regierung sowie von führenden internationalen Wirtschafts- und Finanzinstitutionen nachdrücklich gefördert und häufig auch zur Vorbedingung für die Gewährung von Hilfeleistungen gemacht. Doch die Verkünder des neuen Evangeliums scheinen oft ihre eigene Geschichte zu vergessen, die nämlich zeigt, dass die Praktiken der Reform im eigenen Land selbst mehrere Jahrzehnte zu ihrer Entwicklung brauchten. Die Übernahme des amerikanischen Modells ist nicht in erster Linie ein technisches Problem; für die meisten Entwicklungsländer bedeutet sie nichts weniger als einen revolutionären Umsturz althergebrachter Gewohnheiten. Nur sehr wenige Staaten haben es jemals fertig gebracht, eine konservative Finanz- und Währungspolitik, staatliche Intervention durch Regulierung statt Besitz oder Kontrolle durch den Staat, Deregulierung des Kreditwesens, Förderung flexibler Arbeitsmärkte und ein weithin akzeptiertes und transparentes Rechtssystem unter einen Hut zu bringen. Das amerikanische Modell geht davon aus, dass Kapital relativ billig und Arbeitskraft relativ teuer ist, sodass letztlich der Erfolg gegenüber der Konkurrenz von Verbesserungen der Produktivität durch konstanten technischen Fortschritt einerseits und von der größtmöglichen Reduzierung des

Faktors Arbeit in den meisten Produktionsprozessen andererseits abhängt.

Die amerikanische Erfahrung zeigt, dass, wenn alle diese Faktoren zusammenkommen und wie schwierig sich der Beginn auch gestalten mag, die anfänglichen Erschütterungen durch dramatische Verbesserungen des Lebensstandards gerechtfertigt werden. Doch die Erfahrungen der meisten anderen Länder haben auch gezeigt, dass es nicht leicht ist, das amerikanische Modell rasch zum Funktionieren zu bringen. Kontinentaleuropa kämpft immer noch mit größeren innenpolitischen Hindernissen vor der Durchführung der notwendigen strukturellen Reformen (besonders was den Arbeitsmarkt und die Landwirtschaft betrifft) – obwohl der Anpassungsprozess inzwischen gute Fortschritte macht. Zehn Jahre nach dem Untergang des Kommunismus ist Russland trotz aller westlichen Mahnungen und vieler Milliarden Dollar Aufbauhilfe von einer normal funktionierenden Marktwirtschaft noch ebenso weit entfernt wie von demokratischen Institutionen. China kann eine außerordentliche Wachstumsrate vorweisen, doch wurde dies um den Preis erreicht, dass die Stabilität der Regierung Vorrang vor demokratischen Reformen erhielt. Sogar in Ländern mit einer weniger belastenden Vergangenheit – in Südostasien und Lateinamerika zum Beispiel – ist die Globalisierung nur holpernd in Gang gekommen. In den neunziger Jahren ist den Vereinigten Staaten fast allein auf der Welt die Lösung des Problems gelungen, gleichzeitig Arbeitsplätze zu schaffen und die industrielle Technologie zu revolutionieren.

Alle Entwicklungsländer haben dem Problem gegenübergestanden, dass die Industrialisierung, indem sie die Menschen vom Land in die Städte zieht, die Schwächung traditioneller politischer und sozialer Unterstützungssysteme mit sich bringt. Die städtische Arbeiterklasse und das Kleinbürgertum werden zum fruchtbaren Rekrutierungsfeld für radikale politische Einstellungen oder religiösen Fundamentalismus. Dieses Phänomen gab es schon vor der Globalisierung; es trug zur Entstehung des Marxismus im 19. Jahrhundert und zur iranischen Revolution im 20. Jahrhundert bei. Selbst wenn sich die materiellen Bedingungen der Armen und der unteren Mittelklasse in absoluten Zahlen verbessern, werden sich die Zugewanderten zunehmend der Kluft zwischen Arm und Reich bewusst, die sich in den frühen Phasen der Modernisierung noch deutlicher bemerkbar macht und die durch das Fernsehen und andere Medien in anschaulicher Weise in fast jedes Haus und Bewusstsein dringt. Aus diesem Grund geraten politische und wirtschaftliche Indizes häufig aus dem Gleichschritt. Selbst wenn die Wirtschaftsdaten insgesamt auf Wachstum zeigen, erreicht der Wohlstand die Stadtbevölkerung vielleicht nicht rasch genug oder in ausreichendem Maße, um das Gefühl der Wurzellosigkeit und Abhängigkeit zu beseitigen, das der herrschenden Unruhe der Menschen zugrunde liegt.

Natürlich sind diese Phänomene nicht ganz neu. Wahrscheinlich schon seit der Erfindung eines Werkzeugs wie der Schaufel finden Verdrängungsprozesse aufgrund neuer Technologien statt. Und Wanderungsbewegungen hat es im Zusammenhang mit jeder wirtschaftlichen Revolution gegeben. Was in unserer Zeit einzigartig ist, das ist das Ausmaß der globalen Auswirkungen und die Schnelligkeit, mit der die technologischen Veränderungen ablaufen. Daher hat es das Problem der Humanisierung dieses Prozesses in der heutigen Form noch nie gegeben.

Der Kapitalismus des freien Marktes bleibt das wirksamste und bisher einzig probate Instrument für anhaltendes wirtschaftliches Wachstum und Erhöhung des Lebensstandards. Doch ebenso wie der ungezügelte wirtschaftliche Liberalismus des 19. Jahrhunderts den Marxismus hervorbrachte, könnte auch eine zu buchstäbliche Version der Globalisierung im 21. Jahrhundert einen weltweiten Angriff auf das Konzept der freien Marktwirtschaft selbst bewirken. Die Globalisierung sieht die Welt als einen Markt, auf dem die Fleißigsten und Wettbewerbsfähigsten erfolgreich sind. Sie akzeptiert – und begrüßt sogar – die Tatsache, dass die freie Marktwirtschaft die Effizienten von den Ineffizienten trennt, selbst auf Kosten wirtschaftlicher und sozialer Erschütterungen.

Doch die extremen Versionen des Globalismus neigen dazu, die Uneinheitlichkeit zwischen dem politischen und dem wirtschaftlichen Weltsystem zu vernachlässigen. Politisch ist die Welt in staatliche Einheiten gegliedert, was für die Wirtschaft nicht gilt. Zwar mögen politische Führer ein gewisses Maß an Leiden um des Wachstums ihrer Wirtschaft willen hinnehmen, doch als Prediger einer fast permanenten wirtschaftlichen Einschränkung und Enthaltsamkeit können sie nicht überleben, zumal wenn man gegen Sie den Vorwurf erheben kann, dass ihnen die Sparmaßnahmen von außen aufgezwungen wurden. Da kann die Versuchung, den Sparkurs durch politische Mittel umzukehren – oder ihn zumindest abzupuffern –, übergroß werden. Protektionismus mag sich auf lange Sicht als ineffizient erweisen oder sogar Schaden mit sich bringen, doch Politiker reagieren häufig auf kurzfristigen Druck dessen, was sie als ihre politischen Erfordernisse betrachten.

Sogar alteingesessene Demokratien mit freier Marktwirtschaft akzeptieren kein endloses Leiden im Namen des Marktes und ergreifen Maßnahmen, um ein Sicherheitsnetz bereitzustellen und Exzessen des Marktes durch Regulierung gegenzusteuern. Das internationale Finanzsystem verfügt noch nicht über vergleichbare Sicherheitsvorkehrungen.

Die Demonstrationen gegen die Globalisierung, die aus Anlass der Konferenzen des Internationalen Währungsfonds und der Weltbank im Jahr 2000 und der Welthandelsorganisation 1999 veranstaltet wurden, waren Frühwarnzeichen des potenziellen politischen Gewichts jener, die das Gefühl haben, der Gnade von Kräften ausgeliefert zu sein, die zu beeinflussen sie keine Macht haben. Natürlich folgen viele dieser Demonstrationen einem allzu vertrauten linksgerichteten, antiamerikanischen und antikapitalistischen Drehbuch der sechziger und frühen siebziger Jahre, bis hin zu einigen der beteiligten Persönlichkeiten. Die Gewaltverherrlichung und die Maßlosigkeit seitens einiger der Demonstranten spiegelt eine ideologische Geringschätzung für existierende politische und wirtschaftliche Institutionen wider, die mit konkreten Beschwerden kaum etwas zu tun hat.

Trotz allem dürfen die Führer der industrialisierten Welt nicht das emotionale Vakuum ignorieren, das den Protesten mindestens teilweise zugrunde liegt, damit die Globalisierung – der wirksamste Wachstumsmotor, den die Welt je erlebt hat – nicht im politischen Sturm untergeht, der besonders die noch in der Entwicklung befindlichen Gesellschaften polarisiert, die am meisten auf ihre Wohltaten angewiesen sind. Und wenn es in der industrialisierten Welt zu einer ernsthaften Rezession kommt, könnte sich der Sturm sogar dort ausbreiten.

Krisenmanagement und der Internationale Währungsfonds

Krisen scheinen dem modernen globalen Wirtschaftssystem ebenso endemisch zu sein wie das außerordentliche Wachstum. Seit 1980 sind sie mit zunehmender Häufigkeit wiedergekehrt – in den achtziger Jahren in Lateinamerika, 1994 in Mexiko, 1997 in Südostasien, 1998 in Russland, 1999 in Brasilien, eine schlimmer als die andere, und jedes Mal stieg das Risiko, dass sie auch auf andere Länder und Regionen übergriff; doch jedes Mal wurde sie schneller überwunden, als es auf dem Höhepunkt der Krise möglich schien, wenn auch immer ein wenig näher am Abgrund. Jede der Krisen hat gezeigt, dass das internationale Wirtschaftssystem vielleicht doch recht widerstandsfähig, aber eben nicht berechenbar ist.

Das internationale Finanzsystem verhält sich oft so wie jene sprichwörtlichen Generale, die die Lektionen des letzten Krieges gelernt haben, sich aber die des nächsten nicht vorstellen können. Nach den Erfahrungen der achtziger Jahre lernten die Finanzinstitute, bei der Vergabe von Krediten an Regierungen vorsichtig zu sein. Das Ergebnis war, dass es bei den Krisen der neunziger Jahre um exzessive Kredite an den privaten Sektor oder um spekulative Investitionen am Aktien- und Rentenmarkt ging. Im ersten Jahrzehnt des 21. Jahrhunderts hat man die Lektion der Hedge-

Fonds halbwegs verinnerlicht; Investoren sind bei den einfacheren Spekulationsformen vorsichtiger geworden. Die spekulativen Exzesse der neunziger Jahre werden sich nicht auf gleiche Weise wiederholen. Andererseits lehrt die Erfahrung, dass das, was in einigen Jahren als riskante Spekulation betrachtet werden wird, heute noch als relativ sicher erscheint, sonst würde es kein Kapital anziehen. Daher stellt sich nun die Frage, welche versteckten Fallen in den heutigen Darbietungen des Finanzsystems noch stecken. Droht beispielsweise der Glasfaserindustrie im nächsten Jahrzehnt das gleiche Schicksal wie den Geschäftshochhäusern, die im texanischen Houston, der viertgrößten Stadt der Vereinigten Staaten, in den achtziger Jahren hochgezogen wurden und als Investitionsruinen endeten?

Die verschiedenen Krisen der neunziger Jahre illustrieren die Verletzlichkeit des internationalen Finanzsystems. Zwar hat jede Krise ihren eigenen Auslöser, doch steckt dahinter wohl immer die gleiche Ursache: der Wandel des internationalen Umfelds; die Unfähigkeit kleiner Volkswirtschaften, den Kapitalfluss zu ihren eigenen langfristigen Erfordernissen in Beziehung zu setzen; eine von Kapitalgebern verfolgte Kreditpolitik, die im Nachhinein als wahnwitzig erscheint (aber nur im Nachhinein); und schließlich Maßnahmen, die von den großen Staaten ohne angemessene Berücksichtigung (oder in Unkenntnis) der Auswirkungen auf die Volkswirtschaften der Entwicklungsländer getroffen werden.

Steigende Zinsen in den USA trugen dazu bei, die Krisen von 1980 und 1994 in Lateinamerika auszulösen, während eine unerwartete Aufwertung des US-Dollars an der Südostasienkrise von 1997 mit schuld war. Jede Krise wurde noch verschlimmert durch Veränderungen des relativen Wertes der Leitwährungen – des Dollars, des Euro (oder der Deutschen Mark vor der Schaffung des Euro) und des Yen. Den kleinen Volkswirtschaften der Entwicklungsländer war es unmöglich, mit diesen Fluktuationen fertig zu werden, und so mussten sie im Wesentlichen passiv deren Folgen hinnehmen, die sie noch dadurch verschlimmerten, dass sie einen festen Wechselkurs beizubehalten versuchten.

In den neunziger Jahren stellten zwei weitere Veränderungen des internationalen Umfelds einige Länder Südostasiens vor eine neue Situation: Die erste bestand darin, dass sich China im großen Stil als Produzent von Billigerzeugnissen etablierte; die zweite war die lang anhaltende Stagnation der japanischen Wirtschaft. Das Wachstum der chinesischen Wirtschaft bedeutete eine beträchtliche Konkurrenz für die Länder Südostasiens, während die japanische Rezession ihre Absatzmärkte schrumpfen (oder zumindest nicht weiter wachsen) ließ.

Das verbindende Element zwischen den lateinamerikanischen und den asiatischen Krisen war die exzessive Risikobereitschaft der Kreditgeber. In den siebziger Jahren glaubten sie noch, dass bei Krediten an Länder das Risiko der Zahlungsunfähigkeit vernachlässigbar sei. Bis zu den neunziger Jahren hatten sie die Lektion gelernt und beschränkten Kredite auf den privaten Sektor, wobei sie auf die Wachstumsrate der kreditnehmenden Länder und auf das Sicherheitsnetz des internationalen Finanzsystems vertrauten, um das Risiko abzudecken. Ein Grund für die verschwenderische Kreditvergabe war die Intensität des Wettbewerbs; die Kreditgeber machten sich Sorgen, dass sie hinter ihre Konkurrenz zurückfallen könnten, und sie konnten sich auf die Erfahrungen früherer Krisen stützen, bei denen es immer noch eine rettende Hand gegeben hatte.

Bis zu den neunziger Jahren hatte sich auch die Art der Kreditgeber geändert, und das machte es schwierig, aus Erfahrung zu lernen. In den siebziger Jahren stellten Banken das Kapital zur Verfügung; in den achtziger und neunziger Jahren taten dies vorwiegend Unternehmen oder Investmentfonds: die Unternehmen durch Direktinvestitionen und die Investmentfonds durch den Kauf von Aktien und Anleihen.

Das vom IWF geführte internationale Finanzsystem hatte es versäumt, mit der Entwicklung der Finanzmärkte Schritt zu halten, und mit der Asienkrise, die 1997 in Thailand begann, wurde es einer schweren Prüfung unterzogen. Zur Lösung der Krisen der achtziger Jahre hatte Thailand die meisten der vom US-Schatzamt und internationalen Finanzinstitutionen empfohlenen Maßnahmen befolgt und für eine niedrige Inflation, einen ausgeglichenen Haushalt, eine hohe Sparrate und die Konvertibilität der Währung gesorgt. Die thailändische Währung, der Baht, wurde zunächst von der Thailändischen Zentralbank an einen Korb harter Währungen, dann an den US-Dollar gehängt. Dadurch vor Entwertung geschützt, strömte spekulatives Kapital von außen – besonders aus den Vereinigten Staaten und Europa – herein. Diese Flut beschleunigte sich noch, als einheimische Kreditnehmer entdeckten, dass sie gute Nebengewinne machen konnten, wenn sie Dollar in den Vereinigten Staaten ausliehen und sie in thailändischen Banken zum Doppelten des Dollarkurses in Baht umtauschten. Große Spekulationsgewinne steigerten den Wert aller Vermögensanlagen. All dies geschah ohne irgendeine Warnung seitens amerikanischer oder internationaler Finanzinstitutionen, die von dieser Verschwendung profitierten, wenn sie sie nicht sogar förderten, und die Schuld an der Krise nachträglich nur allzu bereitwillig auf die asiatischen Kreditnehmer schoben.

1997 stieg der Wert des Dollars, und der des Yen sank – worin sich jeweils die wirtschaftliche Leistungsfähigkeit der USA und Japans widerspiegelte –, und China wertete seine Währung ab, um auf den Exportmärkten konkurrenzfähig zu bleiben. Dadurch wurden die in Dollar ausgewiesenen thailändischen Exporte teurer und gingen zurück, die thailändische Leistungsbilanz geriet ins Minus. Der Kapitalstrom nach Thailand verebbte; die Grundstückspreise begannen zu verfallen, und der Wert der banküblichen Sicherheiten sackte ab. Ausländische Investoren und Banken zogen Kapital zurück, während thailändische Kreditnehmer sich beeilten, zum garantierten Wechselkurs Baht in Dollar umzutauschen. Die Bank von Thailand verschlimmerte das Problem noch mit gewaltigen Anleihen, die, in Dollar konvertiert, Thailand den Rest gaben. Innerhalb weniger Wochen waren Thailands Devisenreserven von 30 Milliarden Dollar fast völlig aufgebraucht, und eine drastische Abwertung des Baht wurde unvermeidlich. Die in Dollar ausgewiesenen Schulden waren nicht mehr in den Griff zu bekommen; was als Währungsproblem begonnen hatte, steigerte sich in eine Wirtschafts-, Finanz- und am Ende auch politische Krise.

Die Krise in Indonesien, die den Sturz der Regierung Suharto zur Folge hatte, begann als spekulative Reaktion auf die Ereignisse in Thailand. Weniger als zwei Monate zuvor hatte die Weltbank Indonesien offiziell für seine umsichtige Konjunktursteuerung gepriesen. Doch nachdem die Krise in Thailand ausgebrochen war, begannen in- und ausländische Investoren auszutesten, ob die Indonesische Zentralbank tatsächlich die richtigen Schlüsse aus den Erfahrungen der Thais gezogen hatte. Indem diese sich weigerte, Stützungsmaßnahmen für die indonesische Rupie zu ergreifen, rettete sie zwar ihre Devisenreserven, konnte aber den noch schnelleren Zusammenbruch der indonesischen Währung, die auf etwa ein Fünftel ihres Wertes vor der Krise fiel, nicht verhindern. So folgte also in der Südostasienkrise, ob ihr nun durch innenpolitische Entscheidungen wie in Thailand oder durch Befolgung des Rates internationaler Institutionen begegnet wurde, das wirtschaftliche Chaos, weil die internationale spekulative Komponente zu mächtig für die regionalen Volkswirtschaften von Entwicklungsländern war. In Indonesien, wo die Regierung durch Vetternwirtschaft und Korruption bereits geschwächt war, zerstörte diese Kombination schließlich auch die politischen Strukturen.

Ausländische Direktinvestitionen in Anlagegüter unterliegen denselben Chancen und Risiken wie das Kapital, das von einheimischen Investoren eingebracht wird. Die Anlagegüter können nicht abtransportiert und müssen profitabel gemacht werden, wenn der Investor einen Gewinn daraus ziehen will. In Wertpapieren angelegtes Kapital hingegen ist auf schnellen spekulativen Gewinn ausgerichtet. Die Manager von spekulativen Fonds suchen sich durch Behändigkeit in ihren Kapitalbewegungen abzusichern – einfach ausgedrückt, steigen sie ein, wenn sie eine gute Gelegenheit erkennen, und beim ersten Anzeichen von Schwierigkeiten wieder aus. Einige bedienen sich der Strategie des Blankoverkaufs – das heißt, sie spekulieren auf einen sinkenden Markt, indem sie Aktien zum gegenwärtigen Preis verkaufen und sie zurückkaufen, wenn der Kurs gesunken ist –, wobei sie von eben dem Wertverfall profitieren, den sie durch ihr Vorgehen noch beschleunigt haben. Die Wertpapierabteilungen internationaler Banken, institutionelle Investoren und Hedge-Fonds versuchen sich in die Lage zu versetzen, von Marktschwankungen in beiden Richtungen zu profitieren, wodurch sie die Gefahr heraufbeschwören, dass sich Aufschwünge in Blasen und Abschwünge in Krisen verwandeln, bevor Abhilfemaßnahmen greifen können.

Die Manager solcher Investitionen werden argumentieren, dass sie nur Schwächen im Markt ausnutzen, sie aber nicht verursachen. In der Tat handeln diese Institutionen und Fonds, ihrer eigenen Logik zufolge, vernünftig, selbst wenn sie eine tiefere und hartnäckigere Krise heraufbeschwören. Kleine und mittelgroße Länder sind den Transaktionen des globalen Finanzsystems wehrlos ausgeliefert. Einerseits sind die hier beschriebenen Krisen die Strafen, die der globale Markt für unbesonnene Kreditaufnahmen verhängt – das Mittel, dessen sich der Markt bedient, um ein Gleichgewicht von Angebot und Nachfrage wiederherzustellen. Es stimmt aber auch, dass das auf dem IWF basierende internationale Finanzsystem unbesonnene Kreditnehmer viel strenger bestraft als unvorsichtige Kreditgeber.

Die vom internationalen Finanzsystem ergriffenen Maßnahmen zur Eindämmung und Bewältigung von Krisen haben die Dinge nur allzu oft verschlimmert. Das Lieblingsinstrument zur Verhinderung der Zahlungsunfähigkeit ist der Internationale Währungsfonds (IWF). 1945 zur Förderung der internationalen Zusammenarbeit auf dem Gebiet der Währungspolitik geschaffen, öffnet der IWF den Mitgliedstaaten in Zeiten von Finanzkrisen regelmäßig seine Schatztruhen – was allerdings nicht ganz ohne Haken ist. In der globalisierten Welt ist er zunehmend zum Organisator von Rettungspaketen und Kreditgeber der letzten Instanz geworden. Doch seine Heilmittel haben das Problem in der Vergangenheit oft nur noch verschlimmert, weil sie im Wesentlichen rein wirtschaftlicher Art sind, während die Krise umso politischer wird, je tiefer ein Staat darin versinkt. Und der IWF ist für die Lösung der politischen Konsequenzen seiner Programme schlecht gerüstet.

Das IWF-Programm, das mehr oder weniger zur Norm geworden ist, wurde während der lateinamerikanischen Schuldenkrise in den achtziger Jahren entwickelt. Die Krise wurde durch die schwere Verschuldung lateinamerikanischer Regierungen bei Kreditinstituten verursacht, die unter Zugrundelegung der Theorie, dass staatliche Kreditnehmer nicht Pleite machen können, die Kreditaufnahme noch unterstützt hatten. Die Kreditinstitute hatten auch nicht damit gerechnet – und konnten, das muss fairerweise gesagt werden, auch nicht damit rechnen –, dass die Federal Reserve Bank, die amerikanische Zentralbank, um die Inflation zu bekämpfen, lange genug eine Hochzinspolitik betreiben würde, um in den Vereinigten Staaten eine Rezession mit katastrophalen Folgen für Lateinamerika hervorzurufen. Als das Glücksspiel mit den an Staaten vergebenen Krediten schief zu gehen drohte, wurde der IWF auf den Plan gerufen, der sich daranmachte, die Kreditwürdigkeit der betroffenen Regierungen wiederherzustellen, wobei er darauf hoffte, dass die Handelsbanken die Kreditvergabe wieder aufnehmen würden, wenn dieses Ziel erreicht war. Der IWF schränkte öffentliche Dienstleistungen ein, wertete Währungen ab und förderte den Export, um den Aufbau von Handelsüberschüssen zu ermöglichen. Was in der Theorie nicht berücksichtigt wurde, war, dass die politischen Strukturen der Schuldnerländer die Opfer in der Zeit zwischen der unmittelbar bevorstehenden Zahlungsunfähigkeit und der angenommenen Wiederherstellung der Kreditwürdigkeit nicht überstehen könnten. Die Senkung des Lebensstandards und der Anstieg der Arbeitslosigkeit schädigten unweigerlich das innenpolitische Ansehen der betroffenen Regierungen. Die daraus resultierende Pattsituation sorgte dafür, dass sich das Schuldenproblem über zehn Jahre und mehr hinzog, bis eine politische Lösung ausgehandelt worden war, die den unter schwerem Druck stehenden Regierungen eine faktische Erleichterung brachte.

Die Lateinamerika in den achtziger Jahren verschriebenen Heilmittel, obwohl drastisch und politisch unsensibel, zeigten doch Wirkung bei den Krisen, die von den überschuldeten Regierungen verursacht worden waren. Die gleichen Maßnahmen machen im globalisierten Finanzsystem des neuen Jahrhunderts kaum noch Sinn, weil die typische Finanzkrise von heute im privaten, nicht im öffentlichen Sektor ihren Ausgang nimmt, wie es bei der Asienkrise der Fall war. Wie ein Arzt, der sich auf eine bestimmte Krankheit spezialisiert hat und seine Heilmethode jetzt auf jeden Fall anwenden will, der sich ihm präsentiert, bestand der IWF auf der lateinamerikanischen Heilmethode ungeachtet der unterschiedlichen Umstände, unter denen es zu den Krisen in Lateinamerika und in Asien kam. Im Verlauf dieses Prozesses suchte der IWF zu heilen, was er als das wirtschaftliche Übel des Schuldnerlandes betrachtete, und zwar unabhängig davon, ob dieses an der Krise überhaupt schuld war, und ohne angemessene Berücksichtigung der politischen Auswirkungen seiner Heilmethoden.

Vetternwirtschaft, Korruption und eine unangemessene Bankenaufsicht sind in Entwicklungsländern nur allzu häufig anzutreffen. Gewiss waren diese Missstände in den neunziger Jahren in Asien präsent. Doch sie waren nicht die unmittelbare Ursache der Krise. Bis zum Vorabend der Krise war Asien die am schnellsten wachsende Region der Welt; den anhaltenden Erfolg verdankte es hohen Sparraten, einer disziplinierten Arbeitsethik und einer verantwortungsbewussten Finanzpolitik seitens der Regierungen – wenn auch nicht des privaten Sektors. Was die eigentliche Krise auslöste, waren Faktoren, die, wie oben beschrieben, größtenteils außerhalb der nationalen oder regionalen Kontrolle lagen. Wenn der IWF, von den Vereinigten Staaten unterstützt, mit seinen Standardmaßnahmen einer massiven Sparpolitik eingriff, war eine politische Krise unvermeidlich. Thailands demokratische Institutionen erwiesen sich als genügend robust, sie zu überstehen, obwohl eine 42-prozentige Abwertung des Baht und Zinssätze bis zu 40 Prozent einen Großteil der Mittelklasse auslöschten. In Korea wiederum stellte das US-Schatzamt in Anerkennung der strategischen Bedeutung des Landes zusätzliche Hilfen zur Verfügung, indem es das IWF-Programm so weit abmilderte, dass es die politische Stabilität nicht gefährdete. (Glücklicherweise war Kim Dae Jung gerade zum Präsidenten gewählt worden, der die vorangegangene Regierung von links her angegriffen hatte und sich somit politisch in einer genügend starken Position befand, um den Sparkurs durchzusetzen.)

In Indonesien jedoch, dem volkreichsten Muslimstaat der Welt mit gewaltigen Ressourcen und in kritischer strategischer Lage, entschloss sich die Regierung Clinton angesichts des Vorwurfs, sie habe Wahlkampfhilfe von indonesischen Unternehmen angenommen, keine politischen Risken einzugehen. Der IWF wurde dazu ermutigt, seine Stützungsmaßnahmen von der Beseitigung praktisch jeden Übels abhängig zu machen, unter dem die indonesische Gesellschaft litt, ob es nun krisenrelevant war oder nicht. Er verlangte die Schließung von fünfzehn Banken, die Beseitigung des Lebensmittel- und des Heizölmonopols und die Einstellung von Regierungssubventionen. Jede dieser Maßnahmen betraf ein wirkliches Problem, das im Rahmen eines langfristigen Programms gelöst werden musste.

Da die Maßnahmen jedoch innerhalb von nur wenigen Wochen durchgeführt wurden, beschwor ihre kumulative Wirkung ein politisches Debakel herauf. Die Bankenschließungen mitten in der Krise machten einen Run auf aller anderen Banken unvermeidlich. Durch den Wegfall der Subventionen stiegen die Lebensmittel- und Kraftstoffpreise, dies führte zu Übergriffen der indonesischen Bevölkerung gegen die chinesische Minderheit, die einen Großteil der Wirtschaft kontrolliert. Daraus wiederum resultierte eine Flucht chinesischen Geldes in weit höherem Ausmaß, als der IWF hätte ausgleichen können. Eine Währungskrise war erst in eine wirtschaftliche Katastrophe und dann in ein politisches Vakuum verwandelt worden.

Manch einer mag aus dem einen oder anderen Grund argumentieren, dass der Sturz des Suharto-Regimes die Entscheidungen des IWF (und seiner Sponsoren hinter den Kulissen) gerechtfertigt hätte. Doch der IWF hat nicht die politische Kompetenz, Revolutionen anzuführen, und dies ist auch nicht sein Auftrag. Denn die Hinterlassenschaft politischer Unruhen geht weit über deren unmittelbare wirtschaftliche Ursachen hinaus. In Indonesien ist die Gefahr eines Auseinanderbrechens des Landes zurückgeblieben, welches in dieser wichtigen Region ähnliche Symptome wie bei der Auflösung Jugoslawiens zeitigen könnte, ferner einen religiösen Konflikt auf den Molukken und eine Auseinandersetzung zwischen den vier oder fünf stärksten politischen Kräften, die eine stabile Regierung verhindern und die Gefahr eines Aufstiegs des Fundamentalismus heraufbeschwören könnte. Hinsichtlich dieser Fragen hat die Außenwelt bisher weder das rechte Verständnis aufgebracht noch die richtigen Hilfsmittel gefunden, die den Verwerfungen gerecht würden, welche sie mit ihren Zwangsmaßnahmen und Ratschlägen angerichtet hat.

In einer der Schlüsselfragen bei der Behandlung von Finanzkrisen geht es darum, die Lasten, die bei der Bewältigung der Krise entstehen, zwischen Kreditnehmern und Kreditgebern gerecht aufzuteilen. Bei den lateinamerikanischen Finanzkrisen der achtziger Jahre war es möglich – obwohl kompliziert und mit heftigen Widerständen verbunden –, die Schuldenlast zwischen den Gläubigerbanken und den Schuldnerregierungen aufzuteilen. In den Krisen der neunziger Jahre und in den meisten vorhersehbaren Krisen stellt sich das Problem grundlegend anders dar. Örtliche Unternehmen und Banken ziehen Investitionen nicht nur von traditionellen, etablierten Kreditinstituten an, sondern vor allem von einer ganzen Reihe von Industrieunternehmen und privaten Investoren in den Industriestaaten. Da wird die Schmerzzuweisung viel schwieriger, und aufgrund der Vielzahl der Gläubiger werden sich zukünftige Krisen sehr wahrscheinlich auch auf bisher unberührte Wirtschaftsgebiete der fortschrittlichen Industriestaaten ausbreiten.

Die Herausforderung besteht darin, die Krisen bereits im Keim zu ersticken und eine Methode zu finden, die schmerzlichen Folgen jener Krisen gerecht zu verteilen, die nicht zu verhindern sind. IWF-Programme neigen jedoch von jeher dazu, die Auswirkungen einer Krise in stärkerem Maße auf die Schuldner als auf die Geldgeber abzuwälzen. Das ist verständlich, weil die Institutionen wieder Kredite vergeben müssen, wenn die Krise überwunden werden soll. Wird diese Einseitigkeit der Lastenverteilung jedoch zu weit getrieben, könnte dies zu einer regelmäßig zu leichtsinnigen Kreditvergabe führen. Wenn es keine Strafen für Unbesonnenheit bei der Gewährung von Darlehen gibt, wird es zu neuen Krisen kommen. Der damalige Finanzminister Robert Rubin brachte das Problem 1998 auf den Punkt: »Es ist äußerst wichtig, dass wir auf eine Änderung der globalen Finanzarchitektur hinarbeiten, sodass Gläubiger und Investoren in möglichst hohem Maße die Folgen ihrer Entscheidungen zu tragen haben.«[3]

Aber wie soll eine gerechte Verteilung der Lasten festgelegt werden? Der IWF ist bis vor kurzem einfach blind gegenüber dem politischen Rahmen gewesen, innerhalb dessen er operieren muss. Entweder vernachlässigt er ihn, oder er lässt sich von ihm – in seltenen Fällen – auch völlig vereinnahmen. Er ist nicht dafür gerüstet, politische und gesellschaftliche Kriterien anzulegen. In Südostasien, besonders in Indonesien, verschlimmerte der IWF die Krise, indem er auf eine komplexe soziale und politische Herausforderung größtenteils technische Kriterien anwandte; in Russland trug der IWF, unter Druck der US-Regierung, zur Herausbildung eines oligarchischen Systems ohne jedes wirtschaftliche Fundament bei, indem er die meisten seiner eigenen wirtschaftlichen Kriterien außer Acht ließ. Weil Amerika bedingungslos hinter Boris Jelzin stand, gewährte der IWF Kredite, für die es keine wirtschaftliche Rechtfertigung gab. (Jelzins einstiger Wirtschaftsberater Anatoli Tschubais zeigte sich ziemlich undankbar, indem er damit prahlte, Russland habe dem IWF ständig neue Kredite »abgetrickst«.[4])

Man könnte argumentieren, das globale System habe seine Robustheit unter Beweis gestellt, weil sich Lateinamerika in den achtziger Jahren – wenn auch über einen Zeitraum von zehn Jahren – erholt und die Wirtschaft der asiatischen Länder, mit der Ausnahme Indonesiens, in weniger als drei Jahren wieder zu wachsen begonnen habe. In einem Bericht der Weltbank werden jedoch die außerordentlich hohen sozialen Kosten dieser Krisen dokumentiert. Dem Bericht zufolge hat der ärmere Teil der Bevölkerung im Verlauf der Erholungsphase nie zurückgewonnen, was er während des Krisenzyklus verloren hatte. In Südkorea sanken die Reallöhne um zehn Prozent, in Indonesien um 42 Prozent, in Thailand um 38 Prozent. In keinem dieser Länder sind die Reallöhne auf das frühere Niveau zurückgekehrt; sogar in Mexiko liegen sie heute noch niedriger als vor der Krise von 1982.[5]

Die langfristigen Auswirkungen dieser Krisen auf die Gesellschaften, selbst nachdem sie sich davon erholt haben, zeigt sich am Prozentsatz der nicht bedienten Kredite, nachdem das Wachstum wieder in Gang gekommen ist. Im September 1999 bestanden 45 Prozent des gesamten Aktivvermögens des thailändischen, 19 Prozent des koreanischen und 64 Prozent des indonesischen Finanzsystems aus Krediten an Unternehmen, die nicht in der Lage waren, Zinsen und Tilgung zu zahlen. Unter solchen Bedingungen sind Kreditinstitute kaum noch bereit – wenn sie dazu überhaupt noch in der Lage sind –, Darlehen zu gewähren, um potenziell produktive Unternehmen zu unterstützen. Sollten die jeweiligen Regierungen aus dieser Situation dadurch herauszukommen versuchen, dass sie selbst für die Schulden geradestehen, so würde dies die Verschuldung der öffentlichen Hand in Korea auf 16 Prozent, in Thailand auf 32 Prozent und in Indonesien auf 58 Prozent des Bruttosozialprodukts anheben – und dies in Ländern, die zu Beginn der Krise ein sehr niedriges Verschuldungsniveau hatten. So zeigen sich diese Krisen, selbst nach ihrer scheinbaren, wenigstens statistischen Überwindung, als fortdauernde menschliche Katastrophe, wirtschaftliche Belastung und Brutstätte politischer Krisen.[6]

Diese sozialen Umwälzungen – die sich mit vergleichbaren Folgen im Russland, Brasilien, Argentinien, Ecuador und ganz Afrika wiederholt haben – trugen sich zu einer Zeit nie da gewesenen Wachstums und einzigartiger Vermögensbildung in den Vereinigten Staaten und, in geringerem Ausmaß, in Europa zu. Nach jahrzehntelangen Bemühungen, die Kluft zwischen Entwicklungs- und Industrieländern zu schließen, haben die Finanzkrisen der neunziger Jahren einen gewaltigen Rückschritt signalisiert. Wie viele solcher Achterbahnfahrten kann das internationale System ohne ein politisches und soziales Debakel überstehen? Was würde geschehen, wenn eine Rezession in den Vereinigten Staaten dazukäme? Was kann unternommen werden, um derartige Ereignisse zu verhindern?

Politische Evolution und Globalisierung

Viele aufmerksame Beobachter verlassen sich darauf, dass wirtschaftliches Wachstum und die neue Informationstechnologie die Welt mehr oder weniger automatisch in die neue Ära globalen Wohlstands und politischer Stabilität versetzen werden. Doch das ist eine Illusion. Eine Weltordnung verlangt Konsens, und das setzt voraus, dass die Unterschiede zwischen den Bevorzugten und den Benachteiligten, die in der Lage wären, Stabilität und Fortschritt zu untergraben, derart beschaffen sind, dass sich für die Benachteiligten immer noch eine Aussicht abzeichnet, durch eigene Anstrengung emporzukommen. Ist ein solches Bewusstsein nicht vorhanden, wird es zu wachsenden Turbulenzen, sowohl innerhalb als auch zwischen Gesellschaften, kommen.

Die führenden Politiker der Welt, insbesondere die der demokratischen Industriestaaten, dürfen die Tatsache nicht ignorieren, dass die Kluft zwischen den Nutznießern der Globalisierung und dem Rest der Welt in vielerlei Hinsicht wächst, wiederum sowohl innerhalb als auch zwischen den Gesellschaften. Globalisierung ist ein Synonym für Wachstum geworden; Wachstum erfordert Kapital; und Kapital sucht den höchsten Gewinn bei möglichst geringem Risiko, es strebt dahin, wo sich das günstigste Verhältnis zwischen Risiko und Gewinn anbietet. In der Praxis bedeutet dies, dass die Vereinigten Staaten und andere Länder mit fortgeschrittener Industrialisierung einen überwältigenden Anteil des auf der Welt verfügbaren Investitionskapitals an sich binden. Weil der große Aufschwung der neunziger Jahre diese Realität widerspiegelte – und in der Tat darauf basierte –, ist die Kluft zwischen den Industrie- und Entwicklungsländern noch größer geworden, während sich zugleich ein nie da gewesener Reichtum bildet.

Ohne angemessenes Kapital können die Entwicklungsländer nicht wachsen und Arbeitsplätze schaffen. Ohne eine Zunahme der Beschäftigung werden die Politiker letztlich die Lust an Reformen verlieren, welche Vorbedingung für das Globalisierungsmodell sind. Da in aufstrebenden Märkten ansässige Unternehmen mit zunehmenden Schwierigkeiten zu kämpfen haben, Zugang zu den internationalen Kapitalmärkten zu finden, müssen sie zu Hause Kapital auftreiben, und das können sie nur zu höheren Zinsen, als sie in internationalen Finanzzentren üblich sind. So verlieren nationale Unternehmen in Entwicklungsländern zunehmend an Wettbewerbsfähigkeit, besonders in Wirtschaftszweigen, in denen Handelsbarrieren abgebaut werden. So bleibt Unternehmen aufstrebender Märkte, die dem internationalen Wettbewerb ausgesetzt sind, oftmals nur die Aussicht, entweder unter- oder in multinationalen Unternehmen aufzugehen. Dies ist das genaue Gegenteil dessen, was Fürsprecher des Protektionismus in Industriestaaten vorhersagten, als sie vor der Billiglohnkonkurrenz aus Entwicklungsländern warnten.

Entwicklungsländer, die am Globalisierungsprozess teilnehmen möchten, haben langfristig keine andere Wahl als die Umstrukturierung. Die Bemühung, möglichst so wie die Vereinigten Staaten oder Europa oder Japan zu werden, ist ebenso schwierig wie zeitraubend, kann aber durch Institutionen wie die NAFTA beschleunigt werden, die sich bereits als segensreich für Mexiko erwiesen hat, oder durch besondere Handelsabkommen und durch Ankopplung ihrer Währung an den Dollar, wie es Argentinien und Ecuador bereits vorgemacht haben. Einige Länder haben sogar bereits erwogen, den Dollar zu ihrer offiziellen Währung zu machen.

Welcher Weg auch immer beschritten wird – multinationale Unternehmen, die in den Vereinigten Staaten oder Europa beheimatet sind, stellen sich zunehmend als die Motoren der Globalisierung heraus. Für sie ist der Hang zur Größe zum Wert an sich geworden, der fast zwangsweise verfolgt wird, weil Spitzenmanager zunehmend nach ihrer Fähigkeit beurteilt werden, den Aktienkurs ihres Unternehmens in die Höhe zu treiben. Wenn sich Unternehmensvorstände von langfristigen Planern in Finanzjongleure verwandeln, getrieben vom »Shareholder Value«, über den in den täglichen Börsennotierungen entschieden wird, so wächst die Anfälligkeit des gesamten Systems, seine langfristige Lebensfähigkeit und noch mehr seine Widerstandsfähigkeit in Zeiten der Krise könnten geschwächt werden. Alan Greenspans Grübeleien über einen »irrationalen Überschwang« verleihen der Befürchtung Ausdruck, dass, wenn sich Märkte von den zugrunde liegenden Volkswirtschaften abkoppeln, irgendwann ein Tag der Abrechnung droht, wie lange er auch noch hinausgeschoben werden mag[7], und dass der Überschwang einen Abwärtszyklus in größere Tiefen treiben könnte, als die eigentlichen Realitäten es nahe legen.

Die globalisierte Welt sieht sich mit zwei gegenläufigen Tendenzen konfrontiert. Der globalisierte Markt eröffnet Aussichten auf einen bis dato ungeahnten Reichtum. Doch er schafft auch neue Anfälligkeiten für politische Unruhen und die Gefahr einer neuen Kluft, und zwar nicht so sehr zwischen Arm und Reich, sondern zwischen denjenigen in jeder Gesellschaft, die Teil der globalisierten Internetwelt sind, und jenen, die es nicht sind. Die Auswirkungen dieser neuen Tendenzen auf den noch in der Entwicklung stehenden Teil der Welt sind tief greifend. In einem Wirtschaftssystem, in dem fast ein Zwang dazu besteht, dass die Großen die Kleinen schlucken, werden Unternehmen in Entwicklungsländern zunehmend von amerikanischen und europäischen Multis absorbiert. Während dies zwar das Problem des Zugangs zu den Kapitalmärkten löst, kommt es dadurch andererseits zu einer wachsenden Anfälligkeit für innenpolitische Spannungen, besonders in Krisenzeiten. Und in den Entwicklungsländern entsteht die politische Versuchung, das gesamte System der Globalisierung anzugreifen.

Im Verlauf des Globalisierungsprozesses in den Entwicklungsländern spaltet sich deren Wirtschaftsleben auf: Eine Gruppe von Unternehmen wird in die globale Wirtschaft integriert, indem sie von internationalen Unternehmen aufgesogen werden; der von der Globalisierung abgeschnittene Rest beschäftigt einen Großteil des Arbeitskräftepotenzials zu niedrigsten Löhnen und mit den düstersten sozialen Aussichten. Der »nationale« Sektor hängt im Wesentlichen von seiner Fähigkeit ab, den politischen Prozess des Entwicklungslandes zu manipulieren. Beide Unternehmensarten stellen eine politische Herausforderung dar: die Multinationalen, weil sie die öffentliche Wohlfahrt betreffende Entscheidungen der innenpolitischen Kontrolle zu entziehen scheinen; die nationalen Unternehmen, weil sie politischen Druck für Protektionismus und gegen eine weitere Globalisierung erzeugen.

Die Welt der Gesellschaft spiegelt dieses zweigleisige System wider: Globalisierte Eliten, die oft in befestigten Vorstädten leben, sind durch gemeinsame Werte und Technologien verbunden, während die übrige Bevölkerung in den Städten durch nationalistische, ethnische und eine Reihe weiterer Bewegungen in Versuchung geführt wird, sich von dem zu befreien, was sie als Hegemonie der Globalisierung wahrnehmen, häufig gleichgesetzt mit amerikanischer Vorherrschaft. Die globale Internet-Elite lebt ganz im Einklang mit den Mechanismen einer auf technologischem Fortschritt beruhenden Wirtschaft, während eine Mehrheit, besonders außerhalb der Vereinigten Staaten, Westeuropas und Japans, diese Erfahrung nicht teilt und vielleicht auch nicht bereit ist, deren Folgen zu akzeptieren, zumal in Zeiten wirtschaftlicher Schwierigkeiten.

Unter derartigen Bedingungen könnten sich vereinzelte Angriffe auf die Globalisierung zu einem neuen ideologischen Radikalismus entwickeln, besonders in Ländern, in denen die regierende Elite klein und die Kluft zwischen Reich und Arm groß ist und weiter wächst. Es besteht die Gefahr, dass sich, besonders in den Entwicklungsländern, eine permanente weltweite Unterklasse herausbildet, die es zunehmend schwieriger machen wird, den politischen Konsens aufzubauen, der für die innenpolitische Stabilität, den internationalen Frieden und die Globalisierung selbst unabdingbar ist.

Offene politische Herausforderungen dieses gesamten Prozesses mögen in absehbarer Zeit nicht zutage treten. Doch herrscht bereits jetzt in der Welt der Eindruck vor, dass die großen Industriestaaten und ihre multinationalen Unternehmen die Hauptnutznießer der Globalisierung sind. Sollte die gegenwärtige Periode der wirtschaftlichen Expansion zu einem Ende kommen und sollte sich, was noch wichtiger wäre, dieser Trend umkehren, besonders in den Vereinigten Staaten, so könnten die Spannungen zwischen den wirtschaftlichen Realitäten und dem, was sich politisch noch aufrechterhalten lässt, sowohl die wirtschaftlichen als auch die politischen Systeme auf der ganzen Welt erschüttern.

Einige dieser Gefahren können abgewendet werden, indem der freie Warenaustausch beschleunigt wird. Doch selbst wenn der multilaterale Freihandel rasch fortschreitet, dürfen die Führer der industrialisierten Welt die politische Herausforderung nicht aus dem Auge verlieren. Sie müssen sich bewusst sein, wie viele Jahrzehnte es gedauert hat, bis sich das amerikanische Modell zu seiner heutigen Form entwickelt hat. Was in den Vereinigten Staaten funktioniert hat, lässt sich nicht überall in den aufstrebenden Ländern der Welt genau kopieren, und ganz gewiss nicht in schnellerem Tempo – jedenfalls nicht schnell genug, um einem politischen Gegenschlag gegen die Globalisierung zuvorzukommen.

Wenn aufgrund individueller Entscheidungen riesige Kapitalmengen um die Welt bewegt werden, wird es fast unvermeidlich zu periodischen Krisen des Ungleichgewichts kommen. Und wenn das globale Wachstum so sehr von der

Leistungsfähigkeit der amerikanischen Wirtschaft abhängt, könnte ein länger anhaltender Abschwung die internationalen wirtschaftlichen und politischen Systeme ins Chaos stürzen. Wie würde dann eine Generation reagieren, die nie eine Wirtschaftskrise gekannt hat – umso weniger eine politische – und es versäumt hat, sich darauf vorzubereiten?

Wenn die anderen industrialisierten Wirtschaften sich im Einklang mit der amerikanischen bewegen, statt die dort auftretenden Fluktuationen auszubalancieren, muss sich der Druck zu einer Modifizierung des globalen Wirtschaftssystems vervielfachen. Die Öffentlichkeit in demokratischen Ländern wird von ihren Regierungen Hilfe fordern, um sie vor übermäßigen Härten oder Umwälzungen zu schützen; die Menschen werden sich kaum um einer Wirtschaftstheorie willen mit anhaltenden Entbehrungen abfinden. Man könnte dann argumentieren, dass diejenigen Regierungen, die während der Asienkrise auf dem Markt intervenierten – Indien, Malaysia, China und Taiwan – den Sturm mit weniger Schaden überstanden als die Jünger der freien Konvertierbarkeit. Bei der dunklen Wolke, die über der Globalisierung hängt, handelt es sich um die drohende Auflösung des Systems der freien Marktwirtschaft unter politischem Druck samt den dazugehörigen Gefahren für die demokratischen Institutionen.

Selbst wenn die Gefahr einer solchen Auflösung gering ist, ist es wichtig, ihren möglichen Charakter zu kennen und die zur Verfügung stehenden Mittel zu ihrer Vermeidung zu skizzieren, und zwar zusätzlich zu den Maßnahmen, die zur Abmilderung einer eventuell auftretenden Krise zu ergreifen wären. Während des Booms der zwanziger Jahre rechnete niemand mit der Weltwirtschaftskrise der dreißiger, und keine Regierung war darauf vorbereitet. Und am Ende akzeptierte keine demokratische Öffentlichkeit orthodoxe Methoden zu ihrer Überwindung.

Kein Wirtschaftssystem kann ohne politische Basis aufrechterhalten werden. Die Herausforderung für jene, die an die Globalisierung glauben, besteht darin, Wirtschaftswachstum mit politischer Phantasie zu verbinden und dabei zwischen jenen, die die Welt nur in wirtschaftstechnischen Begriffen sehen, und ihren Kritikern, die am liebsten zu einem quasi sozialistischen und diskreditierten Modell staatlicher Planwirtschaft zurückkehren würden, zu vermitteln. Ein Sinn für soziale Verantwortung muss international gefördert werden, ohne ein erfolgreiches Wirtschaftssystem mit bürokratischen Verordnungen zu strangulieren.

Es wird keine Lösungen geben, wenn die Vereinigten Staaten nicht dazu beitragen, die Probleme zu erkennen, und geeignete Diskussionsforen bestimmen, wo sie behandelt werden können. Die jährlichen Zusammenkünfte der Regierungschefs der führenden Industrienationen – früher G-7, heute mit Russland G-8 – wurden vor einem Vierteljahrhundert ursprünglich als Forum der demokratischen Industriestaaten konzipiert, auf dem sie sich mit ihren politischen und wirtschaftlichen Herausforderungen auseinander setzen sollten.[8] Bedauerlicherweise sind die G-8-Treffen fast ausschließlich zu einer schwerfälligen Übung in Öffentlichkeitsarbeit verkommen. Aus den jährlichen Wirtschaftsgipfeln muss wieder ein Forum der sorgsamen Beratung und Beschlussfassung werden, um die langfristigen Herausforderungen der Wirtschaftswelt meistern zu können.

Die historische Antitrust-Politik der Vereinigten Staaten muss noch einen globalen Ausdruck finden. Das internationale Finanzsystem muss seiner Unbeständigkeit Herr werden und lernen, die Auswirkungen von Krisen wirkungsvoller abzufedern. Auch die Rolle des spekulativen Kapitals bleibt eine Herausforderung. Bei der Bewältigung von Krisen muss ein besserer Ausgleich hergestellt werden zwischen den Ansprüchen der Kreditgeber und den sozialen Bedürfnissen der betroffenen Gesellschaften. Das Interesse der Vereinigten Staaten und anderer fortgeschrittener Gesellschaften an einer Verbesserung der Arbeitsbedingungen und am Umweltschutz muss angesprochen werden, während gleichzeitig der freie Handel aufrechterhalten bleiben muss und in den Entwicklungsländern nicht der Eindruck entstehen darf, dass Amerikas wirkliches Ziel darin besteht, ihnen als Konkurrenten das Wasser abzugraben.

Regierungen, die unter dem Druck baldiger Wahlen stehen, beschäftigen sich nur ungern mit Problemen, deren Existenz noch nicht offensichtlich ist und deren Lösung einen langfristigen Zeitrahmen erfordert, der über die Wahlperiode hinausgeht. Sie geraten in Versuchung, sich der allgemeinen Auffassung anzuschließen, dass wirtschaftliche Probleme ihr Eigenleben haben und sich von selbst regulieren, und dass sie im Wesentlichen mit dem politischen Verfahren nichts zu tun haben.

Doch die großen Umwälzungen der Geschichte ereigneten sich fast ausschließlich aufgrund des Bedürfnisses der Menschheit nach einer politischen Vision und ihres Strebens nach einer Rechtsnorm. Zwar ist ein Großteil der Selbstgerechtigkeit, des Nihilismus und der Gewalt, die mit den sich weltweit verbreitenden Demonstrationen gegen die Globalisierung einhergehen, geradezu abstoßend, doch stellen diese aufrührerischen Aktionen eine Warnung dar, dass das internationale Wirtschaftssystem einer Legitimitätskrise entgegengehen könnte. Die industrialisierten Demokratien müssen die außerordentlichen Leistungen, welche die Globalisierung gefördert haben, erhalten und ausweiten. Doch das können sie langfristig nur, wenn sie den wirtschaftlichen Aspekten der Globalisierung ein politisches Konzept vergleichbarer Reichweite und Vision unterlegen.

Friede und Gerechtigkeit

Wohl der dramatischste Umschwung im Charakter des gegenwärtigen internationalen Systems hat sich mit der uneingeschränkten Akzeptanz der Vorstellung vollzogen, für die Durchsetzung gewisser universaler Grundsätze auch mit Gewalt einzutreten, und zwar entweder mit Hilfe der UNO oder – im Extremfall – durch eine Gruppe von Staaten (zum Beispiel die NATO im Kosovo). Darüber hinaus soll jenen internationalen Konventionen, die Völkermord, Folter oder Kriegsverbrechen verurteilen, dadurch Geltung verschafft werden, dass ihre Überwachung in die Hände nationaler Gerichte gelegt wird, die zunehmend das Recht für sich beanspruchen, die Auslieferung von mutmaßlichen Tätern unter ihre Gerichtsbarkeit zu verlangen. Zusätzlich ist ein Internationaler Strafgerichtshof in Vorbereitung, der, wenn seine Ratifizierung durch 60 beteiligte Nationen erfolgt ist, einen Staatsanwalt mit der Machtbefugniss ausstatten wird, auf Verlangen eines jeden der Signatarstaaten Nachforschungen zu mutmaßlichen Verletzungen internationalen Rechts aufzunehmen und, wenn drei der achtzehn Richter es befürworten, Anklage gegen jeden Verdächtigen überall auf der Welt zu erheben – selbst gegen Bürger von Staaten, die sich geweigert haben, die Zuständigkeit des Internationalen Strafgerichtshofes anzuerkennen. Diese Neuerungen sind Beleg dafür, dass nach allgemeiner Auffassung neuerdings die traditionellen Grundsätze der Souveränität und Nichteinmischung in die inneren Angelegenheiten anderer Länder als das Haupthindernis auf dem Weg zur universalen Herrschaft von Frieden und Gerechtigkeit angesehen werden.

Diese Anschauungen, die im öffentlichen Diskurs Amerikas und eines Großteils des heutigen Westeuropa als Allgemeinplatz behandelt werden – freilich kaum in den noch in der Entwicklung begriffenen Ländern der Welt –, laufen auf eine Revolution des internationale Systems, so wie es über die Dauer von über dreihundert Jahren funktioniert hat, hinaus. Ebenso sind sie ein Zeichen für die weitverbreitete Akzeptanz jener Ideen, die bis zum letzten Jahrzehnt des Kalten Krieges fast ausschließlich von den Vereinigten Staaten vertreten wurden. Und sie könnten eine neue Periode eines globalen Interventionismus mit unvorhersehbaren Konsequenzen einläuten.

Die internationale Ordnung, die Amerika vorfand, als es sich weltpolitisch zu engagieren begann, kann ziemlich genau datiert werden: Sie wurde durch den Westfälischen Frieden geschaffen, unterzeichnet im Jahr 1648 zur Beendigung des Dreißigjährigen Krieges. Dieser Krieg hatte seine Wurzeln in der Reformation, welche die bis dato universale katholische Kirche spaltete und die autonome Gerichtsbarkeit über ihre innere Verwaltung gefährdete. Einige Herrscher der verschiedenen feudalen Fürstentümer nutzten die Gelegenheit, ihre Macht zu stärken, indem sie über die Religionszugehörigkeit ihrer Untertanen und die rechtlichen Befugnisse ihrer Kirche entschieden. Die bereits brüchige Macht des Kaisers, traditionell vom Papst verliehen, wurde weiter geschwächt. Bald machten sich sogar diejenigen Fürsten, die katholisch geblieben waren, daran, die Macht der Kirche zu beschneiden und die Reichweite ihrer politischen Macht neu zu bestimmen.

Ob sich die verschiedenen Herrscher für die katholische Orthodoxie oder die protestantische Reform entschieden – es folgte ein Jahrhundert der Kriege, eine Mischung aus Bürgerkrieg, internationalem Konflikt und Kreuzzug. Der Kaiser des Heiligen Römischen Reiches, ein Habsburger mit Sitz in Wien, kämpfte dafür, die katholische Kirche in ganz Mitteleuropa wieder in ihre Rechte einzusetzen. Die Bourbonenkönige in Frankreich, obwohl katholisch, verbündeten sich mit den protestantischen Fürsten Nordeuropas, um dem Aufstieg Österreichs zur Hegemonialmacht Widerstand zu leisten. Unabhängig von den Motiven wurde der Krieg im Namen der Religion über alle Grenzen hinweg geführt. Ganze Bevölkerungen mussten, je nachdem, welches Heer gerade auf dem Schlachtfeld gesiegt hatte, den Glauben wechseln (es gab aber auch schon das Moment moderner »Realpolitik«, wie dass sich das katholische Frankreich mit Protestanten verbündete, um Österreich durch Rückdrängung des katholischen Herrschaftsbereichs in Deutschland zu schwächen). Dieser Mix aus Religions- und Machtpolitik hatte eine Kriegsführung von nie da gewesener Grausamkeit zur Folge. Wie bereits früher erwähnt, fielen dem Dreißigjährigen Krieg nach einigen Schätzungen fast 30 Prozent der Bevölkerung Mitteleuropas zum Opfer.

Im Westfälischen Frieden kam die allgemeine Entschlossenheit zum Ausdruck, dem Gemetzel ein für alle Mal ein Ende zu bereiten. Das Hauptziel bestand darin, mit der Verschmelzung von Innen- und Außenpolitik – wie man heute sagen würde – beziehungsweise von Glauben und Diplomatie – in der Sprache von damals – Schluss zu machen. Alle Unterzeichner bestätigten den Grundsatz *cujus regio, ejus religio* – das heißt, dass der jeweilige Herrscher bestimmte, welchem Bekenntnis seine Untertanen angehörten. Kein anderes Land hatte das Recht, sich in dieses Verfahren einzumischen. So wurde das Konzept der Nichteinmischung in die inneren Angelegenheiten eines anderen Staates geboren, und zwar wurde es genau aus dem entgegengesetzten Grund geschaffen, aus dem es heute wieder ausrangiert wird. Was heute der Schutz der Menschenrechte ist, war damals die Sehnsucht, Ruhe und Frieden wiederherzustellen; innere Unterdrückung zu legitimieren war nicht beabsichtigt. Da die Unterscheidung zwischen Katholiken und Protestanten das Reizthema der Zeit war, suchte der Westfälische Friede zu verhindern, dass Herrscher der einen Konfession Aufstände von Glaubensgenossen anstachelten, die unter einem Fürsten mit anderem Bekenntnis lebten. Nachdem die Religion als Entschuldigung für innere Subversion entfallen war, gingen die Erwartungen dahin, dass innere Ruhe und damit auch eine mildere Herrschaft zurückkehren würden.

Im großen Ganzen erfüllten sich diese Erwartungen im 18. und 19. Jahrhundert, als sich Europa zu einem System von Nationalstaaten entwickelte. Die Doktrin der Nichteinmischung in die inneren Angelegenheiten anderer Länder wurde zu einem der Grundpfeiler, zusammen mit dem Gedanken der Souveränität und des Völkerrechts zur Regelung des Verhaltens der Staaten in ihren Beziehungen zueinander. Dies verhinderte zwar keine Kriege, begrenzte sie aber in ihrer Reichweite. In der Tat bestand im 20. Jahrhundert einer der Hauptkritikpunkte der Demokratien an den totalitären Staaten – insbesondere am Kommunismus – darin, dass sie systematisch die Regeln der internationalen Ordnung verletzten, indem sie Regierungen durch aus dem Ausland gesteuerte radikale Bewegungen und Parteien unterminierten – mit anderen Worten, durch Rückkehr zum Ethos der Religionskriege.

Das auf dem Westfälischen Frieden beruhende internationale System besaß eine Antwort auf das Problem der Gewalt zwischen Staaten – das heißt, die Zuflucht zum Krieg –, aber es bot keine Lösung für das Problem der Gewalt *innerhalb* von Staaten in Gestalt von Bürgerkriegen, ethnischen Konflikten und der gesamten Skala dessen, was wir heute als Menschenrechtsverletzungen brandmarken. Es befasste sich mit dem Problem des Friedens und überließ die Gerechtigkeit den innenpolitischen Institutionen. Die heutigen Menschenrechtsaktivisten gehen vom Gegenteil aus. Ihrer Ansicht nach ergibt sich der Frieden automatisch aus Gerechtigkeit, und bei keinem National- oder auch sonstigen Staat könne man darauf bauen, dass er Gerechtigkeit walten lässt; er müsse einer Art supranationaler Behörde unterstellt werden, die berechtigt ist, ihre Entscheidungen mit Gewalt durchzusetzen. Insgesamt vertrauen die Menschenrechtler Juristen mehr als Staatsmännern. Die Fürsprecher der Grundsätze des Westfälischen Friedens trauen hingegen den Staatsmännern mehr als den Juristen.

Die amerikanische Tradition

Die Vereinigten Staaten gehörten zu den lautstärksten Kritikern des subversiven Interventionismus der Sowjetunion. Doch für ihr eigenes Verhalten haben sie den Grundsatz der Nichteinmischung nie voll akzeptiert. Nur in den ersten Tagen der Republik zeigten die Gründerväter, dass sie die Grundsätze des europäischen Gleichgewichts verstanden und respektierten. Zwischen Britannien und Frankreich hin- und herschwankend, im Allgemeinen in Opposition zu derjenigen Seite stehend, die gerade im Aufstieg begriffen war, ohne sich jedoch voll für eine Seite zu engagieren, folgten sie dem Gebot Alexander Hamiltons: »Das leidenschaftsloseste Interessenkalkül« verlange von den Amerikanern, ihre Unterstützung für die europäischen Mächte zu dämpfen und sich an niemanden zu binden.[1] In einer Erklärung, die auch dem britischen Kabinett hätte entstammen können, formulierte Thomas Jefferson eine amerikanische Version der Theorie des Machtgleichgewichts: »Besonders sollten wir darum beten, dass die Mächte Europas so in Gewicht und Gegengewicht zueinander stehen, dass ihre eigene Sicherheit die Präsenz all ihrer Kräfte zu Hause erfordert und sie somit die anderen Teile der Welt in ungetrübter Ruhe lassen.«[2]

Aber selbst in dieser hamiltonschen Phase, als die amerikanische Außenpolitik in vielerlei Hinsicht derjenigen der europäischen Mächte ähnelte, lautete die Rechtfertigung dafür ganz anders: Damals wie heute glaubten die Amerikaner, ihre Nation sei von höheren Prinzipien motiviert als die Alte Welt, und dies lag ihrer Vorstellung nach an den im Wesentlichen eigensüchtigen Bestrebungen von Monarchen. Dagegen folge die amerikanische Republik in ihrem Handeln den Diktaten des aufgeklärten Rationalismus; es sei ihr beschieden, weniger glücklichen Völkern, die gezwungen seien, unter einer weniger wohlwollenden Regierung zu leben, als Vorbild zu dienen. Amerikas Handeln könne daher niemals ganz und gar selbstsüchtig sein; von

Natur aus vertrete Amerika ein universales Anliegen. James Madison brachte es 1804 so zum Ausdruck: »Die Vereinigten Staaten schulden es der Welt ebenso wie sich selbst, dass wenigstens eine Regierung durch ihr Vorbild gegen die vorherrschende Korruption protestiert.«[3]

Dadurch wurde aber der Frage ausgewichen, wie weit dieses universale Anliegen verfolgt werden sollte. Wenn Amerika die Hoffnung der Welt war, hatte es dann die Verpflichtung, im Ausland zu intervenieren, um diese Hoffnung durchzusetzen? Und wenn die Antwort positiv ausfiel, wie konnten die Vereinigten Staaten ihre internationale Mission erfüllen, ohne den gleichen praktischen Dilemmas beim Einsatz ihrer Macht gegenüberzustehen, die sie im Verhalten der europäischen Staaten verurteilten?

Die Sache erhielt einige Dringlichkeit, als 1821 der Versuch der Griechen, das Joch des Osmanischen Reiches abzuschütteln, eine Welle der Begeisterung, »etwas zu unternehmen«, hervorrief, um Amerikas Grundsätze auf die Sache der Befreiung des griechischen Volkes anzuwenden. Außenminister John Quincy Adams formulierte das Dilemma und löste es in einer Weise, die zum Leitstern amerikanischer Außenpolitik im folgenden Jahrhundert werden sollte:

> »Wo immer die Standarte der Freiheit und Unabhängigkeit entrollt worden ist oder entrollt werden wird, da wird auch Amerika mit seinem Herzen, seinem Segen und seinen Gebeten sein. Aber es geht nicht ins Ausland, um Ungeheuer zu vernichten. Es begrüßt die Freiheit und Unabhängigkeit aller. Doch es ist Fürsprecher und Verteidiger nur seiner selbst. Es wird der Sache allgemein durch die Aufrichtigkeit seiner Stimme und das gütige Mitgefühl seines Vorbildes Unterstützung verleihen. Es weiß sehr wohl, wenn es sich erst einmal unter anderen als dem eigenen Banner anwerben lässt, und wären es auch die Banner ausländischer Unabhängigkeit, dann würde es sich, ohne sich jemals wieder daraus befreien zu können, in all die Kriege verstricken, in denen es um Interessen und Intrigen, um individuelle Habsucht, Neid und Ehrgeiz geht, wobei sie sich mit den Farben der Freiheit schmücken und deren Standarte usurpieren. … Es könnte zum Diktator der Welt werden. Es wäre nicht mehr der Herrscher über die eigene Gesinnung.«[4]

Indem er darauf bestand, dass die Vereinigten Staaten ihre charakteristische Mission am besten dadurch erfüllten, dass sie davon absahen, sie mit Gewalt zu vertreten, verwarf Adams die ideologische Grundlage für eine Intervention im europäischen Machtgleichgewicht. Zwei Jahre später beseitigte Präsident James Monroe die praktischen Gründe für eine hamiltonsche Außenpolitik, nämlich die eigene Furcht vor einer europäischen Intervention in Amerika. Mit der Monroe-Doktrin weitete er Adams' Vortrag, dass die Vereinigten Staaten davon Abstand nehmen sollten, sich in europäische Angelegenheiten zu verstricken, zu einer Warnung an die Adresse Europas aus, sich nicht in amerikanische Angelegenheiten zu verstricken, wobei er sich auf den gesamten amerikanischen Kontinent bezog, verbunden mit der Warnung, dass eine solche Einmischung »als gefährlich für unseren Frieden und unsere Sicherheit« behandelt würde – mit anderen Worten als *casus belli*.[5]

Mit der Monroe-Doktrin konnten zwei europäische Mächte – Großbritannien und Spanien – aus dem Machtkalkül Nordamerikas gestrichen werden. Denn sie beruhte auf einem stillschweigenden Einverständnis mit Britannien, das einer imperialen Rolle in Amerika abgeschworen hatte, während sich das spanische Reich in Lateinamerika offensichtlich im Niedergang befand. Von der Notwendigkeit befreit, im europäischen Machtgleichgewicht eine Rolle zu spielen, konnten die Vereinigten Staaten ihre selbst erkorene missionarische Rolle kultivieren.

In der Isolation, deren sich Amerika somit im 19. Jahrhundert erfreuen sollte, befassten sich seine Staatsmänner mit zwei Themen, die jeder anderen Gesellschaft als widersprüchlich erschienen wären: dass Amerikas Werte und Institutionen zwar universal anwendbar seien, dass deren Ausbreitung jedoch umso sicherer sei, wenn Amerika sie zu Hause verfeinerte und nicht durch umfassenden politischen Austausch mit dem Rest der Welt kontaminierte.

In dem unerschütterlichen Glauben an den Fortschritt sowie der Überzeugung, dass die Geschichte ein stetiger Vormarsch zu mehr Wohlstand, Freiheit und Gerechtigkeit sei, oder zumindest sein sollte, wofür die amerikanische Erfahrung als herausragendes Symbol stehe, kam der Optimismus der Aufklärung zum Ausdruck, unberührt von den Tragödien und Anpassungen, die den europäischen Nationen durch ihre Geschichte und Geographie aufgezwungen worden waren. »Ihre Väter«, schrieb Alexis de Tocqueville in *Über die Demokratie in Amerika*, »flößten ihnen die Liebe zur Gleichheit und zur Freiheit ein, aber Gott selbst ist es, der ihnen durch die Zuweisung eines grenzenlosen Weltteils die Möglichkeit gewährte, lange in Gleichheit und Freiheit zu leben.«[6] Der Schriftsteller John Louis O'Sullivan fasste diesen Glauben um die gleiche Zeit in dem Begriff der »manifest destiny« Amerikas zusammen.[7]

Bis zum Beginn des 20. Jahrhunderts hatte sich der Glaube an die universale Mission Amerikas zu der Überzeugung entwickelt, dass der Schlüssel zum internationalen Wohlstand darin liege, die Errungenschaften, die der amerikanischen Erfolgsstory zugrunde lagen, auf die übrige Welt auszudehnen. An der Wende zum 20. Jahrhundert charakterisierte William Jennings Bryan die Vereinigten Staaten als »eine Republik, die langsam, aber sicher zum höchsten moralischen Faktor im Fortschritt der Welt und zum akzeptierten Schiedsrichter in den Streitigkeiten der Welt wird.«[8]

Diese Einstellung Amerikas hatte zur Folge, dass die Vereinigten Staaten für die Art und Weise, auf die in der übrigen Welt Außenpolitik betrieben wurde, nur Geringschätzung übrig hatten. Das aus dem Westfälischen Frieden hervorgegangene Staatensystem wurde scharf kritisiert und damit auch die Akzeptanz des Krieges als äußerstes Zwangsmittel. In der Zeit zwischen der Monroe-Doktrin und dem Spanisch-Amerikanischen Krieg fand allein der Gedanke an Außenpolitik – deren Praktiken und Strategien – nur wenig Raum im amerikanischen Denken.

Roosevelt und Wilson

Das Ende des Spanisch-Amerikanischen Krieges fiel mit dem Amtsantritt Theodore Roosevelts zusammen, des ersten Präsidenten seit den Gründervätern, der den hamiltonschen Gedanken wieder aufgriff, das Machtgleichgewicht als charakteristisches Kennzeichen der internationalen Beziehungen zu behandeln, und Amerika eine aktive Rolle bei dessen Gestaltung zugedachte. Anders als seine Vorgänger und die meisten seiner Nachfolger stellten die Vereinigten Staaten für Roosevelt kein messianischen Anliegen, sondern eine Großmacht dar – möglicherweise sogar die größte. Indem er die Mission Amerikas als die eines Hüters des globalen Gleichgewichts sah, ähnlich wie Großbritannien die Rolle des Schirmherrn des Machtgleichgewichts in Europa spielte, war er unduldsam gegenüber vielen der traditionellen Pietäten im amerikanischen Denken zur Außenpolitik. Roosevelt verwarf die angebliche Effektivität des Völkerrechts; was eine Nation durch eigene Kraft nicht schützen könne, würde auch von anderen nicht in Schutz genommen. Er verachtete das Konzept der Abrüstung, das gerade zum ersten Mal auf der internationalen Agenda in Erscheinung trat: »Eine saft- und kraftlose Rechtschaffenheit, hinter der keine Gewalt steht, ist ebenso schlimm und sogar noch schändlicher als Gewalt ohne Rechtschaffenheit.«[9]

Seine eigene Realpolitik betreibend, nahm Roosevelt im Jahr 1908 stillschweigend die Besetzung Koreas durch Japan hin, weil Korea unfähig sei, sich selbst zu verteidigen, und kein anderer Staat oder Staatsverbund bereit sei, das Risiko seiner Verteidigung zu übernehmen:

> »Korea gehört gänzlich Japan. Natürlich wurde durch Vertrag feierlich vereinbart, dass Korea unabhängig bleiben solle. Aber Korea war von selbst nicht in der Lage, den Vertrag durchzusetzen, und es stand außer Frage, dass irgendeine andere Nation … für die Koreaner zu tun versuchen würde, was sie selbst ganz und gar nicht zu leisten vermochten.«[10]

In diesem Geiste entwickelte Roosevelt, was unter der Bezeichnung »Roosevelt-Korollar« zur Monroe-Doktrin bekannt wurde, indem er das Recht der Vereinigten Staaten proklamierte, auf dem gesamten amerikanischen Kontinent zu intervenieren – nicht nur um Einmischung von außen zu verhindern, sondern vor allem um die nationalen Interessen der Vereinigten Staaten zu verteidigen und zu schützen. Während Roosevelts Präsidentschaft intervenierten die Vereinigten Staaten in Haiti, förderten eine Revolution in Panama, die zur Abtrennung Panamas von Kolumbien führte und den Grundstein für die Vollendung des Panamakanals legte, errichteten ein Finanzprotektorat über die Dominikanische Republik und entsandten 1906 amerikanische Truppen, um Kuba zu besetzen.

Überzeugt, dass die Vereinigten Staaten ihre internationalen Verantwortungen nicht darauf beschränken könnten, staatsbürgerliche Tugend zu praktizieren, begann Roosevelt das Land aktiv in den Prozess des globalen Gleichgewichts einzubringen. Als Japan und Russland 1904 gegeneinander in den Krieg zogen, brandmarkte Roosevelt nicht Japan, das nach zeitgenössischen Kriterien als Aggressor galt, weil er fürchtete, dass Russland durch einen Sieg in die Lage versetzt würde, die Vorherrschaft über ganz Asien auszuüben und dadurch das globale Machtgleichgewicht zu bedrohen. Andererseits setzte er seine geopolitischen Sorgen nicht in einen Kreuzzug gegen Russland um. Zwar wollte er Russland schwächen, doch widerstand er unter Anwendung der Regeln des Machtgleichgewichts der Versuchung, die Niederlage Russlands so weit zu treiben, dass an die Stelle der russischen eine japanische Bedrohung trat. Daher lud er Vertreter der Kriegsparteien in sein Heim in Oyster Bay, New York, ein, wo er in ihrem Streit, der am Ende im Vertrag von Portsmouth formell beigelegt wurde, den Vermittler spielte. Die Regelung gründete auf der Prämisse eines asiatischen Machtgleichgewichts, wobei Japan, unterstützt von Großbritannien, dem zaristischen Russland die Waage halten sollte, während die Vereinigten Staaten letztlich für die Aufrechterhaltung des Gleichgewichts zwischen beiden Seiten in Asien zu sorgen hatten, und zwar in ähnlicher Weise, wie Großbritannien das Gleichgewicht in Europa hütete.

Der gleiche geopolitische Ansatz charakterisierte Roosevelts Haltung gegenüber dem Ersten Weltkrieg. Damals bereits nicht mehr im Amt, sprach er sich für den Kriegseintritt der Vereinigten Staaten an der Seite Großbritanniens und Frankreichs aus, lange bevor der amtierende Präsident Woodrow Wilson die Notwendigkeit anerkannte, dies zu tun. Roosevelt befürchtete, dass ein siegreiches Deutschland anfangen würde, sich dem amerikanischen Kontinent zuzuwenden, der im Falle eines deutschen Sieges nicht mehr auf den Schutzschild der britischen Flotte hätte rechnen können. Wäre Roosevelt noch im Amt gewesen, so hätte er wahrscheinlich eine zum Vertrag von Portsmouth analoge Regelung angestrebt. Er hätte versucht, die Fähigkeit Deutschlands, die Vorherrschaft in Europa zu ergreifen, zu beschneiden, es jedoch als Faktor des neuen Machtgleichgewichts in die Pflicht genommen. Es hätte keinen Versuch gegeben, die Regierungen der verfeindeten Nationen zu entfernen oder auf der Basis von Grundsätzen wie der Selbstbestimmung politische Grenzen neu zu ziehen.

Doch Roosevelt war nicht länger im Amt; stattdessen stand ein Präsident von völlig anderer Geistesart am Ruder, dessen Ideen die konzeptionellen Grundlagen der amerikanischen Außenpolitik für den Rest des 20. Jahrhunderts gestalten sollten. Woodrow Wilson führte die Vereinigten Staaten um einer Reihe von Grundsätzen willen in den Krieg, die mehr zu den historischen Erfahrungen Amerikas passten als die des europäischen Gleichgewichts. Um an einem System des Machtgleichgewichts teilzuhaben, muss eine Nation sich einer echten Bedrohung gegenübersehen, die sie nicht allein meistern zu können glaubt. 1914 konnte die amerikanische Öffentlichkeit jedoch nicht davon überzeugt werden, dass durch eine wie auch immer geartete Veränderung des existierenden europäischen Gleichgewichts Amerikas Sicherheit bedroht werden könnte. Zwar wird Roosevelt wohl als der Vorausschauendere in die Geschichte eingehen, was die grundlegende Herausforderung der amerikanischen Außenpolitik betrifft, doch setzten sich Wilsons Ideen letztlich durch, weil sie, wie radikal und gewagt sie in nichtamerikanischen Ohren auch klangen, eine globale Anwendung von Überzeugungen bedeuteten, die sich in hundert Jahren amerikanischer Isolation herauskristallisiert hatten.

Anfangs hatte Wilson auf den Ausbruch des Ersten Weltkrieges auf traditionell isolationistische Weise reagiert. Am 8. Dezember 1914 verwarf er einen Aufruf Roosevelts, Amerikas Streitkräfte zu verstärken, weil er meinte, dass es bei dem europäischen Großbrand um einen Krieg ging, »dessen Ziele uns nicht berühren können, dessen bloße Existenz uns Gelegenheit zu Freundschaft und uneigennützigem Dienst gibt«.[11]

Zweieinhalb Jahre später beschloss Wilson, die Vereinigten Staaten in den Krieg zu führen, aber nicht so, wie Roosevelt es getan hätte – nämlich um das europäische Machtgleichgewicht zu bewahren und zu stärken. Stattdessen machte sich Wilson daran, das Balance-of-Power-Konzept sowie das System des Westfälischen Friedens überhaupt aufzugeben. Drei Monate bevor Amerika in den Krieg eintrat, am 22. Januar 1917, definierte Wilson dessen einzig akzeptables Ergebnis wie folgt:

> »Die Frage, von der der zukünftige Frieden und die zukünftige Politik der Welt insgesamt abhängen, ist diese: Ist der gegenwärtige Krieg ein Kampf für einen gerechten und sicheren Frieden oder nur für ein neues Machtgleichgewicht? … Statt eines Machtgleichgewichts muss es eine Machtgemeinschaft geben; keine organisierten Rivalitäten, sondern einen organisierten gemeinschaftlichen Frieden.«[12]

Amerikas Kriegseintritt stellte einen Wendepunkt für seine Außenpolitik und, aufgrund der wachsenden Rolle Amerikas, auch einen Markstein für die übrige Welt dar. Nach einem Jahrhundert der Kritik an den internationalen Regelungen des Westfälischen Friedens sahen die Vereinigten Staaten eine Gelegenheit zu ihrer Erneuerung. Als es die internationale Bühne betrat, weigerte sich Amerika, lediglich die Rolle eines weiteren Staates unter vielen zu übernehmen, der seine nationalen Interessen verfolgt. Implizit war in Wilsons Doktrin die Ablehnung jener Art moralischer Gleichwertigkeit enthalten, welche die Vereinigten Staaten auf die gleiche moralische Stufe mit anderen Staaten gestellt hätte. Da sich Amerika, Wilson zufolge, auf einer höheren ethischen Ebene bewegte, bestand der einzige berechtigte Grund für Amerikas Kriegseintritt darin, die Welt nach seinem eigenen Vorbild neu zu gestalten. Die Vereinigten Staaten sollten endlich an dem großen internationalen Spiel teilnehmen, aber nur wenn sie in der Lage waren, die Regeln neu zu schreiben. Deshalb definierte Wilson den Zweck des Krieges in Worten, die an christliche Verheißungen eines ewigen Friedens gemahnen:

> »Wir sind froh ... somit für den endgültigen Frieden auf der Welt zu kämpfen ... Die Welt muss für die Demokratie sicher gemacht werden. Ihr Frieden muss auf die erprobten Grundlagen politischer Freiheit gepflanzt werden.«[13]

Den Begriff des nationalen Interesses als »Standard nationalen Eigennutzes« verwerfend, stellte er ein neues Kriterium vor:

> »Dies ist ein Zeitalter ... das eine neue Ordnung der Dinge erfordert, in der die einzige Frage lautet: Ist es richtig? Ist es gerecht? Liegt es im Interesse der Menschheit?«[14]

Drei Grundthemen der gesamten folgenden amerikanischen Außenpolitik wurden von Wilson niedergelegt. An erster Stelle ist Harmonie die natürliche Ordnung internationaler Angelegenheiten; was die Harmonie historisch gestört hat, ist »weder rühmlich noch wichtig« und sollte, wie George Kennan später den Wilsonianismus erklärte, »gerechterweise hinter dem Wunsch nach einer geordneten, von internationaler Gewaltanwendung ungestörten Welt zurücktreten«.[15]

Zweitens ist es unzulässig, Veränderungen mit Gewalt herbeizuführen; jede Umgestaltung muss durch Verfahren erfolgen, die auf Gesetz oder Gesetzähnlichem oder legalen Vorgehensweisen beruhen. Und weil Völker mit dem gottgegebenen Recht ausgestattet sind, selbst über ihr Schicksal zu bestimmen, sollte der Staat auf nationale Selbstbestimmung und Demokratie gegründet sein.

Und schließlich würde sich, Wilsons Ansicht nach, keine Nation, die auf solchen Grundsätzen aufgebaut ist, für den Krieg entscheiden; Staaten, auf die diese Kriterien nicht zuträfen, würden die Welt früher oder später in Konflikte treiben. Daher sei es ein Diktat der Klugheit und nicht nur ein Erfordernis der Sittlichkeit, die Welt für die Demokratie sicher zu machen. Und da Demokratien dieser Theorie zufolge nie Krieg miteinander führen, können sie sich den Luxus leisten, sich auf diejenigen Fragen zu konzentrieren, in denen es um die Anhebung der Qualität des menschlichen Lebens geht. In der Tat haben Demokratien gemäß der wilsonschen Theorie kein anderes legitimes Interesse als die Förderung von universalen Werten.

Eine der Ironien der heutigen Zeit liegt darin, dass das Eintreten für diese Ideen im Ausland häufig als Ausdruck hegemonialer Aspirationen Amerikas und seines Wunsches interpretiert wird, sein Gewicht als Supermacht einzusetzen. In der Tat aber ist die Anwendbarkeit des amerikanischen Modells auf die übrige Welt bereits ein Grundthema seit der Gründung der Republik gewesen; die Neuerung Wilsons bestand lediglich darin, das, was ehedem als »strahlende Stadt auf dem Berg« entworfen worden war, die andere durch ein moralisches Vorbild inspirieren sollte, durch eine aktive Außenpolitik in einen Kreuzzug zur Verbreitung dieser Werte zu übersetzen. Seine Gegner verwehrten ihm dies nicht, weil sie die globale Relevanz der amerikanischen Werte bezweifelten. Vielmehr stimmten sie nicht mit ihm darin überein, wie diese Werte anzuwenden seien; sie glaubten, dass Amerika seiner universalen Mission am besten dadurch gerecht wird, indem es seine heimischen Institutionen pflegt und nicht seine Ressourcen in ausländischen Abenteuern verschwendet.

Was die »Isolationisten« der zwanziger Jahre des 20. Jahrhunderts vertraten, war nichts anderes als die herrschende Überzeugung schon des 19. Jahrhunderts, wie sie nach der Präsidentschaft James Monroes zum Ausdruck kam. Professor Walter Russell Mead nannte sie »Jacksonier« – nach Präsident Andrew Jackson, dem ersten Präsidenten aus dem Hinterland Amerikas und Begründer der modernen Demokratischen Partei.[16] Die Gründerväter waren aus den Rängen des Landadels und einer Kaufmannsklasse mit internationalen Interessen gekommen. Für sie machte die hamiltonsche Außenpolitik einer Manipulierung des europäischen Machtgleichgewichts zum Schutz des jungen amerikanischen Staates Sinn. Andrew Jackson repräsentierte ein Amerika, das Europa den Rücken kehrte und sich nach Westen ausdehnte. Er vertrat die Ansichten der Pioniere und später auch der städtischen, besonders der kleinstädtischen Mittel- und Arbeiterklasse.

In den 1920er Jahren widersetzten sich die Jacksonier zunächst dem Wilsonianismus, verbündeten sich mit ihm während des Zweiten Weltkrieges und des Kalten Krieges und kehrten nach dem Ende des Kalten Krieges zu ihren früheren Grundsätzen zurück.

Die Wilsonier wollten das internationale System durch aktive Teilnahme an den Angelegenheiten der Welt verändern; die Jacksonier ignorierten im Großen und Ganzen die Manöver europäischer Machtpolitik, es sei denn, diese bedrohten die Sicherheit oder die Werte der Vereinigten Staaten ausdrücklich und unmittelbar. Stellte sich dann aber ein derartiges Problem, so zeigten sich die Jacksonier unversöhnlich. In den dreißiger Jahren konnten die Wilsonier durch Verletzungen des Völkerrechts oder der Menschenrechte auf den Plan gerufen werden; die Jacksonier hingegen störten sich weder an Deutschlands noch an Japans Verhalten in den dreißiger Jahren – alles in allem opponierten sie sogar gegen Franklin Roosevelts Neigung zur Intervention in Europa. Doch als Pearl Harbor angegriffen wurde – und damit die Sicherheit Amerikas direkt herausgefordert war –, machten Wilsonier und Jacksonier gemeinsame Sache. Sie waren sich einig, dass ein anderes Ergebnis des Krieges als die Vernichtung des Nationalsozialismus und die bedingungslose Kapitulation Deutschlands und Japans nicht in Frage kam. Und während Wilson nach dem Ersten Weltkrieg gezwungen gewesen war, die Ansichten und Interessen seiner europäischen Verbündeten zu berücksichtigen, waren die Vereinigten Staaten bis zum Ende des Zweiten Weltkrieges so dominant geworden, dass die Präsidenten Franklin Roosevelt und Harry Truman die Freiheit besaßen, die internationale Staatenwelt nach im Wesentlichen amerikanischen Grundsätzen zu gestalten – kollektiver Sicherheit, nationaler Selbstbestimmung und Entkolonialisierung –, wobei auch die Vereinten Nationen ins Leben gerufen wurden.

Im Januar 1941 proklamierte Roosevelt die Vier Freiheiten – Freiheit der Rede und der Religion, Freiheit von Not und Angst –, die Amerika »überall auf der Welt« vertreten werde. Mit anderen Worten, die Vereinigten Staaten hatten sich den Mantel umgehängt, vor dem John Quincy Adams gewarnt hatte – den eines Fürsprechers und Verteidigers freier Völker in der ganzen Welt. Die gleichen Charakteristika, die im 19. Jahrhundert den Isolationismus Amerikas gefördert hatten, lagen im 20. Jahrhundert seinem messianischen Globalismus zugrunde.

1947 übernahmen die Vereinigten Staaten mit der Truman-Doktrin die Verteidigung Griechenlands und der Türkei; 1949 ganz Westeuropas; im folgenden Jahrzehnt praktisch der ganzen Welt, formell oder implizit. Und es rechtfertigte diese Rolle auf einzigartig amerikanische Art und Weise.

1953, auf der Höhe des Kalten Krieges, brachte Außenminister John Foster Dulles bei einer Abschlusszeremonie am National War College Amerikas Rolle in ausschließlich moralischem – sogar spirituellem – Sinne zum Ausdruck. Die Vereinigten Staaten, betonte er, stellten allein durch ihre Existenz eine Bedrohung des Despotismus dar:

> »Wir entwickelten hier einen Raum des spirituellen, intellektuellen und materiellen Reichtums, wie ihn die Welt noch nie gesehen hat. Was wir taten, hat die Fantasie der Menschen überall gefangen und ist überall als ›das große amerikanische Experiment‹ bekannt geworden. Unsere offene Gesellschaft wurde zur Bedrohung für jeden Despoten, weil wir zeigten, wie man den Hunger des Volkes nach besseren Chancen und größerer Würde stillt.«[17]

Das Bündnis zwischen Jacksoniern und Wilsoniern blieb den gesamten Kalten Krieg über erhalten. Präsident John F. Kennedy bekräftigte, Amerikas Ziele wären »nicht lediglich Frieden für Amerikaner, sondern Frieden für alle Männer und Frauen – nicht nur Frieden in unserer Zeit, sondern Frieden zu allen Zeiten«.[18] Und Lyndon Johnson bestand darauf, dass es sich bei dem Versuch, eine kommunistische Machtübernahme in Südvietnam zu verhindern, um eine moralische Pflicht, nicht um nationales Interesse handele, denn Altruismus sei die Grundlage aller amerikanischen Politik:

> »Jedem in Südostasien, der unsere Hilfe bei der Verteidigung seiner Freiheit erbittet, werden wir sie gewähren.
>
> In dieser Region gibt es nichts, was wir begehren, was wir suchen – kein Territorium, keine militärische Stellung, keine politische Ambition. Unser einziger Wunsch – unsere einzige Entschlossenheit – besteht darin, dass die Menschen von Südostasien in Frieden gelassen werden, um ihr eigenes Schicksal auf ihre eigene Weise in die Hand zu nehmen.«[19]

Eine Kombination aus missionarischem Eifer und Solipsismus – der Unfähigkeit, sich irgendeine andere Art der Weltsicht vorzustellen – brachte eine verhängnisvolle Mischung aus globalistischen und missionarischen Impulsen zustande und führte die Vereinigten Staaten in den Vietnamkrieg. Washington versuchte zu ein und derselben Zeit, eine Regierung von oben umzubilden – indem es erst den trägen Bao Dai seines Amtes enthob und dann seinen Nachfolger Ngo Dinh Diem durch eine von Amerika handverlesene Militärjunta ersetzte –, und Demokratie und Kapitalismus nach amerikanischem Vorbild in einem Land einzuführen, dem eine Mittelklasse fast völlig fehlte und das keinerlei Erfahrung mir Selbstverwaltung hatte. Diese Aufgaben, die an sich schon monumental waren, wurden inmitten eines brutalen Guerilla-Aufstands und einer Invasion aus dem Norden verfolgt, während Zufluchtsorte und ungehinderte Nachschublinien in benachbarten Ländern wie Laos und Kambodscha geduldet wurden.

Das daraus resultierende Debakel wurde noch verschlimmert durch die Unfähigkeit Amerikas, die unterschiedlichen Elemente seines historischen außenpolitischen Ansatzes richtig einzusetzen: die universalen Grundsätze mit den praktischen Erfordernissen einer Region in Einklang zu bringen, die nur eine schrittweise Annäherung an hochfliegende Ziele gestattete; in der Hitze der Schlacht moralische Maximen, die absolut sind, mit den Mitteln der Macht, die wiederum von den Umständen abhängt, zum Tragen zu bringen.

Eines der Opfer der Frustrationen war der auf der Koalition von Wilsoniern und Jacksoniern basierende Konsens. Als die Wilsonier merkten, dass sich das Ziel, gleichzeitig sowohl Frieden und Wohlstand in der Welt als auch das institutionelle System Amerikas zu fördern, als Chimäre erwies, gaben sie ihre Bemühungen mitten in einem erbittert geführten Krieg auf: Die Alternative, für beschränktere und vielleicht leichter erreichbare Ziele zu kämpfen, kam für sie nicht in Frage. Der radikale Flügel der Wilsonier zog den Schluss, dass der Idealismus nicht so sehr über das Ziel hinausgeschossen war, als dass vielmehr ein grundlegender moralischer Defekt die Vereinigten Staaten in den Indochinakrieg hineingezogen hatte. Um diesen Defekt zu beseitigen, unternahmen sie einen Rundumschlag gegen alle Grundsätze, von denen sich Amerikas Nachkriegspolitik hatte leiten lassen.

Die Jacksonier wiederum bestanden weiterhin auf der Gültigkeit ihrer Grundsätze. Doch wenn der Krieg in Indochina es wert war, geführt zu werden, dann musste man ihn auch gewinnen, und wenn er nicht zu gewinnen war, dann musste man ihn aufgeben. Die Jacksonier besaßen keine Kategorie für einen begrenzten Krieg. Weder Wilsonier noch Jacksonier waren bereit, einen schrittweisen Rückzug in einem Maße zu unterstützen, das die Glaubwürdigkeit Amerikas im Umfeld des Kalten Krieges erhalten hätte, wo man in puncto Sicherheit immer noch im hohen Grade auf Amerikas Wort vertraute.

Es fiel Richard Nixon zu, inmitten der Trümmer des historischen Konsenses Amerikas Außenpolitik zu lenken. Als Bewunderer Wilsons hatte er sogar darum gebeten, dessen Schreibtisch im Oval Office aufzustellen – allerdings wurde ihm stattdessen, ob aufgrund einer Verwechslung oder mit bürokratischem Schalk, der Schreibtisch von Henry Wilson, Ulysses Grants zweitem Vizepräsidenten, untergeschoben. (Er schaffte es dann aber, das Bild vom richtigen Wilson im Kabinettsraum aufhängen zu lassen.) Da er jedoch einen Großteil seines Lebens mit dem Studium internationaler Politik verbracht hatte, teilte Nixon nicht die Meinung, dass eine Formel die gesamte Geschichte erklären oder eine einzige Strategie jedes zeitgenössische internationale Problem lösen könne. Überzeugt, dass ein Übermaß an Wilsonianismus Amerika das indochinesische Debakel eingebrockt habe, und sich der Tatsache bewusst, dass die Jacksonier nicht mehr gewillt waren, für das zu kämpfen, was dort weiterhin auf dem Spiel stand, suchte Nixon das amerikanische Volk um sich zu sammeln, indem er die amerikanische Außenpolitik zu ihren hamiltonschen Wurzeln zurückführte und das nationale Interesse wieder an erste Stelle setzte.

Dennoch haftete Nixons Außenpolitik ein starker wilsonscher Zug an, der sich in seinen Rüstungskontrollabkommen, in der Förderung der jüdischen Emigration aus der Sowjetunion und in Maßnahmen wie der Einleitung des Friedensprozesses im Nahen Osten und einem internationalen Abkommen über das Verbot biologischer Waffen äußerte. Doch insgesamt bestand Nixons vorherrschendes Anliegen darin, Amerikas Politik zu seinen Interessen und seine Interessen zu seinen Fähigkeiten in Bezug zu setzen. »Unser Ziel ist es in erster Linie, unsere *Interessen* langfristig durch eine solide Außenpolitik zu unterstützen«, informierte er den Kongress im Jahr 1970. »Unsere Interessen müssen unsere Engagements formulieren und nicht umgekehrt.«[20]

Diese Politik zeitigte viele bemerkenswerte Erfolge – einen ausgehandelten Rückzug aus Vietnam, die Öffnung nach China, das Berlin-Abkommen, eine Politik gegenüber der Sowjetunion, in der sich Eindämmung mit Verhandlungen über viele Themen verband, und den Beginn des arabisch-israelischen Friedensprozesses. Doch ihre Rechtfertigung, obwohl klassisch hamiltonisch, stimmte nicht mit dem überein, was während eines Großteils des Jahrhunderts das Hauptthema amerikanischer Außenpolitik gewesen war. Als Watergate Nixon schwächte und der Rückzug aus Vietnam weit genug fortgeschritten war, kam der angestammte Impuls wieder zum Tragen, auf die globale Relevanz der Werte Amerikas zu pochen. Nixon und in geringerem Maße auch Gerald Ford (sowie ich als ihr Außenminister) gerieten unter zunehmende Attacken seitens der Wilsonier, zu »machtorientiert« zu sein (das Codewort für traditionalistisch und altmodisch), und seitens der Jacksonier, zu »entgegenkommend« zu sein (das Codewort für die Abneigung, Politik auf einer Reihe von Kraftproben aufzubauen). Als ein Flügel der Liberalen Anfang der siebziger Jahre die Seiten wechselte und die neokonservative Bewegung gründete, lebte der Wilsonianismus in kraftvollerer Variante, Elemente reaganscher Rhetorik vorwegnehmend, wieder auf. Der Wettstreit mit den Sowjets habe ebenso einen moralischen wie einen strategischen Aspekt, riefen sie uns in Erinnerung – und ein Kompromiss sei gefährlich (wie überhaupt jede Verhandlung mit der Sowjetunion dies per definitionem sei).

1974 kam es zu einem Gezeitenwechsel in der Handhabung der amerikanischen Außenpolitik. Bis dahin hatten Versuche, auf die Innenpolitik anderer Staaten einzuwirken, stets durch verdeckte Operationen oder stille Diplomatie stattgefunden. Offizielle Eingriffe in die inneren Angelegenheiten anderer Länder waren noch nicht zum akzeptierten Bestandteil amerikanischer Außenpolitik geworden; auf den Regeln des Westfälischen Friedens beruhende Skrupel verhinderten dies. So war es der Nixon-Regierung gelungen, durch Appelle an die Sowjetführer – unter Anwendung der stillen Diplomatie, denn die Emigrationspolitik wurde immer noch weithin als innere Angelegenheit eines Landes betrachtet – die Emigration der Juden aus der Sowjetunion von weniger als tausend auf über 35 000 pro Jahr zu steigern. 1974 jedoch setzte der Kongress erstmals gesetzliche Sanktionen ein, um die jüdische Emigration aus der Sowjetunion voranzubringen, und machte sie zum formellen und öffentlichen Teil der amerikanischen Außenpolitik. Dass die Sanktionen aufrechterhalten wurden, obwohl die jüdische

Emigration nach Beginn der Sanktionen mehrere Jahre lang um rund 70 Prozent *abnahm*, zeigt, wie stark die Entschlossenheit war, um der Menschenrechte willen offenen Druck auszuüben, und bis zu welchem Grade die Grundsätze des Westfälischen Friedens hinsichtlich der Nichteinmischung in die Angelegenheiten anderer Staaten im Schwinden begriffen waren.

Von da an wurde es zunehmend Mode, sich in Dinge einzumischen, die zuvor als innere Angelegenheiten angesehen worden waren. In der Schlussakte der Konferenz über Sicherheit und Zusammenarbeit in Europa (KSZE) vom 1. August 1975 wurde die Achtung der Menschenrechte zur internationalen Verpflichtung der Signatarstaaten erklärt. Auf der Abschlusssitzung sprach Präsident Ford ausdrücklich die Sowjetunion an, als er in seiner Rede »die tiefe Hingabe des amerikanischen Volkes und seiner Regierung an die Menschenrechte und Grundfreiheiten« betonte.[21]

Präsident Jimmy Carter bekräftigte dieses im Grunde wilsonsche Prinzip mit noch stärkeren Worten: »Wir sollten ein Leitstern für Nationen sein, die nach Frieden suchen und die nach Freiheit suchen, die nach inidividueller Freiheit suchen, die nach den fundamentalen Menschenrechten suchen.«[22] Und Präsident Ronald Reagan legte noch eine Nuance zu:

> »Amerikas Führungsrolle in der Welt kam auf uns aufgrund unserer eigenen Stärke und aufgrund der Werte, von denen wir uns als Gesellschaft leiten lassen: freien Wahlen, einer freien Presse, Freiheit der Religionswahl, freien Gewerkschaften und vor allem Freiheit des Einzelnen und Ablehnung der willkürlichen Staatsmacht. Diese Werte sind die Grundlage unserer Stärke.«[23]

Die Reagan-Regierung brachte eine Synthese aller drei Elemente amerikanischen Denkens zustande: das wilsonsche Schlagwort von der Ausnahmestellung Amerikas, einen kreuzzüglerischen Aufruf gegen eine feindliche Ideologie (»das Reich des Bösen«), um die Jacksonier zu den Fahnen zu rufen, und die hamiltonsche Taktik Nixons. Beschwörungen der einzigartigen moralischen Verpflichtung Amerikas verschmolzen mit einer starrköpfigen Einschätzung des nationalen Interesses. Was den Kongress betrifft, so machte er während der siebziger Jahre amerikanische Auslandshilfe zunehmend von der Anwendung der Menschenrechte in den Empfängerländern abhängig. In den achtziger Jahren begann er Sanktionen zu verhängen, um Menschenrechtsanliegen durchzusetzen, und Dutzende von Staaten unterliegen jetzt solchen Sanktionen. Das erfolgreichste Beispiel – und bisher das einzige mit wirklich durchschlagendem Erfolg – war das Wirtschaftsembargo gegen Südafrika, das 1986 vom Kongress verabschiedet wurde.

Der neue Interventionismus

Der abschließende Übergang von John Quincy Adams' Vorgabe, dass die Vereinigten Staaten die Demokratie im Ausland am besten dadurch zu verbreiten helfen, dass sie deren Tugenden im eigenen Land praktizieren, zur Erhebung der Förderung der Menschenrechte zum Hauptziel amerikanischer Außenpolitik vollzog sich unter der Clinton-Administration. Bill Clinton war der erste Präsident der Ära nach dem Ende des Kalten Krieges: Er war der erste Präsident, der seine politischen Lehrjahre als Aktivist in der Vietnam-Protestbewegung verbracht hatte und der tatsächlich deren Prämissen in die amerikanische Außenpolitik einbrachte. Argwöhnisch gegenüber der Rolle der Macht, dem Gleichgewicht gegenüber schon vom Konzept her feindlich gesinnt (er betrachtete es als »Alte Denkweise«[24]), handelte Clinton so, als hätten seine Vorgänger durch exzessive Rücksicht auf strategische Erwägungen zum Kalten Krieg beigetragen. So bestand eines der Hauptthemen in Clintons Reden im Ausland in einer Entschuldigung für Amerikas angebliche moralische Missetaten, für die er Amerikas Engagement im Kalten Krieg verantwortlich machte.[25]

Der Kalte Krieg wurde jedoch nicht von den Vereinigten Staaten erfunden; ernsthafte Männer und Frauen von neun

Regierungen beider Parteien vor der Präsidentschaft Clintons glaubten (und hatten allen Grund dazu), dass sie in einen Kampf verwickelt waren, in dem es um die fundamentale Sicherheit und die grundlegenden Werte ihres Landes und aller freien Völker ging. Die außenpolitische Neuorientierung verband eine Leugnung der Geschichte mit der Abwendung von traditionellen sicherheits- und geopolitischen Vorstellungen. Indem diese Neuorientierung ausdrücklich davon ausging, dass Amerika durch eigene Fehler ursächlich zum Kalten Krieg beigetragen habe, wobei es sich verstand, dass die meisten internationalen Spannungen gesellschaftlichen Ursprungs waren und dass sich Diplomatie demzufolge auf so genannte weiche – das heißt nichtstrategische – Themen beschränken solle, kam darin eine unverhohlene Geringschätzung für vieles zum Ausdruck, was in dem halben Jahrhundert nach dem Zweiten Weltkrieg erreicht worden war.

Der Sieg im Kalten Krieg ermutigte auch andere Gruppen zu dieser Art Selbstgefälligkeit, was die Sache in einen globalen Triumphalismus ausarten ließ. Gemäß dieser Neuorientierung hatten die Vereinigten Staaten das optimale politische und wirtschaftliche System erreicht, und als beste – und in der Tat einzig gangbare – Option blieb der restlichen Welt nichts anderes übrig, als den politischen und wirtschaftlichen Vorgaben des amerikanischen Musters zu folgen. Ohne Kalten Krieg und ohne ein alternatives Machtzentrum zu den Vereinigten Staaten gewann die Theorie vom »Ende der Geschichte« beträchtliche Plausibilität. Mit den ideologischen Auseinandersetzungen schien es ein für alle Mal vorbei zu sein; die gesamte Welt machte sich Variationen des amerikanischen Wirtschafts- und Politiksystems zu Eigen. Konkurrenz war nur noch in Bezug auf die Schnelligkeit bedeutungsvoll, mit der dieses Ziel erreicht wurde.[26] Und die asiatische Finanzkrise von 1997 verlieh dem Triumphalismus des Westens zusätzlichen Auftrieb.

Im Verlauf dieses Prozesses wurde die amerikanische Außenpolitik zunehmend von der Innenpolitik bestimmt. Wenn die Ausübung von Druck auf andere Länder als risikofrei erscheint, wächst die Bereitschaft, innenpolitische Vorlieben Amerikas auf dem Gesetzeswege zu außenpolitischen Zielen zu erklären. Ein aufschlussreiches Beispiel für das neue Engagement auf Kongressebene war ein Kommentar der Abgeordneten Nancy Pelosi aus Kalifornien, die zu den stärksten Unterstützern von Restriktionen im Handel mit China gehörte. Als Clinton zu Beginn seiner Amtszeit die Anwendung der Meistbegünstigungsklausel auf China davon abhängig machte, dass Peking innerhalb eines Jahres Fortschritte auf dem Gebiet der Menschenrechte erkennen ließ, meinte sie:

»Wenn am Ende dieser zwölf Monate in China Pressefreiheit herrscht und andere Menschenrechtsbedingungen erfüllt sind, können wir hoffentlich damit anfangen, auch einige der anderen Probleme zu lösen, die Kongressabgeordnete haben.«[27]

Nichts illustriert besser den Zusammenbruch des »westfälischen« Begriffs der Nichteinmischung als der Gedanke, dass Rede- und Pressefreiheit, die es in der 5 000-jährigen Geschichte Chinas nie gegeben hat, durch amerikanische Gesetzgebung und die Vorgabe einer Zwölfmonatsfrist hergestellt werden könne; nicht besser wird es dadurch, dass mit Ablauf der Frist unweigerlich andauernde, einseitige amerikanische Forderungen zu erwarten sind.

Bei derartigen Äußerungen aus Kongresskreisen handelte es sich keineswegs um einmalige Entgleisungen, sondern um den Ausdruck eines ständig an Bedeutung zunehmenden Themas in der öffentlichen Meinung Amerikas (und zunehmend auch Westeuropas). Strobe Talbott, renommierter Publizist und seinerzeit stellvertretender Außenminister, ließ sich dazu im November 1996 in *Foreign Affairs* ein:

»In einer Welt, die zunehmend von gegenseitigen Abhängigkeiten geprägt ist, hat Amerika ein wachsendes Interesse daran, wie gut oder schlecht andere Länder regiert werden. Je größer und enger geknüpft die Gemeinschaft der Nationen wird, die sich für eine demokratische Regierungsform entscheiden, desto sicherer und wohlhabender werden die Amerikaner sein, da sich Demokratien erwiesenermaßen mehr an internationale

Verpflichtungen halten, weniger zu Terrorismus und Verursachung von Umweltschäden neigen und weniger Krieg miteinander führen.

Dies ist im Wesentlichen das auf die nationale Sicherheit bezogene Grundprinzip für die kräftige Unterstützung, Förderung und, falls nötig, Verteidigung der Demokratie in anderen Ländern.«[28]

Die neue Doktrin der humanitären Intervention geht davon aus, dass humanitäre Anliegen in einem solchen Maße Bestandteil der amerikanischen Tradition sind, dass finanzielle Mittel und im Extremfall auch Menschenleben aufs Spiel gesetzt werden müssen, um sie überall auf der Welt zu verteidigen. Keine andere Nation hat sich jemals Derartiges vorgenommen. Die Vereinigten Staaten und ihre Verbündeten laufen damit Gefahr, sich in die Rolle des Weltpolizisten zu manövrieren.

Eine Doktrin der permanenten Intervention kam besonders deutlich in der Rhetorik zum Ausdruck, die dem erfolgreichen NATO-Einsatz im Kosovo folgte. Der britische Premierminister Tony Blair erklärte die Kosovo-Mission zu einem Sieg der »fortschrittlichen« Kräfte in der Außenpolitik, welche die überholten traditionellen Konzepte verdrängten:

»In diesem Krieg ... ging es um ein für den Fortschritt der Menschheit notwendiges grundlegendes Prinzip: das jedes menschliche Wesen ungeachtet seiner Rasse, Religion oder Geburt ein unveräußerliches Recht darauf hat, frei von Verfolgung zu leben.«[29]

Bundeskanzler Gerhard Schröder brachte es noch deutlicher auf den Punkt: Durch den Einsatz im Kosovo »musste gezeigt werden, dass die Schwachen in der NATO einen starken Verbündeten für die Durchsetzung ihrer unveräußerlichen Rechte, der Menschenrechte, haben«.[30] Präsident Clinton wählte die umfassendste Formulierung:

»Wir können dann zu den Menschen in der Welt sagen: Ob ihr in Afrika oder Mitteleuropa oder sonst wo lebt, wenn jemand Jagd auf unschuldige Zivilisten macht und sie aufgrund ihrer

Rasse, ihres ethnischen Hintergrunds oder ihrer Religion massenweise zu töten versucht, und es in unserer Macht steht, dem Einhalt zu gebieten, dann werden wir dem Einhalt gebieten.«[31]

Dass der Wilsonianismus über konkurrierende Traditionen in der amerikanischen Außenpolitik triumphiert hatte, zeigte sich auf dramatische Weise in den Ereignissen der sechs Monate, die im November 1998 begannen. Nach jacksonschem und hamiltonschem Standard wäre die drohende Vorherrschaft des Irak am Golf als fundamentale Bedrohung der nationalen Sicherheit Amerikas aufgefasst worden. Im Dezember wurden die UN-Inspektoren ausgewiesen, die im Rahmen der Waffenstillstandsbedingungen zur Beendigung des Golfkrieges vom Sicherheitsrat der Vereinten Nationen eingesetzt worden waren, um die Produktion von Massenvernichtungswaffen im Irak zu verhindern. Dadurch wurde langfristig die Fähigkeit des Irak wiederhergestellt, seine Nachbarn zu bedrohen, von denen die meisten Amerikas Verbündete und alle unverzichtbare Erdöllieferanten für die industrialisierten Demokratien sind. Dennoch beschränkte sich Amerikas Reaktion auf lediglich vier Nächte andauernde Luftangriffe (sie wurden nachts durchgeführt, um die Zivilbevölkerung zu schonen), danach wurde die Verhöhnung der Resolution des Sicherheitsrats größtenteils stillschweigend hingenommen. Man ging offenbar davon aus, dass sich die Vereinigten Staaten, wenn es so weit ist, um die langfristigen Konsequenzen kümmern würden; das Risiko der irakischen Vorherrschaft am Golf allein schloss Fragen der Moral nicht ein, die anhaltende militärische Aktionen gerechtfertigt hätten.

Im Gegensatz dazu bombardierte die NATO auf Drängen der Vereinigten Staaten Jugoslawien 78 Tage lang rund um die Uhr, im Wesentlichen um die serbischen Menschenrechtsverletzungen im Kosovo zu beenden und umzukehren, obwohl das Kosovo keine Bedrohung der Sicherheit Amerikas im traditionellen Sinn darstellte. Wilsonsche Grundsätze waren die vorherrschende Triebkraft der westlichen Außenpolitik auf dem Balkan.

Das Kosovo war der Höhepunkt einer Reihe von Interventionen, die im Namen der Menschenrechte und humanitärer Werte durchgeführt wurden. Amerikanisches Militär wurde nach Somalia geschickt, anfangs um bei der Lebensmittelverteilung zu helfen, dann um eine zivile Regierung auf die Beine zu stellen; nach Haiti, um die Bevölkerung von einer Militärregierung zu befreien, die durch einen Staatsstreich an die Macht gekommen war; nach Bosnien, um das Ende eines blutigen Bürgerkrieges zu erzwingen; und schließlich in das Kosovo, um letztlich die Macht von Serbien auf die albanische Bevölkerungsmehrheit zu übertragen.

Alle vier Fälle militärischer Intervention – von denen drei von der Clinton-Regierung initiiert wurden – hatten gewisse Gemeinsamkeiten: Sie spiegelten keine traditionelle Auffassung des amerikanischem nationalen Interesses wider, und zwar in dem Sinne, dass ihr Ausgang keinerlei Auswirkungen auf die Sicherheit Amerikas nach irgendeiner historischen Definition haben konnte; sie gehorchten einem mächtigen innenpolitischen Druck, unbestrittenes menschliches Leid zu lindern (Bush hatte in Somalia ursprünglich zu dem erklärten Zweck interveniert, vom amerikanischen Militär Lebensmittel an eine Hunger leidende Bevölkerung verteilen zu lassen); die Interventionen wurden für risikolos gehalten (als es in Somalia zu signifikanten Verlusten kam, wurden die amerikanischen Streitkräfte rasch zurückgezogen). Zu den Interventionen kam es ohne irgendeinen Bezug zu ihrem historischen Kontext.

Unweigerlich musste ein derart umfassender Wilsonianismus zum gleichen Bruch mit den Jacksoniern führen, wie er sich in den zwanziger Jahren ereignet hatte. Der jacksonsche Flügel der Reagan-Koalition sprang ab und weigerte sich, bei dem Streben nach einer multilateralen Organisierung der Welt mitzumachen. Der Senat weigerte sich, das Allgemeine Atomwaffentestverbot zu ratifizieren; er zögert, sein Plazet zum Internationale Strafgerichtshof zu geben und hegt Bedenken gegen eine permanente Rolle der US-Streitkräfte im Kosovo. Ironischerweise konnte Clinton seine wilsonschen Maßnahmen am besten dann umsetzen, wenn er sie in seiner Eigenschaft als Oberkommandierender der Streitkräfte befehlen konnte. Was die übrigen betrifft, so waren seine auf der Zustimmung beider Parteien beruhenden Leistungen hamiltonscher Natur, so das Nordamerikanische Freihandelsabkommen (NAFTA) oder Amerikas Mitgliedschaft in der Welthandelsorganisation (*World Trade Organization*, WTO).

Es überrascht daher nicht, dass es bei der kleinen Kontroverse über die Außenpolitik, zu der es während des Wahlkampfes im Jahr 2000 kam, um die Bruchlinie zwischen Wilsonianismus und Jacksonianismus ging. Der Clinton-Regierung wurde vorgeworfen, bei ihren verschiedenen militärischen Interventionen über die Gebote des nationalen Interesses hinauszugehen. Doch was sich tatsächlich zutrug, das war ein Versuch Clintons, das nationale Interesse in extrem wilsonschem Sinne neu zu definieren. Die Verteidigung der Menschenrechte und der humanen Werte, selbst unter dem Einsatz von Gewalt, wurde zum allgemeinen Grundsatz des amerikanischen Nationalinteresses erklärt. Der stellvertretende Außenminister Strobe Talbott erklärte in dem oben erwähnten Artikel, die Unterstützung, Förderung und Verteidigung der Demokratie »in anderen Ländern« sei die Quintessenz von Realismus:

> »Er ist die Grundlage für die Behauptung, in Widerlegung der Unterstellungen einiger selbst ernannter Realisten im gegenteiligen Sinne, dass Amerikas Werte und Interessen einander verstärken.«[32]

Humanitäre Intervention und nationales Interesse: Vier Grundsätze

Um humanitäre Interventionen als eine oberste Priorität sinnvoll in ein Konzept amerikanischer Außenpolitik einbetten zu können, müssen vier Bedingungen erfüllt werden: Das dem humanitären Eingreifen zu Grunde liegende Prinzip muss erstens universal anwendbar sein; es darf zweitens nur zu Aktionen führen, die gegenüber der öffentlichen

Meinung in Amerika vertreten werden können; es muss drittens Resonanz in der internationalen Gemeinschaft finden; und es muss viertens eine Beziehung zum historischen Kontext haben. Alle diese Bedingungen sind relevant für das, was heute allgemein als *exit strategy* bezeichnet wird, die darüber bestimmt, ob man ein vorübergehendes Problem lösen will oder sich in einen permanenten Sumpf begibt.

Diese Bedingungen bestimmen vor allem darüber, ob die Vereinigten Staaten einfach von den Umständen diktierte Ad-hoc-Entscheidungen rechtfertigen oder eine allgemeine Strategie niederlegen, der gefolgt werden kann. Wenn die Verfahrensweise nicht universal – oder zumindest auf die große Mehrheit aller vorhersehbaren Umstände – anwendbar ist, wird es der übrigen Welt erscheinen, als handele es sich dabei um die willkürliche Ausübung amerikanischer Vorherrschaft und letztlich dann auch um einen Akt eigensüchtiger Heuchelei. Wenn die öffentliche Meinung Amerikas die Vorgehensweise nicht billigt, wird die ausbleibende Zustimmung Amerikas Bestreben unterminieren, als Säule der Weltordnung zu dienen. Wenn die internationale Gemeinschaft Amerikas Zielsetzungen nicht akzeptiert, müssen sich die Vereinigten Staaten entweder mit Gewalt durchsetzen oder verzichten. Wenn Amerika bei seinen Aktionen den historischen Kontext nicht berücksichtigt, werden sie früher oder später durch wachsenden lokalen Widerstand besiegt, oder sie müssen eine Macht mobilisieren, die wiederum mit dem innenpolitischen Konsens nicht vereinbar ist.

Es liegt auf der Hand, dass die Vereinigten Staaten weder allein noch im Verein mit Europa in der Lage sind, jedes Übel, oder auch nur jedes größere Übel, in der Welt mit militärischen Mitteln zu bekämpfen – was so viele NATO-Führer nach dem erfolgreichen Kosovo-Einsatz im Überschwang behaupteten. Auch haben die Führer der NATO-Koalition ihre hochfliegenden Erklärungen in der Praxis auch nicht annähernd so universal umgesetzt. Innerhalb weniger Monate nach der Proklamation einer neuen ethischen Außenpolitik fielen sie in verlegenes Schweigen, als Russland in strukturell fast identischer Weise über Tschetschenien herfiel, wie Serbien dies im Kosovo getan hatte. Im Kosovo wie in Tschetschenien versuchte ein herrschendes Land durch militärischen Druck eine abtrünnige Provinz von unterschiedlicher ethnischer und religiöser Zusammensetzung bei der Stange zu halten. Die russischen Aktionen in Tschetschenien waren sogar noch ausdauernder und umfassender als jene der Serben im Kosovo und kosteten mehr Menschen das Leben.

Angesichts dieser Herausforderung verstummten die meisten derer, die den Kosovo-Einsatz zum universalen Präzedenzfall erklärt hatten, oder beließen es bei Lippenbekenntnissen, die vor allem dazu bestimmt waren, innenpolitische Interessengruppen zu beruhigen. Kleinlaut suchten sie Trost, indem sie die Opfer umetikettierten. So wurden aus den »Freiheitskämpfern« im Kosovo »Rebellen« oder »Aufständische« in Tschetschenien – sowohl in amtlichen Dokumenten als auch in den Medien.

Eine vergleichbare Umgehung proklamierter Zielsetzungen der neuen Außenpolitik fand im Hinblick auf Afrika statt. Angesichts noch ausgedehnteren Mordens und widerwärtiger Grausamkeiten in Sierra Leone gaben die Teilnehmer am Kosovo-Einsatz ihre Weigerung kund, sich militärisch zu engagieren – obwohl (nach Kosovo-Standard) minimale Streitkräfte dem Gemetzel ein schnelles Ende hätten bereiten können. Auch eine Intervention im Sudan oder im Kaukasus wurde nicht vorgeschlagen, wo das Ausmaß an Opfern nach und nach ebenfalls dasjenige des Kosovo übersteigt.

Bei näherer Betrachtung zeigt sich, dass der allgemeine Grundsatz der neuen ethischen Außenpolitik nicht angewandt wurde auf größere Staaten, Verbündete von größeren Staaten oder Länder mit starken Wählerschaften innerhalb der größeren demokratischen Staaten. Bisher hat sich die Anwendung dieser Außenpolitik auf einen kleinen, ehemaligen »Schurkenstaat« am Rande Europas und auf ein Indonesien beschränkt, das sich inmitten innerer Umwälzungen befand und daher kein außenpolitisches Risiko darstellte.

Dass die Anwendbarkeit eines außenpolitischen Grundsatzes ihre Grenzen hat, setzt natürlich nicht dessen Relevanz in besonderen Fällen außer Kraft. Es macht es jedoch erforderlich, dass Amerika die Beziehung zwischen einem moralischen Prinzip und der alltäglichen Außenpolitik versteht. Moralische Grundsätze sind universal und zeitlos. Außenpolitik wird durch die Umstände bedingt; sie ist, wie Bismarck feststellte, »die Kunst des Möglichen«, »die Wissenschaft des Relativen«. Wenn moralische Grundsätze ohne Ansehen der historischen Bedingungen angewandt werden, ist gewöhnlich eine Vergrößerung der Leiden statt ihrer Linderung die Folge. Und wenn ihre Anwendung unter dem Aspekt nationaler oder internationaler Bedingungen erfolgt, so steht das Erwünschte unter den Zwängen des von den Wilsoniern so oft kritisierten Begriffs des nationalen Interesses.

Daher findet die humanitäre (oder sonstige) Intervention ihre Grenze in der Bereitschaft, den notwendigen Preis an menschlichen oder finanziellen Opfern zu zahlen. Eine Doktrin der universalen oder sonstigen Intervention kann nur aufrechterhalten werden, wenn die Öffentlichkeit überzeugt ist, dass die auf dem Spiel stehenden Interessen die Kosten rechtfertigen. Dies war genau das fehlende Element bei all den Beispielen universaler humanitärer Interventionen von Somalia bis zum Kosovo. Als es zu den ersten Opfern kam, wurden die amerikanischen Streitkräfte sofort aus Somalia zurückgezogen. Und von Beginn des Kosovo-Einsatzes an erklärten die NATO-Führer (mit der ehrenvollen Ausnahme von Premierminister Tony Blair), dass ein Bodenkrieg keine Option sei – mit anderen Worten, dass Menschenleben nicht aufs Spiel gesetzt werden sollten –, was Slobodan Milošević in Versuchung führte, sein Beharrungsvermögen unter anhaltendem Bombardement auf die Probe zu stellen. Aus Furcht vor Menschenopfern wurde die Bombardierungskampagne sogar nur aus Höhen geführt, von denen man glaubte, dass sie außerhalb der Reichweite der serbischen Luftabwehr lägen – aus 5 000 Metern und mehr –, woraus man schließen könnte, dass sich die auf moralischen Gründen beruhende Risikobereitschaft der westlichen Demokratien, zumindest im Kosovo, auf bestimmte Höhen beschränkte.

Die dritte Bedingung eines Konzepts humanitärer Interventionen, sofern es zum Organisationsprinzip der internationalen Ordnung werden soll, liegt in der Notwendigkeit, auf allgemeine Akzeptanz innerhalb der internationalen Gemeinschaft zu stoßen. Eine internationale Ordnung erfordert nun einmal eine weitgehende Akzeptanz. Ohne diese Akzeptanz könnte sich ein Grundsatz zwar letztlich immer noch als Organisationskonzept herausbilden, aber dies müsste durch Zwang geschehen. Auch das gab es schon: Einige der universalen Religionen wurden anfangs durch militärische Eroberungszüge verbreitet und wurden erst später zur Glaubensgrundlage. Und dies lässt sich auch auf politische Ergebnisse anwenden, zum Beispiel die des Amerikanischen Bürgerkriegs.

Die verschiedenen humanitären Militäraktionen, die in den neunziger Jahren von den Vereinigten Staaten unternommen wurden, fanden unterschiedliche Grade von internationaler Akzeptanz. Die Expedition nach Somalia beruhte auf einer einstimmigen Resolution des Sicherheitsrats der Vereinten Nationen und wurde auf direkten Wunsch des UN-Generalsekretärs unternommen. Daher erhob sich in diesem Fall nicht die grundsätzliche Frage, ob eine militärische Lösung ohne internationale Zustimmung unilateral oder von einer Gruppe von Nationen erzwungen werden durfte. Der Konsens verflüchtigte sich sofort, als aus der friedenserhaltenden eine friedensschaffende Mission wurde, als es nicht mehr darum ging, das zu beaufsichtigen, was die Beteiligten akzeptiert hatten, sondern einem oder mehreren der Beteiligten ein Resultat mit Gewalt aufzuzwingen.

Die humanitäre Intervention in Haiti wurde als Ausdruck einer neuen Politik unternommen, mit der Amerika seine Verpflichtung auf den Multilateralismus unter Beweis stellen wollte. So überredete die Clinton-Regierung die Vereinten Nationen, den Einsatz von Gewalt zur Wiedereinsetzung einer zivilen Regierung auf Haiti zu autorisieren, und entsandte zwei Wochen später, am 19. September 1994, amerikanische Truppen als Teil eines UN-Kontingents, dem auch außeramerikanische Elemente angehörten.

Die multilaterale Intervention hatte die paradoxe Wirkung, Amerikas historische Politik gegenüber dem übrigen Amerika zumindest juristisch zu revidieren. Von der Verkündung der Monroe-Doktrin bis zum Vertrag von Rio im Jahr 1947, in dem ein kollektives Sicherheitssystem für den amerikanischen Kontinent festgelegt wurde, und in den folgenden Jahrzehnten hatte jede US-Regierung immer darauf bestanden, dass inneramerikanische Probleme nur von den Nationen der beiden Amerikas beziehungsweise im Extremfall unilateral von den Vereinigten Staaten zu lösen seien. Im Falle Haitis jedoch scheute die Clinton-Regierung nicht nur davor zurück, die speziell zu diesem Zweck geschaffene Institution – die Organisation amerikanischer Staaten (OAS) – einzuschalten, sondern auch unilateral Gewalt anzuwenden, weil die anderen Nationen Amerikas zwar diplomatische und wirtschaftliche Maßnahmen, jedoch keinesfalls eine militärische Intervention gebilligt hätten.

Da einerseits Somalia ganz am Rande selbst der großzügigsten Definition von Interessen der großen Mehrheit der Nationen und Haiti andererseits innerhalb des traditionellen amerikanischen Interessenkreises lag, ließ keiner dieser beiden Fälle allgemeine Rückschlüsse auf die Anwendbarkeit der neuen Grundsätze für humanitäre Interventionen zu. Ganz anders lag die Sache im Falle Bosniens und des Kosovo. Hier ging es um Unruhen innerhalb Europas; die Krisen ereigneten sich auf einem Kontinent, auf dem Erinnerungen an den Holocaust noch lebendig waren, und sie entstanden im Verlauf der Auflösung eines Staates, der während des Kalten Krieges unter stillschweigendem Schutz der NATO gestanden hatte. Eine neuralgische Reaktion der Nationen des Atlantischen Bündnisses auf die Brutalität der Kriegsführung auf dem Balkan war unvermeidlich.

Doch auch diese beiden Fälle unterschieden sich in der Substanz. In Bosnien ging es um einen Bürgerkrieg in einem Land, das nach dem Auseinanderbrechen Jugoslawiens bereits von den Vereinten Nationen formell anerkannt worden war. Im Verlauf des Konflikts kam es zu unsäglichen Grausamkeiten, die anfangs größtenteils von den Serben begangen wurden, doch bevor der Krieg zu Ende war, veranstalteten auch die Kroaten – die technisch gesehen auf der Seite von NATO und Vereinten Nationen standen – ihre eigenen massiven »ethnischen Säuberungen«. Auch die Muslime selbst versäumten es nicht, den traditionell auf dem Balkan üblichen Normen der Brutalität gerecht zu werden. Durch die militärische Phase der humanitären NATO-Intervention in Bosnien, die auf Verlangen der anerkannten bosnischen Regierung erfolgte und unter der Ägide der Vereinten Nationen stattfand, erhoben sich keine neuen Grundsatzfragen und wurden keine neuen Präzedenzfälle geschaffen. Und es gibt ein Niveau an Gewalt und Grausamkeit, das so eindringlich an das demokratische Gewissen Amerikas appelliert, dass Erwägungen des nationalen Interesses keine Rolle mehr spielen. Die Schwierigkeiten hinsichtlich Bosniens erhoben sich nicht in Bezug auf die Intervention, sondern auf die politische Regelung, die darauf folgte und auf die ich später näher eingehen werde.

Während Bosnien, historisch ein Puffer zwischen Österreich und dem Osmanischen Reich und erst 1908 der Donaumonarchie einverleibt, völkerrechtlich nie ein Teil Serbiens gewesen war, befand sich auf dem Gebiet des Kosovo ein Nationalheiligtum der Serben, das Amselfeld. Von dort nahm im Jahr 1389 nach einer verlorenen Schlacht gegen das Osmanische Reich der Kampf der Serben um ihre Unabhängigkeit seinen Ausgang. Erst 1912 wurde das Kosovo dem Osmanischen Reich abgerungen und wurde danach ein Teil Serbiens. Unter osmanischer Herrschaft vor 1912 hatte eine – größtenteils albanische – Minderheit von Muslimen die serbische Mehrheit beherrscht. Als Serbien nach dem Balkankrieg von 1912 die Macht übernahm, wurde dieses Verhältnis umgekehrt; nur während der sechsjährigen Besatzung durch die Nationalsozialisten bekamen die Muslime noch einmal Gelegenheit, Rache zu nehmen.

Im Verlauf des 20. Jahrhunderts veränderte sich die ethnische Zusammensetzung des Kosovo laufend, bis der Bevölkerungsanteil der Albaner etwa 80 Prozent betrug. Der Zyklus gegenseitigen Hasses verschwand nie, obwohl Präsident Tito 1974 mit einer Erweiterung der Autonomierechte des Kosovo experimentierte. Slobodan Milošević setzte dem Experiment 1989, zum 600. Jahrestag der schicksalhaften Schlacht auf dem Amselfeld, ein Ende, und verkündete, dass er dies täte, um der Misshandlung der serbischen Bevölkerung durch die Albaner einen Riegel vorzuschieben. Was immer an dem Vorwurf dran sein mochte, jedenfalls hörten die ethnischen Gruppen in Bosnien und im Kosovo immer erst auf, einander zu unterdrücken, als ihnen der Friede von einer äußeren Macht aufgezwungen wurde: vom Osmanischen Reich, vom Habsburgerreich oder von Tito. Heute stellt die NATO diese Macht dar.

Der Status des Kosovo unterschied sich völkerrechtlich von demjenigen Bosniens. Im bosnischen Bürgerkrieg ging es um die Zuteilung der politischen Macht in einem in der Entstehung begriffenen Staat, wobei die mögliche Alternative darin bestand, dass er in drei ethnische Bestandteile zerfiel. Andererseits war das Kosovo international als integraler Bestandteil des jugoslawischen Staates anerkannt, und dieser Status war niemals in Zweifel gezogen worden. Am Vorabend des NATO-Militäreinsatzes tat Präsident Clinton in einer Rede an das serbische Volk zum wiederholten Male die etablierte US-Politik kund: »Die Bündnisstaaten der NATO sehen das Kosovo als Teil Ihres Landes.« Und er setzte hinzu, dass »das Abkommen die Rechte aller Völker im Kosovo garantieren würde – sowohl der ethnischen Serben als auch der Albaner innerhalb des Kosovo«.[33]

Was Clinton in dieser Rede der serbischen Regierung anbot, war ein außergewöhnlicher Vorschlag seitens der Außenminister der NATO-Staaten, der das Prinzip der humanitären Intervention in nie da gewesener Weise ausdehnte und eine NATO-Mission definierte, die nie zuvor in Betracht gezogen worden war. Es handelte sich praktisch um ein Ultimatum, in dem ein NATO-Protektorat über das Kosovo und freier Durchzug der NATO-Truppen durch jugoslawisches Gebiet gefordert wurden. Die so genannten Vorschläge von Rambouillet – benannt nach dem Schloss in Frankreich, auf dem das Treffen stattfand, technisch unter dem Vorsitz des französischen und britischen Außenministers, tatsächlich jedoch unter der Ägide des US-Außenministers – verlangten, dass das Kosovo innerhalb Jugoslawiens einen Autonomiestatus unter NATO-Protektorat erhalten sollte und dass die UÇK (Befreiungsarmee des Kosovo, die albanische Guerilla) ihre Waffen der NATO zu übergeben hätte. Der NATO wurde die oberste Verantwortung für die Sicherheit zuerkannt, wobei sie von 10 000 serbischen Polizisten und 1 500 serbischen Grenzsoldaten unterstützt werden sollte. Nach Ablauf von drei Jahren sollte durch Wahlen über die Zukunft des Kosovo entschieden werden.

Die humanitären Impulse, die zu dem NATO-Ultimatum führten, verdienen Respekt. Doch niemand, der mit der serbischen Geschichte vertraut ist, konnte Zweifel daran haben, dass die Vorschläge von Rambouillet letztlich zum Krieg führen würden. Das Land, das gegen das Osmanische und das Habsburgische Reich gekämpft hatte, oftmals allein, und sich ohne die Hilfe von Verbündeten gegen Hitler und Stalin gewehrt hatte, hätte niemals ausländischen Truppen Durchmarschrechte gewährt oder eine Provinz, auf deren Gebiet sich seine nationalen Heiligtümer befinden, der NATO überlassen. Auch war die UÇK keine gewöhnliche politische Bewegung, die für die Autonomie ihres Landes kämpfte. Sie war vielmehr unter dem stalinistischen Hardliner Enver Hoxha entstanden und wurde noch 1998 von Clintons Sondervertreter auf dem Balkan, Robert Gelbard, als »ohne jede Frage eine Terroristengruppe« beschrieben.[34] Ihr Ziel war ein unabhängiges Kosovo und vielleicht ein Großalbanien, gebildet aus dem vorhandenen albanischen Staat und dem albanischen Teil Mazedoniens. Eine pluralistische, multiethnische Demokratie unter Einschluss eines serbischen Bevölkerungsteils war ein in der UÇK-Gemeinde nicht denkbares Konzept.

Zu der Zeit, als das Rambouillet-Ultimatum gestellt wurde, war bereits ein Bürgerkrieg im Gange, der schon mehr als 300 000 Flüchtlinge und etwa 2 000 Tote verursacht hatte, doch die systematische »ethnische Säuberung« hatte noch nicht begonnen. Die Legionen von Flüchtlingen, welche die Fernsehschirme füllten, nachdem das NATO-Bombardement begonnen hatte, waren in weit höherem Grade die Folge von NATO-Aktionen als deren Auslöser.

Und ich glaube auch – obwohl man das natürlich nicht beweisen kann –, dass sich das erwünschte Ergebnis eines autonomen Kosovo *innerhalb* Jugoslawiens – das Ergebnis des Militäreinsatzes im Kosovo – auch mit geringeren Kosten und auf weniger krampfhafte Weise hätte erreichen lassen.

Natürlich rechtfertigten die NATO-Verbündeten ihre Aktionen mit vagen und im Grunde schiefen historischen Analogien: dass die beiden Weltkriege ihren Ausgang auf dem Balkan genommen hätten oder dass sich der Krieg eigentlich gegen eine einzige, Hitler-ähnliche Gestalt richte, nämlich Slobodan Milošević. Doch der Zweite Weltkrieg begann nicht auf dem Balkan, und der Erste ergab sich aus der Art und Weise, wie sich die Großmächte auf dem Balkan engagierten. Und Milošević war ein kleiner Balkan-Gangster, kein Hitler, der am Ende im Verlauf von innenpolitischen Unruhen, nicht unähnlich jenen, denen auch alle anderen kommunistischen Autokraten in Mittel- und Osteuropa zum Opfer fielen, von seinen eigenen Leuten entmachtet und ausgeliefert wurde.

Trotz zahlreicher Vorbehalte unterstützte ich den Kosovo-Einsatz, nachdem er einmal begonnen hatte, in mehreren Fernsehauftritten, weil ich glaubte, dass der Fehlschlag eines so bedeutenden NATO-Unternehmens das schlimmstmögliche Ergebnis gewesen wäre. Doch der militärische Erfolg änderte nichts an meiner Besorgnis wegen des NATO-Beschlusses, die Zerstückelung eines Staates zu fordern, zu dem Mitglieder der NATO immer noch volle diplomatische Beziehungen unterhielten und mit dem die NATO nur zwei Jahre zuvor ein Abkommen über Bosnien geschlossen hatte. Die Forderungen von Rambouillet bedeuteten einen Wendepunkt in der Geschichte der Allianz, weil sie auf den Willen zum Krieg hinausliefen, obwohl die beteiligten Nationen ihr Bündnis stets damit gerechtfertigt hatten, dass es allein der Verteidigung diene. Und dies umso mehr, als die NATO soeben wiederholt ihren defensiven Charakter betont hatte, als es darum ging, Russland zur Hinnahme der NATO-Erweiterung zu bewegen.

Wie immer man über die Antiquiertheit der Doktrin der nationalen Souveränität auch denken mag, die Kombination aus ihrer flagranten Missachtung durch ein Bündnis von Demokratien und dessen brutale Diplomatie liefen auf ein Abweichen von ebenden internationalen Normen hinaus, auf deren Einhaltung die gleichen Demokratien den ganzen Kalten Krieg über bestanden hatten. In der Konsequenz öffnete sich eine mächtige Kluft zwischen den Ansprüchen der verschiedenen Verbündeten, die ihre neue ethische Außenpolitik in den Himmel hoben, und den Reaktionen aus einem Großteil der übrigen Welt. Die Entwicklungsländer interpretieren die Doktrin der humanitären Intervention als ein Mittel, durch das die industrialisierten Demokratien eine neokolonialistische Hegemonie aufbauen. China sprach sich aus ähnlichen Gründen dagegen aus. Und Russland, das sich Serbien historisch verbunden fühlte, fürchtete sich davor, der NATO einen Blankoscheck für militärische Interventionen in Europa auszustellen.

Die vielleicht interessanteste Reaktion war die der europäischen Verbündeten, die nach den ersten berauschten Proklamationen des neuen Ansatzes Bedenken bekamen. Nachdem sie sich als Verteidiger universaler Grundsätze auf das Kosovo-Unternehmen eingelassen hatten, bekamen sie bald Angst vor ihrer eigenen Kühnheit. Europäische Politiker sprechen zunehmend davon, nie wieder ohne UN-Mandat handeln zu wollen. Und da Russland und China als permanente Mitglieder des Sicherheitsrats ein Vetorecht haben, hat sich die Doktrin der humanitären Intervention, wie sie für das Kosovo ausgearbeitet wurde, in ein Paradox verwandelt – ein universales Prinzip, das nach einem Konsens sucht.

Unter diesen Umständen könnte sich die Doktrin des universalen Interventionismus mit der Zeit geradezu gegen das Konzept der humanitären Gesinnung wenden. Breitet sich die Doktrin der universalen Intervention erst einmal aus, und konkurrierende Wahrheiten geraten in Streit miteinander, so könnten wir in eine Welt eintreten, in der, um Gilbert Keith Chesterton zu zitieren, »die Tugend Amok läuft«.

Humanitäre Intervention und historischer Kontext

Der Erfolg jeder außenpolitischen Doktrin hängt von ihrer Relevanz für den historischen Kontext ab, in dem sie durchgeführt werden soll. Natürlich hat es Umwälzungen gegeben, die den historischen Kontext hinwegfegten, in dem sie sich abspielten. Aber diese Episoden laufen typischerweise über einen längeren Zeitraum ab und sind sehr gewalttätig. Politik sollte nicht zur Geisel der Vergangenheit werden, aber sie muss Gebrauch von der Vergangenheit machen, um eine maximale Verbesserung zu erreichen, ohne im Namen der Reform noch größere Leiden und letztlich Chaos zu verursachen.

Das größte Problem des amerikanischen (und letzthin auch europäischen) Ansatzes gegenüber humanitären Militärinterventionen besteht darin, dass er als universales, auf alle Situationen anwendbares Rezept dargestellt wird, ohne Bezug zum historischen oder kulturellen Kontext. Im Ergebnis haben die verschiedenen in diesem Kapitel beschriebenen Militärinterventionen der neunziger Jahre eine Debatte über so genannte *exit strategies* hervorgerufen – was nichts anderes heißt, als die Grenzen der Universalität der humanitären Interventionen zu bestimmen.

Im Dezember 1992 entsandte die Regierung George H. W. Bush auf ausdrücklichen Wunsch des UN-Generalsekretärs, der durch einstimmigen Beschluss des Sicherheitsrats damit beauftragt worden war, »das sichere Umfeld zu schaffen, das unabdingbare Voraussetzung dafür ist, dass die Vereinten Nationen humanitären Hilfe leisten und die nationale Versöhnung fördern können«, Truppen nach Somalia. Das Motiv war humanitär und wilsonisch; es gab keinerlei Andeutung einer Bedrohung der Sicherheit Amerikas. Dies war eine Politik, die das einzige lobenswerte Ziel verfolgte, menschliches Leid zu lindern. Nicht berücksichtigt wurde bei jener ersten Mission jedoch, dass Klarheit nicht nur über die Bedingungen der Entsendung von Truppen, sondern auch über die Bedingungen, unter denen sie wieder abgezogen werden können, bestehen muss.

So wurde dann der Auftrag, nachdem Clinton das Amt des Präsidenten übernommen hatte, auf der Grundlage der Durchsetzungsermächtigung nach Kapitel VII (Artikel 39ff.) der UN-Charta von einer Frieden erhaltenden zu einer Frieden stiftenden ausgeweitet. Dies erforderte die Entwaffnung der sich bekämpfenden Splittergruppen und, in den Worten der entsprechenden Resolution des Sicherheitsrats, »die Wiederherstellung von regionalen Institutionen und der Zivilverwaltung im gesamten Land«.[35] Die damalige US-Botschafterin bei den Vereinten Nationen, Madeleine Albright, beschrieb das Ziel für die Vereinigten Staaten folgendermaßen: »Wir müssen Kurs halten und diesem Land und seinem Volk helfen, von der Kategorie eines gescheiterten Staates in die einer entstehenden Demokratie aufzusteigen.«[36]

Unglücklicherweise scheiterte die Bemühung, in Somalia eine Zentralbehörde, geschweige denn eine Demokratie zu errichten, an der historischen Realität, dass Somalia kein Land, sondern eine Ansammlung Krieg führender Stämme ist, deren eine Hälfte vor der Unabhängigkeit von Italien und deren andere Hälfte von Großbritannien regiert worden war, so dass das neue Land nicht einmal eine gemeinsame Kolonialgeschichte hatte. Nachdem der Aufbau einer Nation auf die Tagesordnung gesetzt worden war, erforderten die politischen Ziele der Somalia-Intervention ein stärkeres und längerfristiges militärisches Engagement, das ohne die dazugehörige Bereitschaft, auch Opfer in Kauf zu nehmen, nicht möglich war. Washington schien aber die Implikationen dieser »schleichenden« (das heißt nach und nach erweiterten) Mission verdrängen zu wollen; dies zeigte sich, als die neue Clinton-Administration die Zahl der amerikanischen Soldaten von 28000 auf 4000 verringerte. Als Ergebnis dieser neuen Mission fand im Oktober 1993 eine Schlacht statt, die zwanzig amerikanische Soldaten das Leben kostete. Daraufhin wurden auch die restlichen amerikanischen Streitkräfte

Hals über Kopf abgezogen, was bedeutete, dass die Vereinigten Staaten für die Linderung menschlicher Leiden in Somalia zwar finanzielle und wirtschaftliche Opfer in Kauf nahmen, aber nicht bereit waren, das Leben von Amerikanern dafür aufs Spiel zu setzen – dies war dann die operative Definition der Grenzen der humanitären Interessen Amerikas in Somalia.

In Haiti wurde ein ähnliches Ergebnis nur dadurch verhindert, dass sich die amerikanische Intervention auf die Friedenserhaltung beschränkte und nicht dazu benutzt wurde, die politische Entwicklung gestalten zu helfen. Auf diese Weise ist Haiti auffallend autokratisch und korrupt geblieben, der einzige Unterschied zu früher besteht darin, dass es sich jetzt um ein linkes statt eines rechtes autoritäres Regime handelt, ohne dass sich an der quälenden Armut und jämmerlichen Lebensqualität des Großteils der Bevölkerung irgendetwas geändert hätte.

Auf dem Balkan erwies es sich als unmöglich, die Kluft zwischen amerikanischen Werten und dem historischen Kontext zu überbrücken. Die Vereinigten Staaten intervenierten in Bosnien, um den grausam geführten Krieg zwischen den verschiedenen ethnischen Gruppen zu beenden. Als die Militärintervention 1995 Erfolg hatte und das Dayton-Abkommen zur Beendigung des Krieges verhandelt wurde, sahen sich die Vereinigten Staaten mit der Wahl zwischen zwei Grundsätzen konfrontiert, die ihre Außenpolitik zumindest seit Wilson bestimmt hatten: dem Grundsatz der Unzulässigkeit von Gewalt, um auf internationaler Ebene Veränderungen herbeizuführen, und dem Grundsatz der Selbstbestimmung. Das Prinzip der Multiethnizität erforderte ein vereintes Bosnien mit einer serbischen, kroatischen und muslimischen Bevölkerung. Selbstbestimmung bedeutete, Bosnien in drei ethnische Einheiten aufzuteilen. Das Dilemma entstand dadurch, dass Bosnien eine Verwaltungseinheit des Vielvölkerstaats Jugoslawien gewesen war, aber anders als Serbien und Kroatien selbst eine multiethnische Bevölkerung hatte, die sich aus Serben, Kroaten und Muslimen zusammensetzte, deren Hass aufeinander die

Auflösung des jugoslawischen Staates überhaupt erst in Gang gesetzt hatte.

Dass dieser Hass schon lange andauerte, geht aus eine Rede hervor, die der britische Premierminister Benjamin Disraeli (Lord Beaconsfield) 1878 vor dem Oberhaus hielt:

> »Keine Sprache kann angemessen den Zustand dieses Teils der Balkan-Halbinsel beschreiben – Serbien, Bosnien, Herzegowina. Kein Wort kann die politischen Intrigen, die fortwährenden Rivalitäten, einen völligen Mangel an öffentlichem Bewusstsein, einen Hass aller Rassen, Animositäten zwischen rivalisierenden Religionen, das Fehlen jeder regulierenden Macht beschreiben. Mindestens eine Armee von 50 000 von Europas besten Soldaten wäre nötig, um in jener Gegend so etwas wie Ordnung zu schaffen.«[37]

Die mangelnde Bereitschaft der amerikanischen Führer, sich mit dem historischen Kontext auseinander zu setzen, hielt sie in den bodenlosen Tiefen balkanischer Leidenschaften gefangen. In einer Ansprache an das bosnische Volk verglich Clinton ihre Not mit derjenigen Amerikas während des Bürgerkrieges, aus dem Amerika die Lehre gezogen habe, »dass es großen Nutzen bringt, wenn man eine gemeinsame Grundlage findet«.[38] Die Analogie war ganz und gar irreführend. Der Amerikanische Bürgerkrieg wurde bis zum bitteren Ende geführt; sein Ergebnis war kein Kompromiss, sondern die bedingungslose Kapitulation.

Die bosnische Geschichte hat rein gar nichts mit der amerikanischen gemein. Im Verlauf ihrer gesamten Geschichte haben sich Serben und Kroaten als Verteidiger ihrer jeweiligen Religion betrachtet – der serbischen Orthodoxie und des römischen Katholizismus –, erst gegen eine muselmanische Flutwelle, dann gegeneinander. Und die Muslime werden von den beiden christlichen Religionsgruppen als Handlanger der verhassten Türken und damit – da sie dem gleichen Volk angehören – als Renegaten angesehen. Der tief sitzende Hass jeder der drei Gruppen auf die beiden anderen hat fortgedauert, weil ihr Konflikt eher mit dem Dreißigjährigen Krieg als mit irgendeinem politischen Konflikt der heutigen Zeit vergleichbar ist.

1991 verwarf die Regierung George H. W. Bush einen Plan, dem alle ethnischen Gruppen Bosniens beinahe zugestimmt hätten und der auf einen losen Staatenbund, praktisch auf eine Dreiteilung, hinausgelaufen wäre. 1993 lehnte die neue Clinton-Regierung einen ähnlichen Teilungsplan ab, den die früheren Außenminister Cyrus Vance (USA) und David Owen (Großbritannien) gemeinsam ausgearbeitet hatten. Um das Waffenembargo der UNO zu umgehen, das sie nicht öffentlich anfechten wollte, ermutigte die Clinton-Regierung 1994 heimliche Waffentransporte aus dem Iran nach Bosnien, womit sie unter Beweis stellte, dass ihr das Prinzip der Multiethnizität in Bosnien wichtiger war als das strategische Ziel des Widerstands gegen den radikalfundamentalistischen Iran.

So neigten die Vereinigten Staaten dann bei den Verhandlungen in Dayton im Jahr 1995 dazu, auf einem multiethnischen, geeinten bosnischen Staat zu bestehen, und dies trotz der Tatsache, dass Bosnien bis zu seiner Gründung im Jahr 1992 nie ein unabhängiger Staat gewesen war. Wenigstens 500 Jahre lang war Bosnien nur eine Provinz an der Grenze zwischen Österreich und dem Osmanischen Reich gewesen. Die Anerkennung eines souveränen bosnischen Staates durch die NATO im Jahr 1992 führte dann auch unausweichlich in einen Bürgerkrieg. Angesichts einer solchen Vergangenheit musste das Bestehen auf einem multiethnischen Staat dazu führen, dass der NATO am Ende des Bürgerkriegs eine permanente Besatzerrolle zur Erhaltung des Friedens zufiel.

Warum sollte ein multiethnischer Staat, der lediglich von einer der ethnischen Gruppen gewünscht wurde, durch äußere Militärgewalt erzwungen werden? Welchem amerikanischen Nationalinteresse oder sonstigen höheren Zweck wurde durch eine solche Politik gedient?

Die humanitäre Militärintervention in Bosnien war Ausdruck der Weigerung der westlichen Demokratien, an Völkermord grenzende »ethnische Säuberungen« nahe ihren Grenzen in Regionen zu dulden, zu denen sie historische Bindungen hatten. Doch das politische Ergebnis des Bestehens auf einem multiethnischen Staat, den zwei der drei beteiligten Nationen offen ablehnten, war nicht von humanitären Grundsätzen diktiert. Es war eine politische Entscheidung, die darauf beruhte, dass dem Prinzip, kein Territorium mit Gewalt zu erwerben, Vorrang vor dem Prinzip der Selbstbestimmung gegeben wurde.

Die Vereinigten Staaten haben in Bosnien kein nationales Interesse, für das sie entweder Menschenleben riskieren oder Streitkräfte einsetzen müssten, um dort einen multiethnischen Staat zustande zu bringen oder sich auf ewig in einen politischen Sumpf festzufahren. Die Schaffung eines multiethnischen Staates sollte den Parteien überlassen bleiben – von den Vereinigten Staaten begrüßt, wenn es dazu kommt, doch nicht unter Lebensgefahr für amerikanische Soldaten, durch amerikanischen Druck oder amerikanische Militärpräsenz verfolgt. Es ist nicht so sehr eine Frage des militärischen Rückzugs der Vereinigten Staaten als vielmehr einer politischen Lösung, die den umfassenderen Rückzug *aller* außenstehenden Streitkräfte gestatten würde, und zwar im Kontext einer internationalen Konferenz, wie sie weiter unten beschrieben ist. Die Aussichten für einen solchen Ansatz haben sich durch den Ersatz Milošević' durch einen neuen, demokratisch gewählten jugoslawischen Präsidenten gebessert.

Von der gleichen Ambivalenz war der humanitäre Militäreinsatz im Kosovo geprägt. Einerseits wollten die NATO-Führer nicht das Hin und Her wiederholen, das immer wieder zum Aufschub der Intervention in Bosnien geführt hatte. Andererseits bezog sich ihr humanitäres Interesse auf eine Provinz, die sie immer als Teil Jugoslawiens anerkannt hatten. Sie besaßen in der Tat viel mehr Klarheit darüber, was sie zu verhindern suchen wollten, als darüber, was und wie sie es erreichen wollten.

Die Verwicklung der Vereinigten Staaten in das Kosovo-Problem begann, als die Bush-Regierung in den letzten Wochen ihrer Amtszeit, im Dezember 1992, Milošević warnte, dass »im Falle eines durch serbische Aktion hervorgerufenen Konflikts im Kosovo die Vereinigten Staaten bereit sein werden, im Kosovo und in Serbien selbst mit militärischer Gewalt gegen Serben vorzugehen«.[39] Mit dieser Erklärung, ohne begleitende Erläuterung, was als inakzeptables Verhalten behandelt oder wie bestimmt werden würde, welche Seite den Konflikt verursacht hatte, sollten die Vereinigten Staaten in den Kosovo-Konflikt hineinmarschieren, ohne erst einmal eine Lösung vorzuschlagen oder auch nur die Idee für eine Lösung zu haben. Während der folgenden fünf Jahre »redeten [die Clinton-Regierung und die NATO] laut, hielten aber nur einen kleinen Stock in der Hand«, wie es der britische Historiker Timothy Garton Ash ausdrückte, vielleicht der unbeirrbarste und scharfsinnigste Beobachter der Balkan-Krise.[40]

Die Kombination aus massiven Drohungen und ungewissen Aktionen führte zunächst einmal in die Sackgasse. Die Serben verschätzten sich, sowohl was die Schwelle für ein Eingreifen der NATO als auch die Entschlossenheit des Bündnisses betraf, auf Militärschläge zurückzugreifen. Auf albanischer Seite trat an die Stelle des zuvor weithin anerkannten Führers des albanischen Widerstands, Ibrahim Rugova – der einen durchweg gewaltlosen Ansatz praktiziert hatte –, die UÇK, die entschlossen war, die westliche Menschenrechtsinteressen zu benutzen, um das Gewaltniveau bis zu dem Punkt hochzutreiben, an dem die NATO intervenieren würde. Kurz gesagt, bot die NATO-Politik beiden Seiten Anreiz, den jeweils unnachgiebigsten Kurs zu verfolgen.

Als die NATO schließlich einschritt, tat sie dies mit der gleichen Ambivalenz, die schon ihr früheres Auftreten geprägt hatte. Die Rambouillet-Vorschläge ließen keine andere Wahl als die militärische Intervention. Gleichzeitig blieb die NATO dem Begriff der Souveränität im Sinne des Westfälischen Friedens genügend verpflichtet, um zu wiederholen, dass sie das Kosovo als Teil Jugoslawiens betrachte. Und sie beendete den Krieg, indem sie genau diese Verpflichtung in die Resolution des UN-Sicherheitsrats mit einschloss, die den Krieg beendete.

Auf diese Weise haben sich die Realitäten auf dem Balkan auf die moralischen Ansprüche einer »neuen« Diplomatie niedergeschlagen. Denn die Rolle der NATO in Bosnien und im Kosovo nach dem Ende der Feindseligkeiten ist vergleichbar mit der früheren Lage des Habsburgischen und des Osmanischen Reichs in der Region, die es zwar schafften, den einander bekämpfenden ethnischen Gruppen einen Waffenstillstand aufzuzwingen, denen es aber nie gelang, die Konflikte, die sie untereinander hatten, völlig auszuräumen. Die NATO ist näher daran, in den Gebieten, die sie kontrolliert, ein traditionelles Protektorat zu errichten, als eine neue Moral zu verbreiten.

Die NATO-Streitkräfte stehen im Kosovo auf der Grundlage eines UN-Mandats, das den Aspirationen der dort ansässigen Albaner zuwiderläuft. Die Albaner kämpften nicht um Autonomie, sondern um ihre Unabhängigkeit und gewiss nicht dafür, unter jugoslawischer Oberhoheit zu verbleiben. Und sie legten diese Haltung deutlich zutage, als sie nach dem NATO-Sieg über 200 000 Serben aus dem Kosovo vertrieben. Was wird geschehen, wenn das demokratische Jugoslawien, von Russland unterstützt, an die Vereinten Nationen appelliert, sich an die Resolution des Sicherheitsrats zu halten und es Jugoslawien zu ermöglichen, seine angestammten Rechte im Kosovo auszuüben? Wie wird sich Amerika gegenüber kosovarischen Forderungen nach Unabhängigkeit verhalten, die mit aller Sicherheit wachsen werden? Es wäre schon eine Ironie der Geschichte, wenn die Vereinigten Staaten, nachdem sie einen Krieg für die kosovarische Autonomie geführt haben, sich *jetzt* gegen Versuche wehren (oder sogar kämpfen) müssten, die Unabhängigkeit des Kosovo zu erreichen. Doch je mehr die NATO zur Besatzungsmacht wird, desto sicherer wird sie sich in der permanenten Rolle einer Partei in einem erbitterten balkanischen Kampf über Probleme wiederfinden, die der großen Mehrheit der Amerikaner und Westeuropäer als undurchschaubar erscheinen.

Andererseits hätte die Unabhängigkeit des Kosovo tief greifende Auswirkungen auf alle seine Nachbarn, besonders solche mit hohem albanischem Bevölkerungsanteil. Wenigstens ein Drittel der Bevölkerung Mazedoniens sind Albaner, und auch in Montenegro und im Norden Griechenlands leben signifikante albanische Minderheiten. Die Unabhängigkeit des Kosovo würde fast mit Sicherheit Forderungen dieser Minderheiten nach Autonomie – und wahrscheinlich einen Guerillakrieg – auslösen, vor allem in Mazedonien. Im weiteren Verlauf könnte sich auch eine Kampagne für ein Großalbanien entwickeln, in dem Albanien, das Kosovo und diejenigen Teile anderer Länder vereinigt würden, in denen die albanischen Minderheiten einen Autonomiestatus erlangt hätten. Die Erfüllung aller albanischen Ambitionen wird den Nationen, die im 19. und frühen 20. Jahrhundert um ihre Unabhängigkeit kämpften, wie ein rückwärts abgespielter Film vorkommen, in dem ein wieder erwachender Islam die Ergebnisse ihrer eigenen Unabhängigkeitskämpfe rückgängig zu machen sucht.

Die Vereinigten Staaten und die NATO können die Dinge nicht endlos treiben lassen. Ein möglicher Ausweg wäre die Abhaltung einer internationalen Konferenz mit Beteiligung Russlands unter der Schirmherrschaft der Organisation für Sicherheit und Zusammenarbeit in Europa (OSZE), um eine Lösung sowohl für Bosnien als auch für das Kosovo zu finden. Auf dieser Konferenz müssten für das Kosovo Schritte zur Unabhängigkeit definiert und die Bosnienfrage auf der Grundlage der Selbstbestimmung für jede ethnische Gruppe beigelegt werden; des Weiteren müssten sich die Konferenzteilnehmer auf Garantien für die entsprechenden Regelungen einigen.

Die Vereinigten Staaten sind einen weiten Weg gegangen, seit John Quincy Adams davor warnte, ins Ausland zu gehen, um dort zu vernichtende Ungeheuer zu suchen. Heute haben sich Amerika und die NATO zu den Hauptgendarmen auf dem Balkan entwickelt. Auf einer Ebene ist das wachsende Interesse an Menschenrechtsfragen eine der Errungenschaften unserer Zeit und gewiss ein Zeichen des Fortschritts auf dem Weg zu einer humaneren internationalen Ordnung. Doch tun deren Fürsprecher ihrer Sache keinen Gefallen, wenn sie so tun, als könnten damit alle traditionellen Auffassungen von Außenpolitik beiseite gelegt werden und als wäre Amerikas Zurückhaltung bei der Durchsetzung seiner historischen Werte gedankenlos oder unmoralisch. In all dem liegt eine Ironie, wenn man sich erinnert, dass die Wilsonier während des Kalten Krieges argumentiert hatten, dass die übermäßige Beschäftigung mit Sicherheitsbelangen zu einer strategischen Überdehnung und zu der Illusion amerikanischer Allmacht führen würde. Doch nun, in der Zeit nach dem Kalten Krieg, drängen sie um humanitärer und moralischer Werte willen auf eine globale Mission für die Vereinigten Staaten, die das Risiko einer noch weit größeren Überdehnung mit sich bringt.

Diese Umkehrung der Fronten der innenpolitischen Debatten der Vietnam-Zeit ist in der Tat eine Widerspiegelung der gleichen falschen Auffassung, die auch der ursprünglichen Debatte zugrunde lag. Als Präsidentschaftskandidat im Jahr 1976 zitierte Jimmy Carter häufig Vietnam als Beispiel dessen, was mit einer Nation geschieht, wenn sie ihre Ideale zugunsten von Machtpolitik aufgibt. In Wahrheit bewies Vietnam genau das Gegenteil. Zu dem außenpolitischen Trauma der sechziger und siebziger Jahre kam es nicht, weil die Vereinigten Staaten zu machtorientiert waren, sondern weil sie ihre Werte zu universal implementierten; es war nicht so, dass Amerika sich zu sehr auf seine nationalen Interessen konzentrierte, vielmehr hatte es eine zu wahllose Gleichsetzung seiner strategischen Interessen mit wilsonschen Prinzipien vorgenommen.

Eine Trennung von Macht und Moral lässt sich kaum auf irgendeine Etappe der amerikanischen Geschichte anwenden. Eine moralische Zielsetzung war ein Schlüsselelement der Motivation hinter jeder umfangreicheren politischen Maßnahme und jedem Krieg im 20. Jahrhundert – von dem »Krieg, der alle Kriege beenden sollte« im Jahr 1917 über den Kampf gegen das totalitäre Böse im Zweiten Weltkrieg und die Abwehr der kommunistischen Aggression in Korea und Vietnam bis hin zur Befreiung Kuwaits von der Besetzung durch Saddam Hussein. In jedem dieser Fälle verkündeten Amerikas Präsidenten stolz, die Vereinigten Staaten dienten universalen, nicht eigennützigen Interessen – gerade das Fehlen eines deutlich erkennbaren nationalen amerikanischen Interesses sei der herausragende Aspekt des amerikanischen Engagements. So bestätigt der neue Ansatz eine Ausdehnung der Reichweite amerikanischer Werte und nicht der ihnen zugemessenen Bedeutung.

Strategische Interessen so zu behandeln, als seien sie irgendwie von minderer Ordnung, hieße, die Vereinigten Staaten selbst bei der Verfolgung von Zielen zu paralysieren, die als rein moralisch angesehen werden. Wann immer amerikanische Menschenleben auf dem Spiel stehen, steht auch eine Konzeption vitaler amerikanischer Interessen auf dem Spiel; sonst würden auch die Opfer an Menschenleben den Schmerzen der einen Verlust beklagenden Familien spotten. Und wenn Amerika umgekehrt in den Krieg zieht, ohne bereit zu sein, Opfer an Menschenleben in Kauf zu nehmen, so bedeutet dies, dass es letztlich nicht um lebenswichtige Interessen geht und dass sich die Vereinigten Staaten in Verteidigung ihrer Grundsätze nicht allzu weit vorwagen werden, was einer Einladung an ihre Gegner gleichkommt, die Sache einfach auszusitzen. Jeder Krieg, den die Vereinigten Staaten in den letzten hundert Jahren geführt haben, hatte zumindest stillschweigend zur Prämisse, dass ein Zurückschrecken vor dem Einsatz letztlich zu weit größeren amerikanischen Opfern führen würde. Im neuen Jahrhundert werden amerikanische Präsidenten vergleichbare Beurteilungen zu noch nicht voraussehbaren Fragen fällen müssen, ebenso zu solchen, die auf diesen Seiten bereits besprochen wurden.

Jospeh Nye jr., hat in einem eindrucksvollen Artikel in *Foreign Affairs* vier wichtige Grundsätze für die humanitäre Intervention aufgestellt: In den Augen der anderen muss eine gerechte Sache vertreten werden; Mittel und Zweck müssen im rechten Verhältnis stehen; eine hohe Erfolgswahrscheinlichkeit muss vorhanden sein und wann immer möglich soll eine Untermauerung des humanitären Anliegens durch die Existenz anderer starker nationaler Interessen stattfinden.[41]

Wenn die Fragen im Zusammenhang mit der humanitären Intervention in diesem Geiste neu definiert werden, beginnt sich die rhetorische Unterscheidung zwischen humanitärem und nationalem Interesse in Luft aufzulösen. Die Herausforderung an Amerikas Führer und diejenigen der anderen Demokratien besteht darin, Fragen wie folgende zu beantworten: Wo und für welche humanitären Anliegen werden die Vereinigten Staaten ihre Militärmacht einsetzen? Welche Risiken sind sie bereit einzugehen? Welchen Preis sind sie bereit zu zahlen? Welche Maßnahmen – abgesehen von Gewaltmaßnahmen – sind sie bereit zu treffen? Und für welchen Zeitraum?

Das neue Jahrhundert erfordert von den Vereinigten Staaten eine Neudefinition der »vitalen Interessen«, in strategischer wie moralischer Hinsicht. Es war nicht falsch, dass sich die Fürsprecher der humanitären Intervention an einer solchen Definition versucht haben; die Frage lautet, ob diese Definition die Reichweite und Komplexität der internationalen Herausforderungen Amerikas hinreichend berücksichtigt.

Universale Gerichtsbarkeit

In weniger als einem Jahrzehnt ist ein nie da gewesenes Konzept entstanden, das darin besteht, die internationale Politik juristischen Verfahrensweisen zu unterwerfen. Es hat sich mit Lichtgeschwindigkeit ausgebreitet und ist noch nicht einer systematischen Debatte unterzogen worden, zum Teil wegen der einschüchternden Leidenschaft seiner Fürsprecher. Gewiss haben Menschenrechtsverletzungen, Kriegsverbrechen, Völkermord und Folter dem modernen Zeitalter derart Schande bereitet, und dies an so vielen verschiedenen Orten, dass das Bestreben, hier rechtliche Normen einzuschalten, um solche Übergriffe zu verhindern oder zu bestrafen, den Fürsprechern zur Ehre gereicht. Die Gefahr besteht darin, dass dieses Konzept zu weit getrieben wird und an die Stelle der Tyrannei von Regierungen die von Richtern tritt; in der Geschichte hat die Diktatur der Rechtschaffenen oft zu Inquisition und sogar zu Hexenjagden geführt.

Die Doktrin der universalen Gerichtsbarkeit geht davon aus, dass es so abscheuliche Verbrechen gibt, dass die Täter keine Möglichkeit haben sollten, ungeschoren davonzukommen, indem sie sich auf Doktrinen der Souveränität oder der Unverletzlichkeit nationaler Grenzen berufen. Zwei spezifische Ansätze zur Erreichung dieses Ziels sind in letzter Zeit hervorgetreten. Der erste sucht auf Verletzungen universaler Normen – wie sie in verschiedenen UN-Konventionen niedergelegt sind – Verfahren der heimischen Strafgerichtsbarkeit anzuwenden, indem nationale Staatsanwälte befugt werden, den oder die Täter durch Auslieferungsverfahren in ihren Zuständigkeitsbereich zu bringen. Der zweite Ansatz ist das Statut des Internationalen Strafgerichtshofs (*International Criminal Court*, ICC), das im Juli 1998 in Rom beschlossen und inzwischen von 139 Staaten unterzeichnet worden ist, darunter den meisten europäischen. Ratifiziert worden ist es bisher von 47 Nationen und wird in Kraft treten, wenn mindestens 60 Staaten die Bestimmungen des Statuts akzeptiert haben. Am 31. Dezember 2000 unterzeichnete Präsident Clinton das ICC-Statut, nur wenige Stunden vor Ablauf der Frist. Doch gleichzeitig wies er darauf hin, dass er es weder dem Senat zur Billigung vorlegen noch seinem Nachfolger empfehlen würde, dies zu tun, solange sich das Abkommen in seiner derzeitigen Form befinde.

Das Konzept der universalen Gerichtsbarkeit ist völlig neu. In der 6. Auflage von *Black's Law Dictionary*, die 1990 herauskam, ist nicht einmal ein Stichwort dazu vorhanden. Am nächsten kommt der Sache noch das Stichwort *hostes humani generis* (»Feinde des Menschengeschlechts«). Bisher wurde es nur auf Piraten angewandt, denn für deren Operationen auf hoher See war es typisch, dass sie sich außerhalb der Jurisdiktion jeglichen Staates abspielten und daher keinem existierenden Strafrechtssystem unterlagen.

Nach dem Holocaust und den vielen Grausamkeiten, die seitdem begangen wurden, hat es Bestrebungen gegeben, diese Lücke zu schließen, darunter die Nürnberger Prozesse von 1946/47, die Allgemeine Erklärung der Menschenrechte von 1948, die Völkermord-Konventionen von 1948 und die Konvention gegen Folter von 1984. Die Schlussakte der Konferenz über Sicherheit und Zusammenarbeit in Europa, 1975 von Präsident Ford für die Vereinigten Staaten unterzeichnet, verpflichtete die 35 Unterzeichnerstaaten, bestimmte näher bezeichnete Menschenrechte einzuhalten, wobei denjenigen, die gegen die Vorschriften verstoßen, die Druckmittel drohen, mit denen die Einhaltung außenpolitischer Verpflichtungen gewöhnlich durchgesetzt wird.

In den Händen couragierter Gruppen in Osteuropa wurde die KSZE-Schlussakte eine von mehreren Waffen, mit deren Hilfe die kommunistische Herrschaft delegitimiert und letztlich untergraben wurde. In den neunziger Jahren haben internationale Gerichtshöfe, die in Jugoslawien und Ruanda begangene Verbrechen sühnen sollten und die von Fall zu Fall vom Sicherheitsrat der Vereinten Nationen eingesetzt wurden, versucht, ein System der Verantwortlichkeiten für bestimmte Regionen zu erstellen, die von willkürlicher Gewalt heimgesucht wurden.

Doch keiner dieser Schritte wurde seinerzeit als Begründung einer »universalen Gerichtsbarkeit« konzipiert. Es ist unwahrscheinlich, dass irgendeiner der Unterzeichner der UN-Konventionen oder der Schlussakte von Helsinki es für möglich hielt, dass Richter eines Staates sie als Grundlage für Auslieferungsbegehren wegen mutmaßlicher Verbrechen benutzen würde, die nicht in ihrem Zuständigkeitsbereich begangen wurden. Die Urheber glaubten mit Sicherheit, dass sie allgemeine Grundsätze niederlegten, nicht Gesetze, die auch noch durch andere als die für die Opfer oder die Täter örtlich zuständigen Gerichte vollstreckt werden würden. So sprach zum Beispiel Eleanor Roosevelt, die an der Aufsetzung der Allgemeinen Erklärung der Menschenrechte mitgewirkt hatte, von einer »allgemeinen Norm«. Als einer der Teilnehmer an den Verhandlungen über die Schlussakte von Helsinki kann ich bestätigen, dass die Regierung, die ich vertrat, diese in erster Linie als diplomatisches Mittel ansah, um sie gegen den Druck der Sowjets auf ihr eigenes und von ihnen unterdrückte Völker zu verwenden, nicht als gesetzliches Mittel gegen einzelne Führer vor Gerichtshöfen anderer Länder. Bis vor kurzem war nie die Rede davon, dass die verschiedenen UN-Deklarationen frühere und zukünftige Führer der Möglichkeit der Verfolgung durch nationale Gerichte von Drittländern unterwerfen könnten, und zwar ohne eine gebührende Prozessordnung oder institutionelle Einschränkungen.

Doch genau dies ist der Präzedenzfall, der geschaffen wurde, als vom Oktober 1998 an der ehemalige chilenische Präsident Augusto Pinochet aufgrund des Auslieferungsbegehrens eines spanischen Richters, der ihn wegen Verbrechen an spanischen Staatsbürgern auf chilenischem Boden belangen wollte, sechzehneinhalb Monate lang in Großbritannien inhaftiert war. Für die Fürsprecher einer universalen Rechtsprechung ist diese Haft ein Markstein, der ein gerechtes Prinzip etablierte. Doch sollte jedes universale System eine Prozessordnung beinhalten, die nicht nur dazu dient, die Ruchlosen zu bestrafen, sondern auch die Rechtschaffenen in Schranken halten. Diese darf nicht zulassen, dass rechtliche Grundsätze als Waffen benutzt werden, um politische Rechnungen zu begleichen. Daher müssen Fragen wie diese beantwortet werden: Was für rechtliche Normen werden angewandt? Welches sind die Regeln der Beweisführung? Welchen Schutz gibt es für die Angeklagten? Wie werden sich Strafverfolgungen auf andere fundamentale außenpolitische Ziele und Interessen auswirken?

Die Welt sollte sorgfältig über die Implikationen einer Prozedur nachdenken, nach der ein einziger Richter irgendwo auf der Welt in der Lage ist – und zwar im Wesentlichen nach eigenem Gutdünken –, die Rechtsprechung über den Bürger eines anderen Staates für mutmaßliche Verbrechen zu verlangen, die ausschließlich in jenem anderen Staat stattfanden, und die Auslieferung des Beschuldigten von einem Drittland zu verlangen, und dies ohne Rücksicht auf die Prozesse der nationalen Versöhnung, die im Land des Beschuldigten zur Behandlung der Frage gerade stattfinden könnten.

Es ist, gelinde gesagt, entschieden unmodern, irgendeinen Grad von Skepsis über die Art zum Ausdruck zu bringen, wie der Fall Pinochet behandelt wurde. Für fast alle Parteien der europäischen Linken ist Augusto Pinochet die Inkarnation eines Angriffs der Rechten auf die Demokratie, weil er den Staatsstreich gegen einen gewählten Präsidenten anführte. Damals sahen andere – unter ihnen die Führer der demokratischen Parteien Chiles in Salvador Allende einen radikalmarxistischen Ideologen, der mit Hilfe in Kuba ausgebildeter Milizen und kubanischer Waffen eine Diktatur im Stile Castros errichten wollte. Deshalb begrüßten – ja wirklich, begrüßten – die Führer von Chiles demokratischen Parteien öffentlich Allendes Sturz. (Sie änderten ihre Haltung erst, nachdem die Junta die autokratische Herrschaft viel länger aufrechterhielt, als sie durch die Ausrufung des Notstands berechtigt war.)[42]

Missbilligung des Allende-Regimes entschuldigt nicht die systematischen Menschenrechtsverletzungen, die nach seinem Sturz begangen wurden, und entlastet auch nicht die Täter. Aber die Anwendbarkeit der universalen Rechtsprechung als politische Maßnahme sollte auch nicht danach bestimmt werden, welche Meinung man über die politische Geschichte Chiles hegt. Der Oberste Gerichtshof Chiles hat schließlich die angemessene Lösung gefunden, indem er Pinochet die Immunität als Senator entzog. Dies hat es ermöglicht, über die Vorwürfe gegen ihn vor den Gerichten des eigenen Landes zu entscheiden, die am kompetentesten ihre eigene Geschichte beurteilen und ihre Entscheidungen in Relation zur Stabilität und Lebensfähigkeit ihrer demokratischen Institutionen setzen können.

Am 25. November 1998 kam das britische Oberhaus zu dem Schluss, dass »aus dem Völkerrecht klar hervorgeht, dass bestimmte Verhaltensweisen … keine akzeptablen Verhaltensweisen sind, von wessen Seite auch immer«.[43] Doch verpflichtete dieser Grundsatz das Oberhaus nicht unbedingt, einem spanischen Gericht das Recht zu übertragen, dem Völkerrecht in einem Drittland zur Geltung zu verhelfen. Es hätte urteilen können, dass Chile selbst oder ein internationales Tribunal, das nach dem Muster der für Verbrechen in Jugoslawien und Ruanda eingesetzten Gerichtshöfe speziell für chilenische Verbrechen hätte geschaffen werden können, das angemessene Forum wären. Die nie da gewesene, durchgreifende Interpretation des Völkerrechts in *Ex parte Pinochet* könnte jeden Richter überall auf der Welt mit der einseitigen Macht ausstatten, ein supranationales Konzept der Rechtsprechung aufzustellen; seine eigene Rechtsprechung über die Versöhnungsprozesse selbst eindeutig demokratischer Gesellschaften zu stellen, in denen sich die Menschenrechtsverletzungen zugetragen haben sollen; und den Beschuldigten den in dem Land, in dem das Gericht seinen Sitz hat, üblichen Verfahren der Strafverfolgung auszusetzen, mit dessen Rechtssystem der Angeklagte vielleicht nicht vertraut ist und der dann gezwungen ist, Beweise und Zeugen von weit her mitzubringen. Ein solches System geht weit über die deutlich umrissenen und begrenzten Mandate des UN-Sicherheitsrates für diejenigen Gerichtshöfe, vor denen die Kriegsverbrechen in Jugoslawien und Ruanda verhandelt werden, und denjenigen, der für Kambodscha noch verhandelt wird, hinaus.

Die wichtigste Frage ist vielleicht das Verhältnis der universalen Rechtsprechung und Gerichtsbarkeit zu Prozessen der nationalen Versöhnung, die von neuen demokratischen Regierungen angestrengt werden, um mit der fragwürdigen Vergangenheit ihres Landes ins Reine zu kommen. Man hätte meinen können, dass gerade ein spanischer Richter empfindsam für die Unangemessenheit des Verlangens gewesen wäre, vor spanischen Gerichten mutmaßliche Verbrechen gegen die Menschlichkeit zu verhandeln, die anderswo begangen wurden, denn Spanien war ja während des Spanischen Bürgerkrieges und der Franco-Zeit selbst Schauplatz ähnlicher Übergriffe gegen die Menschenrechte.

Die Entscheidung des postfranquistischen Spanien, keine Strafverfahren wegen Menschenrechtsverletzungen der jüngeren Vergangenheit im großen Stil abzuhalten, wurde ausdrücklich zu dem Zweck getroffen, einen Prozess der nationalen Versöhnung zu fördern, der zweifellos sehr zur gegenwärtigen Festigkeit der spanischen Demokratie beigetragen hat. Warum sollte Chiles Versuch einer nationalen

Versöhnung nicht die gleiche Chance gegeben werden? Sollte jede außenstehende Gruppe, die mit dem Versöhnungsprozess in, sagen wir, Südafrika nicht zufrieden ist, die Freiheit besitzen, diesen vor den eigenen nationalen Gerichten oder vor denen von Drittländern anzufechten?

Es ist ein wichtiger Grundsatz, dass jene, die Kriegsverbrechen begehen oder systematisch die Menschenrechte verletzen, zur Rechenschaft gezogen werden. Doch auch die Konsolidierung von Gesetz, innerem Frieden und einer repräsentativen Regierung in einem Land, das versucht, mit seiner brutalen Vergangenheit ins Reine zu kommen, hat ihre Berechtigung. Der Trieb, zu bestrafen, muss, wie in jeder konstitutionellen demokratischen politischen Struktur, in Relation gesetzt werden zu einem Gewichtungssystem, das auch andere Elemente berücksichtigt, die für das Überleben und die Ausweitung der Demokratie entscheidend sind.

Eine weitere schwerwiegende Frage ist die Anwendung von Auslieferungsverfahren, die ursprünglich für gewöhnliche Verbrecher geschaffen wurden. Wenn der Fall Pinochet zum Präzedenzfall wird, werden Richter überall in der Lage sein, ein Auslieferungsbegehren ohne Vorwarnung des Beschuldigten und ungeachtet der Maßnahmen vorzubringen, die das Heimatland des Betroffenen vielleicht schon im Zusammenhang mit den Beschuldigungen eingeleitet hat. Das Land, an welches das Auslieferungsbegehren erfolgt, sieht sich dann einer scheinbar formaljuristischen Entscheidung gegenüber, die in der Tat auf eine politische Ermessensentscheidung hinausläuft – ob es den Anspruch unterstützen soll oder nicht. Nachdem das Auslieferungsverfahren einmal in Gang gekommen ist, entwickelt es ein Eigenleben. Dem Beschuldigten ist es nicht gestattet, sich zu der eigentlichen Sache zu äußern, sondern er muss sich auf verfahrenstechnische Fragen beschränken: dass das Auslieferungsbegehren zum Beispiel einen formalen Fehler beinhaltet; dass das Justizsystem des die Auslieferung begehrenden Landes nicht in der Lage ist, ein faires Gerichtsverfahren zu führen; oder dass das Delikt, für das die Auslieferung gefordert wird, in dem Land, an welches das Auslieferungsbegehren gerichtet wurde, nicht als Verbrechen behandelt wird – wodurch die Berechtigung der Beschuldigung dann so gut wie zugegeben wäre. Während der Auslieferungsantrag bearbeitet wird, bleibt der Beschuldigte in irgendeiner Art von Gewahrsam – vielleicht über Jahre. Ein derartiges Verfahren gibt dann Gelegenheit zur politischen Schikane, lange bevor der Beschuldigte in der Lage ist, seine Verteidigung vorzubringen. Es wäre traurig, wenn eine Doktrin, die dazu ausersehen ist, den politischen Prozess zu transzendieren, zu einer Methode wird, politische Feinde zu verfolgen, statt auf universaler Ebene Gerechtigkeit zu üben.

Der Präzedenzfall Pinochet, falls buchstäblich nachvollzogen, würde es den beiden Seiten im arabisch-israelischen Konflikt oder auch in anderen mit Leidenschaft geführten internationalen Kontroversen erlauben, ihre Schlachten vor den verschiedensten nationalen Gerichtshöfen zu schlagen, indem sie den Gegner mittels Auslieferungsbegehren verfolgen.[44] Wenn es dem Ermessen von nationalen Staatsanwälten überlassen bliebe, welche Verbrechen der universalen Rechtsprechung zu unterwerfen sind und wer verfolgt werden soll, dann sind der Willkür in der Tat Tür und Tor geöffnet. Bisher hat sich die universale Rechtsprechung auf einen, dem Zeitgeist entsprechend, geschmähten Mann der Rechten beschränkt, während jede Menge kommunistischer osteuropäischer Führer – gar nicht zu reden von karibischen, nahöstlichen und afrikanischen Führern, die ebenfalls ihren vollen Anteil an Folter und Leid zu verantworten haben – von ähnlichen Strafanträgen verschont geblieben sind.

Man wird sagen, dass ein doppelter Moralkodex Verletzungen des Völkerrechts nicht entschuldigt und dass es besser sei, einen Übeltäter vor Gericht zu bringen, als allen Immunität zu gewähren. Dies ist jedoch ein Grundsatz, der in der heimischen Rechtsprechung mancher Demokratien gar nicht zulässig ist – in Kanada zum Beispiel kann eine Anklage allein durch den Nachweis niedergeschlagen werden, dass die Staatsanwaltschaft sich so selektiv verhalten hat, dass dadurch ein Missbrauch der Prozessordnung eingetreten ist. Auf keinen Fall sollte eine universale Rechtsnorm auf dem Grundsatz beruhen, dass der Zweck die Mittel heiligt oder dass faire rechtliche Verfahren von dem beeinflusst werden, was gerade politisch in Mode ist.

Die ideologischen Befürworter der universalen Rechtsprechung liefern auch einen Großteil des intellektuellen Rahmens für den kommenden Internationalen Strafgerichtshof (ICC). Ihr Ziel ist es, gewisse Arten militärischer und staatlicher Vorgehensweisen zu kriminalisieren und dadurch eine Veränderung zu einer humaneren Gestaltung der internationalen Beziehungen zu bewirken. In dem Maße, wie der ICC nationalen Richtern den Anspruch auf eine universale Rechtsprechung streitig macht, bringt er eine bedeutende Verbesserung des Status, den das Völkerrecht derzeit genießt. Und im Laufe der Zeit könnten sich Möglichkeiten ergeben, auf dem Verhandlungswege Änderungen in das gegenwärtige Statut des ICC einzubringen, um es mit der amerikanischen Verfassungspraxis kompatibler zu machen. Doch so, wie es in seiner gegenwärtigen Form die letzte Entscheidung in kniffligen Fragen der internationalen Politik ungewählten Juristen – und dazu noch einer internationalen Richterschaft – überlässt, stellt es eine derartige Abweichung der konstitutionellen Praxis Amerikas dar, dass eine ausführliche nationale Debatte und die volle Beteiligung des Kongresses unerlässlich sind. Eine Revolution von solcher Tragweite sollte nicht durch stillschweigende Einwilligung in den Beschluss des britischen Oberhauses oder durch Behandlung der ICC-Frage mit einer Strategie der Nachbesserung einzelner Klauseln abgehakt, sondern als wichtige Grundsatzfrage behandelt werden.

Die Doktrin der universalen Rechtsprechung gründet auf der Prämisse, dass die Einzelpersonen oder die Fälle, die ihr unterworfen sind, klar ausgewiesen werden. In manchen Fällen, besonders solchen, die auf Präzedenzfällen wie den Nürnberger Prozessen beruhen, ist die Definition offensichtlich. Doch oft geht es um viel weniger scharf umrissene Sachverhalte, und sie hängen vom Verständnis des historischen und politischen Kontexts ab. Und genau diese Verschwommenheit ist es, die Jahre nach den Ereignissen zu

Willkür seitens der Verfolgungsbehörden und Richter führt und die im Hinblick auf existierende Tribunale bereits offenbar wurde. Kann zum Beispiel jeder Führer der Vereinigten Staaten oder anderer Länder vor internationale Tribunale gezerrt werden, die für andere Zwecke eingerichtet wurden? Dies ist genau das, was Amnesty International nahe legt, wenn es, wie im Sommer 1999, die »Beschwerde« einer Gruppe europäischer und kanadischer Rechtsprofessoren bei Louise Arbour, der damaligen Chefanklägerin bei dem Internationalen Straftribunal für das ehemalige Jugoslawien (*International Tribunal for the Former Yugoslavia*, ICTY), unterstützte, die den Vorwurf erhoben, dass während der NATO-Kampagne im Kosovo Verbrechen gegen die Menschlichkeit begangen worden seien. Arbour ordnete interne Ermittlungen ihrer Behörde an, womit sie zu verstehen gab, dass sie zuständig war, wenn sich diese Menschenrechtsverletzungen tatsächlich beweisen ließen. Ihre Nachfolgerin Carla Del Ponte lehnte es am Ende ab, Klage gegen irgendwelche NATO-Angehörigen zu erheben, weil es allgemein unmöglich war, »individuelle Verantwortlichkeiten genau zu bestimmen« – wodurch sie wiederum zu verstehen gab, dass der Gerichtshof auch für die NATO und die amerikanische Führung auf dem Balkan zuständig sei und Anklage erhoben hätte, wenn es möglich gewesen wäre, die mutmaßlich beteiligten Führungskräfte einzeln zu identifizieren.[45]

Die meisten Amerikaner wären wohl erstaunt, zu erfahren, dass das Jugoslawien-Tribunal, auf amerikanische Veranlassung im Jahr 1993 ins Leben gerufen, um sich der Balkan-Kriegsverbrecher anzunehmen, sich das Recht anmaßt, gegen Amerikas politische und militärische Führer Ermittlungen wegen angeblichen kriminellen Verhaltens einzuleiten – und das in alle Zukunft, da eine Verjährung nicht vorgesehen ist. Zwar hat die Chefanklägerin des Jugoslawien-Tribunals beschlossen, den Vorwurf nicht zu verfolgen – mit der problematischen Begründung, es sehe sich nicht imstande, Beweise zu sammeln –, doch könnte ein nationaler Strafverfolger später auf die Idee kommen, den Fall als relevant für eine internationale Rechtsprechung wieder aufzugreifen.

Die Druckmittel, die angewandt werden können, um der Doktrin der universalen Rechtsprechung die größtmögliche Reichweite zu verleihen, zeigten sich auch in einem Prozess vor dem Europäischen Gerichtshof für Menschenrechte, der im Juni 2000 von Familienangehörigen argentinischer Matrosen angestrengt wurde, die bei der Versenkung des argentinischen Kreuzers *General Belgano* während des Falkland-Krieges umkamen.[46] Damit erstreckt sich das Konzept der universalen Rechtsprechung nicht mehr nur auf die Beurteilung mutmaßlicher politischer Verbrechen gegen die Menschlichkeit, sondern auch auf im Nachhinein, nämlich 18 Jahre nach dem Vorkommnis, kritisierte Militäroperationen, von denen weder Zivilisten noch zivile Ziele betroffen waren.

Weil sie den nationalen Regierungen misstrauen, suchen viele der Fürsprecher der universalen Rechtsprechung die Regierungen unter die Aufsicht von Richtern und in die Verantwortung des Justizsystems zu stellen. Doch ein Problem des Internationalen Strafgerichtshofs besteht gerade in der Ermessensfreiheit des Chefanklägers ohne gleichzeitige Rechenschaftspflicht. Definitionen der relevanten Verbrechen sind vage und hochgradig anfällig für eine politisierte Anwendung. Angeklagte genießen kein ordnungsgemäßes Verfahren, wie es amerikanischem Verständnis entspricht. Jeder Unterzeichnerstaat hat das Recht, ein Ermittlungsverfahren zu veranlassen. Wie die Erfahrung des amerikanischen Sonderanklägers zeigt, kann ein solches Verfahren leicht ein Eigenleben ohne zeitliche Begrenzung entwickeln und sich in ein Instrument politischer Kriegsführung verwandeln. Und der außergewöhnliche Versuch des ICC, sich Gerichtshoheit über Amerikaner anzumaßen, ohne dass die Vereinigten Staaten das Statut überhaupt unterzeichnet hatten, hat bereits den Kongress veranlasst, sich einer Ratifizierung zu widersetzen.

Der unabhängige Chefankläger des ICC hat die Macht, Anklage zu erheben, die lediglich der Überprüfung durch ein Gremium von drei Richtern unterliegt. Dem Statut von

Rom zufolge genießt der Sicherheitsrat der Vereinten Nationen das Recht, jede Anklage niederzuschlagen. Da jedoch jedes permanente Mitglied des Sicherheitsrates sein Veto gegen die Rücknahme einer Anklage einlegen kann und es unwahrscheinlich ist, dass der Chefankläger ohne Unterstützung wenigstens eines der permanenten Mitglieder des Sicherheitsrates Anklage erhebt, hat er oder sie in der Praxis unbegrenzte Ermessensfreiheit. Eine weitere Bestimmung des Statuts erlaubt es dem Land, dessen Bürger angeklagt ist, die Ermittlungen und das Gerichtsverfahren an sich zu ziehen. Doch der ICC behält sich die letzte Entscheidung darüber vor, ob diese Funktionen angemessen ausgeübt werden, und falls nicht, kann er das Verfahren wieder zu sich zurückholen. Während diese Prozeduren stattfinden, was Jahre dauern kann, ist der Angeklagte Beschränkungen seiner Freiheit unterworfen und steht gewiss auch im Licht der Öffentlichkeit.

Die Fürsprecher der universalen Rechtsprechung argumentieren, dass der Krieg vom Staat ausgehe und von ihm keine Gerechtigkeit zu erwarten sei. Wenn die Justiz die Stelle der Politik einnähme, würden Friede und Gerechtigkeit vorherrschen. Doch selbst eine kursorische Untersuchung der Geschichte zeigt, dass es keinen Beleg für eine derartige Theorie gibt. Die Rolle des Staatsmannes ist es, die beste Option zu wählen, wenn es darum geht, Frieden und Gerechtigkeit voranzubringen, wobei er oftmals feststellen wird, dass ein Spannungsverhältnis zwischen beidem besteht und dass ein Versuch des Ausgleichs kaum jemals unparteiisch sein kann. Es geht jedoch nicht nur um die Entscheidung zwischen universaler und nationaler Rechtsprechung. Die Präzedenzfälle internationaler Tribunale, die eingerichtet wurden, um Situationen zu behandeln, bei denen die Ungeheuerlichkeit des Verbrechens offensichtlich und die lokale Justiz offenbar nicht in der Lage ist, Recht zu sprechen, wie in Jugoslawien und Ruanda, haben gezeigt, dass es möglich ist, zu bestrafen, ohne jedes politische Urteil und jede politische Erfahrung aus dem Prozess fern zu halten. Mit der Zeit sollte es möglich sein, das ICC-

Statut neu zu verhandeln, um seine Mängel und Gefahren auszumerzen. Bis dahin sollten sich die Vereinigten Staaten nur auf ein formales System einlassen, das folgende Bestimmungen enthält:

- Der UN-Sicherheitsrat schafft eine Menschenrechtskommission oder einen besonderen Unterausschuss, um zu berichten, wann immer systematische Menschenrechtsverletzungen ein juristisches Eingreifen erforderlich zu machen scheinen.

- Wenn die Regierung, unter der das mutmaßliche Verbrechen stattfand, nicht authentisch repräsentativ ist oder das Justizsystem des Landes unfähig ist, über das Verbrechen Gericht zu halten, richtet der Sicherheitsrat einen nur für diesen Fall bestimmten Gerichtshof nach dem Vorbild des Jugoslawien- oder Ruanda-Tribunals ein.

- Die Verfahrensweisen, nach denen diese Tribunale vorzugehen haben, sowie die Reichweite der Anklage sollten vom Sicherheitsrat genau definiert werden, und der Angeklagte sollte ein Anrecht auf die Schutzvorschriften eines ordnungsgemäßen Verfahrens haben, die ihm nach der allgemeinen Rechtsauffassung zustehen.

Auf diese Weise könnten international vereinbarte Verfahrensweisen zur Behandlung von Kriegsverbrechen, Völkermord oder Verbrechen gegen die Menschlichkeit institutionalisiert werden. Andererseits würde auch die Einseitigkeit vermieden, mit der die universale Rechtsprechung gegenwärtig betrieben wird. Denn diese Einseitigkeit könnte genau den Zwecken zuwiderlaufen, für die das Konzept entwickelt wurde. Am Ende könnte ein übermäßiges Vertrauen in die universale Rechtsprechung den politischen Willen untergraben, der so wichtig ist, die humanen Normen des internationalen Verhaltens aufrechtzuerhalten, um in den gewalttätigen Zeiten, in denen wir leben, eine Mäßigung herbeizuführen.

Schlussbemerkungen

Information und Wissen

Wenn sich eine Gesellschaft so komplexen Herausforderungen gegenübersieht wie die Vereinigten Staaten, heißt es oft, sie stünde an einem »Wendepunkt«. Aber es sind nicht nur die Herausforderungen, die einzigartig sind; gleichermaßen neu ist die Definition dessen, was einen Wendepunkt darstellt. Historisch verstand man darunter eine bestimmte Zusammenstellung von Optionen, wobei die Entscheidung für eine dieser Optionen die Richtung der zukünftigen Politik bestimmte.

Auch zum Beginn des neuen Jahrhunderts und Jahrtausends werden die Vereinigten Staaten kein Allheilmittel entdecken. Weniger einer bestimmten politischen Maßnahme als eines langfristigen Konzepts bedürfend, ist Amerika zum ersten Mal gezwungen, eine globale Strategie für eine unbestimmte Zukunft zu entwickeln. Das Schicksal hat eine Nation, die von der universalen Anwendbarkeit einer einzigen Reihe von Maximen überzeugt ist, in eine von vielfältigen historischen Entwicklungen geprägte Welt gestoßen, die selektive Strategien erfordert.

Amerikas Erfolg in einer solchen Welt wird an einer allmählichen Verbesserung einer großen Zahl unterschiedlicher politischer, wirtschaftlicher, strategischer und sozialer Probleme gemessen werden. Die wenigsten davon lassen sich endgültig lösen; jedes folgt einem anderen, vielleicht einzigartigen historischen Rhythmus. Amerika wird bei der Lösung vieler dieser Probleme eine zentrale Rolle spielen, doch werden die Vereinigten Staaten ihre psychologischen und materiellen Ressourcen verausgaben, wenn sie nicht lernen, zwischen dem, was sie tun müssen, dem, was sie gerne tun würden, und dem, was über ihre Leistungsfähigkeit hinausgeht, zu unterscheiden. Amerika muss diesen Ausgleich zu einer Zeit finden, da sich nicht nur die objektiven Umstände, die sich auf die Außenpolitik auswirken, im Fluss befinden, sondern allein schon die Art und Weise, wie Wissen gewonnen wird und Wahrnehmungen gebildet werden, einem Wandel unterliegt.

Es klingt bereits abgedroschen, das Zeitalter der Information als eine der großen intellektuellen Revolutionen – wahrscheinlich die größte – der Geschichte zu beschreiben und sich über deren soziale, wirtschaftliche und politische Weiterungen auszulassen. Davon, wie sie sich auf die Handhabung der internationalen Beziehungen auswirkt, davon ist selten die Rede, und wenn, dann nur hinsichtlich der globalen Reichweite der modernen Kommunikationsmittel – das heißt hinsichtlich der schieren Zahlen und der Übertragungsgeschwindigkeit. Was jedoch die Handhabung der internationalen Beziehungen und daher den Lauf der Geschichte beeinflusst, das ist nicht nur die Zahl der Menschen, die über einen Zugang zu den Informationen verfügen, sondern, was noch wichtiger ist, die Art und Weise, wie sie sie analysieren. Da die Masse der verfügbaren Information dazu tendiert, die Fähigkeit, sie richtig einzuordnen, zu übersteigen, hat sich eine Kluft zwischen Information und Wissen und darüber hinaus zwischen Wissen und Weisheit geöffnet.

Keine frühere Generation konnte sich das Ausmaß an heute verfügbaren Informationen auch nur vorstellen, geschweige denn in fast mechanischer Weise über eine Tastatur unmittelbar darauf zugreifen. Die Auswirkungen der gegenwärtigen Revolution auf dem Gebiet der Kommunikation lassen sich allenfalls mit der Erfindung der Buchdruckerkunst vergleichen. Davor war Wissen eine Sache des Gedächtnisses oder komplizierter Aufzeichnungstechniken, die eine allgemeine Verfügbarkeit ausschlossen. Die Buchdruckerei hat die Menge an Informationen, die gespeichert und übermittelt werden konnte, gewaltig ausgedehnt. Doch Bücher sind eine sehr mühselige Angelegenheit, verglichen mit elektronischen Datenbanken, und ihr Inhalt lässt sich nur über zeitraubende Verzeichnisse und Register erschließen. Der Erwerb von Wissen durch Bücher erforderte daher Konzepte, deren Funktion es ist, verschiedene Einzelinformationen zueinander in Bezug zu setzen und vergleichbare Fälle in Kategorien zusammenzufassen. Das Lesen führte auch zu einer Betonung des Stils, der dazu diente, die Aufgabe zu erleichtern, indem er das Lesen zu einem ästhetischen Vergnügen machte.

Bei allen diesen Einschränkungen – mit denen unsere Zeit natürlich vertrauter ist als die Menschen der damaligen Zeit – zog die Erfindung der Buchdruckerkunst dennoch eine umfassende Revolution des religiösen, philosophischen und politischen Denkens nach sich. Sie ermöglichte die Weitergabe von Wissen und stellte das Medium zur Verfügung, durch das die wissenschaftliche Information allgemein zugänglich wurde. Das Informationsmonopol, das die Kirche genoss, zerfiel. Der Buchdruck schuf die Bedingungen für das Zerbrechen der Universalen Kirche, brachte den Nationalstaat, den Rationalismus hervor und läutete das Zeitalter der Wissenschaft und der Entdeckungen ein. Er führte auch zu zweihundert Jahren der Unruhen, als diese Veränderungen in das Bewusstsein der Menschen und in die politischen und religiösen Institutionen eindrangen. Unser Zeitalter ist der Beginn intellektueller und politischer Umwandlungen, die wahrscheinlich tief greifender sein werden als die durch die Erfindung der Buchdruckerkunst hervorgerufenen, und sie werden sich wahrscheinlich schneller vollziehen. Währenddessen erhebt sich die Frage, ob die neue Art und Weise, Informationen zu verarbeiten, nicht eigentlich unserer Fähigkeit im Wege steht, auf dem Gebiet der internationalen Beziehungen dazuzulernen. Denn während die technologische Revolution zwar außerordentliche Werkzeuge bereitstellt, sich Informationen ins Haus kommen zu lassen, verlangt die erfolgreiche Handhabung der außenpolitischen Erfordernisse vor allem die intuitive Fähigkeit, die Zukunft vorauszuahnen und sie dadurch zu meistern. Führung ist die Kunst, die Kluft zwischen Erfahrung und Vision zu überbrücken.

Daher zeichneten sich die meisten großen Staatsmänner weniger durch ihr Detailwissen aus (obwohl natürlich ein gewisses Minimum unabdingbar ist) als vielmehr durch ihr instinktives Erspüren historischer Strömungen, durch die Fähigkeit, inmitten Myriaden von Eindrücken, welche sich dem Bewusstsein aufdrängen, diejenigen zu erkennen, die am wahrscheinlichsten Einfluss auf die Zukunft haben. Dies brachte den grundlegenden »Realisten« Otto von Bismarck dazu, seine Vision der Staatskunst in einem ehrfürchtigen Ausspruch zusammenzufassen:

> »Der Staatsmann kann nie selbst etwas schaffen, er kann nur abwarten und lauschen, bis er den Schritt Gottes durch die Ereignisse hallen hört; dann vorzuspringen und den Zipfel seines Mantels zu fassen, das ist alles.«[1]

Nur wenige moderne Idealisten würden ihr Vorhaben in derart bescheidener Weise zum Ausdruck bringen, und »Realisten« würden gar nicht erst auf den Gedanken kommen, sich auf das Göttliche zu berufen. Im Zeitalter der Augenblickskommunikation verlockt wenig zu einer derartigen Demut. Das Studium der Geschichte und Philosophie, Disziplinen, die für die Perfektionierung der Staatskunst am relevantesten sind, wird überall vernachlässigt oder wird mit derart utilitaristischen Interpretationen versehen, dass es gerade noch für eine gewisse Allgemeinbildung reicht. Führer machen sich einen Namen, indem sie die Stimmung des Augenblicks ausnutzen und manipulieren. Sie definieren ihre Ziele, indem sie repräsentative Umfragen in Auftrag geben, anstatt ihren eigenen Erkenntnissen zu folgen. Sie sehen die Zukunft als eine Vorausprojektion des Vertrauten.

Der Computer hat das Problem der Wissensspeicherung und Verfügbarmachung von Unmengen an Daten gelöst. Gleichzeitig fordert er den Preis einer schrumpfenden Perspektive – besonders bei der Behandlung außenpolitischer Probleme. Politische Entscheidungsträger neigen dazu, auf

Ereignisse zu warten und sich von ihrem Echo in den Medien ablenken zu lassen. Es gibt ja auch kaum andere Kriterien, nach denen sie ihre Leistungen bemessen können. Dabei verliert sich der Blick in die Zukunft nur allzu oft in taktischen Überlegungen. Das Problem ist nicht die Unzulänglichkeit einzelner Führungspersönlichkeiten, sondern das im System begründete Problem ihrer kulturellen Vorbereitung. Die Herausforderung an das Bildungswesen der Vereinigten Staaten besteht darin, wie man das Computerzeitalter von der reinen Informationsverarbeitung zur Förderung einer Vision der Zukunft unserer Gesellschaft bringen kann.

Das grundlegende Dilemma eines Staatsmannes besteht darin, einen Ausgleich zwischen Werten und Interessen und gelegentlich auch zwischen Frieden und Gerechtigkeit zu schaffen. Bei der Dichotomie zwischen Moral und Interesse, zwischen Idealismus und Realismus, die von vielen postuliert wird, handelt es sich um eines der Standardklischees in der laufenden Debatte über die internationalen Beziehungen. Eine so eindeutige Wahl gibt es jedoch nicht. Ein übermäßiger »Realismus« führt zu Stagnation; ein übermäßiger »Idealismus« führt zu Kreuzzugsmentalität und letztlich zur Desillusion.

Dies liegt daran, dass sich die Verfolgung moralischer Ziele in den internationalen Beziehungen in einem anderen Kontext als in der Innenpolitik abspielt. Eine erfolgreiche Außenpolitik erfordert die Behandlung von Nuancen in einem fortlaufenden Prozess; in der Innenpolitik geht es darum, Interessen zu arrangieren und Gesetze zu verabschieden, die in der Folge von einem akzeptierten Rechtssystem umgesetzt werden. In der Diplomatie kommt die Moral in der Bereitschaft zum Ausdruck, unbeirrt eine Reihe von Schritten zu unternehmen, von denen jeder im Hinblick auf das angestrebte Endziel unvollständig sein muss. Die Innenpolitik misst ihre Leistungen in einem kürzeren Zeitrahmen und in absoluterem Sinne.

Am Ende läuft alles darauf hinaus, wie sich die Vereinigten Staaten selbst wahrnehmen. Obwohl sie weder imperiale Ambitionen verfolgen noch eine imperiale Struktur besitzen, werden sie entgegen allen Versicherungen guten Willens in vielen Teilen der Welt als herrisch und despotisch wahrgenommen – eben als imperial. Amerikas Aufstieg ruft Reaktionen hervor, die von der Europäischen Union über die russisch-chinesische »strategische Partnerschaft« bis zu Mercosur in Lateinamerika, zur bevorstehenden asiatischen Freihandelzone und zu Bestrebungen reichen, den Machtumfang des Sicherheitsrats der Vereinten Nationen zu vergrößern – alles dazu bestimmt, eine größere Handlungsfreiheit gegenüber den Vereinigten Staaten zu erreichen oder zumindest die Handlungsfreiheit Amerikas zu begrenzen.

In gewissem Maße sind diese Reaktionen das unvermeidliche Ergebnis der einzigartigen Position Amerikas als allein verbliebener Supermacht, und es gäbe sie in jedem Fall, unabhängig von der Art und Weise, wie die Vereinigten Staaten ihre Diplomatie betreiben. Eine vorherrschende Macht ruft fast automatisch die Suche anderer Gesellschaften nach mehr Mitsprache und nach Möglichkeiten einer Verminderung der relativen Stellung des Stärksten hervor. Doch selbst wenn man die genannten Gruppierungen als unvermeidliche Bausteine einer neuen internationalen Ordnung ansieht, hängt die zukünftige Gestalt der Welt davon ab, ob sie ihre Identität mit einer Zusammenarbeit mit den Vereinigten Staaten vereinbaren können oder ob sie eine Zusammenarbeit reflexartig ablehnen.

Einige Amerikaner, die sich in der Macht ihres Landes sonnen, drängen darauf, dass sich die Vereinigten Staaten ausdrücklich zu einer wohlwollenden Hegemonie bekennen sollten.[2] Ein solches Trachten würde den Vereinigten Staaten jedoch eine Last aufbürden, die keine Gesellschaft jemals erfolgreich über einen unbegrenzten Zeitraum hinweg hat tragen können. Mag Amerika seine Ziele auch als noch so selbstlos ansehen, ein ausdrückliches Bekenntnis zur Dominanz würde die Welt allmählich gegen die Vereinigten Staaten einen und sie zu Maßnahmen zwingen, die sie irgendwann isolieren und auslaugen würden.

Die Straße zum Imperium führt zum inneren Niedergang, denn mit der Zeit höhlt der Anspruch der Allmacht die innenpolitische Zurückhaltung aus. Kein Reich hat die Straße zum Cäsarismus, zur Autokratie, verfehlt, es sei denn, es hat, wie das Britische Weltreich, die Macht abgegeben, bevor dieser Prozess einsetzen konnte. In Imperien, die lange Zeit überdauert haben, wird jedes Problem zu einem innenpolitischen Problem, weil die Außenwelt kein Gegengewicht mehr darstellt. Und je diffuser die Herausforderungen werden und je weiter sie sich von der historischen Grundlage des Kernlandes entfernen, desto erbitterter werden die inneren Auseinandersetzungen, bis sie schließlich in Gewalt enden. Ein bewusstes Streben nach Hegemonie ist der sicherste Weg zur Zerstörung der Werte, die Amerika groß gemacht haben.

Die Vorrangstellung der Vereinigten Staaten wird in der nahen Zukunft und fast mit Gewissheit auch mittelfristig eine Tatsache bleiben, mit der man zurechtkommen muss. Die Art und Weise, wie sich die Vereinigten Staaten in dieser Rolle verhalten, wird über die langfristige Zukunft entscheiden. Präsident George W. Bush tut gut daran, Amerika zu einem gewissen Maß der Demut aufzurufen. Der australische Gelehrte Coral Bell hat Amerikas Herausforderung brillant beschrieben: sich seiner herausragenden Stellung bewusst zu sein, seine Politik aber so zu betreiben, als lebte es immer noch in einer Welt mit vielen Machtzentren.[3] In einer solchen Welt werden die Vereinigten Staaten nicht nur Partner finden, mit denen sie die psychologischen Lasten der Führung teilen, sondern auch solche, die zur Gestaltung einer mit Frieden und Freiheit vereinbaren internationalen Ordnung ihren Teil beitragen.

Während sich traditionelle Normen im Übergang befinden und unser gesamter Erfahrungs- und Wissensschatz von Grund auf revolutioniert wird, besteht Amerikas ultimative Herausforderung darin, seine Macht in moralischen Konsens zu verwandeln, indem es seine Werte nicht durch Zwang, sondern durch bereitwillige Akzeptanz in einer Welt verbreitet, die trotz allen scheinbaren Widerstands dringend einer aufgeklärten Führung bedarf.

Anmerkungen

Amerika auf dem Gipfel der Macht

1. Umfragen des Chicagoer Council on Foreign Relations erwecken den Eindruck eines fortdauernden Interesses an einem internationalem Engagement der USA. Andere Indizes jedoch, wie die Medienberichterstattung und die Interessen des Kongresses, legen das Gegenteil nahe.
2. Tom Brokaw, *The Greatest Generation*, New York 1998.

Die Welt der Demokratien I

1. Pressekonferenz vom 30. Oktober 2000, Gipfelkonferenz Europäische Union – Rußland.
2. Joschka Fischer, Rede vor der Deutschen Gesellschaft für Auswärtige Politik, 8. Juni 1998.
3. Siehe z. B. den Artikel des späteren stellvertretenden Außenministers Strobe Talbott, »Rethinking the Red Menace«, *Time*, 1. Januar 1990, S. 69.
4. Bill Clinton, gemeinsame Pressekonferenz mit Boris Jelzin, Helsinki, 21. März 1997.
5. Bill Clinton, Äußerungen bei der Abschlussfeier der US-Militärakademie in Westpoint, New York, am 31. Mai 1997.
6. Protokolle zum Nordatlantikpakt-Vertrag von 1949 über den Beitritt Polens, Ungarns und der Tschechischen Republik, 4. Mai 1998, besonders Section 3, *Congressional Record* (Senate), S. S4217–4220.
7. Beispiele europäischer Rhetorik finden sich in Peter W. Rodman, *Drifting Apart? Trends in U.S. – European Relations*, Washington, D.C.: The Nixon Center, Juni 1999, S. 11ff., 29ff., 55ff.

8. John F. Kennedy, Ansprache in der Frankfurter Paulskirche am 25. Juni 1963, *Archiv der Gegenwart. Deutschland*, 1949–1999, Sankt Augustin 2000, Bd. 4, S. 3340.
9. Hubert Védrine, Ansprache zur Eröffnung des internationalen Kolloquiums über Probleme der Globalisierung im Institut Français des relations internationales (IFRI), »L'entrée dans le XXIe siècle« (»Der Eintritt ins 21. Jahrhundert«), am 3. November 1999 in Paris (Internet: www.france.diplomatie.fr/actual/evenements/ifri/ifri1.html).
10. Joschka Fischer, »Vom Staatenverbund zur Föderation – Gedanken über die Finalität der europäischen Integration«, Rede am 12. Mai 2000 in der Humboldt-Universität zu Berlin (Internet: *politik digital* – www.politik-digital.de/text/europa/dossier/fischer/rede1205.shtml).
11. Védrine, a. a. O.
12. Die Idee überlappender Integrationskreise – eine integrierte Kerngruppe und ein weiterer Kreis, der den Kern und die übrigen Mitglieder in verschiedenen Kombinationen umschließt – wurde von mehreren Fürsprechern der europäischen Integration aufgegriffen, so von dem früheren französischen Präsidenten Valérie Giscard d'Estaing, dem früheren Bundeskanzler Helmut Schmidt sowie dem ehemaligen Präsidenten der EU-Kommission, Jacques Delors.
13. Tony Blair, Rede vor der Polnischen Börse, Warschau, 6. Oktober 2000.
14. *Diário Notícias*, 8. Januar 2000.
15. Premierminister Tony Blair, Statement im Anschluss an das EU-Gipfeltreffen in Helsinki, 13. Dezember 1999.
16. Näheres dazu siehe Rodman, *Drifting Apart?*, S. 38f., 70, 76f.
17. Report of the Commission to Assess the Ballistic Missile Threat to the United States, Executive Summary, Washington, D.C., 15. Juli 1998, S. 5.
18. Ebd., S. 6.
19. Bill Clinton, »Remembering Jelzin« *Time*, 1. Januar 2000.
20. Wladimir Putin, »Russland an der Schwelle zu einem neuen Jahrtausend«, 31. Dezember 1999.
21. Wladimir Putin, Rede zur Amtseinführung als Präsident Russlands, Moskau, 7. Mai 2000.
22. »Russlands nationales Sicherheitskonzept«, 10. Januar 2000, in: *Arms Control Today*, Januar/Februar 2000, S. 18.

Die Welt der Demokratien II

1. Interview mit dem Vorsitzenden des Rates der Europäischen Union, António Guterres, *Le Monde*, 1. Januar 2000.
2. Larry Rohter, »South American Trade Bloc Under Siege«, *New York Times*, 24. März 2001, S. B2.
3. Siehe Council on Foreign Relations Independent Task Force on Brazil (Unabhängige Projektgruppe Brasilien des Außenpolitischen Rats), »A Letter to the President and a Memorandum on U.S. Policy Toward Brazil«, Februar 2001.

Asien: Die Welt des Gleichgewichts

1. Winston Churchill, *Der Zweite Weltkrieg*, 1. Band, 1. Buch: *Der Sturm zieht auf*, Frankfurt/M. – Berlin – Wien 1985 (erstmals 1948 erschienen), S. 257ff.
2. *Canadian International Business Strategy*, 1996–97: *Aerospace and Defence*, S. 5.
3. Siehe Andrew J. Nathan und Perry Link, *Die Tiananmen-Akte. Die Geheimdokumente der chinesischen Führung zum Massaker am Platz des Himmlischen Friedens*, München – Berlin 2001. Diese Dokumentensammlung über die Führungsentscheidungen während der Revolte auf dem Tiananmen-Platz vermittelt einen faszinierenden Einblick. Die Echtheit der Dokumente kann ich nicht beurteilen; mir erscheinen sie plausibel.
4. Henry Kissinger, *Memoiren. 1973–1974*, München 1982, S. 811.
5. Präsident Bill Clinton, gemeinsame Presseerklärung mit Bundeskanzler Helmut Kohl, Potsdam, 13. Mai 1998.

Der Nahe Osten und Afrika

1. Henry Kissinger, »Turning a Fairy Tale into Reality«, *Newsweek*, 27. September 1993.
2. Siehe z. B. Henry Kissinger, »The Bottom Line of the Mideast Peace Process«, *New York Post*, 19. November 1996; und ders., »The Oslo Piecemeal Process«, *Washington Post*, 24. August 1997.
3. Siehe Henry Kissinger, *Memoiren. 1968–1973*, München 1979, S. 596ff., 1352; und ders., *Memoiren. 1973–1974*, München 1982, S. 284.

4. Tracy Wilkinson, »Once Applauded as a Hero, Clinton Bows Out amid Paletsinian Catcalls«, *Los Angeles Times*, 19. Januar 2001, S. A-10.
5. Präsident Bill Clinton, Erklärung im Lageraum des Weißen Hauses, 15. November 1998.
6. Zur Preisgabe der irakischen Kurden im Jahr 1975 siehe Henry Kissinger, *Jahre der Erneuerung. Erinnerungen*, München 1999, S. 461–478.
7. Nelson R. Mandela, in einer während des Rivonia-Gerichtsverfahrens abgegebenen Erklärung, 20. April 1964.
8. F. W. de Klerk, in einer Rede zur Parlamentseröffnung, Kapstadt, 2. Februar 1990.

Die Politik der Globalisierung

1. Aussage Alan Greenspans zum Halbjahresbericht des Federal Reserve Board zur Wirtschafts- und Finanzpolitik vor dem Ausschuss für Bank- und Finanzdienstleistungen des Repräsentantenhauses, 17. Februar 2000.
2. Joseph E. Stieglitz, »Two Principles for the Next Round, or, How to Bring Developing Countries in from the Cold«, Ansprache vor dem International Center for Trade and Sustainable Development (ICTSD, Internationales Zentrum für Handel und Zukunftsfähige Entwicklung), Genf, 21. September 1999.
3. Robert Rubin, Vortrag zur Finanzlage in Asien, Georgetown University, Washington, 21. Januar 1999.
4. Interview mit Anatoli Tschubais, *Kommersant Daily*, 8. September 1998. Siehe auch Stephen Fidler, »Russian Central Bank Lied to the IMF«, *Financial Times*, 30. Juli 1999.
5. *Global Economic Prospects and the Developing Countries* 2000, Washington, D.C.: The World Bank, 1999.
6. Siehe Martin Wolf, »Asia's Future Burning Bright«, *Financial Times*, 23. Februar 2000.
7. Alan Greenspan, Francis-Boyer-Vortrag am American Enterprise Institute, 5. Dezember 1996.
8. Kissinger, *Jahre der Erneuerung. Erinnerungen*, München 1999, Kapitel XX.

Friede und Gerechtigkeit

1. Henry Cabot Lodge (Hg.), *The Works of Alexander Hamilton*, Bd. V, London – New York 1885/86, S. 369f.
2. Andrew A. Lipscomb und Albert Ellery Bergh (Hgg.), *The Writings of Thomas Jefferson*, Bd. XV, Washington, D.C., 1903/04, S. 435f.
3. Gaillard Hunt (Hg.), *The Writings of James Madison*, Bd. VII, New York 1901, S. 183.
4. John Quincy Adams, Ansprache zum 4. Juli 1821, in: Walter LaFeber (Hg.), *The Record of American Diplomacy*, New York 1956, S. 182.
5. Botschaft des Präsidenten James Monroe an den Kongress, 2. Dezember 1823, in: Ruhl J. Bartlett (Hg.), *The Record of American Diplomacy*, New York 1956, S. 182.
6. Alexis de Tocqeville, *Über die Demokratie in Amerika*, einbändige Ausgabe, Bd. 1, München 1976, S. 323.
7. Siehe David L. Larson, »Objectivity, Propaganda, and the Puritan Ethic«, in: David L. Larson (Hg.), *The Puritan Ethic in United States Foreign Policy*, Princeton 1966, S. 15.
8. William Jennings Bryan, »The Paralyzing Influence of Imperialism«, Rede vor der Nationalkonvent der Demokratischen Partei, Kansas City, 6. Juli 1900.
9. Brief Roosevelts an Hugo Munsterberg, 3. Oktober 1914, in: Elting E. Morrison (Hg.), *The Letters of Theodore Roosevelt*, Cambridge, Mass., 1954.
10. In John Morton Blum, *The Republican Roosevelt*, Cambridge, Mass., 1967, S. 131.
11. Woodrow Wilson, Jährliche Botschaft an den Kongress, 8. Dezember 1914, in: Arthur S. Link (Hg.), *The Papers of Woodrow Wilson*, Princeton 1966–1994, Bd. 31, S. 423.
12. Präsident Woodrow Wilson, Ansprache vor dem US-Senat, 12. Januar 1917, ebd., Bd. 40, S. 536f.
13. Präsident Woodrow Wilson, »Kriegsbotschaft«, 2. April 1917, ebd., Bd. 41.
14. Woodrow Wilson, Bemerkungen auf dem Friedhof Suresnes am Memorial Day (Heldengedenktag), 30. Mai 1919, ebd., Bd. 59, S. 608f.
15. George F. Kennan, *Amerikas Außenpolitik* 1900 *bis* 1950 *und ihre Stellung zur Sowjet-Macht*, Zürich, Stuttgart, Wien 1952, S. 110.

16. Walter Russell Mead, »The Jacksonian Tradition«, *The National Interest*, Nr. 58, Winter 1999/2000.
17. John Foster Dulles, »Morals and Power«, in: Larson (Hg.), *The Puritan Ethics in United States Foreign Politics*, S. 143.
18. Präsident John F. Kennedy, Bemerkungen an der American University, 10. Juni 1963.
19. Präsident Lyndon B. Johnson, Pressekonferenz, 13. März 1965.
20. Präsident Richard Nixon, »U.S. Foreign Policy for the 1970s: A New Strategy for Peace«, Bericht an den Kongress, 18. Februar 1970, Einführung.
21. Präsident Gerald R. Ford, Ansprache an die Konferenz für Sicherheit und Zusammenarbeit in Europa, Helsinki, 1. August 1975.
22. Zweite Präsidentschaftsdebatte zwischen Carter und Ford, 6. Oktober 1976
23. Ronald Reagan, State of the Union Address (Rechenschaftsbericht an die Nation), 25. Januar 1983.
24. Jim Hoagland, »Russia into the Vacuum«, *Washington Poset*, 21. November 1997, S. A27.
25. Siehe z. B. Präsident Clintons Worte zur Community of Kusowera School, Mukono, Uganda, am 24. März 1998 (über Afrika) sowie Außenministerin Madeleine Albrights Worte vor dem American-Iranian Council, Washington, D.C., am 17. März 2000 (über Iran).
26. Francis Fukuyama, Das Ende der Geschichte. Wo stehen wir?, München 1992.
27. *Los Angeles Times*, 29. Mai 1993.
28. Strobe Talbott, »Democracy and the National Interest«, *Foreign Affairs*, November/Dezember 1996, S. 48f.
29. Premierminster Tony Blair, Erklärung zur Einstellung der NATO-Luftangriffe gegen Jugoslawien, London, 10. Juni 1999.
30. Bundeskanzler Gerhard Schröder, Regierungserklärung anlässlich des 50. Jahrestages der Gründung der Nordatlantikpakt-Organisation, 22. April 1999, Bundestags-Plenarprotokoll 14/35, http://www.dip.bundestag.de.
31. Präsident Bill Clinton, Äußerung gegenüber Soldaten der Kosovo-Streitmacht (KFOR), Skopje (Mazedonien), 2. Juni 1999.
32. Talbott, »Democracy and the National Interest«, S. 49.
33. Präsident Bill Clinton, Videoaufnahme der Ansprache an das serbische Volk, 25. März 1999.

34. Pressekonferenz des US-Außenministeriums zu Belgrad, Serbien und Montenegro, 23. Februar 1998.
35. Resolution 814 des UN-Sicherheitsrats vom 26. März 1993.
36. Madeleine Albright, Äußerung am National War College, National Defense University, Fort Leslie McNair, Washington, D.C., 23. September 1993.
37. Hansard Parliamentary Debates, Fifth Series, Bd. 241, August 1878, Spalte 1759f.
38. Präsident Clinton, Aufzeichnung einer Fernsehansprache an das bosnische Volk, 12. Januar 1996.
39. Telegramm von Außenminister Lawrence Eagleburger an die US-Botschaft, Belgrad, 24. Dezember 1992, zit. in *Washington Post*, 18. April 1999, S. A1.
40. Timothy Garton Ash, »Kosovo: Was It Worth It?«, *New York Review of Books*, 21. September 2000.
41. Jospeh S. Nye jr., »Redefinig the National Interest«, *Foreign Affairs*, Juli/August 1999.
42. Ich bekleidete zur Zeit dieser Ereignisse ein hohes Regierungsamt und habe in meinen Memoiren die Ansichten und Handlungen der Regierungen Nixon und Ford beschrieben (siehe Henry Kissinger, *Memoiren* 1968–1973, München 1979, Kap. XVII; *Memoiren* 1973–1974, München 1982, Kap. IX; *Jahre der Erneuerung. Erinnerungen*, München 1999, Kap. XXIV). Wie das der drei Regierungen, die uns folgten, bestand auch unser Ziel darin, Pinochets Menschenrechtsverletzungen abzumildern, ohne die radikale Bedrohung der politischen Entwicklung Chiles im Sinne Castros wiederzubeleben. Und die Reagan-Regierung trug in hohem Maße dazu bei, die Demokratie in Chile wiederherzustellen.
43. Lord Nicholls of Birkenhead, Berufungsurteil in *Ex parte Pinochet*, Britisches Oberhaus, 25. November 1998.
44. Auf der arabischen Gipfelkonferenz in Kairo im Oktober 2000 wurde versprochen, dass die arabischen Staaten »nach dem Völkerrecht die Verantwortlichen für die brutalen Praktiken gerichtlich verfolgen werden«, die angeblich von israelischen Beamten und Militärs während des damaligen Palästinenseraufstands angewandt wurden.
45. *La República*, 2. Juni 2000.
46. Robert Shrimsley und Ken Warn, »Britain Faces Legal Action over Sinking of Belgrano«, *Financial Times*, 30. Juni 2000, S. 2; Andy McSmith, »Belgrano Families to Sue Britain«, *Daily Te-*

legraph, 30. Juni 2000, S. 2. Der Europäische Gerichtshof für Menschenrechte wies die Klage am 19. Juli 2000 ab, weil sie außerhalb der gesetzlichen Fristen eingereicht worden sei.

Schlussbemerkungen

1. Paul Limann, *Fürst Bismarck nach seiner Entlassung*, Berlin 1904, S. 3.
2. Siehe z. B. Robert Kagan, »The Benevolent Empire«, *Foreign Affairs*, Sommer 1998.
3. Coral Bell, »American Ascendancy and the Pretense of Power«, *The National Interest*, Nr. 57, Herbst 1999, S. 55–63.

Personenregister